Heinrich Herkner

Die Arbeiterfrage

Heinrich Herkner

Die Arbeiterfrage

ISBN/EAN: 9783743339040

Hergestellt in Europa, USA, Kanada, Australien, Japan

Cover: Foto ©Suzi / pixelio.de

Manufactured and distributed by brebook publishing software
(www.brebook.com)

Heinrich Herkner

Die Arbeiterfrage

Die Arbeiterfrage.

Eine Einführung.

Von

Dr. Heinrich Herkner,

ord. Professor der Volkswirtschaftslehre an der Technischen Hochschule
in Karlsruhe.

Berlin.
J. Guttentag, Verlagsbuchhandlung.
1894.

Vorwort.

Es wird vielleicht auffallen, daß diese Einführung in das Studium der Arbeiterfrage keinen Überblick über die sozialen Zustände unserer Arbeiterbevölkerung bietet. Obwohl nun dank der „deskriptiven Schule" mancherlei wertvolles Material vorliegt, so reicht es, nach verschiedenen Gesichtspunkten gesammelt und verschiedene Zeiten, Gewerbe, Betriebsformen und örtliche Gebiete umfassend, doch nicht entfernt für eine systematische Aufarbeitung aus. Ich ziehe es daher vor, lediglich auf die Monographien*) selbst hinzuweisen. Ihre Lektüre eröffnet wenigstens in die Zustände einzelner begrenzter Gebiete einen lehrreichen Einblick, und solange es uns an einer vollständigen sozialen Massenbeobachtung fehlt, wird die Kenntnis lebensvoll gezeichneter Typen immer noch wertvoller sein als eine mit unzulässigen Verallgemeinerungen arbeitende systematische Übersicht.

Karlsruhe, 12. Juni 1894.

H. Herkner.

---

*) Insbesondere: Francke, Schuhmacherei in Bayern. Stuttgart 1893; Frankfurter Arbeiterbudgets. Frankfurt a. M. 1890; Göhre, P., Drei Monate Fabrikarbeiter. Leipzig 1891; Herzberg, Schneidergewerbe in München. Stuttgart 1894; Lange, G., Glasindustrie im Hirschberger Thale. Leipzig 1889; Sax, E., Hausindustrie in Thüringen. Jena 1886 u. 1888; Schnapper-Arndt, Fünf Dorfgemeinden des Taunus. Leipzig 1883; Schönlank, Fürther Quecksilber Spiegelbelegen und ihre Arbeiter. Stuttgart 1888; Thun, Industrie am Niederrhein. Leipzig 1879; Wörishoffer, Soziale Lage der Cigarrenarbeiter in Baden. Karlsruhe 1890; Derselbe, Die Lage der Fabrikarbeiter in Mannheim. Karlsruhe 1891.

Und umzuschaffen das Geschaffne,
Damit sich's nicht zum Starren waffne,
Wirkt ewiges, lebendiges Thun.
Und was nicht war, nun will es werden,
Zu reinen Sonnen, farbigen Erden,
In keinem Falle darf es ruhn.

Es soll sich regen, schaffend handeln,
Erst sich gestalten, dann verwandeln;
Nur scheinbar steht's Momente still.
Das Ewige regt sich fort in allen;
Denn alles muß in Nichts zerfallen,
Wenn es im Sein beharren will.
Goethe.

Inhalt.

Erster Teil: Soziale Geschichte.

Erstes Kapitel: Frankreich 3
1. Bürgertum und Arbeiterklasse während der großen Revolution und des ersten Kaiserreiches 3
2. Der Sozialismus und Kommunismus 8
3. Bürgertum und Arbeiterklasse vor und während der Februarrevolution 15
4. Die Sozialpolitik des zweiten Kaiserreiches 19
5. Die Kommune und die Entwicklung der sozialen Verhältnisse unter der dritten Republik 21
   Anmerkungen 25

Zweites Kapitel: England 27
1. Die wirtschaftliche Revolution 27
2. Der Einfluß der französischen Revolution auf England 29
3. Die Lage der Fabrikarbeiter 32
4. Die Stellung der Nationalökonomen und Politiker zur Arbeiterfrage 34
5. Wahlreform, Armengesetz, Chartismus und Aufhebung der Kornzölle 37
6. Die litterarischen Vorkämpfer der sozialen Reform 41
7. Die Fabrikgesetzgebung 45
8. Die Gewerkvereine 50
9. Die Genossenschaften 55
10. Die Entwicklung der sozialpolitischen Parteien in der neuesten Zeit.. 58
    Anmerkungen 63

Drittes Kapitel: Deutschland 65
1. Um die Wende des Jahrhunderts 65
2. Bis 1848. Karl Marx und Friedrich Engels 67
3. Die Bewegung von 1848 72
4. Ferdinand Lassalle 75
5. Die Entstehung der internationalen Sozialdemokratie in Deutschland und deren Entwicklung bis zum Sozialistengesetze 84
6. Die Stellung der deutschen Wissenschaft zur Arbeiterfrage 88
7. Die Stellung der bürgerlichen Parteien zur sozialen Frage 101
8. Die Entwicklung der Sozialreform 110
9. Die Entwicklung der Sozialdemokratie seit dem Erlasse des Sozialistengesetzes und nach seiner Aufhebung 120
   Anmerkungen 130

Zweiter Teil: Soziale Theorie und Kritik.

Seite

Erstes Kapitel: Die Arbeiterfrage vom sittl. Standpunkte 137
1. Einleitung und Überblick 137
2. Kritik 142
3. Die Bestimmung der Menschheit 151
   Anmerkungen 153

Zweites Kapitel: Der Liberalismus 155
1. Die ursprünglichen Grundgedanken des Liberalismus 155
2. Die wirtschaftlichen und sozialen Ergebnisse des Liberalismus .. 157
3. Die politische Seite des Liberalismus 167
   Anmerkungen 169

Drittes Kapitel: Der Kommunismus 171
1. Das Wesen des Kommunismus 171
2. Das Erfurter Programm 173
   Anmerkungen 181

Dritter Teil: Soziale Reform.

Einleitung 185

Erstes Kapitel: Der wirtschaftliche Fortschritt 186
1. Das Verhältnis von Arbeitslohn und Arbeitszeit zur Arbeitsleistung 186
2. Die Verminderung des Renteneinkommens 188
3. Die Erhöhung der Lebenshaltung 190
   Anmerkungen 191

Zweites Kapitel: Freie Organisationen 192
1. Die Wirksamkeit der Gewerkvereine 192
2. Möglichkeit und Folgen der Lohnpolitik der Gewerkvereine 194
3. Die Grenzen für die Wirksamkeit der Gewerkvereine 201
4. Freie Hilfskassen 216
5. Konsumvereine 218
6. Produktivassoziationen 222
7. Wohlfahrtseinrichtungen der Arbeitgeber 224
8. Wohlfahrtseinrichtungen anderen Ursprunges 230
   Anmerkungen 234

Drittes Kapitel: Staat und Gemeinde 236
1. Einleitung 236
2. Die Arbeiterschutz- und Arbeiterversicherungsgesetzgebung ... 237
3. Der Staat und seine Stellung gegenüber den Koalitionen 248
4. Der Staat und die Einkommensverteilung 253
5. Die sozialen Aufgaben der Gemeinden 259
6. Die Sicherung gegen Arbeitslosigkeit 273
7. Schluß 281
   Anmerkungen 283
   Register 287

Erster Teil.

Soziale Geschichte.

Erstes Kapitel.

Frankreich.

1. **Bürgertum und Arbeiterklasse während der großen Revolution und des ersten Kaiserreiches.**

Als das achtzehnte Jahrhundert sich seinem Ende zuneigte, hatte die wirtschaftliche Entwicklung Großbritanniens diejenige der Franzosen bereits weit überholt. Dennoch bildet Frankreich den Ausgangspunkt, wenn es gilt, die modernen Klassenkämpfe darzulegen. Nirgends sind die Überreste der politischen, wirtschaftlichen und gesellschaftlichen Ordnung der feudalen Zeit so von Grund aus zerstört worden, nirgends in der alten Welt hat der dritte Stand so früh eine ausschließliche Herrschaft errungen, und nirgends haben die im Lager des dritten Standes aufkeimenden Gegensätze zwischen Groß- und Kleinbürgertum, zwischen Bürgertum und Arbeiterklasse so bald einen klaren Ausdruck gewonnen wie bei den Franzosen. In England hat der grundbesitzende Adel, in Deutschland dieser und die Monarchie eine gewaltige Machtfülle neben den industriellen Klassen zu behaupten gewußt. Außerdem ist der Gang der sozialen Bewegung auf deutschem Boden durch die staatliche Zersplitterung, die aus ihr hervorgehenden nationalen Einheitsbestrebungen und die kirchlichen Gegensätze in bedeutsamer Weise beeinflußt worden. So ist es denn vor allen die moderne Geschichte Frankreichs, die in das Verständnis der sozialen Kämpfe, welche unsere Zeit bewegen und erfüllen, rasch einzuführen vermag.

Das Bürgertum, das den Kampf gegen die absolute Monarchie und die privilegierten Klassen aufnahm, hatte in der That das ganze Volk hinter sich. Die Kleinbürger und Arbeiter der Pariser Vorstädte ebenso wie die hörige Bauernschaft der Provinzen, stets bereit seinem Rufe zu folgen, fühlten sich eins mit ihm und erwarteten von der Erfüllung seines Programms auch für sich selbst den Aubruch einer glücklicheren und besseren Zeit. Diese Harmonie ging früh genug verloren. Schon als die ersten Früchte der jungen Freiheit gebrochen wurden, als es zur Feststellung der Menschenrechte kam, da fanden die Rechte, auf die es den Massen des Volkes in jenen Zeiten der Teuerung und Arbeitslosigkeit in erster Reihe ankam, das Recht auf Existenz, auf Beschäftigung oder angemessene Unterstützung keine Gnade vor den Augen der verfassunggebenden Nationalversammlung. Im Frühjahre 1791 versuchten die Arbeiter sich selbst zu helfen. Sie gingen nach dem alten Grundsatze: „Vereint sind auch die Schwachen mächtig" Verbindungen ein, um auf diese Weise eine Verbesserung ihrer Arbeitsbedingungen durchzusetzen. Indes Bailly, der Mann, dem der begeisterte Ballhausschwur geleistet worden war, ließ als Bürgermeister von Paris in einem Plakate diese Koalitionen als Gesetzübertretungen und Vernichtung der öffentlichen Ordnung brandmarken. Nicht genug an dem; schon am 17. Juni 1791 brachte die Nationalversammlung ein Gesetz zustande, das jede Verbindung zwischen Gewerbsgenossen zur Förderung ihrer angeblichen gemeinsamen Interessen als ein Attentat auf die Freiheit und die Menschenrechte mit 500 Livres und Entziehung des aktiven Bürgerrechts für die Dauer eines Jahres bestrafte. Es läßt sich kaum ermessen, wie sehr gerade durch diese Maßregel die Entwicklung der sozialen Verhältnisse Frankreichs geschädigt worden ist. Trotzdem der Wortlaut des Gesetzes Arbeiter und Arbeitgeber in gleicher Weise traf, mußte es doch die Arbeiter weit empfindlicher beeinträchtigen, weil sie ein viel dringenderes Bedürfnis als die für sich allein schon mächtigeren Unternehmer nach einer berufsgenossenschaftlichen Vereinigung empfanden. Gar oft ist das Koalitionsverbot aber auch nur gegen die Arbeiter durchgeführt worden. Die Unternehmerverbände wurden geduldet, die Arbeitervereine unterdrückt. So sahen sich die französischen Arbeiter vom Anbeginne vorwiegend in politische Geleise gedrängt und haben bis auf den heutigen Tag noch keinen Teil an der erheblichen wirtschaftlichen Verbesserung, die ihre englischen Kameraden den Gewerkvereinen verdanken.

Auch in der Verfassung vom 3. September 1791 trat das Bestreben der besitzenden Kreise des dritten Standes, die arbeitenden Klassen von den Früchten der gemeinsam erkämpften Siege thunlichst auszuschließen, mit voller Deutlichkeit hervor. Während die Verfassung auf der einen Seite erklärte, kein anderer Unterschied als der der Tugend und des Talentes solle künftighin zwischen den Bürgern anerkannt werden, führte sie auf der anderen die Sonderung in Aktiv- und Passivbürger ein, die weder mit Tugend noch mit Talent irgend etwas zu thun hatte. Aktivbürger war eben, wer mindestens drei Franken

Steuern zahlte, und ein noch höherer Census galt für die Wahlmänner. Das Recht auf Existenz kam ebenso wenig in die Verfassung als es in die Erklärung der Menschenrechte aufgenommen worden war. Nur die Einleitung zur Verfassungsurkunde erteilte das unsichere Versprechen: „Es soll eine allgemeine öffentliche Unterstützungsanstalt geschaffen und eingerichtet werden zur Auferziehung der verlassenen Kinder, zur Unterstützung der hilflosen Armen und zur Arbeitsbeschaffung für die gesunden Armen, die sich nicht selbst Arbeit verschaffen können".

Man kann sich denken, wie gewaltig dieser schneidende Widerspruch zwischen den Worten und Thaten der neuen Männer die Massen, berauscht von den Ideen der Freiheit und Gleichheit, erregen mußte. „Wir waren überall," schrieb Marat in seinem für Arbeiterkreise bestimmten „Volksfreund", „wohin die Gefahr uns rief, bereit unser Blut für eure Verteidigung zu verschwenden; drei volle Monate hintereinander haben wir die Beschwerden eines mühsamen Feldzuges ertragen, den Tag über dem Sonnenbrand, dem Hunger, dem Durste preisgegeben, während die in ihren unterirdischen Gewölben verborgenen Reichen erst nach den Zeiten der Krise hervorkamen, um sich des Kommandos, der Ehrenstellen und öffentlichen Ämter zu bemächtigen. Wir haben uns für euch geopfert, und jetzt haben wir als Belohnung für unsere Opfer nicht einmal den Trost, als Mitglieder des Staates, den wir gerettet haben, betrachtet zu werden. Welchen Grund könnt ihr denn haben, uns so unwürdig zu behandeln? Der Arme ist ebenso Staatsbürger wie der Reiche: das gebt ihr zu. Aber ihr behauptet, daß er eher käuflich sei? Wirklich? Schaut euch in allen Monarchien der Welt um! Sind es etwa nicht die Reichen, welche den feilen Schwarm der Höflinge bilden?" Und eine Eingabe von achtzehntausend Armen, die an die Nationalversammlung gerichtet und ebenfalls im Blatte Marats abgedruckt wurde, erklärte geradezu: „Das wäre ein schlechter Vorteil, die Adelsaristokratie nieder zu werfen, um der Geldaristokratie zu unterliegen. Wenn die Dämme durchstochen sind, brausen die Meerwasser über den Abhang und stehen nicht still, bis hüben und drüben gleiches Wasser ist. Umsonst wollt ihr den Reformen das Ziel stecken, das euch beliebt. Wahrhaftig die Gleichheit der Rechte führt zur Gleichheit der Lebensgenüsse und erst auf dieser Basis kann der Gedanke ausruhen."

Gern hätte unter diesen Umständen das besitzende Bürgertum mit Monarchie und Adel Frieden geschlossen, um, mit den historischen Mächten vereint, sich des Ansturmes von unten zu erwehren. Allein der jähe Tod Mirabeaus, des hervorragendsten Vertreters dieser Politik, das mangelnde Verständnis des Hofes, das Manifest des Herzogs von Braunschweig, das alles riß das Bürgertum über sein ursprüngliches Ziel, die konstitutionelle Monarchie, unwiderstehlich fort. Die Bedrohung durch den äußeren Feind zwang zur Eintracht im Innern, und diese konnte nur durch wachsende Nachgiebigkeit gegen die Forderungen der kleinbürgerlichen und arbeitenden Schichten des Volkes erkauft werden. Die girondistischen Verehrer der Freiheit der Arbeit und des Verkehres unterlagen dem „Berge", welcher Preistaxen, billige Brotlieferungen und eine stark progressive Einkommensteuer einführte. Die Verfassung von 1793 spiegelte den Umschwung genau wieder. Jeder Wahlcensus wurde beseitigt und die Verpflichtung des Staates zur Unterstützung seiner hilfsbedürftigen Bürger entschiedener anerkannt.

Nach der Ermordung Marats übernahm Hébert die Führung der Proletariermassen von Paris. Seine cynische, die niedrigsten Instinkte aufreizende Agitation stellte indes weniger die sozialökonomischen als die atheistisch-materialistischen Interessen in den Vordergrund. Obwohl kommunistische Tendenzen in der nun folgenden Schreckenszeit immer bestimmter hervortraten, wäre es doch unrichtig, wenn man die blutigen Ereignisse jener Tage ausschließlich unter den Gesichtswinkel sozialer Kämpfe bringen wollte. Von den 2750 Opfern der Guillotine sollen etwa 2100 dem Kleinbürgertume und der Arbeiterklasse selbst angehört haben. Robespierre, vor den Entscheidungskampf gestellt, warb vergeblich unter den Arbeitern der Vorstädte um Unterstützung. „Wir sterben vor Hunger und ihr glaubt uns mit Hinrichtungen zu ernähren" wurde seinen Agenten erwidert.

Dem blutigen Schrecken folgte die Zeit der „goldenen Jugend". Das wohlhabende Bürgertum atmete erleichtert auf und beeilte sich die Verfassung von 1793 zu beseitigen. Neuerdings gelangte ein Wahlcensus zur Annahme und das politische Vereinsrecht wurde nach Möglichkeit eingeschnürt. Von den Aufstandsversuchen, mittelst deren die Arbeiter „Brot und die Verfassung von 1793" wieder zu gewinnen trachteten, verdient nur die Verschwörung des Gracchus Babeuf einiges Interesse.

Gleich Marat vertrat er als Zeitungsschreiber proletarische Interessen. Immer und immer wieder hob sein Blatt „Der Volkstribun" den schreienden Widerspruch hervor, der zwischen den Opfern und Entbehrungen, die die Arbeiter gebracht, und den thatsächlichen Erfolgen, die ihnen zu Teil geworden waren, nach wie vor bestand. Allmählich kam Babeuf zu der Überzeugung, daß der politische Radikalismus allein überhaupt zu nichts führe. Die Gleichheit müsse ein Trugbild bleiben, solange nicht auch die Gleichheit des Einkommens durch eine kommu-

nistische Wirtschaftsordnung sicher gestellt sei. Hatten Männer wie
Meslier, Mably, Morelly, Brissot de Warville und Boissel schon vor
dem Ausbruche der Revolution die Notwendigkeit einer kommunistischen
Wirtschaftsordnung nachzuweisen versucht, so war ihr Einfluß auf die
Massen doch unerheblich geblieben. Selbst die Arbeiterführer der Re-
volutionszeit schreckten noch vor einem vollständigen Kommunismus
zurück. Erst unter Babeuf erfolgte die offene Wendung zur kommunistischen Demokratie. Es gelang ihm, die Reste der Bergpartei um
sich zu scharen und in den Vorstädten einen gewissen Anhang zu werben.
Allein die Masse des arbeitenden Volkes, mißtrauisch gegen die Ausführbarkeit so unerhörter Pläne und erschöpft durch zahllose Kämpfe
und Leiden, ließ sich für die Bewegung nicht mehr entflammen. Die
Verschwörung wurde verraten und ihr Urheber hingerichtet. So scheiterte
der letzte Versuch, die Revolution ausschließlich den Interessen der Besitzlosen dienstbar zu machen.

In der Folge gewann das Bedürfnis nach Ruhe und Ordnung,
nach einer festen Leitung der öffentlichen Angelegenheiten auch bei den
niederen Schichten des Volkes die Oberhand. Frankreich war für den
18. Brumaire Bonapartes reif geworden. Man kann die Tragweite
der Regierung Napoleons in ökonomischer und sozialer Hinsicht kaum
hoch genug veranschlagen. Die Industrie wurde durch Schutzzölle,
Exportprämien, Ausstellungen, öffentliche Kredite und ein Absatzgebiet,
das mit der Ausdehnung der politischen Macht Frankreichs sich ständig
erweiterte, rasch zu einer erstaunlichen Blüte entwickelt. Die teilweise
Heimkehr der Emigranten, der Glanz des kaiserlichen Hofes, der große
Bedarf der Armee, der zunehmende Wohlstand der zahlreichen durch
die Revolution geschaffenen Grundeigentümer, die vorzügliche Ordnung
des Münzwesens, die mit der inneren Sicherheit wachsende Unternehmungslust auf allen Gebieten menschlicher Bethätigung, das alles
sorgte für reichliche Beschäftigung der arbeitenden Klassen. Was der
Volksherrschaft nicht gelungen war, was die Arbeiter der Vorstädte
in zahlreichen blutigen Kämpfen erstrebt hatten, es wurde ihnen jetzt
zu Teil: ein ausreichender Lohn, eine auskömmliche Lage. Wohl
brachen auch während des Kaiserreiches wirtschaftliche Krisen aus;
allein da gewährte die Regierung Arbeitgebern und Arbeitern erhebliche Unterstützungen. Im Jahre 1810 wurden 138, 1811 sogar 154
Millionen verausgabt, um den Arbeitern bei öffentlichen Arbeiten Beschäftigung zu sichern. So wurden vom Volke nicht nur Einschränkungen
der politischen Freiheit, sondern auch grobe Verletzungen des Prinzipes
der rechtlichen Gleichheit ruhig hingenommen. Nach dem neuen Strafgesetze wurden die Koalitionen der Arbeitgeber nur dann mit Geld und

Gefängnis von 6 Tagen bis zu einem Monate bestraft, wenn es sich um eine mißbräuchliche und ungerechte Herabsetzung des Lohnes handelte. Auf Seite der Arbeiter dagegen galt nicht nur jede Koalition für strafbar, sondern auch das Strafausmaß war empfindlich höher angesetzt worden. Außerdem erkannte das bürgerliche Gesetzbuch in Lohnstreitigkeiten den Arbeitgebern eine größere Glaubwürdigkeit zu als den Arbeitern. In den Gewerbegerichten wurde den Arbeitgebern die Mehrheit gesichert, das Arbeitsbuch für die Arbeiter obligatorisch erklärt. Trotz alledem bewahrte das niedere Volk dem Kaiser lange über seinen Sturz hinaus eine große Anhänglichkeit. Das Bürgertum dagegen wandte sich von ihm ab, als sein Stern zu erbleichen begann und die unausgesetzten Kriegszüge für die ökonomischen Interessen des Landes gefährlich wurden. Erst drei Jahrzehnte später, als es neuerdings galt, Schutz und Schirm vor proletarischen Bewegungen zu finden, erinnerte man sich des Neffen.

2. Der Sozialismus und Kommunismus.

Von der Restauration, von der Zeit Ludwig XVIII. und Karl X. ist hier wenig zu erzählen. Der hohe Census der Charte gewährte nur den obersten Schichten des Bürgertumes eine gewisse Teilnahme an der öffentlichen Gewalt. Ja Karl X. versuchte es sogar, den Stand der Dinge vor 1789 allmählich zurückzuführen. So fanden sich Bürgertum und Arbeiterklasse im Juli 1830 wieder auf den Barrikaden zusammen.

Kaum war der Kampfeslärm verstummt, als die Bürger von Paris an den Straßenecken Plakate angeheftet fanden, mittelst deren zwei Männer, Bazard und Enfantin, das Volk aufforderten, in eine große industrielle und theokratische Gemeinschaft der Güter und des Lebens einzutreten. Von der Tribüne der Deputiertenkammer aber wurde Klage geführt gegen eine Sekte, welche die Gemeinschaft der Güter und der Frauen predige. Zur Entgegnung und Rechtfertigung richteten am 1. Oktober 1830 Bazard und Enfantin, die Häupter dieser Sekte der St. Simonisten, eine Schrift an den Präsidenten der Kammer.

„Das System der Gütergemeinschaft," heißt es da, „wird allgemein verstanden als die gleiche Teilung unter allen Mitgliedern der Gesellschaft, sei es die des Stoffes der Produktion, sei es die der Früchte der Arbeit aller. Die St. Simonisten verwerfen diese gleiche Teilung des Eigentumes, die in ihren Augen eine größere Gewaltthätigkeit, eine empörendere Ungerechtigkeit sein würde, als die ungleiche Teilung, die ursprünglich durch die Gewalt der Waffen, durch die Eroberung vor sich gegangen ist. Denn sie glauben an die natürliche Ungleichheit der Menschen, und sehen eben diese Ungleichheit als die Grundlage der Gesellschaftung, als die unentbehrliche Bedingung der gesellschaftlichen Ordnung an. Sie verwerfen das System der Gütergemeinschaft; denn diese Gemeinschaft wäre eine offenkundige Verletzung des ersten aller sittlichen Gesetze, die sie zu verbreiten gesandt sind, und welches will, daß in Zukunft jeder nach seinen Fähigkeiten gestellt und nach seinen Werken belohnt werde. Aber in Gemäßheit dieses Gesetzes fordern sie die Aufhebung aller Privilegien der Geburt ohne Ausnahme, und in Folge die Vernichtung des Erbwesens, des größten aller Privilegien, desjenigen, das sie gegenwärtig alle umfaßt, und das zur Folge hat, daß es die Verteilung der gesellschaftlichen Vorzüge dem Zufalle überläßt unter der kleinen Zahl derer, die darauf Anspruch machen können, und daß es die zahlreiche Klasse zur Entsittlichung, zur Unwissenheit, zum Elende verurteilt. Sie fordern, daß alle Werkzeuge der Arbeit, die Grundstücke und die Kapitalien, welche gegenwärtig die zerstückelte Grundlage der Einzelbesitzungen bilden, in eine gesellschaftliche Grundlage vereint werden, und daß diese Grundlage ausgebeutet werde durch Gesellschaftung und in hierarchischer Ordnung, in der Weise, daß die Aufgabe eines Jeden der Ausdruck seiner Fähigkeit, und sein Reichtum der seiner Werke sei. Die St. Simonisten greifen die Einrichtung des Eigentums nur insoweit an, als sie für einige das gottlose Privilegium des Müßigganges heiligt, das heißt das Vorrecht, von der Arbeit anderer zu leben: nur insoweit sie dem Zufalle der Geburt die soziale Klassenstellung des Einzelnen überläßt. . . . . Ihre Aufgabe ist es aufzubauen, zu erbauen auf den Trümmern, welche sich um sie her erheben, zu gründen in der Mitte der Gesellschaft, die sich auf allen Seiten auflöst, eine neue Gesellschaft, die eine religiöse und friedliche Richtung allen Forderungen der Entwicklung giebt, und die bereit ist, in ihrem Schoße die ganze Menschheit aufzunehmen für die Zeiten, welche nahe sind, wo, ermüdet von Haß, von Krieg, von Anarchie, die Völker Gott um ein neues Gesetz der Liebe, und mit ihm um das Reich des Friedens und die Herrschaft der Ordnung bitten werden."

Hier wird eine Weltanschauung verkündet, die sich von dem rohen Gleichheitskommunismus Babeufs ebenso unterscheidet wie von den Idealen der rein politischen Demokratie, von denen Rousseau und Robespierre erfüllt waren. Nicht mehr gilt es den Menschenrechten einen politischen Ausdruck zu verschaffen und die Freiheit zu dekretieren, es gilt vielmehr eine neue wirtschaftliche und gesellschaftliche Ordnung aufzubauen, die jedem das Seine, jedem die volle Entwicklung seiner Anlagen gewährleistet. Das Eigentum wird nicht mehr, wie noch 1793, als heilig und unverletzlich hingestellt, sondern die Produktionsmittel sollen in den Besitz der Gesellschaft übergehen.

Es ist eine merkwürdige Erscheinung, daß ein Mann, den seine Geburt zu den höchsten Stellungen in der feudalen Gesellschaft bestimmt, den einer der bedeutendsten Vorkämpfer des Bürgertumes, d'Alembert, erzogen hatte, schon einige Jahre, nachdem die Emanzipation des dritten Standes begonnen hatte, die Unzulänglichkeit des liberalen Programmes klar erkannte und die Grundlinien für ein neues soziales Gebäude entwarf. Dasselbe sollte dem Wohle der zahlreichsten und ärmsten Klasse dienen, und die Interessen der bürgerlichen Rentenbezieher ebenso der Förderung der geistigen und physischen Arbeiter aufopfern, wie in der großen Revolution der Besitz des Grundadels dem Vorteile der Bürger und Bauern geopfert worden war. Dieser Mann war der Graf St. Simon. Besser als aus seinen Schriften läßt sich seine große persönliche Bedeutung aus der Thatsache erschließen, daß ein Kreis hochbegabter Männer als Schüler ihn umgab. Unter diesen nahmen Bazard und Enfantin die erste Stellung ein. Sie wurden nach dem Tode des Meisters die Häupter der St. Simonistischen Religion, zu der sich im Jahre 1831 bereits 40000 Personen bekannt haben sollen. Innere Zwistigkeiten, die durch Enfantin und seine Lehren über die Emanzipation des Weibes heraufbeschworen worden, vermochten wohl den Zerfall der äußeren Organisation, nicht aber den Untergang der Lehre selbst zu bewirken. Der Same war bereits unter das arbeitende Volk gefallen und hatte hier feste Wurzel gefaßt.

Um dieselbe Zeit, in der St. Simon und seine Schüler eine soziale Wissenschaft zu begründen versuchten, verfolgte, unbekannt mit ihren Bestrebungen, der Kommis eines Pariser Handlungshauses dasselbe Ziel. Charles Fourier, 1772 als Sohn eines wohlhabenden Kaufmannes in Besançon geboren, hatte gleich St. Simon in den Stürmen der Revolution sein Vermögen verloren. Schon frühzeitig kam er zu der Überzeugung, daß politische Reformen allein nicht imstande seien, die Lage des Volkes zu verbessern. Sein Sinnen und Streben erhob sich über die politischen Probleme hinaus zur Erforschung der wirtschaftlichen und gesellschaftlichen Verfassung. Zwei Erlebnisse sollen insbesondere seinen Gedanken diese Richtung gegeben haben. Als Knabe war er von seinem Vater hart bedroht worden, weil er einen Kunden über die schlechte Beschaffenheit der von ihm begehrten Ware aufgeklärt hatte. Und als Kommis eines Marseiller Warenhauses wurde Fourier der Auftrag erteilt, eine Ladung Reis heimlich ins Meer zu werfen, um trotz der bereits bestehenden Teuerung die Preise noch weiter in die Höhe zu treiben. So wurde für Fourier der Handel zum Inbegriffe von Lüge, Bankerott, Agiotage, Wucher und Betrug. Die Kaufleute, die einfach die Vermittlung des Güteraustausches besorgen sollten, er-

schienen ihm als ein Schwarm von Gaunern, der Landbau und Gewerbe
aufzehrte und die Gesellschaft seiner Botmäßigkeit unterwarf. Die
Gesellschaft, die sich eben erst von der Herrschaft des Grundadels befreit
hatte, war der Handelsfeudalität verfallen. In der Landwirtschaft hob
Fourier die ungeheure Zersplitterung und Vergeudung der Kräfte hervor.
Die Grundstücke eines Landmannes liegen nicht beisammen. Statt
eines großen Speichers zur Aufbewahrung der Produkte hat man
300 kleine Keller und Böden, was viel kostspieliger ausfällt. Ein Schwarm
von Landleuten begiebt sich zum Zwecke des Verkaufes in die Stadt,
während einer alles besorgen könnte. Die Gewerbe werden in arm=
seligen und ungesunden Werkstätten betrieben. Die Arbeiter sind jahraus
jahrein an dieselben einförmigen Arbeiten gekettet, die nur zu oft ihren
Neigungen und Anlagen garnicht entsprechen. So wird die Arbeit
zur Plage. Wirtschaftskrisen entstehen, nicht weil zu wenig, sondern
weil zu viel produziert worden ist. Aus dem Überflusse entspringt in
der Civilisation der Mangel. Das ganze Wirtschaftsleben bewegt sich
in einem fehlerhaften Kreislaufe. Trotz der größten Anstrengung erwirbt
die Mehrzahl nicht einmal so viel, um sich vor Not und Entbehrung
zu schützen. Der Liberale tröstet die Hungrigen mit dem Glücke, unter
einer Verfassung zu leben, als ob die Lektüre der Verfassung eine
Mahlzeit ersetzen könnte. Von Menschenrechten wird viel gesprochen,
aber nicht vom Rechte des Menschen sich zu sättigen, wenn er hungrig
ist. Das Glück des Menschen besteht in der Befriedigung seiner Triebe.
Diese, von Gott dem Menschen eingepflanzt, sind insgesamt gut und
nützlich. Es kommt darauf an, eine Gesellschaftsordnung zu begründen,
welche dem Menschen die Befriedigung aller seiner Triebe gewährleistet.
Etwa 2000 Personen sollen sich zu gemeinschaftlicher Lebensführung
vereinigen. Sie bewohnen einen in der Mitte ihrer Ländereien gelegenen
Palast, das Phalanstère. Die Gemeindegenossen gliedern sich ihren
individuellen Neigungen folgend in Serien und Gruppen und vollbringen
so die verschiedenen wirtschaftlichen und gesellschaftlichen Aufgaben. Da
der Einzelne bald dieser, bald jener Gruppe sich anschließen kann, so
erblüht für jedermann ein anregender Wechsel zwischen körperlicher und
geistiger, zwischen gewerblicher und ländlicher Thätigkeit. Ist erst einmal
eine derartige Gemeinde ins Leben getreten, so werden die unermeßlichen
Vorzüge der Organisation jedem sofort einleuchten und die rasche Ver=
breitung derselben über die ganze Welt bewirken.

Auch um Fourier scharte sich, nachdem seine Schriften erst lange
Zeit unbeachtet geblieben waren, schließlich ein Kreis hingebender und
geistvoller Schüler. Zeitschriften, Jahrbücher und andere Werke der=
selben, namentlich diejenigen Victor Considérants, trugen die Lehren

sogar über die Grenzen der Heimat hinaus nach England und Amerika. Von fourieristischen Vorstellungen bestimmt, verwandelte Godin seine Blechwarenfabrik zu Guise (Departement Aisne) in ein Familistère, das seine Lebensfähigkeit selbst über den Tod des Begründers hinaus behauptete.

Noch eingehender und schärfer wurde das System der freien Konkurrenz von Louis Blanc kritisiert. In seiner berühmt gewordenen Schrift Organisation du travail (1839) zeigte er, wie der freie Wettbewerb nicht nur das Volk, für dessen elende Lage er zahlreiche Belege vorführte, sondern auch die besitzenden Klassen zugrunde richten müsse. Die größeren und mächtigeren Unternehmungen verdrängen die kleineren vom Markte. So führt die freie Konkurrenz zum Monopol der Großbetriebe und damit nicht zur Verbilligung, sondern zur Verteuerung und Ausbeutung. An Stelle dieser anarchischen Produktionsweise hat ein System von großen Arbeitergenossenschaften zu treten. Dieselben sind vom Staate mit Kapital zu unterstützen und werden, indem sie die privaten Betriebe durch den Wettbewerb aus dem Felde schlagen, die Überleitung der ganzen Produktion in eine kollektivistische bewirken. „Wenn auch nicht gründliches Wissen," schrieb H. Heine treffend über das Buch und seinen Verfasser, „doch eine glühende Sympathie für die Leiden des Volkes, zeigt sich in jeder Zeile dieses kleinen Opus, und es bekundet sich darin zu gleicher Zeit jene Vorliebe für unbeschränkte Herrscherei, jene gründliche Abneigung gegen genialen Personalismus, wodurch sich Louis Blanc von einigen seiner republikanischen Genossen auffallend unterscheidet. Die Abweichung hat vor einiger Zeit fast ein Zerwürfnis hervorgebracht, als Louis Blanc nicht die absolute Preßfreiheit anerkennen wollte, die von jenen Republikanern in Anspruch genommen wird. Hier zeigte es sich ganz klar, daß diese letzteren die Freiheit nur der Freiheit wegen lieben, Louis Blanc aber dieselbe vielmehr als ein Mittel zur Beförderung philanthropischer Zwecke betrachtet, sodaß ihm auf diesem Standpunkte die gouvernementale Autorität, ohne welche seine Regierung das Heil des Volkes fördern könne, weit mehr gilt, als alle Befugnisse und Berechtigungen der individuellen Kraft und Größe." In der That, Louis Blanc kann als Vertreter derjenigen sozialpolitischen Richtung gelten, die man in neuerer Zeit als die staatssozialistische zu bezeichnen pflegt. Das Ansehen Blancs stieg noch weiter, als seine „Geschichte der zehn Jahre" erschienen war. Hier behandelte er die Herrschaft des Bürgerkönigs Louis Philippe von 1830–1840 und erfaßte sie in genialer Weise als einen sozialen und wirtschaftlichen Klassenkampf. Der Glanz der Schreibweise, die Ursprünglichkeit in der Auffassung und die Aktualität des Inhaltes verschafften dem Werke wie seinem Verfasser eine allgemeine Aufmerksamkeit.

Noch beschäftigte die „Organisation der Arbeit" die öffentliche Meinung, als ein Buch mit dem Titel: Was ist das Eigentum? erschien, und als Antwort die überraschende Wendung brachte: Das Eigentum ist Diebstahl. Gleich den Schriften von Blanc ebenso sehr Erzeugnis wie Erreger sozialer Gährung brachte es doch eine der Blancschen Richtung stracks zuwiderlaufende streng individualistische Denkungsart zur Geltung. Der Verfasser, P. J. Proudhon (geb. 1813), von ärmlichster Herkunft, hatte sich bis zu seinem 22. Jahre als Schriftsetzer in Besançon den Lebensunterhalt verdient. Später gelang es ihm mit Hilfe eines Stipendiums, das er von seiner Vaterstadt erhielt, gelehrte Studien zu betreiben.

In der herrschenden Wirtschaftsordnung — so führte Proudhon aus — werden beim Austausche der Güter nicht gleiche Werte gegeben. Die Macht, welche das Eigentum verleiht, ermöglicht es dem Kapitalisten beim Erwerbe der Arbeit dem Arbeiter im Lohne weniger zu geben, als letzterer ihm selbst durch die Arbeitsleistung liefert. So „erntet der Eigentümer, wiewohl er nicht säet; verzehrt er, wiewohl er nicht produziert; genießt, wiewohl er nicht arbeitet." Das Eigentum macht also den Diebstahl möglich, das Eigentum wird zum Diebstahl (La propriété c'est le vol). Hiermit kam Proudhon zu einem Satze, den Brissot de Warville zwar schon 1780 ausgesprochen, aber nicht entfernt so geschickt begründet hatte. Trotz dieser Auffassung des Eigentumes trat Proudhon durchaus nicht für die kommunistischen Bestrebungen ein, die immer weitere Schichten erfaßten. In einer kommunistischen Gesellschaft würden die Starken ebenso von den Schwachen ausgebeutet werden, wie jetzt die Schwachen durch die Starken.

Sechs Jahre später erschien ein zweites Werk von Proudhon: Das System der wirtschaftlichen Widersprüche. Hier wird die in der Erstlingsschrift bereits angedeutete Wertlehre weiter ausgeführt. Nutz- und Tauschwert der Güter geraten im Systeme der freien Konkurrenz mit einander beständig in Widerstreit. Je größer die Menge der Nutzwerte, desto geringer ihr Tauschwert. Nun liegt aber ein hoher Tauschwert im privatwirtschaftlichen Interesse, das den Gang der Produktion bestimmt. Es kommt daher auch die möglichst reichliche Produktion von Nutzwerten, wie sie im Interesse der Gesamtheit liegt, thatsächlich nicht zum Durchbruche. Der Widerspruch, den die freie Konkurrenz im Werte erzeugt, überträgt sich vielmehr auf alle Betriebe der Volkswirtschaft, da ja der Wert das ganze Leben durchdringt.

Diese Grundgedanken werden im Einzelnen noch scharfsinnig ausgearbeitet.

Die allerdings erst in späteren Werken entwickelten Reformvorschläge Proudhons verlangen nicht eine Beseitigung der privatwirtschaftlichen Produktionsweise, sondern laufen auf eine Beseitigung von Geld und Zins durch Einführung von Tausch= oder Volksbanken hinaus. Auf dem angedeuteten Wege glaubte Proudhon sein Ziel, daß im Tausche beiderseits gleiche Werte gegeben würden, am einfachsten zu erreichen. Konnte L. Blanc als ein Vorläufer des Staatssozialismus gelten, so müssen auf Proudhon die Ideen des wissenschaftlichen Anarchismus zurückgeführt werden. Wie in den St. Simonisten die konstruktiven und organisatorischen, wie in Fourier die sinnlichen, in Blanc die reglementierenden Neigungen des französischen Volksgeistes zum Ausdruck kamen, so darf Proudhon als der Vertreter extrem individualistischer und antistaatlicher Sinnesrichtungen angesehen werden. Daß aber auch diese Tendenzen der französischen Volksseele entsprechen, beweist der lange Nachhall, den die Gedanken Proudhons in der französischen Arbeiterbewegung gefunden haben.

Während der vierziger Jahre schwoll die Zahl sozialistischer Werke und Zeitschriften zu einer kaum übersehbaren Fülle an. Nachdem indes die bedeutendsten Träger der sozialistischen Gedankenwelt bereits erwähnt worden sind, kann auf die Hervorhebung der Sterne zweiter und dritter Größe wohl verzichtet werden. Eher dürfen die mehr an die gegebene Ordnung anknüpfenden, meist durch Gelehrte oder Beamte vertretenen, sozialreformatorischen Bestrebungen einen Anspruch auf Beachtung erheben. Ihnen war es zu danken, daß die thatsächlichen und oft grauenhaften Zustände, in denen die französischen Arbeiter lebten, enthüllt wurden. Villermé schilderte die Lebensverhältnisse der Textilarbeiter, Fregier machte die Beziehungen, die sich zwischen dem Verbrechertum, der Prostitution und den elenden Existenzbedingungen der Arbeiter in den großen Städten ergaben, zum Gegenstande seiner Untersuchungen, Parent=Duchatel behandelte die Prostitution von Paris, Buret schilderte die Not der Arbeiter im allgemeinen, Sismondi, Blanqui und Villeneuve=Bargemont brachten die verzweifelte und hoffnungslose Stellung des Arbeiters der Fabrikindustrien im Systeme der freien Konkurrenz in streng wissenschaftlicher Weise zur Darstellung. Boyer und Sismondi traten für Berufsorganisationen der Arbeiter zur Erzielung besserer Arbeitsbedingungen und für unparteiische Schiedsgerichte zur Schlichtung von Arbeitsstreitigkeiten ein. Buchez empfahl bereits 1831 den Arbeitern freie Produktiv=Genossenschaften als Lösung des sozialen Problems. Unablässig für die praktische

Verwirklichung dieser Gedanken thätig, wurde er zum Vater des Genossenschaftswesens in Frankreich.

So hatten die Franzosen eine Gedankenarbeit geleistet, die ihresgleichen kaum wiederfindet. Zwischen den tiefen aber dunklen Ahnungen eines St. Simon, den geistreichen Phantasien eines Fourier einerseits, der scharfsinnigen Analyse Proudhons und der genialen Geschichtsauffassung Louis Blancs andrerseits waren kaum mehr als zwei Jahrzehnte verflossen. Innerhalb dieser Frist war nicht nur die Hinfälligkeit des politischen und wirtschaftlichen Liberalismus mit wachsender Klarheit erkannt, sondern auch der Grundriß einer neuen Gesellschaftsordnung entworfen worden.

3. **Bürgertum und Arbeiterklasse vor und während der Februarrevolution.**

Als Karl X. eine feudale Reaktion über Frankreich hatte verhängen wollen, wurde er durch das Bündnis der bürgerlichen und proletarischen Schichten gestürzt. Kaum war aber die feudal-absolutistische Gefahr beschworen, da beeilte sich das Bürgertum, durch die Erfahrungen der großen Revolution gewitzigt, mit der königlichen Gewalt wenigstens Frieden zu schließen. An die Stelle der Bourbons, denen nun einmal das Verständnis für die neue Zeit und ihre Forderungen auf ewig versagt schien, traten die Orléans. Aus dem Könige von Gottes Gnaden wurde ein König der Franzosen, richtiger des französischen Bürgertumes. Endlich war diesem seine Absicht, das Königtum zu meistern, ohne es zu vernichten, gelungen. Wie zu Beginne der großen Revolution wurden Kleinbürgertum und Arbeiterklasse wieder von der Teilnahme an den Früchten des Sieges ausgeschlossen. Das Wahlrecht erfuhr nur eine geringe Erweiterung. Der Gegensatz zwischen Bourgeoisie und Proletariat verschärfte sich von Tag zu Tag. Die Periode von 1830—1840 war erfüllt von Empörungen gegen das herrschende System. Erst verfolgten dieselben lediglich republikanische Ziele. Später, entsprechend dem Vordringen sozialistischer Ideen, gesellten sich zu den demokratischen auch soziale Forderungen. Es entstand eine sozialistische Demokratie, als deren erster Abgeordneter Ledru-Rollin 1841 in die Kammer gelangte.

Es ist schwer zu sagen, ob die Entwicklung der thatsächlichen Zustände oder die von ihr allerdings wieder bestimmte sozialistische Litteratur und Journalistik in höherem Maße das französische Volk erregte. Ausfuhrprämien, hohe Schutz- ja Prohibitivzölle, freigebig der „notleidenden Industrie" gespendete Unterstützungen und Kredite züchteten Millionäre, während die Lyoner Seidenweber mit dem Rufe: Vivre en travaillant ou mourir en combattant! den Bajonetten des Militärs, das gegen ihre Arbeitseinstellung aufgeboten worden war, sich entgegenstürzten. Die Losung „Enrichissez-vous" war erteilt worden, freilich nur für die oberen Zehntausende. Wenn schließlich die Politiker der Kammer und die Minister von dem Reichtume, der sich ergoß, ebenfalls einen Teil an sich reißen wollten, wie der Prozeß Teste-Cubières, ein würdiger Vorläufer des Panamaskandales, bewies, so konnte man sich kaum darüber wundern. Die Beamten fühlten sich als Geschäftsführer der herrschenden Bourgeoisie. Im Elsaß bat die Behörde die Herren Fabrikanten höflichst, ihr die Namen der Arbeiter bekannt zu geben, die man während der Geschäftskrise zu entlassen gedenke. Dieselben könnten dann, wenn sie keine Franzosen seien, sofort abgeschoben werden. Versuche der Arbeiter, ein Unterstützungswesen für den Fall der Krankheit einzurichten, wurden auf Schritt und Tritt mit dem größten Argwohne verfolgt, Koalitionen mit Hilfe des Strafgesetzes streng unterdrückt. Dagegen kümmerten sich die Behörden nicht im mindesten um die industrielle Ausbeutung der Kinder, selbst nicht derjenigen jugendlichsten Alters, oder der Frauen. Der Volksunterricht wurde vernachlässigt. Erst nach langwierigen Verhandlungen kam am 22. Februar 1841 ein Gesetz zustande, das die Beschäftigung von Kindern vor zurückgelegtem achten Lebensjahre verbot, für 8—12 jährige die tägliche Arbeitszeit auf 8 Stunden, für 12—16 jährige auf 12 Stunden beschränkte. Indes dieser äußerst geringe Schutz wurde nicht einmal durchgeführt. Schon die Verordnung zur Ausführung des Gesetzes erklärte: „Es handelt sich nicht um eine strenge und absolute Ausführung". Ja, es kam so weit, daß selbst Fabrikanten beim Ministerium über die mangelhafte Durchführung Beschwerde erhoben. Dieses aber wies die Klagen als ungerechtfertigt zurück. Nach den Berichten der Präfekten sei alles in schönster Ordnung.

Im Jahre 1842 schrieb H. Heine aus Paris nach Deutschland: „Der Kommunismus, obgleich er jetzt wenig besprochen wird und in verborgenen Dachstuben auf einem elenden Strohlager hinlungert, so ist er doch der düstere Held, dem eine große, wenn auch nur vorübergehende Rolle beschieden in der modernen Tragödie, und der nur des Stichwortes harrt, um auf die Bühne zu treten. Wir dürfen daher diesen Akteur nie aus den Augen verlieren und wir wollen zuweilen von den geheimen Proben berichten, worin er sich zu seinem Debüt vorbereitet. Solche Hindeutungen sind vielleicht wichtiger, als alle Mitteilungen über Wahlumtriebe, Parteihader und Kabinettsintriguen." Das Stichwort fiel sechs Jahre später, als die Regierung sich in kurzsichtigster Weise einer Reform des Wahlrechtes, das ja noch immer überaus beschränkt war, widersetzt hatte. Die Gewährung der Reform kam zu spät. Mißverständnisse führten zum Straßenkampfe. Das bewaffnete Volk drang in die Kammer und erzwang die Proklamation der Republik.

Die Umwälzung war von der republikanischen Partei, die vornehmlich in den mittleren und niederen Bürgerschichten sowie in der Arbeiterklasse der Vorstädte wurzelte, durchgesetzt worden. Diese Allianz übertrug sich auf die provisorische Regierung. Männer wie Lamartine, Garnier-Pagès und Marie vertraten in ihr die bürgerliche, Ledru-Rollin, Louis Blanc und der Arbeiter Albert die sozialistische Demokratie. Nach den ungünstigen Erfahrungen der Julirevolution verlangten die Arbeiter von der provisorischen Regierung stürmisch eine Garantie dafür, daß die Bewegung in der That zur Verbesserung der Lage des arbeitenden Volkes ausschlage. Man forderte das Recht auf Arbeit. Rasch entwarf Louis Blanc ein entsprechendes Dekret und gewann dafür, freilich erst nach einigem Widerstande, auch die Zustimmung der übrigen Mitglieder der Regierung. Dagegen wurde die Durchführung des Rechtes auf Arbeit Blanc nicht übertragen. Auch das von den Arbeitern begehrte Arbeitsministerium, das natürlich Blanc zugefallen wäre, wurde von der Regierung verwehrt. An Stelle eines Ministeriums berief man nur eine Arbeitskommission, die unter Zuziehung von Arbeitern und sozialistischen Schriftstellern über die Lösung der sozialen Frage beraten sollte. Das Palais Luxembourg wurde zum Sitze, Blanc zum Präsidenten der Kommission bestimmt. So gelang es, die sozialistischen Mitglieder der Regierung kalt zu stellen. Die infolge des Rechtes auf Arbeit eingerichteten Nationalwerkstätten blieben in den Händen von Männern, die sozialistischen Bestrebungen durchaus abgeneigt waren. Ja, man strebte auf dieser Seite danach, sowohl die bei den öffentlichen Arbeiten beschäftigten Arbeiter zu einer Prätorianergarde der Regierung zu machen, als auch durch die Art und Weise, in der überhaupt diese Arbeiten organisiert worden waren, das Recht auf Arbeit und die sozialistischen Bestrebungen gründlichst zu diskreditieren.

Um die Republik endgiltig einzuführen, mußte eine verfassunggebende Nationalversammlung einberufen werden. In den radikalen Kreisen von Paris wurde man sich bald darüber klar, daß die Wahlen trotz des allgemeinen Stimmrechtes, das bei ihnen zur Anwendung gelangte, keine sozialistische, ja vielleicht nicht einmal eine republikanische Mehrheit ergeben würden. So geschah es, daß die Führer der sozialistischen Demokratie, Blanqui und Barbès, einen Zug von 150 000 Menschen vor das Stadthaus führten, um die provisorische Regierung zur Verschiebung der Wahlen und zur Ergreifung einer sozialistischen Diktatur zu veranlassen. Da aber selbst die Vertreter der Arbeiterklasse in der provisorischen Regierung diesem Verlangen nicht nachzukommen wagten, scheiterte die Demonstration, und Blanc verlor mehr und mehr das Zutrauen der Massen. Von der sozialistischen Gefahr unmittelbar bedroht, vereinigten sich die bürgerlichen Kreise, auch wenn sie nicht der republikanischen Partei angehörten, in der Nationalgarde und boten wiederholt Volksaufzügen und Aufstandsversuchen erfolgreich die Spitze.

Am 4. Mai trat die neugewählte Kammer zusammen. Wie vorhergesehen worden war, verfügten die Besitzenden dank der großen Zahl von ländlichen Grundeigentümern, deren sich Frankreich seit der großen Revolution erfreut, in der Versammlung über eine entscheidende Mehrheit. Übrigens hatten selbst viele größere Städte Vertreter des Bürgertumes gewählt. Immerhin wurde das Recht auf Arbeit noch in den Verfassungsentwurf aufgenommen. Dagegen stellte die Regierung die öffentlichen Arbeiten zu Gunsten der Arbeitslosen jetzt ein. Als die Arbeiter sahen, daß auch die Früchte der Februarrevolution ihren Händen wieder zu entgleiten drohten, da unternahmen sie noch einen gewaltigen Versuch, dem Laufe der Dinge eine andere Wendung aufzudrängen. Drei Tage (22.—24. Juni) hindurch stritten sie in blutigem Kampfe gegen die Truppen der Regierung. Allein der General Cavaignac, dem von der Kammer zur Besiegung des Aufstandes die Diktatur übertragen worden war, warf mit einem Aufgebote von 100 000 Mann endlich die Arbeiter nieder. Über 10 000 Menschen fanden hierbei den Tod. Im September 1848 wurde das Recht auf Arbeit mit 596 gegen 187 Stimmen aus dem Verfassungsentwurfe gestrichen.

Nachdem der Regierungssozialismus Blancs somit gescheitert war, hielt Proudhon seine Zeit für gekommen. Sein Plan bestand in der Gründung einer Tauschbank. Die Produzenten sollten bei ihr die Waren einliefern und Tauschbons nach Maßgabe des Arbeitswertes derselben empfangen. Die Tauschbons aber sollten zur Entnahme von anderen, den Bedürfnissen der Einlieferer entsprechenden Waren aus der Tauschbank verwendet werden. Das Unternehmen gelangte indes, trotzdem umfassende Vorkehrungen für dasselbe bereits getroffen waren, nicht zur Ausführung, weil Proudhon eben eine längere Freiheitsstrafe abzubüßen hatte.

In der Kammer, die auf Grund der neuen Verfassung im Mai 1849 zusammentrat, verfügten die konservativen Kreise über einen noch größeren Anhang als in der verfassunggebenden Nationalversammlung. Man glaubte das allgemeine Wahlrecht wieder beseitigen und etwa einem Drittel der bisher wahlberechtigten Personen das Stimmrecht entziehen zu dürfen. Die durch diese und ähnliche Maßnahmen wachsende Unpopularität der Kammer bot für Louis Napoleon dem die Präsidentschaft der Republik übertragen worden war, die willkommene Gelegenheit zu seinem 18. Brumaire, zum Staatsstreiche vom 2. Dezember 1851, zu schreiten.

Frägt man nach den bleibenden Errungenschaften, welche die Arbeiterklasse aus der Februarrevolution davon getragen hatte, so standen dieselben zu den gemachten Anstrengungen im gröbsten Mißverhältnisse. Ein Dekret der provisorischen Regierung vom 2. März 1848 hatte die tägliche Arbeitszeit für Paris auf 10, für die Provinz auf 11 Stunden begrenzt. Erst nach langen Kämpfen ließ sich die Kammer dazu bewegen, einem Gesetze (9. September 1848) zuzustimmen, das den zwölfstündigen Maximalarbeitstag enthielt. Da diese Maßregel aber so gut wie unausgeführt blieb, hatten die Arbeiter aus den Stürmen der Revolution eigentlich nur den Grundsatz gerettet, daß auch die Arbeitszeit männlicher erwachsener Personen von Staatswegen eingeschränkt werden könne. Sodann fiel im Jahre 1849 noch die Verschiedenheit des Strafausmaßes weg, welche das Strafgesetz feststellte, je nachdem eine Koalition von Arbeitgebern oder Arbeitern unternommen worden war. Von Wolowski ausgehende Versuche, den Arbeitern die Koalitionsfreiheit zu verschaffen, wurden von den Fabrikanten, die in der Kammer zahlreich vertreten waren, vereitelt. Es dürfe in Frankreich nicht dahin kommen, daß der Arbeitgeber mit dem Arbeiter verhandeln müsse; da ginge die Industrie zu Grunde. Die Pariser Arbeiter hatten Ströme von Blut geopfert und doch weder ein wirksames Arbeiterschutzgesetz noch die Befugnis zur gewerkschaftlichen Organisation errungen. Die begeisterte Hingabe an hochfliegende, die ganze Gesellschaft aus den Angeln hebende Ideen und die Vernachlässigung bescheidener, aber vom Boden der gegebenen Ordnung sicher durchzuführender Reformen hatten sie schwer genug zu büßen.

4. Die Sozialpolitik des zweiten Kaiserreiches.

So sehr Napoleon III. in allen anderen Beziehungen hinter seinem Onkel zurückstand, in der geschickten Pflege materieller Interessen hat er sein großes Vorbild vollkommen erreicht. Eine umfassende Bauthätigkeit, die nicht nur Paris zur schönsten Stadt der damaligen Zeit erhob, sondern auch der Erbauung und Verteidigung von Barrikaden große Schwierigkeit bereitete, wiederholte Weltausstellungen, die Gründung zahlreicher Bank- und Verkehrsunternehmungen, Handelsverträge, das alles, noch gehoben durch den mächtigen wirtschaftlichen Aufschwung, der überhaupt die 50er Jahre auszeichnete, verschaffte Bürgertum und Arbeiterklasse günstige Existenzbedingungen und ließ sie den Verlust politischer Freiheiten einigermaßen verschmerzen. Daneben hatten sich die Arbeiter noch einer Reihe besonderer Maßnahmen zu erfreuen. Hilfskassen erhielten, wenn sie auf ihre Selbständigkeit Verzicht leisteten, reichliche Dotationen, Gesellschaften zur Erbauung von Arbeiterquartieren wurden von dem Staate oder dem Kaiser subventioniert, die Errichtung von Volksbädern wurde angeregt. Spitäler und Wohlthätigkeitsanstalten in großer Zahl ins Leben gerufen.

Während der Gefangenschaft in Ham hatte Napoleon soziale Fragen studiert, sogar eine Broschüre: Extinction du paupérisme herausgegeben. „Die arbeitende Klasse," schrieb er damals, „besitzt nichts, es handelt sich darum, ihr Eigentum zu verschaffen. Sie hat nur ihre Arme, und diesen muß eine für alle nützliche Beschäftigung gewährt werden. Sie steht wie ein Volk von Heloten inmitten eines Volkes von Sybariten. Man muß ihr einen Platz in der Gesellschaft schaffen und ihre Interessen mit dem Boden verknüpfen. Sie ist ohne Organisation, ohne Band, ohne Recht, ohne Zukunft; man muß ihr Recht und Zukunft verschaffen und sie in ihren eigenen Augen erheben durch Association, Erziehung und Disciplin." Man sieht, daß er als Kaiser dieses Programm nicht vergaß.

Gegen Anfang der 60er Jahre fand sich Napoleon veranlaßt, dem Bürgertum wieder einen gewissen Anteil an der Regierung einzuräumen. Nun hatte aber seine freihändlerische Handelspolitik die einflußreichen Kreise der großen Industriellen tief verstimmt. Es erschien Napoleon daher zweckmäßig, die wachsende politische Macht des Bürgertums dadurch in Schach zu halten, daß er auch den Arbeitern eine größere Bewegungs= freiheit einräumte. Eine Arbeiterdelegation konnte die Londoner Welt= ausstellung (1862) besuchen und dort mit den englischen Arbeiterführern in nähere Beziehungen treten, aus denen später (1864) die Gründung der Internationalen Arbeiterassociation hervorging. Die erheblichen Erfolge, welche die englischen Arbeiter in damaliger Zeit bereits mit Hilfe der Arbeitseinstellungen und der Gewerkvereine erzielt hatten, mußte die Franzosen für ähnliche Bestrebungen begeistern. Auch in Frankreich begann eine Aera der Arbeitseinstellungen. Entsprechend den Vorschriften der Strafgesetze, fanden zwar zahlreiche Verurteilungen statt, doch wurden die Verurteilten regelmäßig durch den Kaiser begnadigt. Schließlich ließ die Regierung ungeachtet des Widerstandes, den der gesetzgebende Körper leistete, mit dem Gesetze vom 28. Mai 1864 das Koalitionsverbot überhaupt fallen. Dagegen hielt sie an weitgehenden polizeilichen Befugnissen auf dem Gebiete des Vereins= und Ver= sammlungswesens fest. So blieben die Arbeiter bei Koalitionen immer noch in hohem Maße von der Stimmung der Behörde abhängig. Während der großen Pariser Weltausstellung (1867) konnte, auf die persönliche Initiative des Kaisers hin, sogar ein förmliches Arbeits= parlament zusammentreten und Arbeiterfragen eingehend beraten. Ein

Jahr später wurde ein freieres Versammlungsgesetz erlassen und die amtliche Erklärung abgegeben, daß trotz des Gesetzes von 1791, welches wirtschaftliche Berufsvereinigungen untersagte, den Fachvereinen der Arbeiter die administrative Duldung ebenso gewährt werden würde, wie sie den Verbindungen der Unternehmer schon seit geraumer Zeit zugestanden worden war. Obwohl in der Arbeiterschaft noch vielfach die Anschauungen Proudhons maßgebend waren, welcher Arbeitseinstellungen für schädlich erklärte, kam es zur Gründung zahlreicher Gewerkschaften. Auch an Arbeitseinstellungen fehlte es nicht, die aber bei der noch geringen Erfahrung der Arbeiter in diesen Dingen freilich meist kein gutes Ende nahmen. Da bereitete die Niederlage gegen Deutschland dem imperialistischen Sozialismus Napoleons ein jähes Ende.

5. **Die Kommune und die Entwicklung der sozialen Verhältnisse unter der dritten Republik.**

Schon während der Wirren, die mit der neuerlichen Proklamierung der Republik verknüpft waren, wurde in Paris mehr und mehr der Ruf nach einer Kommune erhoben. Die Anhänger derselben setzten sich aus den Parteigängern verschiedener Richtungen zusammen. Die einen strebten nach einer größeren Selbständigkeit des Gemeindelebens im Gegensatze zu der maßlosen Zentralisation, welche die Verwaltung Frankreichs beherrschte. Mit Rücksicht auf diese Tendenzen erklärte selbst Fürst Bismarck, daß in der Kommunebewegung „ein Kern von Vernunft" enthalten gewesen sei. Die anderen hofften, daß die Herrschaft der Stadt Paris das Vaterland wie 1791 92 von der feindlichen Invasion befreien werde. Wieder andere traten für die größere Selbständigkeit der Städte deswegen ein, weil sie nur so auf eine Erfüllung ihrer radikalen Ideale in absehbarer Zeit rechnen konnten. Die Entwicklung der Ereignisse während der Februarrevolution hatte ja aufs deutlichste bewiesen, wie wenig Sympathien das Land mit seinen zahlreichen kleinen Grundbesitzern für das kommunistische Programm der Pariser Arbeiter besaß. Schon Proudhon hatte übrigens für eine Auflösung des Staates in kommunale Republiken geschwärmt. Welche Thatsachen schließlich zur Konstituierung der Pariser Kommune führten, wie sich der Gegensatz zwischen Paris und der Versailler Regierung allmählich zum blutigen Kampfe zuspitzte, wie die Kommunetruppen besiegt und an den unterworfenen Rebellen eine unerhört grausame Rache genommen wurde, diese Vorgänge brauchen hier nicht erörtert zu werden. Dagegen ist bemerkenswert, daß die auf drei Milliarden Franken sich belaufenden Schätze der Bank von Frankreich von der Kommuneregierung nicht angegriffen wurden. Nicht ohne Interesse sind auch die sozialpolitischen Maßregeln: das Verbot der Lohnabzüge, der Nachtarbeit der Bäckergehilfen, die grundsätzliche Bevorzugung der Arbeitergenossenschaften vor privaten Unternehmern bei allen gewerblichen Lieferungen für die Stadt, die Bestimmung eines Minimallohnes bei Submissionen, der Plan, die von ihren Besitzern verlassenen Etablissements gegen Entschädigung Arbeitergenossenschaften zu überweisen u. a. m. Eine dauernde Bedeutung war indes all diesen Verfügungen nicht beschieden.

Bekanntlich war es nach dem Sturze des Kaiserreiches und der Besiegung der Kommune weniger die Neigung der besitzenden Klassen für die republikanische Staatsform, die letztere aufrecht erhielt, als vielmehr der Umstand, daß, wie Thiers einst bemerkte, zwar drei monarchistische Prätendenten aber nur ein Thron vorhanden war. Immerhin mag auch die Rücksicht auf die republikanische Gesinnung der kleinbürgerlichen und arbeitenden Schichten der Bevölkerung, trotz der Niederlage, die sie erlitten hatten, nicht ohne jeden Einfluß gewesen sein.

Während die bonapartistische Regierung in mancher Hinsicht eine reformfreundliche Haltung bewahrt hatte, war von ihr doch die Ausbildung des Arbeiterschutzes, so sehr gerade dieser dem Vorstellungskreise eines imperialistischen Sozialismus hätte entsprechen sollen, arg vernachlässigt worden. Erst unmittelbar vor Ausbruch des Krieges gelangte ein entsprechender Entwurf zur Beratung. Die Republik erkannte die Dringlichkeit einer Reform an und brachte ein Gesetz vom 19. Mai 1874 zustande, das gegenüber dem alten Gesetze von 1841 immerhin einen erfreulichen Fortschritt bezeichnete. Kinder unter 12 Jahren wurden überhaupt nicht mehr zur Beschäftigung zugelassen. Für Personen von 12—16 Jahren galt eine 12stündige Maximalarbeitszeit und zur Nachtarbeit sollten männliche Personen nicht vor dem 16., weibliche nicht vor dem 21. Jahre verwendet werden. Außerdem wurde Kindern unter 12 Jahren sowie Mädchen und Frauen jeden Alters die unterirdische Arbeit in Bergwerken untersagt. Zur Durchführung der Gesetze trat eine besondere Inspektion ins Leben. Die schon vom Kaiserreiche eingeführte administrative Duldung der Fachvereine blieb bestehen. Und in der That, die Entwicklung der Fachverbände nahm auf Seite der Arbeiter wie der Arbeitgeber einen, wenn auch langsamen, so doch stetigen Fortgang. Im Jahre 1876 fand ein Arbeiterkongreß statt, der sich durch eine gemäßigte Haltung auszeichnete. Sozialrevolutionäre Bestrebungen traten erst an das Tageslicht, nachdem infolge der Amnestie viele verbannte Kommunards wieder heimgekehrt waren. An der Spitze standen Männer wie Paul Brousse, Benoit Malon, Jules Guesde und Paul Lafargue.

Im Jahre 1880 hatte sich die Gegnerschaft zwischen den Gemäßigten und den Extremen bereits soweit zugespitzt, daß es auf dem Kongreß zu Havre zu einer offenen Scheidung kam. Die Progressisten (oder auch Reformisten) widmeten ihr Hauptaugenmerk der Pflege des Gewerkschaftswesens und gaben von 1882 an ein besonderes Gewerkschaftsblatt (Le Moniteur des syndicats ouvriers) heraus. Es gelang ihnen zu wiederholten Malen Vereinbarungen über die Arbeitsbedingungen zwischen den Organisationen beider Parteien zustande zu bringen und Arbeitsstreitigkeiten durch Schiedsgerichte zu schlichten. Mit der wachsenden Bedeutung der Gewerkschaften war die Unsicherheit ihres rechtlichen Bestandes unvereinbar. Lockroy gebührt das Verdienst, als Handelsminister gegen den hartnäckigen Widerstand des Senates endlich die Annahme des Gesetzes vom 21. März 1884 durchgesetzt zu haben. Damit wurde das verhängnisvolle Verbot der Berufsvereinigungen von 1791 beseitigt und den Fachvereinen unter bestimmten Voraussetzungen die juristische Persönlichkeit verliehen. Diese Maßregel hat viel zum Aufschwunge der Gewerkschaftsbewegung beigetragen. Ist doch in der Zeit von 1884—1891 die Zahl der Fachvereine der Arbeitgeber von 248 auf 1127, die der Arbeiter von 283 auf 1127 im Jahre 1891 gewachsen. Freilich steht immer noch der weitaus größte Teil der Arbeiter außerhalb der Berufsorganisationen.

Die radikale Richtung, die sich 1880 von der gemäßigten getrennt hatte, verfiel ihrerseits bald weiteren Spaltungen. Nach der Meinung Guesdes, der auf dem Boden der Lehren von Marx steht, wurde von Joffrin, Malon, Brousse u. a. m., die überdies proudhonistischer Sympathien verdächtig waren, der Grundsatz des Klassenkampfes nicht streng genug beobachtet. Es entstanden die Gruppen der Possibilisten und der Marxisten. Die Bezeichnung der ersteren geht darauf zurück, daß sie in ihrem Organe erklärt hatten: „Wir wollen unsere Bestrebungen in kleinen Dosen verabreichen, um derart ihre Annahme einem jeden möglich zu machen (les rendre possibles)." Deshalb nannte sie Guesde Possibilisten, ein Spitzname, der übrigens eher den Urheber, als diejenigen, gegen die er gerichtet wurde, herabsetzen kann.

Beide Parteien haben im Laufe der 80er Jahre, um ihren Einfluß zu erweitern, eifrig danach gestrebt, die Gewerkschaften für sich zu gewinnen. Dieses Ziel haben die Possibilisten in erheblichem Umfange erreicht, und bei den Wahlen zum Gemeinderate in Paris sind ihnen viele Mandate zugefallen. So konnten sie mancherlei im Interesse der Arbeiter durchsetzen. Für die Gewerkschaften wurde eine großartige Arbeiterbörse erbaut und bei den öffentlichen Arbeiten, die

die Stadt zu vergeben hat, werden in die lastenhafte Bestimmungen über Lohnhöhe und Arbeitszeit aufgenommen. Die Marxisten haben namentlich im Norden und Süden des Landes unter den Gewerkschaften Anhänger gefunden und bei den Gemeinde- und Kammerwahlen ebenfalls manchen Erfolg erzielt. Die regere Teilnahme der Arbeiter am politischen Leben konnte in einem Lande des allgemeinen Wahlrechtes ihren Einfluß auf die Stimmung der Kammer nicht verfehlen. Dies trat in der Frage des Arbeiterschutzes deutlich hervor. Die Kammer brachte einen ziemlich reformfreundlichen Entwurf zustande. Allein der Senat setzte stets alle Hebel dagegen ein, sodaß erst nach sechsjährigem Zwiste zwischen Ober- und Unterhaus ein Kompromiß, das Gesetz vom 2. November 1892, verabschiedet werden konnte. Danach sollen Kinder vor dem 13. Lebensjahre nicht beschäftigt werden. Für jugendliche Personen unter 16 Jahren wird die tägliche Maximalarbeitszeit auf 10, für Personen von 16 bis 18 Jahren die wöchentliche Maximalleistung auf 60 Stunden festgesetzt. Der Arbeitstag erwachsener Frauen ist auf 11 Stunden im Tage beschränkt, Nachtarbeit für geschützte Personen im allgemeinen verboten. Der Wert dieser Fortschritte ist empfindlich dadurch beeinträchtigt worden, daß die Strafsätze, welche die Befolgung der Vorschriften erzwingen sollen, überaus niedrig bemessen worden sind.

Noch bezeichnender für den Umschwung in der sozialpolitischen Haltung der Kammer ist folgende Thatsache. Während noch 1884 nicht ohne gewisse Schwierigkeiten das Gesetz zur Annahme gelangte, das die Fachvereine anerkennt, ist jetzt die Kammer sogar für einen Gesetzentwurf (Bovier-Lapierre) eingetreten, der über Arbeitgeber, die ihren Arbeitern die Beteiligung an den Gewerkschaften verbieten, scharfe Strafen verhängt.

In der 1893 gewählten Kammer können etwa 65 Abgeordnete (radikale und andere Sozialisten) als solche gelten, die in erster Linie das Interesse der Arbeiter im Auge behalten.

Trotzdem in den letzten Zeiten zweifellos erhebliche soziale Fortschritte gemacht worden sind, entspricht doch die Lage der Arbeiter weder dem unerschöpflichen Reichtume des Landes, noch den heldenmütigen Opfern, die gerade das französische Proletariat der Sache der sozialen und politischen Befreiung gebracht hat. Wer hinauswandert in die östlichen und nördlichen Vorstädte von Paris oder in die großen Industriebezirke des Landes und das tiefe Elend beobachtet, in welchem die Enkel und Urenkel der Männer dahinleben, die mit 1789 und 1848 den Gang der Geschichte Europas bestimmt haben, der wird einen erschütternden Beweis dafür erhalten, daß nicht Geist, nicht todesbereiter Opfermut, nicht Leidenschaft und verzehrender Enthusiasmus allein die Lage der arbeitenden Klassen dauernd zu bessern imstande sind. Die soziale Geschichte Frankreichs führt eine ebenso wuchtige Sprache zur Verurteilung des revolutionären Prinzipes wie diejenige Englands die Erfolge des reformatorischen beweist.

Leider läßt der in erschreckendem Maße um sich greifende Anarchismus mit seiner verrückten und verbrecherischen „Propaganda der That" und die reformfeindliche Haltung der oberen Klassen die Hoffnung, Frankreich werde endlich einmal zielbewußt die Bahnen ernster, friedlicher Reformen einschlagen, in keiner Weise gerechtfertigt erscheinen.

Anmerkungen.

1. Außer den bekannten Werken von Blanc, Carlyle, Häußer, Sybel, Taine und Wachsmuth über die französische Revolution kommen wegen der besonderen Betonung der sozialen Beziehungen in Betracht: Blos, Die französische Revolution, 2. Auflage. Stuttgart 1890; Hugo, Der Sozialismus in Frankreich während der großen Revolution. Neue Zeit, Stuttgart 1893; Lexis, Gewerkvereine und Unternehmerverbände in Frankreich. Leipzig 1879. S. 11 f.

Über die Kommunisten der vorrevolutionären Zeit und namentlich Babeuf vergleiche man: Adler, G. Handwörterbuch der Staatswissenschaften. Herausgegeben von Conrad, Elster, Lexis und Loening. Jena 1890—94. Dieses ausgezeichnete Werk, auf das oftmals zu verweisen sein wird, soll in der Folge mit der Abkürzung H. St. citiert werden. Art. Babeuf und Art. Sozialismus und Kommunismus. S. 773, 774. Über Napoleons Cäsarismus: Herkner, Die oberelsässische Baumwollindustrie und ihre Arbeiter. Straßburg 1887. S. 91 f.; Roscher, W., Politik. Stuttgart 1892. S. 695—714 mit zahlreichen litterarischen Verweisen.

2. Über die St. Simonisten: Adler, G., H. St. Art. Bazard, Art. Enfantin; Stein, L., Die industrielle Gesellschaft. Der Sozialismus und Kommunismus Frankreichs von 1830—1848. 2. Ausgabe, Leipzig 1855. S. 133—228, 482—493; Warschauer, O., St. Simon und der St. Simonismus. Leipzig 1891.

Über Fourier: Stein, a. a. O. S. 228—333; Warschauer, Fourier, seine Theorie und Schule. Leipzig 1893.

Über L. Blanc: Heine's sämtliche Werke. Hamburg 1884, IX. Bd. S. 232—235. Stein, Das Königtum, die Republik und die Souveränität der französischen Gesellschaft. Leipzig 1850. S. 269—289.

Über Proudhon: Diehl, K. P. J., Proudhon, Seine Lehre und sein Leben. I. Abt. Jena 1888, II. Abt. Jena 1890; Stein, a. a. O. S. 362—397.

Über die sozialreformatorische Litteratur: Stein, Die industrielle Gesellschaft u. s. w. S. 460—471.

3. Blanc, L., Histoire de dix ans. 12. Aufl. 1877; Heine's sämtliche Werke. Bd. X. S. 22; Hertner, a. a. O. S. 133—187; Regnault, Histoire de huit ans. 3. Aufl. 1872; Stein, Das Königtum u. s. w. S. 50—121. Über die Februarrevolution: Marx, K., Der 18. Brumaire des Louis Bonaparte. 3. Aufl. Hamburg 1885; Stein, a. a. O. S. 225—424. Über die Nationalwerkstätten: Frd. Lassalle's Reden und Schriften. Herausgegeben von Bernstein. 2. Bd. Berlin 1893. S. 446—455; Lexis, H. St. Art. Nationalwerkstätten.

4. Hertner, a. a. O. S. 203—273; Lexis, a. a. O. S. 141—192.

5. Über die Kommune: Adler, G., H. St. Art. Kommune; Lissagaray, Geschichte der Kommune von 1871, deutsch Stuttgart 1891; Meyer, Emancipationskampf des vierten Standes. II. Bd. Berlin 1875. S. 692—718 (Rundschreiben des Generalrates der internationalen Arbeiterassociation über den Bürgerkrieg in Frankreich von Marx und Engels).

Im übrigen: Jay, R., Die neue Arbeiterschutzgesetzgebung in Frankreich. Brauns Archiv für soziale Gesetzgebung und Statistik. VI. Bd. Berlin 1893. S. 24—49; Lafargue, P., Die sozialistische Bewegung in Frankreich von 1876—1890. Neue Zeit 1890; Derselbe, Die politischen Parteien und die letzten Wahlen in Frankreich. Neue Zeit 1893/94 Nr. 3—5; Lexis, a. a. O. S. 192—257; Mermeix, La France socialiste. Paris 1887; v. d. Osten, Die Fachvereine und die soziale Bewegung in Frankreich. Leipzig 1891; Zetlin, Der Sozialismus in Frankreich seit der Pariser Kommune. Berlin 1889.

Zahlreiche Artikel und Notizen über die neueste sozialpolitische Entwicklung Frankreichs im Sozialpolitischen Centralblatt, herausgegeben von H. Braun. Berlin, seit 1891.

Zweites Kapitel.

England.

1. Die wirtschaftliche Revolution.

Prüft man die Lage Großbritanniens am Vorabende der Ereignisse, welche seine moderne Geschichte vorbereiten, und die im bezeichnenden Gegensatze zu Frankreich wirtschaftlicher, nicht politischer Art sind, so zeigt sich, daß dieses Land als Handels= und Seemacht alle anderen Völker bereits weit überholt hatte. Die „unüberwindliche Armada" Philipps von Spanien war unter Elisabeth, die gefährliche Handelsrivalität Hollands unter Cromwell vernichtet worden. Das Ende des 7jährigen Krieges bezeichnete den Triumph Englands über Frankreich. Die französischen Kolonien in Nord Amerika fielen mit geringen Ausnahmen dem er= wachsenden Greater=Britain zu, während die Siege Lord Clive's gegen den Nabob von Bengalen, der mit Frankreich im Bunde stand, die eng= lische Machtstellung in Indien bleibend begründeten.

Die zunehmende Bedeutung des Welthandels, die Früchte der reichen Kolonien, die Ausbreitung der gewerblichen Thätigkeit, um deren Vervollkommnung sich flandrische und hugenottische Einwanderer besondere Verdienste erworben hatten, die überaus rationelle Technik, durch die die englische Landwirtschaft, von einem agrarischen Schutzzollsystem unter= stützt, sich auszeichnete, das alles trug dazu bei, auch den Massen des Volkes einen gewissen Wohlstand zu verschaffen. Selbst die tiefen Wunden begannen zu vernarben, welche die rücksichtslose Interessenpolitik des im Parlamente maßgebenden Grundadels dem Lande dadurch ge= schlagen hatte, daß sie die Bauern der Gemeindeländereien beraubte und den selbständigen Bauernstand überhaupt vernichtete. Allein nicht nur, daß England in wirtschaftlicher Hinsicht weit günstiger als Frank= reich dastand, auch viele politische Nummern im Programme der fran= zösischen Revolution waren hier der Hauptsache nach erreicht. Vor einem Jahrhunderte hatten die Engländer bereits ihre Bourbonen, die nichts gelernt und nichts vergessen, die Stuarts, beseitigt. Zwischen Adel und Bürgertum gähnte keine unüberbrückbare Kluft. Die reichen Handelsherren der City legten gern einen Teil ihrer Schätze im Grund und Boden an und verschmolzen, da ein Pairsschub sie leicht ins Oberhaus bringen konnte, rasch mit dem historischen Grundadel. Allerdings gab es in England keine Bauern mehr, und etwa 7 000 Grundeigentümer verfügten über ⅘ des vereinigten Königreiches. Aber es gab auch keine hörige von feudalen Lasten erdrückte Landbevölkerung. Letztere bestand vielmehr aus freien Arbeitern und kapitalbesitzenden dem Mittelstande angehörenden Pächtern. Noch bestanden die Satzungen der Zünfte und die durch das Lehrlingsgesetz der Königin Elisabeth eingeführte Gewerbeverfassung formell zu Recht. Aber dieses Recht bezog sich, soweit es überhaupt zur Anwendung gelangte, nicht auf die erst nach seinem Erlasse herangewachsenen Städte, die sich der Gewerbefreiheit in vollem Maße erfreuten.

Ungefähr um dieselbe Zeit, als Adam Smith den freien Wettbewerb und die Teilung der Arbeit als die mächtigsten Förderungsmittel des Volksreichtumes hingestellt und die Bewunderung der gebildeten Welt im Fluge errungen hatte, gelang es einigen einfachen Handwerkern im Norden Englands Vorrichtungen anzufertigen, mittelst deren man nicht nur ohne die Hilfe der Hand, sondern auch mehrere Fäden zugleich spinnen konnte. Der außerordentlich wachsende Bedarf an Garnen, eine Folge des Wohlstandes im Innern und der Erweiterung des Absatzes in der Fremde, hatte zu derartigen Versuchen und Erfindungen angespornt. Und als es sogar gelungen war, die neu erfundenen Spinnvorrichtungen durch Wasserkräfte treiben zu lassen und auch zur Herstellung der festeren Kettengarne zu verwerten, da konnte die Nachfrage des stets drängenden Webers nach Garn endlich mehr als befriedigt werden. Um das Jahr 1785 befanden sich bereits 150 Spinnfabriken im Betriebe. Anfangs wurde die mechanische Spinnerei nur auf die leichter zu bearbeitende Baumwolle angewendet. Es glückte indeß bald, auch Flachs und Schafwolle in ähnlicher Weise zu verspinnen. Der glänzende Aufschwung, in den die Textilindustrie so eingetreten war, wurde noch erheblich beschleunigt, als Watt und Boulton in der Dampfmaschine einen unbedingt zuverlässigen Motor und der Landgeistliche Dr. Cartwright in dem Kraftstuhle eine Webemaschine erfunden hatte, die imstande war, die von den Spinnereien gelieferten Massen Garnes rasch zu verarbeiten.

Da die Baumwolle über Liverpool bezogen wurde, und die zahlreichen Wasserläufe der nördlichen Grafschaften zur industriellen Verwertung einluden, hatte die Baumwollindustrie, solange sie noch ausschließlich auf Wasserkräfte angewiesen war, sich vorzugsweise im Norden des Landes ausgebreitet. Ein glücklicher Zufall wollte es, daß dieser Standort wegen seiner reichen Kohlenlager auch dann noch als der weitaus zweckmäßigste erschien, als die Industrie durch die Verwendung der Dampfmaschine von den Wasserkräften unabhängig geworden war.

Der wachsende Bedarf an Kohlen und Eisen, der sich aus der Veränderung im Betriebe der Textilgewerbe ergab, führte übrigens im Bergbau und der Metallverarbeitung gleichfalls zu einflußreichen Fortschritten der Technik.

Die Zeit von 1783—1803 genügte, um die Baumwollindustrie auf das Dreifache ihrer früheren Bedeutung zu erheben. Während vordem die Schafwollwaren ein Drittel der englischen Gesamtausfuhr gebildet hatten, machten die Baumwollwaren schon 1801 nahezu die Hälfte derselben aus. Im Jahre 1792 gelangten englische Garne zuerst auf die Leipziger Messe und 1812 sogar nach Indien, der eigentlichen Heimat der Baumwollindustrie. Der Preis eines Pfundes Garn (No. 40 Twist) fiel von 10 Sh. 11 d. im Jahre 1784 auf 2 Sh. 6 d. im Jahre 1812, und bald vermochte ein Arbeiter ungefähr das 200 fache von dem zu leisten, was ein Spinner vor der technischen Umwälzung zu leisten imstande gewesen war.

Die Änderung der Technik war gleichbedeutend mit einer vom sozialen Standpunkte überaus wichtigen Umgestaltung der gewerblichen Verfassung. Vor der Erfindung der Maschinen wurde das Textilgewerbe in der Form eines ländlichen Verlagssystemes betrieben. Kleinmeister, im Besitze eines eigenen Häuschens und einiger Streifen Landes, arbeiteten, unterstützt von ihrer Familie und wenigen Gehilfen, im Auftrage von Händlern, die den Rohstoff lieferten und den Absatz der fertigen Ware besorgten. Spinnmaschinen, Kraftstuhl und Dampfmaschine bewirkten den Übergang zum Fabrikbetriebe. An Stelle der Kleinmeister traten besitzlose Industrieproletarier, und in weitem Umfange auch deren Frauen und Kinder; an Stelle der Verleger, deren Beziehungen zu den Meistern oft freundlicher Natur gewesen waren, reiche Fabrikanten, geschieden von ihren Arbeitern durch einen breiten und tiefen sozialen Abgrund.

2. Der Einfluß der französischen Revolution auf England.

Mitten hinein in diesen Umschwung aller überkommenen wirtschaftlichen, technischen und sozialen Verhältnisse fiel der Ausbruch der französischen Revolution. Wie früher dargethan wurde, war die Lage Englands und seines Volkes um jene Zeit ungleich günstiger als diejenige Frankreichs. Immerhin boten auch die englischen Zustände nicht wenige Angriffspunkte für eine rationalistische und radikale Kritik. England besaß eine Verfassung und ein Parlament. Allein man würde sich lächerlich gemacht haben, hätte man es als eine Volksvertretung bezeichnen wollen. Die Zahl der Wahlberechtigten im ganzen Lande belief sich höchstens auf 200000. In der Regel wurden die Parlamentssitze vom grundbesitzenden Adel vergeben oder — verkauft. Mochten die vornehmen Handelsherren durch ihre Verbindung mit der Aristokratie einen ihnen genügenden Anteil an der öffentlichen Gewalt erlangt haben, so fühlten sich doch die Träger der industriellen Revolution, die rasch emporgekommene Fabrikantenklasse, noch von ihr ausgeschlossen. Es war in der That ein unbefriedigender Zustand, wenn viele, namentlich im 18. Jahrhunderte erst herangewachsene Städte, da die Wahlordnung von 1673 unverändert geblieben war, keinen Vertreter im Parlamente hatten, wenn ein verfallener Flecken Old Sarum mit 12 Einwohnern ebenso gut einen Vertreter ins Haus der Gemeinen entsandte wie die volkreichen Städte Manchester und Liverpool. Von 500 Abgeordneten gingen nur 171 aus einer einigermaßen unabhängigen Wahlhandlung hervor. Über die übrigen Plätze verfügte der große Grundbesitz unbedingt. Das Parlament schien nur zur Verfechtung seiner Interessen vorhanden zu sein. Als Mitglieder des Unterhauses sprachen sich die Grundherren die Gemeindeländereien der Bauern zu, als Mitglieder des Unterhauses führten sie zu ihrem Vorteile und dem des Handels die Prämien zur Beförderung der Getreideausfuhr ein. Hatten diese Prämien auch den Erfolg, daß der Betrieb der Landwirtschaft sich in ungeahntem Maße vervollkommnete, und deshalb die Kornpreise im Lande schließlich niedriger standen als vor der Bewilligung der Ausfuhrprämien, so war das ein Erfolg, der durchaus nicht in der ursprünglichen Absicht des Grundbesitzerparlamentes gelegen hatte. Sein Sinnen und Trachten war allein auf hohe Kornpreise und hohe Grundrenten ausgegangen.

Angesichts dieser Zustände war auch in England der Ruf nach Verbesserungen des politischen Systemes laut geworden. Solche schienen in der That bevorzustehen, als der jüngere Pitt, ein überzeugter Anhänger von Adam Smith und Freund der emporstrebenden Fabrikantenklasse, die Zügel der Regierung ergriffen hatte. Die Anfänge der französischen Revolution fanden deshalb in England eine durchaus freundliche Aufnahme. Begeistert bezeichnete Fox die Erstürmung der Bastille als „das größte Ereignis, das sich je in der Welt zugetragen, und bei weitem das beste". Noch im Januar 1790 war Pitt der Ansicht, daß „die gegenwärtigen Erschütterungen in Frankreich früher oder später in allgemeiner Harmonie und regelmäßiger Ordnung gipfeln würden, und daß Frankreich, wenn seine eigene Freiheit begründet sei, einer der herrlichsten Staaten Europas sein werde". Noch leerte sich

der Sitzungssaal des Parlamentes sofort, wenn Edmund Burke das
Wort nahm, um den Kreuzzug gegen die Männer der Revolution zu
predigen.

Allein gar bald trat ein vollständiger Umschlag in der Stimmung
ein. Die Ausschreitungen der Jakobiner, die wachsende Unruhe in den
niederen Schichten des englischen und namentlich des irischen Volkes,
die auf französische Emissäre zurückgeführt wurde, die Gefahren, welche
der englischen Machtstellung von einem durch die Revolution verjüngten
Frankreich drohten, das und anderes mehr mag die Wendung herbeigeführt
haben. Die Reformpläne wurden von der Tagesordnung gestrichen, und
bei der Mehrzahl der Engländer überschritt, wie ein englischer Geschicht=
schreiber sagt, die Furcht vor der Revolution „alle Grenzen der Ver=
nunft". Selbst Pitt begann zu glauben, daß Tausende von Banditen
bereit wären, sich gegen den Thron zu erheben, alle Hausbesitzer zu
ermorden und London zu plündern. Es trat eine Reaktion ein, die
es dahin brachte, daß es 25 Jahre hindurch fast unmöglich wurde, irgend
eine Maßregel, wie nützlich sie auch sein mochte, gegen eine bestehende
Einrichtung durchzusetzen. Ja England schloß sich sogar dem Kampfe
der feudalen Kontinentalmächte gegen die Ausbreitung der „französischen
Prinzipien" an. Dieser Krieg nahm für England, das von Napoleon
an seinen empfindlichsten Punkten, in Irland, Indien und in seiner
Welthandelsstellung, angegriffen wurde, bald geradezu den Charakter
eines Kampfes ums Dasein an. Nach langwierigen, unermeßlichen
Opfern und Anstrengungen ward der Sieg errungen. Das eng=
lische Linienschiff Bellephoron landete, mit Napoleon, dem gefähr=
lichsten Feinde der englischen Weltmacht, als Gefangenen an Bord, auf
der Rhede von Plymouth. Aber in welchem Zustande befand sich das
siegreiche England? Seine Staatsschuld belief sich nach dem Friedens=
schlusse auf 800 Millionen Pfund. Weite Kreise des Volkes waren
der bittersten Not anheimgefallen. Die Einführung arbeitsparender
Maschinen hatte die Löhne in den untergehenden Betriebssystemen
tief herabgedrückt. Die Brotpreise dagegen hatten infolge der raschen
Volkszunahme, der schlechten Ernten, der Kriegsereignisse und der
Kornzölle eine unerhörte Steigerung erfahren. Überhaupt war die
Lebenshaltung durch die starke Anspannung der indirekten Besteuerung,
welche die Kriegskosten decken sollte, empfindlich verteuert worden. Allein
nicht nur, daß die Konkurrenz der Fabriken in einzelnen Betriebs=
zweigen die Löhne geschmälert hatte, auch die Kaufkraft des Geldes
ging erheblich zurück, nachdem die Bank von England, die dem Staate
große Darlehen gemacht hatte, der Verpflichtung enthoben worden
war, ihre Noten gegen bar jederzeit einzulösen. Und während aus

den dargelegten Gründen die arbeitende Klasse in Not und Elend versank, sahen Landbesitzer und Kapitalisten ihr Einkommen und Vermögen in rapider Zunahme begriffen. Die hohen Kornpreise erhöhten die Grundrenten, die Geldnot des Staates trieb den Zinsfuß in die Höhe und der Heeresbedarf eröffnete den Fabrikanten eine gewinnbringende Nachfrage. War doch selbst das auf Eylau marschierende französische Heer mit Röcken bekleidet, die in Leeds, und mit Schuhen, die in Northampton verfertigt worden waren.

Die grellen Gegensätze zwischen der Lage der Masse des Volkes und derjenigen der besitzenden Klassen legten im Vereine mit dem hartnäckigen Widerstande, den die maßgebenden Kreise gegen jede Reform erhoben, den Keim zu jenem glühenden Klassenhasse, der in den folgenden Jahrzehnten England an den Abgrund der sozialen Revolution brachte.

3. Die Lage der Fabrikarbeiter.

Auch der heißersehnte Friede brachte keine Besserung. Im Gegenteile. Massen von arbeitsfähigen Leuten, die während des Krieges als Soldaten Verwendung gefunden hatten, ergossen sich jetzt arbeitsuchend über das Land, und die Beendigung der Feindseligkeiten hatte zwar die Militärlieferungen genommen aber nicht entfernt eine so große Steigerung des Bedarfes auf dem Kontinente bewirkt, als die englischen Fabrikanten gehofft hatten. Eine furchtbare Krise, die erste moderne Wirtschaftskrise, brach aus, und die Verarmung ergriff immer weitere Kreise des englischen Volkes. Zwischen der „Fabrikhand", wie der Arbeiter genannt wurde, und dem Cotton-Lord bestand kein anderes Band als das der baren Zahlung. Die Verhältnisse in den Fabriken galten für so entsetzlich, daß die Eltern sich scheuten, ihre Kinder dahin zu senden. Und doch wurde gerade die Arbeit der Kinder noch am meisten begehrt. Man nahm an, daß viele Verrichtungen an den neuen Maschinen von den kleinen flinken Fingern der Kinder weit besser ausgeführt werden könnten als durch die gröberen und ungelenkeren Hände Erwachsener. Da sorgten die Armenverwaltungen dafür, daß es den Fabrikanten an kindlichen Arbeitskräften nicht mehr fehlte. Die Armenvertreter erblickten in dem Kinderbedarf der Fabriken eine vortreffliche Gelegenheit, sich ihrer Aufgabe, die Armenkinder zur Erwerbsfähigkeit zu erziehen, höchst einfach zu entledigen. Es entwickelte sich ein förmlicher Handel mit Kindern. An einem verabredeten Tage versammelte der Armenaufseher die Kinder und der Fabrikant wählte diejenigen, die ihm tauglich erschienen, aus. Die Kinder galten als „Lehrlinge", erhielten keinen Lohn, sondern nur Kost und Wohnung, diese aber oft in so erbärmlicher Beschaffenheit, daß die Sterblichkeit der Kinder eine ungewöhnliche Höhe erreichte. Die tägliche Arbeitszeit betrug im allgemeinen sechzehn

Stunden. Nicht selten wurde aber auch bei Tage und bei Nacht gearbeitet. Dann verkürzte sich allerdings die Arbeitszeit etwas, da zwei Schichten zur Arbeitszeit abwechselnd antraten. Man sagte damals in Lancashire, daß die Betten nicht kalt würden. Das Lager, das die Kinder der Tagesschichte verließen, wurde sofort von denjenigen in Anspruch genommen, die während der Nacht gearbeitet hatten. Die Bezahlung der Aufseher richtete sich nach den Arbeitsleistungen der Kinder, die deshalb bis zu völliger Erschöpfung angetrieben wurden. Manche dieser Unglücklichen strebten danach, sich ihrem „Lehrverhältnisse" durch die Flucht zu entziehen. Bestand diese Gefahr, so scheute man sich nicht, die Kinder gleich Verbrechern mit Ketten zu fesseln. Der Tod bildete den einzigen Ausweg, die ersehnte Rettung, und Selbstmorde kamen unter Fabrikkindern in der That hier und da vor. Um dieselbe Zeit waren die englischen Philanthropen ganz von der Sorge um die Befreiung der Negersklaven West-Indiens erfüllt.

Im übrigen erging es den Fabrikkindern, die nicht Kirchspiellehrlinge waren, und den Fabrikarbeitern überhaupt nicht viel besser. Als die Bewegung für eine Arbeiterschutzgesetzgebung lebhafter wurde, fanden auf Veranlassung des Parlamentes mehrere Untersuchungen über die Lage der arbeitenden Klasse statt. Sie enthüllten das Bild einer vollkommenen körperlichen und geistigen Entartung. „Die Bevölkerung ist in eine dichte Masse zusammengedrängt in kleinen Häusern, die durch enge, ungepflasterte und beinahe verpestete Straßen geschieden sind, in einer mit Rauch überladenen Atmosphäre und in den Ausdünstungen einer großen Fabrikstadt. Die Fabrikarbeiter sind zwölf Stunden des Tages in den Spinnereien oder Werkstätten versammelt in einer entnervenden, erhitzten Atmosphäre, welche häufig beschwert ist mit Staub oder den Fasern von Baumwolle." „Nach all den Zeugenaussagen, die uns gemacht worden sind," sagte die Untersuchungskommission von 1832, „finden wir, daß die Kinder, welche in all den wichtigsten Fabrikzweigen durch das Königreich hindurch beschäftigt werden, dieselbe Anzahl von Stunden arbeiten, wie die Erwachsenen . . . . Viele sind unter sieben, noch mehr unter acht Jahren; die größte Anzahl aber ist unter neun. Aus reiner Müdigkeit gingen die armen Geschöpfe ohne Abendbrot zu Bette, waren nicht im Stande, am Abend die Kleider abzulegen. Beschwerden in den Gliedern, im Rücken, in den Lenden und in der Seite sind häufig. Die Häufigkeit und Härte des Schmerzes stehen regelmäßig in genauer Verbindung mit dem zarten Alter der Kinder und der Härte der Arbeit. Die Folgen von Arbeit während solcher Stunden sind in einer großen Menge von Fällen bleibende Verschlechterung der physischen Konstitution, die Erzeugung von gänzlich unheilbarer Krankheit und das teilweise oder gänzliche Fernhalten (wegen übermäßiger Ermüdung) von den Mitteln, einen angemessenen Unterricht zu erhalten und sich nützliche Fertigkeiten anzueignen, oder von solchen Mitteln Vorteil zu ziehen, wenn sie geboten waren." „Die erzeugten Entstellungen," schrieb der Arzt und nachmalige Fabrikinspektor R. Baker, „bestanden in einwärts gekrümmten Knieen, Plattfuß und Krümmung des Rückgrates. Die erste dieser Entstellungen war in den Fabrikbezirken gemeiniglich als das factory-leg (Fabrikbein) bekannt. Es gab kaum eine Stelle in einem Bezirke, in welchem sie nicht zu sehen waren." Obwohl in den Schulen, die bestenfalls die Fabrikkinder besuchten, meist nur Religion gelehrt wurde, zeigten die Kinder doch auch hierin die gröbste Unwissenheit. „Ein Mädchen, 11 Jahre, war in einer Wochen= und Sonntagsschule gewesen, hatte nie von einer andern Welt, vom Himmel oder einem anderen Leben gehört .... Ein Kind ist fünf Jahre lang regelmäßig zur Sonntagsschule gegangen: weiß nicht, wer Jesus Christus war, hat den Namen aber gehört; hat nie von den zwölf Aposteln, Simson, Moses, Aaron u. s. w. gehört. — Ein anderes, sechs Jahre regelmäßig zur Sonntagsschule gegangen, weiß, wer Jesus Christus war, er starb am Kreuz, sein Blut zu vergießen, um unseren Erlöser zu erlösen." Auf die Frage, wer Jesus Christus sei, wurden Antworten gegeben wie: „er war Adam", „er war ein Apostel", „er war ein König von London vor langer, langer Zeit". Mr. E. Smith, erster Chirurg an dem Krankenhause zu Leeds, sagte: „Im Jahre 1832 hatte ich häufig Gelegenheit, mittags einen Bezirk zu passieren, wenn die Arbeiter von der Arbeit gingen, um Mittag zu essen. Ein großer Teil von ihnen waren blasse, magere, mutlos aussehende Geschöpfe, die keine Neigung zu Heiterkeit und Frohsinn zeigten."

So war es wirklich nur zu sehr begründet, wenn Disraeli den seither oft angeführten Ausspruch von den zwei Nationen that, „zwischen denen kein Verkehr und keine Sympathie bestand, die einander in ihrem Wollen, Denken und Fühlen so wenig wie die Bewohner verschiedener Zonen und verschiedener Planeten verstanden, die durch eine verschiedene Erziehung gebildet und eine verschiedene Nahrung ernährt wurden, die sich nach verschiedener Sitte richteten, und über die nicht dieselben Gesetze geboten."

4. Die Stellung der Nationalökonomen und Politiker zur Arbeiterfrage.

England, wirtschaftlich so hoch gestiegen, war sozial schwer erkrankt. Man wurde sich dessen immer mehr bewußt und forschte mit heißem Bemühen nach Rettung und Heilung. Allein schon über die Ursachen der sozialen Not gingen die Meinungen schroff auseinander. Die einen — und das waren die angesehenen Nationalökonomen der Ricardo'schen Richtung — fanden, daß noch zu wenig Kapital vorhanden sei. Der Lohnfonds reiche noch nicht aus zur besseren Entlohnung der arbeitenden Klassen. Es müsse vor allem mehr Kapital angesammelt werden. Auch verzichte der Staat immer noch nicht auf zweckwidrige Eingriffe ins Wirtschaftsleben. Die Zölle, und insbesondere die Kornzölle, seien zu beseitigen und der Zerrüttung im Geld- und Bankwesen müsse gesteuert werden. Für Malthus ergab sich das Elend aus einer verkehrten Armenpflege und dem verhängnisvollen Zwiespalte, der die Tendenzen der Volksvermehrung und die der Erweiterung des Nahrungsspielraumes beherrsche. Auch seien noch zu wenig unproduktive Konsumenten vorhanden. Es werde zu viel produziert und zu wenig konsumiert. Aus dieser Störung des wirtschaftlichen Kreislaufes gingen die schweren Wirtschaftskrisen hervor.

Man glaubt vielleicht, daß diese beiden von Malthus vorgetragenen Erklärungen mit einander im Widerspruche stünden. Wie kann in einem Atem behauptet werden, die Leiden der Arbeiterklasse entstehen aus der zu geringen Ergiebigkeit der Natur an Nahrungsmitteln und daraus, daß im Vergleiche zur Produktion zu wenig konsumiert wird? Eine Aufklärung bieten folgende Gedankenreihen:

Malthus sah ein, daß die Steigerung in der Produktivität der Arbeit, wie sie das Fabriksystem gebracht hatte, die Möglichkeit gewährte, den Arbeitern durch Verkürzung der Arbeitszeit und Erhöhung der Löhne eine materiell höhere Lebenserfüllung zuzugestehen, ja, daß beides vom wirtschaftlichen Standpunkte eigentlich notwendig wäre, um das Gleichgewicht zwischen Produktion und Konsumtion zu erhalten. Allein er traute den arbeitenden Klassen nicht die Fähigkeit zu, von den Verbesserungen einen vernünftigen Gebrauch zu machen. Die Steigerung der Löhne würde nur zu einer Volksvermehrung führen, die über die Produktivkraft noch weit hinausginge und deshalb nicht den Wohlstand, sondern das Elend vergrößern dürfte. Der industrielle Fortschritt würde sich einfach in eine rasche und starke Volkszunahme umsetzen. Die Übereinstimmung zwischen Produktion und Konsumtion müsse nicht durch Vergrößerung der Anteile der Arbeiter am Reinertrage der nationalen Produktion, sondern dadurch erzielt werden, daß eine wachsende Zahl gebildeter und besitzender Individuen auf jede wirtschaftliche Thätigkeit verzichte und nur konsumierend auftrete. Der Staat solle möglichst viele Beamten und Soldaten, ja selbst Sinekuren behalten und die Staatsschuld nicht zurückzahlen, welche die Bildung eines mittleren Rentnerstandes begünstige.

Es ist interessant, zu sehen, wie auf Grund von Anschauungen, die denen von Malthus in wirtschaftlicher Hinsicht ziemlich verwandt waren, ein anderer Sozialpolitiker zu grundverschiedenen Folgerungen gelangte. Dieser Mann war Robert Owen, ein reicher Baumwoll=spinner in New=Lanark, dessen großartige Erfolge auf dem Gebiete sozialer Wohlfahrtseinrichtungen ein allgemeines Aufsehen verursacht hatten. Owen sagte: Die Einführung der Maschinen, die der Hand=arbeit Konkurrenz bereiten, hat den Wert der menschlichen Arbeit vermindert. Der Lohn ist deshalb gefallen und dadurch ist auch die Konsumkraft der großen Massen des Volkes vermindert worden. Verstärkung der Produktivkraft durch die Maschinen auf der einen Seite, Verminderung der Kaufkraft der Massen auf der anderen, das mußte notwendiger Weise zur Absatzkrise führen. Sie kann nur da=durch behoben werden, daß die Kaufkraft auf die Höhe der Produktiv=kraft gebracht wird. Man muß die Arbeitslosen, die durch ihren Wettbewerb den Lohn und damit die Konsumkraft der Arbeiter so tief herabdrücken, von Staatswegen beschäftigen. Auf diesem Wege wird der Wert der Arbeit wieder steigen und Produktionskraft und Kaufkraft mit einander in Übereinstimmung versetzt werden. Die Arbeitslosen sind in Kolonien von etwa 1500 Personen zu vereinigen. Sie haben durch ihre eigene Arbeit ihre Bedürfnisse zu decken. Überschüsse über den eigenen Bedarf hinaus sind zur Zurückzahlung und Verzinsung der aufgewendeten Kapitalien zu verwenden. Diese Politik stellt allein einen zeitgemäßen Fortschritt in der Armenpflege dar und nicht das Aushungerungssystem der Malthusianer. Der Staat schuldet seinen Angehörigen nicht nur Erziehung, sondern auch Beschäftigung. Der Charakter der Menschen wird im allgemeinen durch die Umstände, die das Individuum umgeben, nicht durch letzteres selbst gebildet. Da alle Individuen durch eine planmäßige Vereinigung und Leitung der Arbeit dahin gebracht werden können, mehr zu erzeugen als sie zu konsumieren imstande sind, können für alle die äußeren Umstände so günstig gestaltet werden, daß bei entsprechender Erziehung auch allen die größte Glückseligkeit zuteil werden kann. Es bedarf also keines Elendes, um die Volksvermehrung einzuschränken.

So wurden Ratschläge erteilt, die einander völlig widersprachen. Hier die Forderung nach Nichteinmischung des Staates, nach Auf=hebung der Armenpflege, nach Hemmung der Volkszunahme, dort der Ruf nach Beschäftigung und Erziehung durch den Staat; hier Pessimismus und die aristokratische Überzeugung, daß nur wenige berufen seien, an den Gütern der Kultur teilzunehmen, dort ein schrankenloser Optimismus, der allen Volksgenossen das höchste Maß irdischer Glückseligkeit verschaffen zu können meint.

Endlich wies die Staatsverfassung, da durch den Abscheu, den die französische Revolution erregt hatte, auch die dringlichsten Reformen verhindert worden waren, so schwere Mängel auf, daß außerdem die Meinung Glauben fand, nur in den bestehenden politischen Mißständen sei die wahre Ursache des herrschenden Elendes zu finden. Man verlangte eine gründliche Reform des Parlamentes. Schon im Jahre 1760 hatte der Herzog von Richmond das allgemeine Wahlrecht und einjährige Parlamente gefordert. Nun war es Cobett, der als Bannerträger des politischen Radikalismus auftrat und, wie Held bemerkt, vielleicht mehr als irgend ein einzelner zur Erreichung der Parlamentsreform beigetragen hat. In unzähligen Artikeln und Flugschriften, welche das Volk und die Gegner mit neugierigem Interesse verschlangen, sprach er mit ungewöhnlichem Talente das aus, „was in den Herzen der Millionen empfunden wurde. Er verwandelte Gefühle in Sätze, dunkle Wünsche in Postulate, er war der Herold der Arbeiter, die sich langsam zu einer politischen Partei entwickelten, um später soziale Partei zu werden". In Männern wie Carlyle, Attwood, Perronet Thompson und Ebenezar Elliot fand Cobett eifrige Fortsetzer seines Werkes.

5. **Wahlreform, Armengesetz, Chartismus und Aufhebung der Kornzölle.**

Wie früher dargethan worden ist, war das englische Bürgertum und insbesondere die neue mächtige Klasse der Fabrikanten mit dem bestehenden Wahlrechte durchaus unzufrieden. Arbeiter und Bürger stürmten vereinigt gegen die veraltete Wahlordnung. Lloyd Jones, ein geachteter englischer Arbeiterführer, erzählt, wie er im Jahre 1832 seine geschärfte Pike bei sich gehabt habe, bereit gehalten für einen Marsch nach London, wenn die Reformbill nicht durchgegangen wäre. Und Tausende von Fabrikarbeitern in Manchester hatten sich alle in der gleichen Weise gerüstet für das fürchterliche Wagnis eines Bürgerkrieges. Zu der großen Gährung gesellte sich der Eindruck, den die Pariser Julirevolution hervorrief. Beides vereint brachte den herrschenden Mächten in der That die Überzeugung bei, daß die Reformbill angenommen werden müsse. In der Form, in der sie 1832 Gesetz wurde, entsprach sie aber nur dem Interesse der Mittelklasse, denn den Arbeitern blieb das Wahlrecht nach wie vor versagt. Damit trat eine Trennung der Arbeiter vom politischen Liberalismus des Bürgertumes ein. Die Trennung wurde verschärft durch die Art, in der die Mittelklasse ihre mit Hilfe der Arbeiter gewonnene politische Macht gegen die Arbeiter kehrte. Eine der ersten Gaben, die das reformierte Parlament der Arbeiterklasse bot, war das

Armengesetz von 1834. Es beruhte auf den Sätzen von Malthus und verfolgte vor allem das Ziel, die Armen von der Inanspruchnahme der Armenunterstützung möglichst abzuschrecken. Diese Absicht wurde oft in einem Maße erreicht, daß Arme lieber vor der Thüre der „Armenbastille" des Hungers starben als um Aufnahme baten. „In Stockport wurde am 31. Juli 1844 ein 72 jähriger Greis aus dem Armenhause vor den Friedensrichter geschleppt, weil er sich weigerte, Steine zu klopfen, und vorgab, wegen seines Alters und eines steifen Knies könne er diese Arbeit nicht thun. Vergebens erbot er sich, irgend eine Arbeit zu übernehmen, die seiner Körperstärke angemessen sei — er wurde zu 14 Tagen Zwangsarbeit auf der Tretmühle verurteilt." — „Im Arbeitshause zu Basford fand ein revidierender Beamter im Frühjahre 1844, daß die Betttücher in 13 Wochen, die Hemden in 4 Wochen, die Strümpfe in 2—10 Monaten nicht gewechselt worden waren, so daß von 45 Knaben nur 3 noch Strümpfe hatten und die Hemden alle zerlumpt waren. Die Betten wimmelten von Ungeziefer und die Eßnäpfe wurden aus den Urineimern gewaschen." — „Im Arbeitshause zu Greenwich wurde im Sommer 1843 ein fünfjähriger Knabe drei Nächte zur Strafe in die Totenkammer gesperrt, wo er auf den Deckeln der Särge schlafen mußte."

Die Armen fanden den Aufenthalt im Gefängnisse erträglicher als den im Armenhause und begingen Verbrechen zu dem Zwecke, in das Gefängnis zu kommen. Ein Schriftsteller, der die Zustände der Armenhäuser beschrieben hatte, schloß seine Schilderung mit den Worten: „Wenn Gott den Menschen für Verbrechen so bestraft, wie der Mensch den Menschen für die Armut, dann wehe den Söhnen Adams!"

Im Jahre 1837 wurde in London die „Arbeiter Gesellschaft" begründet, um für das allgemeine Stimmrecht zu agitieren. Der Klassencharakter der Vereinigung kam dadurch deutlich zum Ausdrucke, daß sie nur Arbeiter als Mitglieder annahm. Ihr Ziel bestand darin, mittelst des allgemeinen Wahlrechtes die politische Macht zu erobern, aber nicht als Selbstzweck, sondern als Mittel, um die ganze Gesellschaftsordnung im Interesse der arbeitenden Klassen umzugestalten. „Wenn wir für eine Gleichheit der politischen Rechte kämpfen, so geschieht das nicht, um eine ungerechte Steuer abzuschütteln oder eine Übertragung von Macht, Reichtum und Einfluß zu gunsten irgend einer Partei herbeizuführen. Wir thun es, um imstande zu sein, die Quelle unseres sozialen Elendes zu stopfen, um durch erfolgreiche Mittel vorzubauen, statt durch ungerechte Gesetze zu strafen . . . . . Könnte Korruption auf dem Richterstuhle sitzen, leeres Wichtigthun im Parlamente, geldzusammenscharrende Heuchelei auf der Kanzel, könnte Ausschweifung Fanatismus, Armut und Verbrechen durch das Land schreiten, wenn die Millionen zum Verständnisse ihres Rechtes erzogen wären?" Das nächste Programm der entstehenden Arbeiterpartei bildete die sogenannte Volkscharte. Die Anhänger der Bewegung wurden deshalb Chartisten genannt.

Die Charte verlangte: Allgemeines Stimmrecht, jährliche Parlamente, geheime Abstimmung, Abschaffung der Vermögensqualifikation für das passive Wahlrecht, Diäten und gleichmäßige Wahlbezirke.

Die Mittel, mit denen die Arbeiter ihre Ziele zu erringen hofften, waren anfangs durchaus friedlicher Natur: Massenbittschriften an das Unterhaus, demonstrative Versammlungen und endlich eine allgemeine Arbeitseinstellung, „einen heiligen Monat". Als diese Maßregeln scheiterten, drängte ein Teil der Partei auf Anwendung offener Gewalt. In Birmingham erfolgte in der That ein revolutionärer Ausbruch. Die Häuser der Reichen wurden geplündert und die Fabriken eingeäschert. Das Militär mußte die Stadt erst wieder förmlich erobern. Andere rieten eine große Feuersbrunst über das ganze Königreich hin zu entflammen und die dadurch entstehende Verwirrung zum allgemeinen Aufstand zu benutzen. In den Arbeiterversammlungen donnerten die Führer gegen „jene Elenden, die das Blut eurer Kinder trinken, wollüstig sind mit dem Elende eurer Weiber und fett werden von eurem eigenen Schweiße".

Da kam aus Frankreich die Kunde vom Siege des Pariser Proletariates, von der Februarrevolution. Nun glaubte man in England ebenfalls vor dem unmittelbaren Ausbruche einer gräßlichen Empörung zu stehen. Wahrscheinlich war es auch nur den umfassenden militärischen Vorbereitungen, die der Herzog von Wellington getroffen, zuzuschreiben, daß London vor dem Aufstande bewahrt blieb. Nach diesem Mißerfolge sank der Chartismus rasch in sich zusammen. Die politischen Fragen traten aus dem Brennpunkte des Interesses der Arbeiterschaft zurück, ihre Bewegung verwandelte sich aus einer politisch-revolutionären in eine wirtschaftlich-reformatorische.

Ehe dieser Umschwung und sein Erfolg näher dargelegt werden können, gilt es noch einer großartigen bürgerlichen Bewegung zu gedenken, deren Ergebnisse den arbeitenden Klassen in erheblichem Maße zu statten gekommen sind.

Noch immer bestand in England das Gesetz, welches die Einfuhr fremden Getreides unbedingt untersagte, solange der Preis des Quarters Weizen 80 sh. nicht erreichte. Dieser Zustand schädigte die englische Industrie in zweifacher Hinsicht. Da England dem Kontinente nur wenig Getreide abkaufen konnte, so war er nicht imstande, seine Nachfrage nach britischen Fabrikaten auszudehnen. Sodann verhinderten die auf einer künstlichen Höhe erhaltenen Preise der Lebensmittel den englischen Arbeiter daran, viele Industrieprodukte aufzunehmen. Sein kärglicher Lohn mußte zum größten Teile für Lebensmittel verausgabt werden. Aus den industriellen Kreisen erhob sich daher ein immer lebhafteres Verlangen nach Aufhebung der Kornzölle. Ihre Beseitigung mußte überdies den Grundadel, den politischen Widersacher der Fabrikantenklasse, empfindlich treffen. Petitionen um Petitionen wurden an Unterhaus und Regierung um Aufhebung der Korngesetze gerichtet. Allein die Grundeigentümer, die bis zur Reformbill im Parlamente ausschließlich maßgebend waren, wichen um keinen Finger breit zurück und blieben selbst taub gegen die Klagen des größten englischen Dichters jener Zeit. Kein geringerer als Lord Byron war es, der im „Zeitalter von Bronce" folgende Verse niederschrieb:

Ach Gott, das Land! — Mein Lied, es klag ihn an.
Der Landesfeind ist statt Landedelmann;
Ihn, der zuletzt den Kriegsruf schweigen ließ,
Ihn, der zuerst den Frieden Krankheit hieß.
Wofür erschuf ihn Gott in seinem Zorn?
Für Fuchsjagd, Wahlen und für teures Korn? ....
Jahraus, jahrein, votiert mit off'nen Händen
Blut, Schweiß, der Armen letztes Ihr — für Renten!
Ihr brülltet, aßet, trantet, schwort zu enden
Im Tod fürs Land — und lebt, wofür? Für Renten!
Der Friede that in Zorn die Freude wenden
Der Teuerungspatrioten — Krieg war Renten!
Doch Lieb fürs Land, und dessen Schatz verschwenden,
Wie reimt sich dies? — Der Reim darauf ist Renten!
Und werden denn die Schuld zurück sie spenden?
Nein, nieder alles, nur hinauf die Renten!
Ihr Unglück, Glück, Wohl, Wehe, Anfang, Enden,
Sein, Hoffen, Andacht — Renten, Renten, Renten!

Erst nachdem die Reform des Parlamentes erfolgt und dadurch die Vertretung der industriellen und bürgerlichen Klasse verstärkt worden war, ergaben sich Aussichten für einen Umschwung. Von sieben Fabrikanten in Manchester wurde 1838 die Antikornzollliga begründet. Ihre Seele war Richard Cobden, ihr mächtigstes Organ John Bright. Diese beiden Männer entfalteten eine unerhörte Agitation. „Hunderttausende von Schriften wurden Woche für Woche durch das Land verbreitet. Tag für Tag wiederholten in Hunderten von Versammlungen die beredtesten Zungen die Argumente gegen die Korngesetze. In Ebenezar Elliot erstand der Liga der begeisterte Antikornzolldichter. Erbittert war der Widerstand der Grundeigentümer. Aber was sie an

Scharfsinn auch aufbieten mochten, um ihre Gegner zu widerlegen, angesichts der hungernden Massen waren die Argumente nur der Art, daß sie, wie Carlyle sagte, nicht nur die Engel im Himmel, sondern sogar die Esel auf Erden weinen machten." Dazu brach im Jahre 1845 in Irland eine furchtbare Hungersnot aus, welche Hunderttausende dahinraffte oder aus dem Lande vertrieb.

Robert Peel, der Führer der Tories selbst, war es schließlich, der die Abschaffung der Korngesetze und überhaupt den vollständigen Übergang Englands zum Freihandel als notwendig erkannte und thatsächlich durchführte.

6. **Die litterarischen Vorkämpfer der sozialen Reform.**

Nicht Chartismus und Freihandelsbewegung allein verleihen den geschilderten Zeiten ein besonderes Interesse. Sie sind auch dadurch eben merkwürdig geworden, daß sie Männer aufstehen sahen, die eine neue soziale Weltauffassung vertraten und mit derselben den ideellen Grundstein für die sozialreformatorische Entwicklung der kommenden Jahrzehnte legten. An der Spitze dieser Männer stand Thomas Carlyle. Meister in Gedanken und Worten vermochte er, gleich einem Jesaias des neunzehnten Jahrhunderts, wie wenige andere seine Zeit ebensogut zu begreifen wie zu ergreifen. Das liebe „Ich", seine Lust und sein Leid, wurden aus dem Mittelpunkt des Weltalles, in das es die englische Philosophie des achtzehnten Jahrhunderts erhoben, wieder ausgetrieben. Nach Carlyle ist dieses Streben nach persönlichem Glücke im Leide und in der Entsagung zu überwinden. Die Selbstverleugnung ist die Grundlage aller Tugend und durch sie allein kann die Gesellschaft sich erheben. Das echte Glück besteht darin zu arbeiten und zu wissen, woran man zu arbeiten hat. Nur starkes Pflichtgefühl und eine moralische Wiedergeburt kann die moderne Gesellschaft vor dem Untergange bewahren. Mit rücksichtsloser Offenheit und hinreißendem Schwunge wurde die schwere soziale Erkrankung des englischen Volkes in „Vergangenheit und Gegenwart", im „Chartismus" und in den „Flugschriften des jüngsten Tages" von Carlyle geschildert und die vollkommene Nichtigkeit der Politik, die von den herrschenden Klassen getrieben wurde, erbarmungslos gegeißelt. „Wenn ein allgemeiner Wahnsinn der Unzufriedenheit besteht, muß Gesundheit und ein gewisses Maß von Zufriedenheit wieder hergestellt werden — nicht durch die Polizei allein. Wenn die Gedanken eines Volkes in seiner großen Masse irre gehen, wird das Gesamtergebnis der Thaten dieses Volkes Widerspruch und Ruin sein! Es muß der großen Masse die Gesundheit wieder gewonnen werden, sonst wird der Zwang nicht mehr imstande sein zu zwingen. Es ist gefragt worden: Warum wirkt das

Parlament nicht Licht auf diese Frage der arbeitenden Klassen, auf ihre Lage und Stimmung? Wahrlich, einem fernstehenden Beobachter der parlamentarischen Vorgänge scheint es überraschend, besonders in der jüngsten Reformzeit, zu sehen, wie wenig Raum diese Frage in der Debatte einnimmt. Kann irgend eine andere Angelegenheit dringlicher für die Gesetzgeber sein? Man sollte denken, ein reformiertes Parlament müßte sich über öffentliche Unzufriedenheit unterrichten, ehe sie die Länge von Spießen und Fackeln erreicht! Zu welchem Zwecke werden überhaupt Männer, ehrenwerte Mitglieder und Reformmitglieder, nach Westminster geschickt mit viel Geschrei und Anstrengung? Um dort zu sprechen, streiten, Anträge und Gegenanträge zu stellen? Die Lage der großen Masse eines Volkes in einem Lande ist die Lage des Landes selbst." Carlyle trat ein für den Schutz der Schwachen durch den Staat, für Fabrikgesetzgebung, Wohnungsgesetzgebung, allgemeine Schulpflicht und offenbarte Neigungen für die Verstaatlichung des Grundeigentumes. Der Schwerpunkt seines Wirkens lag aber in der beißenden, ernsten Kritik und in dem gewaltigen sittlichen Weckruf an seine Zeitgenossen, ihrer sozialen Pflichten sich bewußt zu werden und der Erfüllung derselben mit voller Hingabe der Persönlichkeit fürderhin zu leben.

So hoch man Carlyle und seine Wirksamkeit veranschlagen darf, er ist durchaus nicht der einzige, dem das englische Volk seine soziale Erziehung zu verdanken hat. Neben Carlyle kommt auch Charles Dickens ein Ehrenplatz zu. Auch er war ein Apostel werkthätiger Liebe und sozialer Pflichterfüllung. In seinem Romane „Harte Zeiten" wurde die phantasielose Nüchternheit des englischen Fabriklebens, der rücksichtslose Materialismus, die Hartherzigkeit, Verlogenheit und Aufgeblasenheit industrieller Emporkömmlinge in einer Weise an den Pranger gestellt, die den flammenden Mahnungen Carlyle's wenig nachgab. Sodann mag an den Dichter des „Liedes vom Hemde", Thomas Hood, erinnert werden:

  Schaffen — Schaffen — Schaffen
  Und der Lohn? Ein Wasserhumpen,
  Eine Kruste Brot, ein Bett von Stroh,
  Dort das morsche Dach — und Lumpen!
  Ein alter Tisch, ein zerbrochener Stuhl,
  Sonst nichts auf Gottes Welt!
  Eine Wand so bar — 's ist ein Trost sogar
  Wenn mein Schatten nur drauf fällt.

  O Gott, daß Brot so teuer ist
  Und so wohlfeil Fleisch und Blut!"

Einen nicht unerheblichen sozialpolitischen Einfluß haben ferner die Werke Disraeli's, namentlich die Romane „Sybil" und „Coningsby" ausgeübt. Um Disraeli, den späteren Premierminister und Lord Beaconsfield, scharte sich das „junge England", das für die Romantik des Feudalismus und für ein über den Parteien stehendes soziales Königtum schwärmte. Das Herrschaftsverhältnis der Arbeitgeber über die Arbeiter sollte nicht beseitigt, wohl aber durch Pflege menschlicher, patriarchalischer Beziehungen veredelt werden.

Die sogenannten christlichen Sozialisten: Frederik Denison Maurice, John M. Ludlow, Thomas Hughes und Vansittart Neale, waren wirtschaftlich von den sozialistischen Idealen Owens und seiner Schüler erfüllt, aber Gegner seiner atheistischen und materialistischen Moral. Sie erachteten eine gesellschaftliche Reform für unmöglich, solange nicht jeder sich selbst entsprechend dem Geiste des Christentumes reformiere und die Selbstsucht, die Wurzel aller sozialen Übel, austilge. Die wirtschaftliche Arbeit müsse in Genossenschaften organisiert werden, die auf brüderlichen und christlichen Grundsätzen beruhten und zwischen denen der Austausch der Produkte zu erfolgen habe. Kingsley's Roman „Alton Locke" schuf auch diesem Programme eine poetische Verherrlichung.

Begreiflicherweise konnte ein so mächtiger geistiger Umschwung an den Vertretern der politischen Ökonomie, die von Carlyle noch als „dismal science" gebrandmarkt worden war, nicht spurlos vorübergehen. In John Stuart Mill erhob sich vielmehr die klassische Nationalökonomie und die individualistische Weltanschauung zu einer Höhe, auf der sich ihre praktischen, sittlichen und wirtschaftlichen Ideale nahezu mit denjenigen Carlyle's deckten, so verschieden immerhin der Ausgangspunkt gewesen sein mochte. Mill war von einem Mitgefühl für das Los der arbeitenden Klassen erfüllt, das man bei seinen Vorgängern, abgesehen etwa von Ad. Smith), vergeblich suchen würde. „Wenn die große Masse des Menschen= geschlechtes," schrieb er, „immer so bleiben sollte, wie sie gegenwärtig ist, in der Sklaverei mühseliger Arbeit, an der sie kein Interesse hat, sich von früh morgens bis spät in die Nacht abquälend, um sich nur den notwendigsten Lebensunterhalt zu verschaffen, mit all den intellek= tuellen und moralischen Mängeln, die ein solcher Zustand mit sich bringt, ohne eigene innere Hilfsquellen, ohne Bildung (denn die Leute können nicht besser gebildet als ernährt werden), selbstsüchtig (denn ihr Unterhalt nimmt alle ihre Gedanken in Anspruch), ohne Interesse und Selbstgefühl als Staatsbürger und Mitglieder der Gesellschaft, dagegen mit dem in ihren Gemütern gährenden Gefühl des ihnen vermeintlich widerfahrenen Unrechtes hinsichtlich dessen, was andere besitzen, sie aber entbehren — wenn ein solcher Zustand bestimmt wäre, ewig zu dauern, so wüßte ich nicht, wie jemand, der seiner Vernunft mächtig ist, dazu kommen sollte, sich weiter um die Bestimmung des Menschengeschlechtes zu bekümmern." Von dem innigen Wunsche beseelt, eine Verbesserung der gesellschaftlichen Zustände herbeizuführen, prüfte er die sozialistischen Systeme von St. Simon, Fourier und Owen, die bis dahin die gelehrte Welt kaum der Erwähnung, geschweige denn einer ernsten Widerlegung für wert erachtet hatte, mit großer Unbefangenheit und Gründlichkeit und kam dabei zu dem Ergebnisse: „Bliebe uns nur die Alternative: entweder der bisherige Zustand, wobei das Ergebnis der Arbeit sich fast im umgekehrten Verhältnisse zur Arbeit verteilt, so daß die größten Anteile denjenigen zufallen, die überhaupt nie gearbeitet haben, die nächstgrößten denen, deren Arbeit beinahe nur nominell ist, und so weiter hinunter, indem die Vergütung in gleichem Verhältnisse zusammenschrumpft, wie die Arbeit schwerer und unangenehmer wird, bis endlich die ermüdendste und aufreibendste körperliche Arbeit nicht mit Gewißheit darauf rechnen kann, selbst nur den notwendigsten Lebensbedarf zu erwerben: wenn, sagen wir, die Alternative wäre: Dies oder Kommunismus, so würden alle Bedenklichkeiten gegen den Kommunismus, große wie kleine, nur wie Spreu in der Wagschale sein." Aber so liegen die Dinge in Wirklichkeit nicht. „Die sozialen Einrichtungen Europas nehmen ihren Anfang von einer Eigentumsverteilung, die nicht das Ergebnis einer gerechten Teilung oder der Aneignung durch Erwerbsthätigkeit, sondern der Eroberung und Gewaltthätigkeit war. . . . . Die Gesetze haben die Wagschale zwischen den verschiedenen Klassen nicht nach Recht und Billigkeit gehalten, sondern haben einigen Hindernisse in den Weg gelegt, um anderen Vorteile zu gewähren: sie haben absichtlich Ungleichheiten begünstigt und verhindert, daß alle beim Wettlaufe gleichmäßig gestellt sind. Wenn die Gesetze nur ebenso viel thäten, um die sozialen Ungleichheiten zu mildern und eine bessere Verteilung des Vermögens zu begünstigen, als sie jetzt thun, um die Ungleichheit zu vergrößern und den Besitz zu konzentrieren, so würde sich schon zeigen, daß das Prinzip des Privateigentumes in keinem notwendigen Zusammenhange steht mit den physischen und sozialen Leiden, welche fast sämtliche sozialistischen Systeme als davon untrennbar voraussetzen." Mill erblickte die Aufgabe der Volkswirtschaft weniger in einer absoluten Vermehrung des Nationalvermögens als in einer besseren Verteilung. Zu diesem Zwecke seien die Reformen der Grundeigentumsverhältnisse, des Erbrechtes, eine große nationale Kolonisationsmaßregel, freie Organisationen der Arbeiter, Arbeiterschutzgesetze, Genossenschaften und allgemeine Erziehung und Bildung ins Auge zu fassen. Das sozial politische Programm Mill's trug im wesentlichen dasselbe Gepräge wie dasjenige Carlyle's.

In einer Selbstbiographie hat sich schließlich Mill als Sozialisten bekannt, als Sozialisten in dem weiteren englischen Sinne des Wortes: „Während wir mit allem Nachdrucke die Tyrannei der Gesellschaft über das Individuum verwarfen, die man den meisten sozialistischen Systemen unterstellt, nahmen wir doch eine Zeit in Aussicht, in welcher die Gesellschaft nicht mehr nach Arbeitern und Müssiggängern sich gliedern würde — in welcher die Regel, „wer nicht arbeitet, soll auch nicht essen" nicht bloß auf die Armen, sondern unparteiisch auf alle Anwendung findet — in welcher die Verteilung des Arbeitserzeugnisses, statt, wie in so hohem Grade jetzt geschieht, vom Zufall der Geburt abzuhängen, durch einstimmige Beschlüsse oder nach anerkannten gerechten Grundsätzen vor sich geht — in welcher es nicht länger unmöglich sein oder für unmöglich gehalten werden wird, daß menschliche Wesen sich eifrig anstrengen in Schaffung von Wohlthaten, die nicht ausschließlich ihnen, sondern auch der Gesellschaft, der sie angehören, zu gute kommen. Der Zukunft schien uns die soziale Aufgabe obzuliegen, die größte individuelle Freiheit des Handelns mit einem gemeinschaftlichen Eigentumsrecht an dem Rohmaterial des Erdballes und der gleichen Teilnahme aller an den Wohlthaten der vereinigten Arbeitsthätigkeit in Verbindung zu bringen."

7. Die Fabrikgesetzgebung.

Der Umschwung in den Dingen hatte eine neue soziale Weltauffassung erzeugt. Diese aber bahnte wieder der Reform der thatsächlichen Zustände den Weg. Unter den Maßnahmen, welche allmählich eine Erhebung des englischen Volkes aus seinem sozialen Elende bewirkten, steht die Fabrikgesetzgebung an Alter wie sozialpolitischer Tragweite obenan. Die Anfänge derselben gehen auf die ersten Zeiten des Jahrhunderts und die entsetzliche Ausbeutung zurück, der die „Fabriklehrlinge" infolge der Gewissenlosigkeit der Armenverwaltungen zum Opfer gefallen waren. Eine Epidemie, die von den Fabrikbezirken ausging, lenkte zuerst die Aufmerksamkeit der Behörden auf die Lage der Fabrikkinder. Die Frucht der behördlichen Untersuchung war ein Gesetz „zur Bewahrung der Gesundheit und Moral der Lehrlinge in den Baumwollfabriken" (1802). Da es an geeigneten Organen zur Durchführung der erlassenen Vorschriften noch mangelte, kann die Wirkung derselben nicht hoch veranschlagt werden. Immerhin bildete das genannte Gesetz den Ausgangspunkt für das Eingreifen des Staates, das später in wachsendem Umfange zu gunsten der jugendlichen und weiblichen Arbeitskräfte erfolgen sollte. Anfänglich erstreckte sich der staatliche Schutz nur auf die Arbeiter der Baumwollindustrie, später auf die Textilindustrie überhaupt. Das Alter, vor dessen Vollendung Kinder zur Fabrikarbeit nicht zugelassen werden, ist im Lauf der Zeit vom 9. auf das 11. Lebensjahr erhöht worden. Vor zurückgelegtem 13. Lebensjahre dürfen Kinder nur etwa die Hälfte der Arbeitszeit der übrigen geschützten Personen hindurch beschäftigt werden. Die Arbeitszeit jugendlicher (14—18jähriger) und weiblicher Personen ist von zwölf Stunden per Tag schrittweise bis auf 56½ Stunden per Woche vermindert worden. Im Jahre 1833 erfolgte die Einsetzung besonderer Staatsbeamten, denen die Durchführung des Schutzes überwiesen wurde, und erst von diesem Zeitpunkte an fanden die Gesetze, freilich nicht ohne daß von Seiten der Fabrikanten ein hartnäckiger Widerstand geleistet worden wäre, die gebührende Beachtung. Nachdem der Grundsatz staatlichen Schutzes sich auf dem Gebiete der fabrikmäßigen Textilindustrie so glänzend bewährt hatte, wurden, namentlich in der zweiten Hälfte des Jahrhunderts, die Gesetze auf andere Großindustrien, seit 1867 auch auf Werkstätten ausgedehnt. Im Jahre 1878 vereinigte man die fast unübersehbare Menge einzelner Fabrikgesetze, welche der durchaus individualisierende Gang der Gesetzgebung mit der Zeit erzeugt hatte, in ein einheitliches Fabrik- und Werkstättengesetz. Auch auf die Arbeit in den Bergwerken hat der Arbeiterschutz sich erstreckt. Weibliche Personen und Knaben unter zwölf Jahren sind von unterirdischen Arbeiten ausgeschlossen worden, junge Leute männlichen Geschlechtes zwischen 12 und 16 Jahren dürfen „unter Tage" in der Woche nur 54 Arbeitsstunden leisten; die gleiche Zeit ist jungen Leuten beider Geschlechter und erwachsenen weiblichen Personen „über Tage" gestattet.

Alle diese Gesetze sind erst nach langem, heißen Kampfe erstritten worden. Auf der einen Seite standen die Massen der Arbeiter, geführt von bürgerlichen Philanthropen, von radikalen Fabrikanten und einem Teile der Tories. Diese, als Vertreter des Grundadels, erblickten in einer Bewegung, die sich gegen die verhaßte, neu emporgekommene liberale Fabrikantenklasse richtete, eine willkommene Gelegenheit, diesen Verlegenheiten zu bereiten. Das schließt natürlich nicht aus, daß bei einigen unter den toristischen Führern der Bewegung, bei Männern wie Oastler, Sadler und Lord Ashley rein humane Beweggründe ausschlaggebend gewesen sein mögen. Auf der andern Seite scharte sich das Gros der Fabrikanten um die Vertreter der politischen Ökonomie und die liberalen Doktrinäre. Es ist schwer zu entscheiden, wer sich um die Ausbildung des englischen Arbeiterschutzes die größten Verdienste erworben hat. Am frühesten ist Robert Owen für die Beschränkung der Kinderarbeit und die gesetzliche Regelung der Arbeitszeit eingetreten. Seine Haltung mußte um so tiefern Eindruck erzielen, als er selbst in seiner Fabrik die Maßnahmen, die er befürwortete, mit größtem Erfolge durchgeführt hatte. Später nahm die sozialistische Propaganda alle Kräfte Owens in Anspruch, und Richard Oastler trat an die Spitze der Zehnstundenbewegung. Tief religiösen Gemütes, in der Politik toristischen Grundsätzen huldigend, durch natürliche Gaben, insbesondere eine hinreißende, leidenschaftliche Beredsamkeit ausgezeichnet, mit einer ungewöhnlichen Zähigkeit in der Verfolgung eines einmal gesteckten Zieles ausgerüstet, hatte Oastler ursprünglich seine Dienste der Antisklavereibewegung gewidmet. Durch einen Besuch bei einem Fabrikbesitzer in Bradford wurde er mit den namenlosen Leiden der englischen Fabrikkinder bekannt. Sofort nahm er sich dieser Sache mit dem ihm eigenen Feuer an. In den Tagesblättern wurden die schmachvollen Zustände geschildert und die Aufmerksamkeit der ganzen Nation auf dieselben gelenkt. Dann trat er mit den Arbeitern ohne Unterschied der Partei in unmittelbare Beziehungen, um eine große Volksbewegung in Fluß zu bringen. Zahllose Zusammenkünfte wurden von ihm und seinen Gesinnungsgenossen abgehalten. Oastlers Ansehen beim Volke nahm rasch so zu, daß er allgemein nur der „Fabrikkönig" genannt wurde. Eine der großartigsten Versammlungen dürfte wohl diejenige gewesen sein, welche am 23. April 1832 im Schloßhofe von York stattfand.

Obgleich York von den Fabrikorten 24, 40, ja 50 englische Meilen entfernt war, obgleich das schlechteste Wetter herrschte, obgleich die Arbeiter oft nur eine Kleidung besaßen, die ihnen gegen die Unbilden der Witterung keinen ausreichenden Schutz gewährte, obgleich sie sich in einzelnen Fällen erst das Schuhwerk von einem glücklicheren Nachbar leihen mußten, so begaben sie sich dennoch mit Weib und Kind begeistert auf die Wanderung nach York. Psalmen oder Gelegenheitslieder singend zogen sie mit zahlreichen Bannern einher. Letztere waren teils mit Bibelversen, teils mit Schlagwörtern der Bewegung versehen: „Keine weiße Sklaverei", „Zehn Stunden am Tage" u. s. w. Durch ein Versehen waren die Lebensmittel nach einem anderen Punkte geschafft worden, als wo sie erwartet wurden. Trotzdem die Leute nun jeglicher Erfrischung und Kräftigung entbehrten, blieb die Ruhe vollkommen bewahrt. Fünf Stunden dauerte die Versammlung. Während dieser ganzen Zeit standen die Leute, die doch schon durch den weiten Weg ermüdet waren, dicht gedrängt da und lauschten mit Begeisterung den Worten, die die Führer der Bewegung an sie richteten. Auf dem Heimwege in der Nacht — die Ungunst der Witterung hielt an — blieben viele vor Erschöpfung auf der Straße liegen. Der Ausschuß war unausgesetzt bemüht, Wagen zu holen und die Ärmsten nach ihrem Heim zu bringen. Und an derartigen rührenden Beispielen gesetzlicher Agitation und rückhaltloser Hingebung an öffentliche Interessen ist die Geschichte der Zehnstundenbewegung überreich.

Im Parlamente vertrat Michael Thomas Sadler die Sache der Fabrikgesetzgebung, der, gleich Oastler ein Tory, durch eine nicht unbedeutende wirtschaftliche Bildung hervorragte. Abgesehen von einigen Wochenblättern, die durchaus den Zwecken der Zehnstundenbewegung dienten, wurden für den wirksameren Betrieb der Agitation noch besondere „Ausschüsse für Verkürzung der Arbeitszeit" in allen Fabrikstädten errichtet.

In ihrem Widerstande gegen die Fabrikgesetzgebung fanden die Fabrikanten bei der manchesterlichen Nationalökonomie die bereitwilligste Hilfe. Galt diesen und insbesondere ihren Größen zweiten und dritten Ranges doch jedes Eingreifen des Staates schon von vornherein, ohne Prüfung, für ein unerhörtes Übel. Man sagte den Untergang des Landes voraus, wenn eine Fabrikgesetzgebung erlassen würde. Einer jener Manchesterökonomen, W. Nassau Senior, machte sich durch die Behauptung berühmt, daß der Gewinn der Unternehmer in der letzten Arbeitsstunde produziert würde. Würde die Arbeitszeit also auch nur um diese eine letzte Stunde vermindert, so fiele der ganze Profit weg und die Unternehmer hätten kein Interesse mehr an der Weiterführung der Geschäfte. Dem gegenüber zeigten einige Fabrikanten, die mit der Herabsetzung der Arbeitszeit selbständig vorangegangen waren, daß die Arbeiter bei der kürzeren Arbeitszeit infolge größerer Frische mehr und besser produzierten als unter den früheren Verhältnissen. Auch zu der Behauptung, die Zustände in den Fabriken seien gar nicht so schlimm, nahmen die Anwälte der Fabrikantenkreise ihre Zuflucht. Die zahlreichen und gründlichen Untersuchungen, welche teils von der Regierung, teils vom Parlamente ausgingen, machten indes schönfärberischen Neigungen bald ein Ende.

So kam es, daß die Sache der Fabrikgesetzgebung immer mehr Anhänger fand, und zwar Anhänger unter allen politischen Parteien. Überhaupt legten die Führer der Bewegung großes Gewicht darauf, daß sie nie zur Sache einer Partei herabsänke, sondern auf ihrer nationalen Höhe erhalten bliebe. Tories, Whigs, Radikale und Chartisten kämpften oft Schulter an Schulter, im Parlamente sowohl wie in den Versammlungen, um den Arbeitern einen ausreichenden Schutz zu verschaffen.

Nachdem Sadler durch eine Rede über die üble Lage der Landarbeiter sich bei seinen toristischen Parteigenossen mißliebig gemacht hatte, und deshalb bei Neuwahlen durchgefallen war, übernahm der

Tom Lord Ashley die Führung. Er ist später unter dem Namen eines Earl of Shaftesbury bekannt geworden als einer der hervorragendsten Philanthropen der neueren Zeit.

Die Opfer, die Oastler der Bewegung brachte, hatten ihn in Schulden gestürzt. Er kam sogar eine Zeit lang in Schuldhaft. Allein selbst aus dem Schuldgefängnisse in Fleet=Street setzte er durch Herausgabe der „Fleet=Papers" die Agitation mit ungeschwächter Kraft und Hingebung fort. Schließlich trat selbst einer der einflußreichsten Whigs, in deren Lager die vornehmsten Feinde der Fabrikgesetzgebung sich befanden, der berühmte Geschichtsschreiber Thomas Babington Macaulay, mit einer glänzenden Rede für das Zehnstundengesetz ein. Mit der durchaus gesetzlichen Zehnstundenbewegung ging die revolutionäre Chartistenbewegung parallel. Unter dem Eindrucke einer so mächtigen Gährung der Massen wurde 1847 in der That das Zehnstundengesetz, allerdings nur für Frauen und jugendliche Personen, vom Parlamente angenommen. Vergeblich hatte es John Bright als eine der schlechtesten Maßnahmen bezeichnet, die je in Form eines Gesetzgebungsaktes genehmigt worden seien. Der Widerstand gegen die Entwicklung der Gesetzgebung war der Hauptsache nach überwunden.

Ist der Männer gedacht worden, denen das Verdienst zukommt, die Arbeiterschutzgesetze errungen zu haben, so kann der pflichttreuen Beamten nicht vergessen werden, die es unter unsäglichen Schwierigkeiten endlich dahin brachten, daß der Wille des Gesetzes im praktischen Leben auch volle Geltung erhielt. Die Thätigkeit der Fabrikaufsicht gestaltete sich äußerst schwierig. Ihre Befugnis war unklar gedacht und schlecht geregelt, ihre Zahl in Anbetracht der damaligen Verkehrsverhältnisse winzig klein. Die Arbeitgeber suchten das Gesetz auf jede mögliche Weise zu umgehen, und selbst die Regierung legte Hindernisse in den Weg. Abhängig von dem gewerblichen Kapitale, übte sie einen sehr wahrnehmbaren Druck auf die Fabrikinspektoren aus, in einer den Fabrikanten genehmen Weise zu wirken, — ja geradezu ihres Amtes unredlich zu walten. Mit Recht hat man jene Zeiten, in denen Männer wie Horner und Baker trotz alledem dem Gesetze Geltung zu verschaffen wußten, als das Heldenzeitalter der englischen Fabrikinspektion bezeichnet.

Um die Mitte des Jahrhunderts trat in der Stellung der Inspektoren eine Besserung ein. Die Fabrikgesetzgebung hatte in den großen Industriezweigen den Sieg errungen. „Ihre wundervolle Entwicklung von 1853—1860," bemerkt K. Marx, „Hand in Hand mit der physischen und moralischen Wiedergeburt der Fabrikarbeiter, schlug das blödeste Auge. Die Fabrikanten selbst, denen die gesetzliche Schranke und Regel des Arbeitstages durch halbhundertjährigen Bürgerkrieg Schritt für Schritt abgetrotzt war, wiesen prahlend auf den Kontrast in den noch ‚freien' Exploitationsgebieten hin. Die Pharisäer der ‚politischen Ökonomie' proklamierten nun die Einsicht in die Notwendigkeit eines gesetzlich geregelten Arbeitstages als charakteristische Neuerrungenschaft ihrer ‚Wissenschaft'." Das Zehnstundengesetz hat in den ihm unterworfenen Industriezweigen „die Arbeiter vor gänzlicher Entartung gerettet und ihren körperlichen Zustand beschützt", hob der Bericht eines Aufsichtsbeamten 1859 hervor. Und als im Jahre 1876 vom Parlamente eine Kommission eingesetzt worden war, um die Wirkung der Fabrikgesetzgebung zu prüfen, gelangte sie zu folgendem Ergebnisse: „Die zahlreichen früheren Untersuchungen über die Lage der in den verschiedenen Gewerben des Landes beschäftigten Kinder und Frauen enthüllten Zustände, welche das allgemeine Mitleid mächtig hervorriefen und das Einschreiten der Gesetzgebung gebieterisch verlangten. In auffälligem Gegensatze zu den in jenen Berichten enthüllten Verhältnissen ist die gegenwärtige Lage derjenigen, zu deren Gunsten die verschiedenen Fabrik- und Werkstättengesetze erlassen wurden. Einige Beschäftigungen sind trotz der gesundheitspolizeilichen Vorschriften dieser Gesetze noch unzweifelhaft ungesund; und in anderen Gewerben findet sich noch gelegentlich ein Überarbeiten über die von den Gesetzen gezogenen Grenzen, das der Gesundheit der darin Beschäftigten nachteilig ist. Allein diese Vorkommnisse sind zu unserer Freude nur Ausnahmen. Dabei haben wir keine Ursache zur Annahme, daß die Gesetzgebung, welche in so auffälliger Weise sich als Wohlthat für die beschäftigten Arbeiter erwiesen hat, den Gewerben, auf die sie Anwendung fand, irgend erheblichen Nachteil gebracht hat. Im Gegenteile, der Fortschritt der Industrie war augenscheinlich völlig unbehindert durch die Fabrikgesetze; und es giebt nur wenige, selbst unter den Arbeitgebern, welche jetzt einen Widerruf der Hauptbestimmungen dieses Gesetzes wünschten oder welche die aus diesen Gesetzen hervorgegangenen Wohlthaten leugneten."

8. Die Gewerkvereine.

Seitdem es eine freie gewerbliche Arbeiterklasse überhaupt giebt, haben deren Angehörige immer danach gestrebt, ihre an und für sich schwache Stellung durch Vereinigung zu stärken und äußersten Falles durch gemeinsame Arbeitsverweigerung einen Einfluß auf die Festsetzung der Arbeitsbedingungen auszuüben. Ungeachtet aller entgegenstehenden Verbote haben auch die englischen Arbeiter diesen Weg der Selbsthilfe beschritten. Zwar hatte das Parlament auf Andringen der Fabrikanten die alte gewerbliche Verfassung, die den Arbeitern immerhin noch einigen Rückhalt gewährte, aufgehoben, aber die drakonischen Gesetze, welche im Laufe der Zeiten gegen Koalitionen und Arbeitseinstellungen erlassen worden waren, blieben sorgsam erhalten. Während ein gemeinsames Vorgehen der Arbeiter daher nur im Geheimen und mit großen Gefahren vorbereitet werden konnte, wurden gegen offenkundige Verabredungen der Arbeitgeber zur Herabdrückung der Löhne keine Verurteilungen ausgesprochen. Derartige Ungerechtigkeiten mußten den Haß der Arbeiter gegen die herrschenden Gesellschaftsklassen und die von ihnen gestützte Ordnung auf das Äußerste entflammen, und es kam in der That oft genug zu blutigen Gewaltakten. Da wurden im Jahre 1824 auf Antrag des von Ricardo beratenen Radikalen Joseph Hume die Koalitionsverbote abgeschafft, doch wurde durch ein Gesetz vom Jahre 1825 die Anwendung von Gewalt und Einschüchterungsmitteln mit Gefängnisstrafen bedroht. Damit hatte man den Berufsvereinigungen der Arbeiter einen gewissen Spielraum zugestanden. Ursprünglich gehörten zu einem Vereine nur die Arbeiter, welche an demselben Orte derselben Beschäftigung oblagen. Die Gewerkvereine, wie man diese Organisationen zu nennen pflegte, stellten also lediglich örtliche Verbände dar. Ihre Aufgabe bestand in der Unterstützung arbeitsloser Mitglieder, mochte diese Arbeitslosigkeit durch eine Krise, durch Arbeitseinstellung, Krankheit oder Invalidität entstanden sein. Diese Art der Organisation konnte aber weder den Anforderungen der Freizügigkeit Genüge leisten, noch eine wirkungsvollere Macht entfalten. So strebte man schon seit den 20 er Jahren danach, zwischen den Verbänden desselben Gewerbes an verschiedenen Orten Vereinigungen herbeizuführen. Sie hatten indes keinen Bestand. Die Ausbreitung erfolgte schließlich vielmehr in der Weise, daß die Mitglieder eines lokalen Verbandes, die sich an andere Plätze begeben mußten, dort Zweigvereine begründeten. Mit dieser Ausdehnung, die für den einzelnen Arbeiter den Rückhalt, welchen er von Seiten des Verbandes erwarb, wesentlich verstärkte, entstand zugleich die Notwendigkeit einer Centralleitung. Nachdem allgemeine Delegiertenversammlungen sich dieser Aufgabe nicht gewachsen gezeigt hatten, wurde eine ständige Behörde, aus einem Generalsekretär und einem Exekutivkomitee bestehend, mit der Wahrnehmung der Vereinsangelegenheiten betraut. Im übrigen erzielten die Verbände auch dadurch eine größere Festigkeit, daß die Arbeiter verschiedener Beschäftigungen in ein und derselben Industrie darauf verzichteten, nach Maßgabe dieser Beschäftigungen noch gesonderte Vereine zu bilden. Es kamen Verschmelzungen aller derselben Industrie angehörenden Gewerkvereine zustande. Die Arbeiter der Maschinenindustrie gingen hierin voran und gründeten im Jahre 1850 die „Vereinigte Gesellschaft der Maschinenbauer".

Bis in die 50er Jahre hinein hatten die Gewerkvereine unter der Mißgunst der öffentlichen Meinung, welche die Stimmung der durch die Arbeitseinstellungen gereizten Arbeitgebervereine wiederspiegelte, schwer zu leiden. Ja es fehlte nicht an Versuchen, sie im Wege der Gesetzgebung nochmals zu unterdrücken. Die Feindschaft gegen die Gewerkvereine nahm insbesondere im Jahre 1866 eine bedrohliche Höhe an, als in Sheffield das Haus eines Arbeiters, der aus einem Gewerkvereine getreten war, in die Luft flog. Eine parlamentarische Untersuchungskommission, eingesetzt um die Mißbräuche der Gewerkvereine ans Licht zu bringen, führte im Gegenteile zu einer glänzenden Rechtfertigung. Ihre Frucht war ein Gesetz, das die Gewerkvereine anerkannte, ihren nach juristischer Auffassung bisher herrenlosen Geldern Schutz gewährte, das Recht Land zu erwerben und das jus standi in judicio erteilte. Der rechtlichen Anerkennung folgte die gesellschaftliche und politische bald nach. Beamte der Gewerkvereine wurden zu Unterstaatssekretären, zu Mitgliedern des Handelsamtes, zu Friedensrichtern und Fabrikinspektoren ernannt. Allgemein wurden die Führer der Gewerkvereine als legitime Vertreter der Arbeiter ihrer Industrie angesehen. Die jährlich stattfindenden Gewerkvereinskongresse pflegen von den städtischen Behörden des Kongreßortes in derselben Weise begrüßt und geehrt zu werden wie die Tagungen angesehener bürgerlicher Vereinigungen. Die Organisation ist in neuerer Zeit noch insofern weiter ausgebaut worden, als auch die Zweigvereine der verschiedenen Gewerbe an einem und demselben Orte vielfach zu Verbänden (Trades Councils) zusammengetreten sind, und die nationalen Verbände mit den verwandten Verbänden anderer Länder Fühlung zu nehmen versucht haben.

Eine wirtschaftlich schwere Zeit brach über die Gewerkvereine während der langandauernden Krise der 70er Jahre herein. Einige schlecht organisierte Vereine konnten den erhöhten Ansprüchen, die die große Arbeitslosigkeit an ihre Kassen stellte, nicht entsprechen und brachen zusammen. Indes der weitaus größere Teil überstand auch diese Prüfung mit Erfolg.

Die Gewerkvereine, von denen bisher die Rede war, stellten Verbindungen gelernter Arbeiter dar, d. h. solcher Arbeiter, deren Leistungen eine bestimmte mehrjährige Berufsbildung erfordern. Dank den aufopfernden Bemühungen von Männern wie John Burns, Tom Mann, Ben Tillett u. a. m. ist es mit Ende der 80er Jahre aber auch gelungen, ungelernte Arbeiter nach Art der Gewerkvereine zu organisieren. Unter diesen Umständen konnte im Herbste 1889 sogar von den Londoner Dockarbeitern, einer in jeder Hinsicht überaus tief stehenden Arbeiterschicht, ein Aufstand siegreich durchgeführt werden. Der große Erfolg, der freilich nur mit Hilfe einer außerordentlichen allgemeinen Sympathie des Publikums errungen worden ist, hat viele andere ungelernte Arbeiter (Gasarbeiter und Arbeiter der Verkehrsgewerbe) dazu ermutigt, ebenfalls den Weg gewerkschaftlicher Organisation zu betreten. Diese „neuen Gewerkvereine" sind zur Zeit noch vorwiegend bloße Kampfvereine, die sich mit Krankenunterstützung und Altersversorgung nicht befassen. Sie entbehren noch der starken wirtschaftlichen Grundlage der älteren Verbände, da ihre Mitglieder, selbst niedrig entlohnt, auch nur geringe Beiträge entrichten können. Angesichts dieser Schwäche treten die Führer lebhaft für das Eingreifen des Staates, namentlich für Feststellung eines gesetzlichen Maximalarbeitstages auch für männliche erwachsene Personen ein, während die Häupter der älteren Bewegung der Staatshilfe entbehren zu können glaubten.

Die Organisationen der Arbeiter haben Gegenorganisationen der Arbeitgeber hervorgerufen. Die Arbeitseinstellungen wurden mit Arbeitsaussperrungen beantwortet. Trotz vieler hartnäckiger Kämpfe haben die Organisationen doch nicht zu einem dauernden Kriegszustande geführt. Nachdem Arbeitgeber und Arbeiter in den Streitigkeiten ihre Kräfte erprobt hatten, lernten sie sich als gleichberechtigte Parteien beim Abschlusse des Arbeitsvertrages anerkennen. Man kam dahin überein, die Arbeitsbedingungen im Wege friedlicher Beratungen festzustellen und die aus den abgeschlossenen Verträgen sich ergebenden Streitigkeiten durch Ausschüsse, gebildet aus den Vertretern beider Teile, zu schlichten. So haben sich zum Teil ständige Einrichtungen, Einigungskammern und Schiedsgerichte, entwickelt. Bei ersteren, deren Entstehung mit dem Namen des Wollwarenfabrikanten Mundella in Nottingham verknüpft ist, gilt es im Wege der Verhandlungen (Negotiation) die Zwistigkeiten aus der Welt zu schaffen, während bei Schiedsgerichten nach R. Kettle die vertragsmäßige Unterwerfung unter einen von beiden Parteien gemeinsam ernannten unparteiischen Schiedsrichter eintritt. Die Unmöglichkeit, bei derartigen Verhandlungen anders als durch ruhige, sachgemäße und rein geschäftliche Erwägungen einen Erfolg zu erzielen, hat die Vertreter der Gewerkvereine dazu geführt, die jeweiligen Marktverhältnisse der Industrie auf das Sorgsamste zu studieren. Im allgemeinen wird, wenigstens von Seiten der älteren Gewerkvereine, nur dann, wenn die Marktlage es wirklich rechtfertigt, Verbesserung der Arbeitsbedingungen verlangt. Allmählich ist eine Fortbildung des Arbeitsverhältnisses erwachsen, derzufolge nicht mehr der einzelne Arbeiter dem Arbeitgeber, sondern ihre Organisationen beim Abschlusse des Arbeitsvertrages sich gegenüberstehen. Damit ist aber auch die von der gegenwärtigen Wirtschaftsordnung vorausgesetzte Freiheit auf beiden Seiten nicht nur formell, sondern zum nicht geringen Teile auch materiell verwirklicht worden.

Bezeichnend für die heutige Stellung der Gewerkvereine in England sind die Ausführungen, die Mr. Mather, ein Großindustrieller aus Lancashire, in der Novembernummer der Contemporary Review (1892) veröffentlichte. „Die englischen Unternehmer seien den Gewerkvereinen zu großem Danke verpflichtet. Die von ihnen mit Energie und Hartnäckigkeit durchgesetzten Reformen seien der Industrie im ganzen zugute gekommen und trügen das Hauptverdienst an ihrem Emporblühen. Die Unionen richteten zwar ihre Anstrengungen vor allem auf Steigerung der Löhne und Verkürzung der Arbeitszeit, ihr leitender Gedanke sei aber immer die Förderung ihres Gewerbes als einer stetig fortschreitenden Industrie gewesen. Auch die Arbeitgeber möchten jetzt ein Unternehmen nicht im Stich lassen, das sich in fortwährender gesunder Entwicklung befinde, obgleich der eigentliche, über die regelmäßige Verzinsung des Anlagekapitales hinaus erzielte Unternehmergewinn vergleichsweise geringer geworden sei, als wenn die Festsetzung der Löhne und der Arbeitszeit ihrer Willkür überlassen geblieben wäre. Die Stetigkeit sei es, nicht die in einer kurzen Periode von einem Unternehmer aufgehäufte Geldmasse, die dem Gewerbe den höchsten Wert verleihe. Die Macht und der Einfluß der Gewerkvereine werde auch dadurch nicht beeinträchtigt, daß sie durchaus nicht alle Arbeiter der betreffenden Gewerbe umfassen: thatsächlich hätten sich auch die Nichtgewerkvereinler in allen Stücken nach den Unionen gerichtet und der jährliche Trades-Kongreß habe kraft allgemeiner Übereinstimmung in den letzten Jahren den wohlverdienten Namen eines Arbeiterparlamentes erworben. Sie vereinigen in sich nach Mathers Urteile die höchststehenden und charaktervollsten der englischen Arbeiter; Opferfreudigkeit für die höchsten Güter der breitesten Masse bildet ihren Grundzug: die körperlich und geistig befähigtesten Arbeiter verzichten gern auf Sondervorteile, die sie für ihre Person leicht erringen könnten, und verbinden willig ihr Los mit dem ihrer minder tüchtigen Genossen. Dieser erzieherische Erfolg ist auch für den Staat von Wert. Die Stetigkeit der Beschäftigung, die Einheit in den Zielen, die festen, wohlerprobten Grundlagen ihrer Organisation, die Vervollkommnung in der Arbeitsgeschicklichkeit, die erhöhte Selbstachtung und die wieder zu Ehren gebrachte Würde der Arbeit haben die Macht und Produktivkraft der englischen Industrien gewaltig gesteigert. Der große Unternehmungsgeist, die Energie, die Hilfsmittel und das Kapital der Industriellen sind ohne die Arbeiterorganisationen hierzu nicht imstande gewesen. Dieses Urteil wird auch nicht durch die Thatsache erschüttert, daß sich die Gewerkvereine gelegentlich schwerer Mißgriffe und einer brutalen Handlungsweise schuldig gemacht haben." Ähnlich urteilte der bekannte Staatsmann und ehemalige Großindustrielle Chamberlain im Nineteenth Century (1892).

Wie früher mitgeteilt wurde, sorgen die Gewerkvereine häufig beim Abschlusse des Arbeitsvertrages so gut wie im Falle der Erkrankung oder der Invalidität für ihre Mitglieder. Für die letztgenannten Zwecke sind aber auch noch besondere Verbände, sogenannte friendly societies, von den Arbeitern in beträchtlicher Zahl und Stärke entwickelt worden. Diese freien Hilfskassen gewähren Kranken- und Begräbnisgeld, zum Teil auch Alterszulagen. Einige derselben wie die Odd Fellows, Foresters, Druids u. a. m. besitzen weit über eine halbe Million Mitglieder.

9. **Die Genossenschaften.** Obwohl bereits gegen Ende des vorigen Jahrhunderts und während des großen Krieges Vereinigungen zur billigeren Beschaffung von Brot und Mehl von den Arbeitern, einfach unter dem Drucke der ungewöhnlichen Not, begründet worden waren, so läßt sich eine wirkliche Genossenschaftsbewegung doch erst seit den 20er Jahren feststellen. Da war es Robert Owen, der diesen Bestrebungen eine tiefere theoretische Begründung verlieh und mit Feuereifer für die allgemeine Verbreitung seiner Ideen eintrat. Allenthalben wurden von den Anhängern Owen's Konsumvereine ins Leben gerufen. Das von diesen bei der Geschäftsführung gewonnene Kapital sollte zur schließlichen Selbstbeschäftigung der Arbeiter, zu ihrer sittlichen Hebung und geistigen Aufklärung und für die Zwecke der genossenschaftlichen Propaganda verwendet werden. Um das Jahr 1832 dürfte die Zahl der Genossenschaften auf etwa 500 sich belaufen haben. Bald nachher erfuhr aber die Bewegung einen jähen Rückschlag. Chartisten und Gewerkvereinler versprachen den Arbeitern, auf raschere Weise ihre Lage zu verbessern, als es die Genossenschaften zu thun imstande seien. Dazu trat der geschäftliche Mißerfolg vieler genossenschaftlicher Unternehmungen. Ihr Eigentum entbehrte des gesetzlichen Schutzes. Sodann hatten manche Genossenschaften strikende oder sonst arbeitslose Arbeiter beschäftigt. Einzelne Warengattungen waren daher häufig weit über den thatsächlichen Bedarf des Kundenkreises der Genossenschaft hinaus angesammelt worden und bildeten unverkäufliche Lagerbestände. Auch der rechte Genossenschaftsgeist ließ vielerorts noch zu wünschen übrig. Es kam vor, daß Mitglieder ihre Geschäftsanteile sich ausbezahlen ließen, um damit eigene individualistische Unternehmungen zu begründen.

Wie die aufsteigende Chartistenbewegung der Ausbreitung der Genossenschaften sich in den Weg gestellt hatte, so ergab sich andrerseits wieder ein Umschwung zu Gunsten der Genossenschaften, nachdem durch den Mißerfolg des Chartismus die Arbeiter darüber belehrt worden waren, daß der ausschließlich politische Weg keineswegs schneller zum Ziele führe. Diese zweite Genossenschaftsbewegung nahm ihren Ausgang von dem Konsumvereine, den einige arme Flanellweber zu Rochdale im Jahre 1844 ins Leben gerufen hatten. Oweniten, Chartisten, Anhänger der Zehnstundenbewegung und Gewerkvereinler haben an der Wiege dieser später so berühmt gewordenen Vereinigung gestanden. Auch hier wollte man sich ursprünglich durchaus nicht auf einen bloßen Konsumverein beschränken. Auch hier sollte der Konsumverein nur den ersten Schritt in die vollkommene, jeden Profit ausschließende kommunistische Gemeinde Owen's darstellen. Das Programm der Pioniere gestattet darüber keinen Zweifel: „Die Errichtung eines Ladens zum Verkaufe von Lebensmitteln, Kleidungsstücken u. s. w. Das Erbauen, den Ankauf oder die Einrichtung einer Anzahl von Häusern, in denen diejenigen Mitglieder wohnen können, welche einander in der Verbesserung ihrer häuslichen und sozialen Lage beizustehen wünschen. Die Produktion solcher Waren, deren Herstellung die Genossenschaft beschließen wird, um denjenigen Mitgliedern Arbeit zu schaffen, welche arbeitslos werden, oder unter wiederholten Herabsetzungen der Löhne zu leiden haben. Den Ankauf oder die Pachtung eines oder mehrerer Grundstücke zum Zwecke der Bestellung durch arbeitslose oder schlecht bezahlte Genossenschafter. Und ferner, daß diese Genossenschaft sobald als thunlich dazu schreiten soll, die Produktion und Verteilung der Güter zu der Erziehung des Volkes und die Kräfte zur Erzeugung und Regierung zu ordnen; mit anderen Worten, eine sich selbst erhaltende Inlands-Kolonie mit Gemeinschafts-Interessen ins Leben zu rufen oder anderen Genossenschaften bei der Einrichtung derartiger Kolonien Hilfe zu leisten." Der Rochdaler Verein verkaufte zu den ortsüblichen Preisen; die Kapitaleinlagen erhielten die landesübliche Verzinsung und der die Verzinsung überschreitende Gewinn wurde an die Kunden nach Maßgabe ihrer Einkäufe verteilt. Dadurch wurde nicht nur der kapitalistischen Entartung der Genossenschaft ein fester Riegel vorgeschoben, sondern auch ein Grundsatz aufgestellt, der wirksamer als jeder andere zum raschen Wachstume der Genossenschaften führte. Wo man den Gewinn entsprechend der Kapitaleinlage verteilt hatte, dort stieg der Wert der Geschäftsanteile bei gutem Geschäftsgange bald über pari und verleitete somit die Mitglieder dazu, die Differenz durch Verkauf des Anteiles zu realisieren oder die Ausgabe

neuer Anteile zu verhindern, um den Gewinn nicht mit neu hinzu=
tretenden Mitgliedern teilen zu müssen. Die Genossenschaften ver=
wandelten sich dann in gewöhnliche kapitalistische Aktiengesellschaften.
Die Verteilung des Gewinnes nach Maßgabe der Einkäufe be=
deutete die Leitung des Geschäftes durch die Gesamtheit der Kunden.
Je größer die Zahl der Kunden, desto größer der Geschäftsgewinn,
desto größer aber auch der Gewinn, den das Mitglied nach Maßgabe
seiner Einkäufe ausbezahlt erhielt. Jedes Mitglied hatte also nicht
bloß das Interesse, seinen Bedarf möglichst ausschließlich im Vereins=
laden zu decken, sondern auch das, die Zahl der Mitglieder zu
vergrößern.

Noch lange Zeit, und zum Teil bis auf den heutigen Tag, ist,
namentlich von den der bürgerlichen Klasse angehörigen Mitgliedern
der Genossenschaftsbewegung, nicht der Konsumverein, sondern die
Produktivgenossenschaft als eigentliches Ziel hingestellt worden. Mit
Hilfe der christlichen Sozialisten, die durch J. M. Ludlow für die
französischen Versuche zur Einführung von Produktivgenossenschaften be=
geistert worden waren, wurden auch in der That mannigfache Produktiv=
genossenschaften in England begründet, die aber wegen Mangel an
Kapital, an Absatz oder Disziplin zusammenbrachen oder kapitalistisch
entarteten: d. h. die gedeihenden Genossenschaften traten selbst als
Arbeitgeber auf und zogen aus der Beschäftigung von Arbeitern, die
nicht in die Genossenschaft aufgenommen wurden, Profit.

Durch ein im Jahre 1852 erlassenes Gesetz (Industrial and
Provident Societies Act) erhielten die Genossenschaften mit be=
schränkter Haftung endlich eine ausreichende rechtliche Grundlage, auf
der mit Erfolg weiter gebaut werden konnte. Die immer zahlreicher
werdenden Konsumvereine traten zu einem Konsumverein der Konsum=
vereine, zu einer Großhandelsgenossenschaft zusammen. Auf diese Weise
sollte nicht nur der Gewinn der Detailhändler, sondern auch derjenige
der Großhändler der Genossenschaft zugeführt werden. Eine zunächst
auf Nordengland beschränkte, im Jahre 1863 begründete Großhandels=
genossenschaft wurde 10 Jahre später auf ganz England ausgedehnt.
Im Jahre 1868 nahm auch in Schottland eine der englischen Groß=
handelsgenossenschaft entsprechende Vereinigung ihre Thätigkeit auf. Ur=
sprünglich Einkaufsagenten der Konsumvereine wurden diese Organisa=
tionen schließlich die Lieferanten der gesamten Genossenschaftswelt. Schon
früher hatten einige größere Konsumvereine Werkstätten zur Herstellung
einiger besonders wichtiger Artikel errichtet. Dieser Gedanke wurde
von den Großhandelsvereinigungen in noch umfassenderer Weise verwirk=
licht. Sie errichteten eine Anzahl ausgezeichnet ausgestatteter Fabriken,

in denen jetzt über 3000 Arbeiter Beschäftigung finden. Solche föderalistische Unternehmungen, in denen die Genossenschaften als Arbeitgeber auftreten, dürfen natürlich nicht mit Produktivgenossenschaften verwechselt werden, für die es charakteristisch ist, daß sämtliche in der Unternehmung beschäftigte Arbeiter die Funktionen des Unternehmers ausüben.

Außer den Großhandelsgenossenschaften besteht noch ein Genossenschaftsverband, dessen Aufgabe in der Propaganda für den genossenschaftlichen Gedanken und in der parlamentarischen Vertretung der genossenschaftlichen Interessen besteht. Im Jahre 1892 belief sich die Zahl der Vereine insgesamt auf 1643, und der Mitglieder auf 1169294; die Verkäufe machten 47457059 Pfd. Sterling und die Gewinne 7278863 Pfd. Sterling aus. Die Genossenschaftsbewegung hat den Arbeitern nicht nur gute Waren zu billigem Preise verschafft, sondern sie hat auch viel dazu beigetragen, die Arbeiter zur erfolgreichen Verwaltung ihrer Angelegenheiten heranzubilden und ihren Einfluß im öffentlichen Leben zu erhöhen.

10. **Die Entwicklung der sozialpolitischen Parteien in der neuesten Zeit.** Nach dem Scheitern der großen politischen Bewegung der 40er Jahre hatten die englischen Arbeiter, wie gezeigt wurde, ihr Augenmerk vorzugsweise auf die Entwicklung des Arbeiterschutzes, der Gewerkvereine und Genossenschaften gerichtet. Die soziale Hebung, welche die Arbeiter der großen Stapelindustrien des Landes mit den genannten Mitteln erwarben, mußte sie auch wieder den Wunsch empfinden lassen, eine ihrer thatsächlichen Bedeutung entsprechende politische Stellung zu erhalten. Je höher die Stufe sittlicher und geistiger Bildung war, die die Arbeiter erklommen hatten, desto ungerechter mußte ihnen eine Wahlordnung erscheinen, die ihnen auf die Zusammensetzung der Parlamente so gut wie keinen Einfluß einräumte und sie daher zu Staatsbürgern zweiter Klasse erklärte. Zum Glücke für die friedliche Entwicklung der Dinge wurden die Ansprüche der emporgestiegenen Arbeiter von beiden großen Parteien des Landes als berechtigt anerkannt. Nachdem der 1866 von Gladstone vorgelegte Entwurf, der etwa 400000 neue Wähler geschaffen haben würde, schließlich verworfen worden war, gelang es der von Gladstone geführten Opposition die Anträge, die das Ministerium Derby=Disraeli einbrachte, soweit im freiheitlichen Sinne umzugestalten, daß die daraufhin zustande gekommene Parlamentsreform als eine den dringendsten Anforderungen genügende Maßregel bezeichnet werden konnte.

Noch während der 60er Jahre hatten sich die Gewerkvereine von parteipolitischen Bestrebungen fern gehalten und nur im allgemeinen für die Reformbewegung demonstriert. Als aber ein Teil der Arbeiter das Wahlrecht errungen hatte, wuchs naturgemäß das Interesse der Gewerkvereinler an politischen Angelegenheiten. Vom Gewerkvereinskongreß wurde ein parlamentarischer Ausschuß gebildet (seit 1871), um die Interessen der Gewerkvereinler im Unterhause besser wahrzunehmen. Die Gewerkvereinsführer, welche ins Parlament gewählt wurden, wußten sich durch ihre Kenntnisse und ihr maßvolles Auftreten rasch eine geachtete und einflußreiche Stellung zu verschaffen. Im großen und ganzen hielten sich die Vertreter der Arbeiter zur liberalen Partei.

Da von den beiden großen Parteien des Landes keine über die andere ein dauerndes Übergewicht zu erringen vermocht hat, ist die Entscheidung darüber, welche von ihnen an die Regierung kommt, mehr und mehr in die Hände der Arbeiter gefallen. Die großartigen Erfolge der liberalen Partei bei den Wahlen von 1880 sollen geradezu durch die Gewerkvereine herbeigeführt worden sein, denen Gladstone eine neuerliche Wahlreform zugesagt hatte. In der That berief er einen hervorragenden Gewerkvereinler, den ehemaligen Maurer Broadhurst, als Unterstaatssekretär in sein Kabinet und löste das gegebene Versprechen mit der Wahlreform von 1884/85 ein. Sie vermehrte die Zahl der Wähler um zwei Millionen und schuf insofern eine dem allgemeinen Stimmrechte ziemlich nahekommende Wahlordnung. So sahen sich die Tories, wollten sie nicht dauernd in der Minorität bleiben, veranlaßt, den Arbeitern ebenfalls ein größeres Entgegenkommen zu beweisen. Das unionistische Ministerium Salisbury errichtete eine arbeitstatistische Abteilung im Handelsamte und berief in dieselbe Burnett, den Sekretär des Gewerkvereines der vereinigten Maschinenbauer, als Arbeitskorrespondenten. Nachdem bei den Wahlen von 1892 die Arbeiter wieder viel zum Siege der Gladstoneaner beigetragen haben, ist der ehemalige Bergarbeiter Bur in die Regierung aufgenommen worden, und Mundella hat als Chef des Handelsamtes dessen Arbeits-Abteilung erheblich erweitert. Seit Mai 1893 wird von ihr „The Labour Gazette" herausgegeben, welche die wichtigsten das Arbeiterinteresse berührenden Thatsachen des In- und Auslandes vorführt. Diese Verhältnisse lassen es verstehen, daß die englischen Arbeiter, wenigstens in ihrer überwiegenden Mehrheit, nicht das Bedürfnis fühlen, eine eigene politische Arbeiterpartei zu gründen. Der Wettlauf der bereits bestehenden Parteien um ihre Unterstützung gewährt ihnen einen weit größeren politischen Einfluß, als eine unabhängige Parteibildung erringen könnte. Ähnlich wie im Parlamente fällt auch in den Selbstverwaltungskörpern, namentlich seit den Reformen von 1888, das Interesse der Arbeiter immer gewichtiger in die Wagschale.

Innerhalb der Arbeiterschaft selbst ringen verschiedene Strömungen um die Oberhand. Die weitaus konservativste Gruppe bilden jedenfalls die sogenannten alten Gewerkvereinler. Der Ausdruck konservativ ist hierbei freilich mehr im ökonomischen Sinne als im politischen zu nehmen. Sie sind Individualisten, Anhänger der Selbsthilfe im Gegensatze zur Staatshilfe und verwerfen im allgemeinen einen gesetzlichen acht= stündigen Maximalarbeitstag. Ihre Vertreter wie Howell, Shipton und Broadhurst nehmen Freiheit und Eigentum auf das Lebhafteste gegenüber den sozialistischen Bestrebungen in Schutz. Immerhin schwärmen doch auch alte Gewerkvereinler für die Verstaatlichung des Grund und Bodens, eine Forderung, die wegen der abnormen Gestaltung der englischen Grundeigentumsverteilung ja bis weit in die bürgerlichen Kreise hinein populär ist. Vielleicht ändert sich die Stellung der alten Gewerkvereinler noch in der Frage des Achtstundentages. Wenigstens hat sich neuerdings einer der großen konservativen Vereine, derjenige der Baumwollspinner, unter der Führung von Mawdsley für das Ein= greifen der Gesetzgebung erklärt. Dasselbe kann von einer großen Zahl der Bergarbeiter gesagt werden. Daß die „neuen Gewerkvereinler" in der Inanspruchnahme des Staates viel weiter gehen, wurde schon früher erwähnt. Die große Begabung und Rührigkeit der Führer sichert ihnen auf die Entwicklung des Gewerkvereinswesens überhaupt einen maßgebenden Einfluß. Im übrigen läßt sich nicht verkennen, daß der sozialistische Gedankenkreis seit den 80er Jahren auch in England zahlreiche Anhänger gefunden hat. Dieser englische Sozialismus unter= scheidet sich vom kontinentalen allerdings in vielen Beziehungen. Er ist weder doktrinär, noch revolutionär, sondern dem gesunden praktischen Sinne des englischen Volkes entsprechend durchaus positiv und reforma= torisch. Ist die Mitgliederzahl der ausgesprochen sozialistischen Ver= einigungen auch nicht bedeutend, so hat ihre eifrige und gewandte Agitation doch auf die Haltung der großen Parteien einen bemerkenswerten Einfluß ausgeübt. Das Wiederaufleben sozialistischer Vorstellungen wird mit der außerordentlichen Verbreitung, die das Werk von Henry George, „Fortschritt und Armut" fand, in Zusammenhang gebracht. Die im Jahre 1881 gegründete Demokratische Föderation, deren Programm als sozialistische Forderung nur die Verstaatlichung des Grundeigen= tumes enthielt, wurde im Jahre 1883 in eine sozialdemokratische Föderation umgewandelt. Diese stellte sich in wirtschaftlicher Hinsicht auf den Boden der von K. Marx vertretenen Anschauungen. Hyndman, der Übersetzer des „Kapital" von Marx, Annie Besant und Herbert Burrows nahmen in ihr leitende Stellungen ein. Später wurde auch der Maschinenbauer John Burns ein eifriges Mitglied der Partei.

Er war es, der die großen Ausstände der Gas- und Dockarbeiter Londons erfolgreich organisierte und sich um die Entwicklung der neuen Gewerkvereine überhaupt die größten Verdienste erwarb. Außer dieser der festländischen Sozialdemokratie noch am nächsten kommenden Vereinigung wurde unter dem Einflusse von William Morris eine Sozialistische Liga errichtet. Ihre Anhänger fordern im Sinne der Anarchie Proudhons eine Auflösung des Staats- und Wirtschaftslebens in lose lokale Verbände und erklären sich gegen die Allmacht der Mehrheiten. Bürgerliche Gelehrte und Schriftsteller haben eine Fabian Society gebildet, deren Ursprung ebenfalls auf das Jahr 1883 zurückgeht. In wirtschaftlicher Hinsicht überzeugte Sozialisten, in politischer eifrige Demokraten, unterscheiden sie sich doch dadurch von der festländischen Sozialdemokratie, daß sie eine Besserung der vorhandenen Zustände nur von einer allmählichen, friedlichen, durch unausgesetzte Reformarbeit bewirkten Umgestaltung erwarten. Sie verwerfen die Anwendung der Gewalt und das Prinzip des Klassenkampfes. Ihrer Überzeugung nach wird weder in absehbaren Zeiten noch überhaupt je eine vollkommen ideale Gesellschafts- und Wirtschaftsordnung zu erreichen sein. Von den Gedanken der Entwicklungstheorie beherrscht treten sie lediglich für eine unauflösliche organische Vervollkommnung des sozialen Körpers ein. Berühren sich insofern ihre Vorstellungen vielfach mit denjenigen, welche von den vorgeschrittenen unter den deutschen Kathedersozialisten vertreten werden, so unterscheiden sie sich von diesen wieder dadurch, daß sie eine überaus rührige Thätigkeit auf dem Gebiete der praktischen Politik entfalten, daß sie unter das Volk gehen, nicht allein um dessen Lage kennen zu lernen, sondern auch um hier mit voller Hingebung für ihre Ideale zu wirken. Mit Rücksicht auf die höhere Entwicklungsstufe, deren sich die Städte in jeder Beziehung erfreuen, halten sie die Verwirklichung sozialpolitischer Forderungen hier eher für möglich. Deshalb verlegen sie auch den Schwerpunkt ihrer praktisch-politischen Thätigkeit in die Stadtverwaltungen, insbesondere in den Grafschaftsrat von London. Als Progressisten haben sie bei den letzten Wahlen zu demselben eine größere Zahl von Mandaten erworben.

Im übrigen zählt der Sozialismus viele Anhänger unter der Geistlichkeit, namentlich derjenigen der dissentierenden Kirchen. Schon beginnt sich der Wunsch Ruskins zu verwirklichen, die Geistlichen sollten nicht mit den Reichen speisen und den Armen predigen, sondern es mit den Armen halten und den Reichen ins Gewissen reden. Ebenso ist unter den jüngeren Lehrern der Hochschulen die Zahl derer nicht gering, die sich als Sozialisten bezeichnen. Durch die Teilnahme an der Universitäts-Ausdehnungs-Bewegung und durch populäre Unterrichtskurse wissen auch sie auf die Massen in ihrem Sinne einzuwirken. Eine der edelsten Erscheinungen unter diesen Gelehrten, die sich der Förderung der Arbeiterinteressen widmen, bildet der leider früh verstorbene Arnold Toynbee. Zu seinem Gedächtnisse ist im Osten Londons Toynbee-Hall errichtet worden, das sowohl dazu dient, jungen Gelehrten eine unmittelbare Anschauung von den Lebensverhältnissen der Arbeiter zu verschaffen, als auch für die Arbeiter selbst populäre Vortragskurse zu organisieren.

Wie sehr der Grundsatz des laisser-faire neuerdings selbst unter den Mitgliedern des Parlamentes an Ansehen verloren hat, zeigt der Umstand, daß der Gesetzentwurf, der einen achtstündigen Maximalarbeitstag für Bergleute einführt, also für männliche erwachsene Arbeiter, vom Unterhause mit beträchtlicher Mehrheit angenommen wurde.

Legt die soziale Geschichte Frankreichs Zeugnis gegen die Richtigkeit des revolutionären Prinzipes ab, so beweist diejenige Englands wohl am besten, was eine politisch wirklich freie Gesellschaft, was thatkräftige, besonnene Reform zu leisten vermag. Soviel die sozialen Zustände Englands noch immer zu wünschen übrig lassen mögen, es ist das einzige Land, das sich bereits an der Schwelle zur Lösung der sozialen Frage befindet. Von den Sozialdemokraten Keir Hardie und John Burns bis zum reaktionärsten Tory gähnt nirgends eine unüberbrückbare Kluft mehr. Bald sind es gemeinsame nationale und politische, bald gemeinsame wirtschaftliche und soziale Überzeugungen, die sich um die Vertreter sonst verschiedener Richtungen als vereinigendes Band schlingen. Freilich bedroht noch eine dunkle Wolke den sozialpolitischen Horizont Englands. Die Reform des Oberhauses und der Bodeneigentumsverhältnisse wird von Tag zu Tag dringender. Die Überfüllung der Städte mit ihren zahlreichen Arbeitslosen, die Entvölkerung des Landes, von dem $8/10$ einigen 19000 Personen gehören; dazu der durch das Anschwellen der städtischen Grundrente immer höher werdende Zoll, der vom gesamten Volke den Grundeigentümern zu entrichten ist, das alles kann noch schwere soziale Stürme heraufbeschwören, wenn nicht auch hier rechtzeitig eine gründliche Reform unternommen wird. Immerhin läßt der, vom sozialen Standpunkte aus beurteilt, glänzende Verlauf der neuern englischen Geschichte und die bewunderungswürdige Reform der irischen Agrarverhältnisse, der schlimmsten Großbritanniens, das Beste hoffen.

Anmerkungen.

1. Über die Ausdehnung der wirtschaftlichen und kolonialen Machtstellung Englands: Baernreither, Die englischen Arbeiterverbände und ihr Recht. 1. Bd. Tübingen 1886. S. 21—58; H. de B. Gibbins, The industrial history of England. London 1890. S. 120—156; J. R. Seeley, The expansion of England. Leipzig (Tauchnitz) 1884.

Über die wirtschaftlichen und sozialen Zustände am Vorabende und während der industriellen Revolution: Brentano, James Anderson. Drei Schriften über Korngesetz und Grundrente. Leipzig 1893. S. XIV ff.; Engels, Die Lage der arbeitenden Klassen in England. 2. Aufl. 1892. S. 1—9; Held, Zwei Bücher zur sozialen Geschichte Englands. Leipzig 1881. S. 336—611; Marx, Das Kapital. 4. Aufl. Hamburg 1883. S. 737—788; v. Schulze-Gaevernitz, Zum sozialen Frieden. Leipzig 1890. I. Bd. S. 1—24; Derselbe, Der Großbetrieb. Leipzig 1892. S. 25—46; Whately Coote Taylor, The modern factory system. London 1891. S. 1—133; Toynbee, Lectures on the industrial revolution of England. London 1884.

2. Bucher, Der Parlamentarismus wie er ist. Berlin 1855. S. 120 ff.; Derselbe, Kleine Schriften politischen Inhalts. Stuttgart 1893. S. 260 ff.; Green's Geschichte des englischen Volkes, übersetzt von Kirchner. Berlin 1889. II. Bd. S. 388—446.

3. Engels, a. a. O. S. 97—137; Held, a. a. O. S. 611—663; J. M. Ludlow und Lloyd Jones, Die arbeitenden Klassen Englands, übersetzt von Holtzendorff. Berlin 1868. S. 4—12; Marx, a. a. O. S. 789 ff.; v. Schulze-Gaevernitz, Zum sozialen Frieden. I. Bd. S. 42—54.

4. D. Ricardo, Works ed. by Mc. Culloch. London 1846. S. 51; Malthus, Principes d'économie politique, traduits par Constancio, tome II. Paris 1820. S. 211—321; R. Owen, The life of R. Owen written by himself, Vol. I. u. Ia. London 1857. Über die genannten Schriftsteller überhaupt: Held, a. a. O. S. 154—378; v. Schulze-Gaevernitz, a. a. O. S. 34 ff.

5. Brentano, Die englische Chartistenbewegung. Preuß. Jahrbücher XXXIII; Derselbe, H. St. Art. Soziale Reformbestrebungen I. Die Sozialbewegung in England. A. Chartismus; Derselbe, Anfang und Ende der englischen Kornzölle. München 1892; Bucher, Kleine Schriften politischen Inhalts. S. 285 ff.; Engels, a. a. O. S. 215—244, 286—298; v. Schulze-Gaevernitz, a. a. O. S. 58—75.

6. Über Carlyle: v. Schulze-Gaevernitz, a. a. O. S. 77—291; Th. Carlyle's ausgewählte Schriften, deutsch von Kretzschmar. 6. Bd. Vergangenheit und Gegenwart. Leipzig 1856; Neuberg, Beiträge zum Evangelium der Arbeit, mitgeteilt aus den Schriften Th. Carlyle's. Berlin 1851.

Über Dickens, Hood u. a. m.: Reich, Die bürgerliche Kunst und die besitzlosen Volksklassen. Leipzig 1892. S. 41—49.

Über die christlichen Sozialisten: Brentano, Die christlich-soziale Bewegung in England. Leipzig 1883; v. Schulze-Gaevernitz, a. a. O. S. 295—344.

John Stuart Mill's Grundsätze der politischen Ökonomie, deutsch von Soetbeer. 4. Ausgabe. Leipzig 1881. S. 210—229; J. St. Mill's Selbstbiographie, aus dem Englischen von Kolb. Stuttgart 1874. S. 192—193.

7. Alfred, History of the factory movement, 2 vols. London 1857; v. Bojanowski, Art. Arbeiterschutzgesetzgebung in Großbritannien. H. St.; Brentano, Die gewerbliche Arbeiterfrage, in Schönberg's Handbuch der politischen Ökonomie. 1. Aufl. Tübingen 1882. S. 972 ff.; Engels, a. a. O. S. 172 ff.; Marx, a. a. O. S. 269—298; v. Plener, Geschichte der englischen Fabrikgesetzgebung. Wien 1871; Whately Coote Taylor, a. a. O. S. 271—419; Weyer, Die englische Fabrikinspektion. Tübingen 1888.

8. Brentano, Die Arbeitergilden der Gegenwart. 2 Bde. Leipzig 1871/72; Derselbe, Das Arbeitsverhältnis gemäß dem heutigen Rechte. Leipzig 1877; Derselbe, Arbeitseinstellungen und Fortbildung des Arbeitsvertrages. Leipzig 1890; Derselbe, Gewerkvereine in England. Art. H. St.: Hoffmann, Bürgerliche Sozialpolitiker in England. Jahrbücher für Nationalökonomie und Statistik. Jena 1893. 3. F. 5. Bd. S. 570—588; Howell, The conflicts of capital and labour. 2. ed. London 1890; Derselbe, Trade Unionism new and old. London 1891; v. Schulze-Gaevernitz, a. a. O. 2. Bd. S. 224—486: Thornton, Die Arbeit, deutsch von Schramm. Leipzig 1870.

Über die Hilfskassen: Baernreither, a. a. O.; Hasbach, Das englische Arbeiterversicherungswesen. Leipzig 1883: Derselbe, Arbeiterversicherung in Großbritannien. Art. H. St.

9. Holyoake, The cooperative movement to day. London 1891; Mrs. Sidney Webb, Die britische Genossenschaftsbewegung, herausgegeben von Brentano. Leipzig 1893; Blätter für Genossenschaftswesen. XLI. Jahrg. Begründet von Schulze-Delitzsch. Berlin.

10. v. Schulze-Gaevernitz, a. a. O. 1. Bd. 377—467, 2. Bd. 78—187. Sidney Webb, Socialism in England. London 1890; über den neueren christlichen Sozialismus in England vergl. auch H. St. Art. Soziale Reformbestrebungen v. M. Kaufmann; über Arnold Toynbee: Price, A short history of political economy in England from Adam Smith to Arnold Toynbee. London 1891, S. 113 ff.; über die neueste Entwicklung: Braun's Sozialpolitisches Centralblatt, Berlin; Daily Chronicle, The Workman's Times.

Drittes Kapitel.

Deutschland.

1. Um die Wende des Jahrhunderts.

Obwohl viele deutsche Regierungen, den Lehren des Merkantilismus folgend, sich um die Pflege der industriellen und kaufmännischen Entwicklung eifrig bemüht hatten, so trug Deutschland am Ausgange des vorigen Jahrhunderts doch ganz entschieden das Gepräge eines Agrarstaates. Die Frage, wie das gutsherrlich-bäuerliche Verhältnis einer angemessenen Auflösung zugeführt werden könnte, mußte als seine wichtigste wirtschaftliche und gesellschaftliche Angelegenheit betrachtet werden. Noch hatte der dritte Stand sich nicht entdeckt: er besaß weder Selbstbewußtsein, noch ein eigenes Programm, noch einen Schatten politischer Macht. Dessenungeachtet wies Deutschland in rein menschlicher Beziehung die größten Fortschritte auf. Mochte sich der deutsche Bürger im allgemeinen weder besonders als Deutscher noch als Bürger fühlen, so fehlte es ihm nicht mehr an einer bestimmten Empfindung für seine Individualität. In der Sturm- und Drangperiode war an den sittlichen und sozialen Schranken, die sich der freien Entwicklung der Persönlichkeit und ihres Sinnengenusses in den Weg stellten, mit bisher unerhörter Wucht gerüttelt worden. Und während Kant und Fichte die Welt, die Natur, die Seele, ja selbst Gott als Produkte des menschlichen Denkens erklärten und somit allem nur eine subjektive Giltigkeit zusprachen, wirkten Schiller und Goethe für die Ausbildung einer sittlich-schönen und harmonischen Menschlichkeit.

Humanität war wie überall auch die Losung der Zeit in Deutschland. Allein während man in Nordamerika, Frankreich und England bereits vielfach den Anbruch der humanen Geschichtsepoche von der wirtschaftlichen und politischen Selbstbethätigung des Volkes erwartete, setzte der deutsche Liberalismus seine Hoffnungen weniger auf die Beseitigung, als auf die Aufklärung des Despotismus. Wer die tiefe

Stufe geistiger, politischer und wirtschaftlicher Einsicht ins Auge faßt, auf der die große Menge des Volkes in vielen Teilen Deutschlands sich damals noch befand, wird es nur durchaus begreiflich finden, daß selbst dort, wo eine gewisse Sehnsucht nach größerer politischer Selbständigkeit empfunden wurde, kaum jemand an die Einführung parlamentarischer Regierungsformen dachte. Die Anschauungen Schillers sind hierfür äußerst bezeichnend. Gedankenfreiheit, nicht Mitwirkung des Volkes an der Regierung fordert Posa; „Bürgerglück wird dann versöhnt mit Fürstengröße wandeln". Und die Worte in der Glocke: „Wo sich die Völker selbst befrei'n, da kann die Wohlfahrt nicht gedeih'n", würden sich vortrefflich zum Wahlspruch für das Wappenschild des aufgeklärten Polizeistaates eignen. Wie wenig Goethe, der Verehrer „ruhiger Bildung" Volksbewegungen liebte, ist hinlänglich bekannt. Mochte immerhin die Entwicklung der Dinge in Frankreich diese Stimmung unter den Edelsten und Besten des deutschen Bürgertumes, wenn nicht erst hervorgerufen, so doch wesentlich verstärkt haben, so hat doch gerade die französische Revolution in weiterer Folge auf das Erwachen des bürgerlichen Bewußtseins in Deutschland eine unermeßliche Wirkung ausgeübt. Nicht nur, daß durch die Abtretung des linken Rheinufers Deutsche unmittelbar in den Genuß der bürgerlichen Freiheit der Franzosen traten, der jähe Zusammenbruch des feudalen Preußens bei Jena und Auerstädt zog innere Reformen nach sich, die das glimmende Selbstvertrauen des dritten Standes rasch zur lohenden Flamme anfachten. Es genügt an die Maßnahmen zur Aufhebung der Erbunterthänigkeit, zur Einführung der Gewerbefreiheit, an die Stein'sche Städteordnung, an die Reorganisation der Verwaltung und an die Scharnhorst'schen Militärreformen zu erinnern. Auch in den Rheinbundstaaten geschah vieles, das der bürgerlichen Entwicklung günstig war. „Die Gleichberechtigung der christlichen Konfessionen trat," wie Hermann Schulze bemerkt, „an die Stelle der Intoleranz und der bis dahin bestandenen Ausschließlichkeit. Zeitwidrige Adelsvorrechte, Steuerprivilegien, drückende Grundlasten, Leibeigenschaft, Feudalität, träge Mönchs- und Klosterwirtschaft wurden vielfach abgeschafft." Es läßt sich nicht verkennen, daß die deutschen Regierungen in der Schule der Franzosen die Aufklärungsideen viel besser begriffen als in derjenigen der deutschen Philosophen und Dichter. Angesichts der schwachen Entwicklung des deutschen Nationalbewußtseins und der wirksamen Förderung, die der liberale Gedanke teils mittelbar, teils unmittelbar den Franzosen verdankte, erscheint es auch nicht wunderbar, daß es in Deutschland ziemlich lange dauerte, ehe die Bekämpfung Frankreichs zur wahren Volkssache wurde, ja daß sie diesen Charakter in einzelnen Gebieten überhaupt nicht gewann. Und selbst dort, wo der Krieg gegen Napoleon ein Volkskrieg in des Wortes vollster Bedeutung war, stritt das Volksheer nicht gegen die modernen Freiheiten, sondern nur gegen die übermütige Gewaltpolitik des Kaisers, es stritt zum Schutze der Erhaltung deutschen Wesens und der Selbständigkeit des preußischen Staates. Hatte doch der König von Preußen, trotzdem sein Volk in bürgerlicher Hinsicht wohl gegen alle anderen deutschen Stämme zurückstand, sogar eine Verfassung versprochen, als er es zum Kampfe gegen Napoleon aufrief. Zur bürgerlichen Freiheit sollte die nationale Unabhängigkeit und Größe errungen werden.

Die Freiheit ging verloren, die nationale Einigung, Größe und Unabhängigkeit entschwand den Händen der Sieger. Dagegen waren die Gefahren, die der deutschen Sprache und dem deutschen Wesen gedroht hatten, in der That abgewendet. Das war wichtig für die Zukunft, aber wenig für die Gegenwart und wenig im Vergleiche zu den großen Opfern, die der Befreiung gebracht worden waren. Preußen sistierte das begonnene Werk der Bauernbefreiung, das für eine Verfassung verpfändete Wort des Königs wurde nicht eingelöst, und Österreich verlor beinahe alles wieder, was es unter Joseph II. bereits erreicht hatte. Hannover und Kurhessen bemühten sich diese großen Vorbilder noch zu übertreffen. Goethe hatte tiefer gesehen als viele seiner Zeitgenossen, wenn er den Jenenser Philister verspottete, der sich freute, an Stelle der vertriebenen Franzosen nun die Russen zu empfangen.

Mochte also die Reaktion auf allen Gebieten des öffentlichen Lebens die erste Frucht des siegreichen Befreiungskrieges sein, immerhin war das Volk nun auch in Deutschland wieder einmal auf die Bühne der Weltgeschichte berufen worden, es war zum Bewußtsein seiner Kraft erwacht und setzte, sobald nur die schwersten Wunden des Krieges unter den Segnungen des Friedens sich zu schließen begonnen hatten, bald einen immer stärkeren Widerstand dem Drucke entgegen, unter den es preußische und österreichische Staatsmänner nochmals zu beugen versuchten.

2. Bis 1848. Karl Marx und Friedrich Engels.

In den süd- und mitteldeutschen Staaten hatten sich bürgerliche Kultur und bürgerliches Selbstbewußtsein zu kräftig entfaltet, als daß man es gewagt hätte, die Verleihung von Verfassungen, die wenigstens den dringendsten Anforderungen des Liberalismus entsprachen, lange zu verzögern. Preußen dagegen versuchte zunächst noch jede selbständige Volksregung brutal zu unterdrücken. Die Männer von 1813 wurden geächtet und verfolgt, ein Jahn von Festung zu Festung geschleppt und gegen E. M. Arndt eine Kriminaluntersuchung wegen demagogischer Umtriebe eröffnet. Und das alles, weil sie unter Volksbefreiung mehr als die Befreiung von der napoleonischen Hegemonie verstanden. Es lag in der Natur der Verhältnisse, daß die stärkste Opposition, die sich in Preußen erhob, von den Rheinlanden ausging. Hier bestand eine ansehnliche Industrie, hier herrschte der kleine Grundbesitz vor, hier waren alle feudalen Bande, soweit solche überhaupt noch bestanden hatten, von den Franzosen gründlich zerstört worden, hier hatte das Bürgertum schon in den Zeiten der Kurfürsten einer selbständigeren Stellung sich erfreut, hier war französisches Recht in Kraft geblieben, hier trat der bewegliche, demokratische Geist der Rheinländer in schroffen Gegensatz zu den junkerlichen Neigungen des altpreußischen Beamtentums, hier bäumte sich der mächtige Katholizismus auf gegen die Herrschaft des protestantischen Preußens.

Im Jahre 1842 war die Bewegung soweit gediehen, daß die Führer des rheinischen Bürgertumes: Camphausen, Hansemann, Mevissen u. a. m. in Köln eine große Tageszeitung für Politik, Handel und Gewerbe herausgaben. Zu den Mitarbeitern an diesem Blatte zählte ein junger Mann aus Trier, Namens Karl Marx, der bisher juristischen, philosophischen und historischen Studien obgelegen hatte. Seine Artikel erregten ein so großes Aufsehen, daß er, trotz seiner 24 Jahre, als Chefredakteur an die Spitze des Blattes berufen wurde. In dieser Stellung mußte sich Marx mit staatswirtschaftlichen Fragen eingehender befassen. Eine Polemik, in die er mit der „Allgemeinen Zeitung" über die französischen Sozialisten geriet, bot die Veranlassung, den Sozialismus Frankreichs zu studieren. Da die Censurbehörde dem äußerst geschickt redigierten Blatte gegenüber sich nicht mehr zu helfen wußte, wurde es schließlich ganz unterdrückt. Karl Marx wandte sich nach Paris, um dort mit Arnold Ruge die deutsch-französischen Jahrbücher herauszugeben. Die Studien auf dem Gebiete der Nationalökonomie und des französischen und englischen Sozialismus hatten ihn mittlerweile in einen überzeugten Anhänger der sozialistischen Lehren verwandelt. Im Jahre 1844 trat Marx in Beziehungen zu Friedrich Engels. Als Sohn eines Barmer Fabrikanten hatte dieser eine Filiale des väterlichen Geschäftes in Manchester geleitet. Die in England gewonnenen Eindrücke hatten auch ihn zum Sozialisten gemacht. Nachdem Marx, dessen schriftstellerische Thätigkeit sich vorzugsweise gegen Preußen richtete, deshalb vom Ministerium Guizot aus Paris ausgewiesen worden war, übersiedelte er nach Brüssel. Dort hatte sich auch Engels niedergelassen, der durch ein Werk über die Lage der arbeitenden Klassen in England mit einem Schlage berühmt geworden war. In innigem Verkehre bildeten hier Marx und Engels, als Junghegelianer ohnedies schon auf einem gemeinsamen philosophischen Boden stehend, ihre ökonomischen Ansichten aus. Ihre litterarische Thätigkeit, insbesondere die gegen Proudhon gerichtete Schrift: „Das Elend der Philosophie", erregte die Aufmerksamkeit des „Bundes der Kommunisten", einer geheimen internationalen Arbeiterverbindung in London. Er ersuchte die beiden Schriftsteller ein für die Öffentlichkeit bestimmtes, theoretisches und praktisches Parteiprogramm zu entwerfen. So entstand das „Kommunistische Manifest", das wenige Wochen vor Ausbruch der Februarrevolution nach London zum Drucke wanderte, und das als eines der merkwürdigsten Dokumente unseres Jahrhunderts bezeichnet werden darf. Nicht als ob damit zum ersten Male streng kommunistische Theorien in deutscher Sprache dargelegt worden wären. Abgesehen von den sozialistischen Strömungen des Reformationszeitalters hatte ja schon Fichte in seinem „Geschlossenen Handelsstaat" ein sozialistisch organisiertes Gemeinwesen gezeichnet. Ferner hatte der enge Verkehr mit Frankreich den deutschen Arbeiterkreisen nicht nur eine gewisse Bekanntschaft mit dem französischen Sozialismus verschafft, sondern von einzelnen deutschen Arbeitern, wie z. B. von dem Schneider Weitling war sogar eine selbständige Um- und Weiterbildung dieser Lehren versucht worden. Der Grund, aus dem das kommunistische Manifest so hoch über die ihm vorangehenden Leistungen des Sozialismus gestellt werden muß, liegt vielmehr in folgenden Erwägungen. Der bisherige Sozialismus hatte, wie Engels mit Recht hervorhebt, zwar die bestehende kapitalistische Produktionsweise und ihre Folgen kritisiert, hatte sie aber nicht zu erklären vermocht, sondern einfach als schlecht verworfen. „Es handelte sich aber darum, diese kapitalistische Produktionsweise einerseits in ihrem geschichtlichen Zusammenhange und ihrer Notwendigkeit für einen bestimmten geschichtlichen Zeitabschnitt, also auch die Notwendigkeit ihres Unterganges, darzustellen; andrerseits aber auch ihren inneren Charakter zu enthüllen, der noch immer verborgen war, da die bisherige Kritik sich mehr auf die üblen Folgen als auf den Gang der Sache selbst geworfen hatte." Die leitende Idee des Manifestes war die sogenannte materialistische Geschichtsauffassung. Nach dieser „bildet die jedesmalige ökonomische Struktur der Gesellschaft die reale Grundlage, aus der der gesamte Überbau der rechtlichen und politischen Einrichtungen, sowie der religiösen, philosophischen und sonstigen Vorstellungsweise eines jeden geschichtlichen Zeitabschnittes in letzter Instanz zu erklären sind." „Seit Auflösung des uralten Gemeinbesitzes an Grund und Boden ist die ganze Geschichte eine Geschichte von Klassenkämpfen gewesen, Kämpfen zwischen ausgebeuteten und ausbeutenden, beherrschten und herrschenden Klassen auf verschiedenen Stufen der gesellschaftlichen Entwicklung: dieser Kampf hat aber jetzt eine Stufe erreicht, wo die ausgebeutete und unterdrückte Klasse, das Proletariat, sich nicht mehr von der sie ausbeutenden und unterdrückenden Klasse, der Bourgeoisie, befreien kann, ohne zugleich die ganze Gesellschaft für immer von Ausbeutung, Unterdrückung und Klassenkämpfen zu befreien."

Mit der schwungvollen Darstellung dieser Ideen ging eine ätzende, durch blendende Paradoxen ausgezeichnete Kritik aller überlieferten Zustände und Parteien Hand in Hand. Welche Gedankenfülle auf den wenigen Blättern zusammengedrängt war, beweist die Thatsache, daß die sozialdemokratische Agitation bis auf die Gegenwart herab mit den Waffen des Manifestes noch immer vollständig ausgekommen ist. Daß die Ziele des Kommunistenbundes nur durch Gewalt erreicht werden könnten, wurde offen eingestanden. „Die Kommunisten verschmähen es, ihre Ansichten und Absichten zu verheimlichen. Sie erklären es offen, daß ihre Zwecke nur erreicht werden können durch den gewaltsamen Umsturz aller bisherigen Gesellschaftsordnung. Mögen die herrschenden Klassen vor einer kommunistischen Revolution zittern. Die Proletarier haben nichts in ihr zu verlieren als ihre Ketten. Sie haben eine Welt zu gewinnen. Proletarier aller Länder vereinigt Euch!" Über die politischen Aufgaben der Arbeiterklasse führt das Manifest aus: „Wir sahen schon oben, daß der erste Schritt in der Arbeiter-Revolution die Erhebung des Proletariats zur herrschenden Klasse, die Erkämpfung der Demokratie ist. Das Proletariat wird seine politische Herrschaft dazu benutzen, der Bourgeoisie nach und nach alles Kapital zu entreißen, alle Produktionsinstrumente in den Händen des Staates, d. h. des als herrschende Klasse organisierten Proletariats zu zentralisieren und die Masse der Produktionskräfte möglichst rasch zu vermehren. Es kann dies natürlich zunächst nur geschehen vermittelst despotischer Eingriffe in das Eigentumsrecht und in die bürgerlichen Produktionsverhältnisse, durch Maßregeln also, die ökonomisch unzureichend und unhaltbar erscheinen, die aber im Laufe der Bewegung über sich selbst hinaus treiben und als Mittel zur Umwälzung der ganzen Produktionsweise unvermeidlich sind. Diese Maßregeln werden natürlich je nach den verschiedenen Ländern verschieden sein. Für die vorgeschrittensten Länder werden jedoch die folgenden ziemlich allgemein in Anwendung kommen können: 1. Expropriation des Grundeigentumes und Verwendung der Grundrente zu Staatsausgaben. 2. Starke Progressivsteuer. 3. Abschaffung des Erbrechtes. 4. Konfiskation des Eigentumes aller Emigranten und Rebellen. 5. Zentralisation des Kredits in den Händen des Staates durch eine Nationalbank mit Staatskapital und ausschließlichem Monopole. 6. Zentralisation des Transportwesens in den Händen des Staates. 7. Vermehrung der Nationalfabriken, Produktionsinstrumente, Urbarmachung und Verbesserung der Ländereien nach einem gemeinschaftlichen Plane. 8. Gleicher Arbeitszwang für alle, Errichtung industrieller Armeen, besonders für den Ackerbau. 9. Vereinigung des Betriebes von Ackerbau und Industrie, Hinwirken auf die allmähliche Beseitigung von Stadt und Land. 10. Öffentliche und unentgeltliche Erziehung aller Kinder. Beseitigung der Fabrikarbeit der Kinder in ihrer heutigen Form. Vereinigung der Erziehung mit der materiellen Produktion u. s. w. u. s. w."

Man muß sich erst die gewaltige revolutionäre Gährung vergegenwärtigen, in der um jene Zeit England und Frankreich sich befanden, wenn man begreifen will, wieso bei Marx und Engels trotz ihrer hervorragenden Begabung sich die Überzeugung festsetzen konnte, die genannten Maßregeln könnten „für die vorgeschrittenen Länder ziemlich allgemein in Anwendung kommen". Daß sie aber auch Deutschland zu diesen vorgeschrittenen Ländern zählten, daß sie auch die von ihnen richtig vorhergesehene bürgerliche Revolution hier nur für das unmittelbare Vorspiel einer proletarischen Revolution ansehen zu dürfen glaubten, dieser Irrtum kann nur aus ihrer ungenügenden Kenntnis deutscher Zustände erklärt werden. Ihre ganze Auffassung der Dinge war nicht auf deutschem Boden erwachsen. Obwohl sie den fortgeschrittensten Teilen Deutschlands entstammten, hatten sie ihre sozialökonomischen Studien nicht in der Heimat, sondern in dem weit höher entwickelten Auslande gemacht. Engels hatte unter dem Eindrucke englischer, Marx unter dem Pariser Zustände gelebt. Was die sozialistischen Dioskuren auf diesem Wege an theoretischer Einsicht in die kapitalistische Produktionsweise gewonnen, hatten sie an praktischem, politischem Blick für den Gang der Dinge in Deutschland verloren. So konnten sie von Expropriation des Grundeigentums sprechen, während man in vielen Teilen Deutschlands sich eben erst bemühte, dem Bauer ein von feudalen Lasten freies Privateigentum an Grund und Boden zu verschaffen; so hielten sie das Proletariat bereits für ausgebildet genug, um die Bourgeoisie zu beherrschen, während die große Industrie und ihre Arbeiterklasse sich erst allmählich zu entwickeln begannen, während die Frage, ob Gewerbefreiheit oder Zunftwesen, noch eine brennende Tagesangelegenheit bildete, und während die Arbeiterbewegung selbst in den größeren Städten noch einen starken zünftlerischen Beigeschmack besaß. Dieser Zwiespalt schädigt noch heute die Arbeitersache in Deutschland.

3. Die Bewegung von 1848.

Der Abstand, der zwischen Frankreich und England einerseits und Deutschland andrerseits bestand, trat in der revolutionären Bewegung des Jahres 1848 deutlich hervor. Während in Paris die Proletarier gegen das bürgerliche Regiment Louis Philippe's anstürmten und England am Vorabend einer großen sozialen Revolution zu stehen schien, war die Bewegung, die Deutschland im Gefolge der Februarereignisse erfaßte, vorwiegend bürgerlicher Art. Manchem ihrer Vorkämpfer hätte das, was die Franzosen und Engländer bereits stürzen wollten, als große Errungenschaft gegolten. Noch war der dritte Stand in Deutschland einig. Bürgertum, Bauern und Arbeiter gingen Hand in Hand wie in Frankreich vor 1789 und in England vor 1832. Solange die bürgerlichen Führer im Bauernstande und der gewerblichen Arbeiterklasse einen festen Rückhalt besaßen, waren sie unüberwindlich. Ihre Forderungen wurden im Fluge erreicht. Die sofort zugestandene Befreiung des Bauernstandes von den feudalen Lasten aber ließ das Interesse dieser mächtigen Bevölkerungsgruppe an dem Fortgange der Bewegung bald erkalten. Auf die größeren Städte beschränkt verlor letztere ihre Wucht um so mehr, je schärfer die Gegensätze zwischen den verschiedenen Kreisen der städtischen Bevölkerung nach dem gemeinsam erfochtenen Siege zum Ausdruck gelangten. Die Fabrikanten begannen die zünftlerischen Bestrebungen der Kleinbürger, Kleinbürger und Fabrikanten die sozialistischen Regungen in der Arbeiterklasse mit wachsendem Mißtrauen zu beobachten. Die durch die ersten Schläge betäubten Vertreter des alten Systemes kamen bald wieder zum Bewußtsein, besannen sich auf ihre Macht und verstanden es durch geschickte Ausnützung der Gegensätze, die das Lager der Gegner spalteten, die Oberhand zu gewinnen. Nicht allein, daß die Lösung der nationalen Frage, die im Hinblick auf die österreichisch-preußische Rivalität von vornherein unmöglich war, mißlang, auch die Freiheiten der neuen Verfassungen gingen ganz oder zum guten Teile wieder verloren. Nur der Bauernstand blieb im Besitze seiner Reformen. Hier wich die Reaktion zurück, um seine Trennung von den liberalen Strömungen der Städte dauernd aufrecht zu erhalten. In Österreich führte der Minister Bach, so sehr er auf allen anderen Gebieten des öffentlichen Lebens auch den Fortschritt bekämpfen mochte, doch gerade die Bauernbefreiung mit anerkennenswerter Schärfe durch.

Auf die im einzelnen überaus verschiedene Entwicklung der Dinge in den deutschen Ländern einzugehen, ist hier nicht möglich. Es mag genügen, den Gang der sozialen Bewegung dort, wo sie sich am lebhaftesten gestaltete, nämlich in Berlin und Köln, anzudeuten.

Kaum hatte das revolutionäre bürgerliche Berlin seine Märzgefallenen unter großem Schaugepränge im Friedrichshain zur Ruhe gebettet, als auch schon eine Bittschrift, unterzeichnet von 14000 guten Bürgern, die Rückkehr der königlichen Truppen verlangte. Die Bürgerwehr, deren Organisation der Polizeipräsident selbst geleitet hatte, betrachtete die argwöhnische Überwachung der Arbeiterklasse als ihre vornehmste Aufgabe. An der Spitze der Arbeiter stand ein ehemaliges Mitglied des Kommunistenbundes, der Schriftsetzer Stefan Born. Er hatte auf den Barrikaden eine hervorragende Tapferkeit bekundet und trat nun dafür ein, vom Boden der neuen Ordnung aus, auf gesetzlichem Wege allmählich eine soziale Reform zu bewirken. Sie sollte in einer allgemeinen Organisation der Arbeiterklasse ihre solide Grundlage finden. An jedem Orte sollten die Arbeiter eines Gewerbes zu Vereinen zusammentreten, um ihre besonderen Interessen zu wahren. Jeder Verein hätte drei Vertreter zu wählen. Die Gesamtheit derselben könnte als Vertretung der Arbeiter des betreffenden Ortes überhaupt gelten. Die Vereinigung der verschiedenen lokalen Vertretungen würden den großen nationalen Arbeiterverband darstellen. Außer in Berlin kamen auch in Hamburg und Leipzig Organisationen, die dem Born'schen Plane entsprachen, zustande. In anderen Städten aber gelang es nur allgemeine Arbeitervereine zu gründen, von denen der Breslauer allerdings 1200 Mitglieder zählte und über zwei äußerst radikal geschriebene Blätter verfügte. Die Vereinigung der verschiedenen Arbeitervereine zu einem Arbeiterkongreß für ganz Deutschland wurde namentlich dadurch gefördert, daß die Handwerksmeister, die zur Wahrnehmung ihrer Angelegenheiten zuerst in Hamburg, dann in Frankfurt a. M. tagten, die Gesellen als gleichberechtigte Teilnehmer an ihren Beratungen nicht anerkannten. So wurde zunächst ein besonderer Gesellenkongreß nach Frankfurt a. M. einberufen (Juli 1848). Seine Beschlüsse standen auf zünftlerischem Boden und forderten nur eine entsprechende Rücksicht auf die Gesellenintessen innerhalb der zünftigen Gewerbeverfassung. Dagegen entwarf ein nach Berlin im August 1848 einberufener Arbeiterkongreß ein Programm von modernerem Zuschnitte: Organisation der Arbeiter, um den Arbeitsnachweis, die Höhe des Lohnes und die Verwaltung aller Ersparnisse der Arbeiter zu regeln; Staatsgesetze über Freizügigkeit, Befähigungsnachweis für alle Meister, möglichste Aufhebung der Konkurrenz unter den Meistern, Verbot übermäßigen Haltens von Lehrlingen, Maximalarbeitstag von zehn Stunden für die Erwachsenen, Verbot der Kinderarbeit, Aufhebung der indirekten Steuern, Einführung einer progressiven Einkommensteuer, endlich: allgemeines und gleiches Wahlrecht für Reichstag, Landtag und Gemeinde.

Wenn auch hier zünftlerische Anklänge nicht ganz fehlten, so entsprach das eben dem Umstande, daß der handwerksmäßige Betrieb an Bedeutung damals in Deutschland noch weit alle anderen Betriebsformen übertraf.

Eine allgemeine deutsche „Arbeiterverbrüderung" kam zustande, deren Zentralkomitee nach Leipzig verlegt wurde. Dort erschien mit dem 1. Oktober 1848 auch die „Verbrüderung", das Organ des Bundes. In der Haltung des Blattes ließ sich der Einfluß der Ideen, die Marx und Engels im kommunistischen Manifeste entwickelt hatten, und der Werke von Owen und Proudhon deutlich erkennen. Auch auf die Verbreitung der sozialrevolutionären Poesieen von Meißner, Beck, Freiligrath und Herwegh wurde großes Gewicht gelegt. Als die Gegenrevolution hereinbrach, wurde die Sprache der „Verbrüderung" immer heftiger, und es fehlte nicht an Aufforderungen, sich aufs neue zu empören. „Ermanne dich, deutsches Volk" — schrieb das Blatt am 4. Mai 1849 — „es ist die höchste Zeit. Du mußt entweder untergehen oder dich erheben: den Absolutismus, die Knute oder die Freiheit. Wähle und die Geschichte wird über dich richten." Die Arbeiter schlossen sich in der That vielfach den bewaffneten Erhebungen für die Reichsverfassung an. Born selbst nahm an dem Dresdener Maiaufstand persönlich teil und focht nachher noch in der badischen Revolutionsarmee.

Eine andere Bewegung hatte ihren Mittelpunkt in den Rheinlanden. Karl Marx, der nach dem Ausbruch der Februarrevolution zuerst einem Rufe der provisorischen Regierung nach Paris zu kommen gefolgt war, übersiedelte infolge der Märzereignisse nach Deutschland und gab mit seinen Freunden Engels und Freiligrath, dem bekannten Dichter, in Köln die „Neue Rheinische Zeitung" heraus. Sie wurde im Sinne des kommunistischen Manifestes geleitet und soll es auf 5000—6000 Abonnenten gebracht haben. Im übrigen erkannte Marx bald, wie wenig sein Programm der Stimmung des Volkes entsprach. Sein Ziel bestand daher auch nicht in einer eigentlichen Volksherrschaft, also in einer Regierung, die mit den Überzeugungen der großen Mehrheit des Volkes im Einklange sich befunden hätte, er steuerte vielmehr auf einen Terrorismus los, der in dem Proletariat der großen Städte seine Stütze finden sollte. Dieses Vorgehen bekundete ebensowenig Achtung vor den arbeitenden Klassen selbst, in deren Namen man kämpfte, als vor der eigenen „materialistischen Geschichtsauffassung", nach der doch die Ökonomie die Politik, und nicht die Politik die Ökonomie bestimmen sollte. Außer den nächsten Parteigenossen, die sich bewundernd der Diktatur

von Marx fügten, wurde so ziemlich alles mit Spott und Hohn über=
schüttet und in den Staub gezerrt. In den Feuilletons, die Georg
Weerth verfaßte, machte sich die Zote breit. Dagegen zeichneten sich
die Beiträge von Freiligrath oft durch hohen poetischen Wert aus.

Das Blatt erklärte den König von Preußen für abgesetzt und
spielte auf dessen Hinrichtung an. Als die preußische National=
versammlung den Steuerverweigerungsbeschluß gefaßt hatte, trat Marx
mit großem Nachdruck für die thatsächliche Durchführung des Be=
schlusses ein. Es ist begreiflich, daß die Regierung, sobald sie nur
einigermaßen wieder festeren Boden unter den Füßen fühlte, das Blatt
unterdrückte und die Leiter desselben auswies oder verhaftete. Am
19. Mai 1849 erschien die letzte Nummer mit einem schwungvollen von
Freiligrath gedichteten „Abschiedswort der Neuen Rheinischen Zeitung":

„Und so lieg' ich nun da in meiner Kraft,
Eine stolze Rebellenleiche!
Auf den Lippen den Trotz und den zuckenden Hohn,
In der Hand den blitzenden Degen,
Noch im Sterben rufend „Die Rebellion!" —
So bin ich mit Ehren erlegen.

Nun Ade — doch nicht für immer Ade!
Denn sie töten den Geist nicht, ihr Brüder!
Bald richt' ich mich rasselnd in die Höh',
Bald kehr' ich reisiger wieder!"

Nachdem noch Engels in der badischen Erhebung gekämpft, ver=
legten die Häupter des Kommunistenbundes ihr Hauptquartier not=
gedrungen nach London. Hier brachen heftige Streitigkeiten in den
eigenen Reihen aus und führten zu der Spaltung in die Fraktionen
Marx und Willich=Schaper.

Im Jahre 1850 hatte die Gegenrevolution auf der ganzen Linie
gesiegt. Alle der Arbeiterbewegung entsprungenen Organisationen waren
zerstört, die Führer tot, im Gefängnis oder in der Verbannung.

4. Ferdinand Lassalle.

Im Laufe der 50er Jahre machte die wirtschaftliche Ent=
wicklung Deutschlands die größten Fortschritte. Die Industrie blühte
unter der Einwirkung der maßvollen Schutzzölle, die der Ausgestaltung
des Zollvereins zu danken waren, empor, während die Landwirtschaft,
der feudalen Fesseln ledig und gefördert durch bedeutsame Ent=
deckungen auf dem Gebiete der Agrikulturchemie, mit Erfolg zu einem
höheren Intensitätsgrade überging. Zahlreiche Bahnen und Banken
wurden gegründet. Überhaupt strebte mehr als eine reaktionäre

Regierung danach, das Bürgertum, dessen politische Forderungen versagt worden waren, durch eifrige Pflege der materiellen Interessen zu entschädigen. Anfangs der 60er Jahre konnte man fast überall zur Gewerbefreiheit übergehen, ohne daß sich eine erhebliche Opposition aus den Handwerkerkreisen erhoben hätte. Das Wachstum der Industrie und der Umschwung in den gesamten Verkehrsverhältnissen erfüllte selbst die Widerstrebenden mit der Überzeugung, daß dieser Schritt unvermeidlich geworden sei.

Im übrigen verbesserte der Regierungswechsel in Preußen auch die Aussichten des politischen Liberalismus. Vereine und Presse genossen eine größere Bewegungsfreiheit, ein neues öffentliches Leben erwachte, aus Jung-Litauen erwuchs die Fortschrittspartei und ihre Macht erschien bald groß genug, um es auf einen Verfassungskonflikt ankommen zu lassen. Diese Verhältnisse bestimmten einen hervorragenden Privatgelehrten, Ferdinand Lassalle (geboren zu Breslau 1824), der bereits in der rheinischen Bewegung des Jahres 1848 eine Rolle gespielt, neuerdings an politischen Bestrebungen teilzunehmen. Einigen Reden über die Verfassungsfrage folgte ein Vortrag „Über den besonderen Zusammenhang der gegenwärtigen Geschichtsperiode mit der Idee des Arbeiterstandes". Derselbe war im Handwerkerverein der Oranienburger Vorstadt, dem Maschinenbauerviertel Berlins, gehalten worden. In einer durch Geist und Form gleich ausgezeichneten Weise legte Lassalle dar, wie entsprechend den Änderungen der Produktionsweise die Gesellschaft allmählich aus einer feudalen in eine kapitalistische sich verwandelt habe, und wie nun nach Grundadel und Bürgertum die Arbeiterklasse berufen sei, eine hervorragende Stellung im Staatsleben zu übernehmen und der weiteren Entwicklung der Dinge ihr Gepräge zu verleihen. In den Ausführungen trat der Einfluß Louis Blanc's, Lorenz Stein's und der Verfasser des Kommunistischen Manifestes stark hervor.

Ungeachtet der akademischen Fassung glaubte die Berliner Staatsanwaltschaft in der Rede einen revolutionären Geist zu entdecken und erhob gegen Lassalle eine Anklage auf Grund des bekannten Haß und Verachtungsparagraphen des preußischen Strafgesetzes. Der Angeklagte verteidigte sich mit einer so glänzenden Rede (Die Wissenschaft und die Arbeiter), daß seine Ideen die Aufmerksamkeit weiterer Kreise erregten und namentlich die Blicke der Arbeiter auf ihn lenkten. Auch sie hatte der politische Aufschwung ergriffen. Die Mittel und Wege, die zur Verbesserung ihrer Lage führen könnten, wurden wieder eingehender erörtert. Insbesondere versuchte ein Mitglied der Fortschrittspartei, Schulze Delitzsch, die Arbeiter für den Grundsatz der Selbsthilfe durch freie Genossenschaften zu begeistern. Obgleich seine Ideen und Ratschläge mehr den Bedürfnissen selbständiger Kleinmeister angepaßt waren, gelang es ihm doch unter den Arbeitern einen bemerkenswerten Anhang zu gewinnen. Der Anschluß an Schulze begegnete aber auch einer Opposition, die namentlich dadurch erstarkte, daß man von Seiten des Nationalvereines den Arbeitern, die sich um die Aufnahme beworben hatten, erklärte, sie sollten sich als geborene Ehrenmitglieder des Vereines betrachten. Auch scheinen die Arbeiter, die mit bürgerlich=radikaler Unterstützung die Londoner Industrieausstellung besucht hatten, ketzerische Ansichten heimgebracht zu haben. Es tauchte die Idee auf, einen allgemeinen deutschen Arbeiterkongreß nach Leipzig zur Klärung der Lage einzuberufen. Ein zu diesem Zwecke eingesetztes Zentralkomitee wandte sich an Lassalle mit dem Ersuchen, in einer ihm „passend erscheinenden Form seine Ansichten über die Arbeiterbewegung und über die Mittel, deren sie sich zu bedienen habe, um die Verbesserung der Lage des Arbeiterstandes in politischer, materieller und geistiger Beziehung zu erreichen, sowie besonders auch über den Wert der Assoziationen für die ganze unbemittelte Volksklasse auszusprechen". Dieses Antwortschreiben ist die Stiftungsurkunde des deutschen Sozialismus, richtiger der sozialistischen Arbeiterpartei Deutschlands genannt worden. Grund genug, um auf seinen Inhalt näher einzugehen.

In Arbeiterkreisen ist darüber gestritten worden, ob man sich um die politische Bewegung gar nicht kümmern, oder ob man sich als Anhang zur Fortschrittspartei betrachten solle. Beides ist verkehrt. Die Arbeiter müssen sich mit Politik befassen und dürfen die Erfüllung ihrer berechtigten Ansprüche nur von der politischen Freiheit erwarten. Zu letzterer wird ihnen aber der Anschluß an die Fortschrittspartei nicht verhelfen. Beweis dafür deren Energielosigkeit in der Konfliktsfrage und die Abneigung, für das allgemeine und gleiche Wahlrecht einzutreten. Um dieses zu erringen, muß die Arbeiterklasse in politischer Hinsicht selbständig auftreten. Das allgemeine und gleiche Wahlrecht muß zum Losungswort und Banner der Partei werden.

In sozialer Beziehung kommen die Streitigkeiten über Gewerbefreiheit und Freizügigkeit, die noch immer geführt werden, um mehr als 50 Jahre zu spät. Das sind Dinge, die man jetzt stumm und lautlos dekretiert, aber nicht mehr debattiert. Im übrigen ist zu unterscheiden, ob man nur die Lage einzelner Arbeiter erträglicher machen, oder ob man die normale Lage des gesamten Arbeiterstandes verbessern will. Kranken=, Invaliden=, Spar= und Hilfskassen können nur dem erstgenannten Ziele dienen. Dasselbe gilt von den Organisationen, die Schulze=Delitzsch empfiehlt, von seinen Rohstoff=, Vorschuß= und Konsumvereinen. Als Nationalökonom ist Schulze ganz in den Irrtümern der liberalen

Schule befangen. Aber er hat wirklich etwas für das Volk gethan. Er ist der Vater und Stifter des deutschen Genossenschaftswesens geworden und hat so der Sache der Assoziation überhaupt einen Anstoß von den weitgehendsten Folgen gegeben. Es ist zum großen Teile sein Verdienst, wenn heute schon die Frage, in welchem Sinne das Assoziationswesen aufzufassen sei, erörtert wird. Diese Anerkennung kann aber nicht von der Kritik seiner Pläne abhalten. Es ist leicht einzusehen, daß Kredit-, Vorschuß- und Rohstoffvereine nur für diejenigen Wert erlangen können, welche ein Geschäft auf eigene Rechnung betreiben, also nicht dem Arbeiter-, sondern dem Handwerkerstande angehören. Indessen wird auch der Handwerker keineswegs imstande sein, sich mittelst dieser Vereinigungen ausreichend gegen den überlegenen Wettbewerb der großen Industrie zu schützen.

Die Konsumvereine wollen den Arbeitern als Konsumenten helfen, nicht aber auf der Seite, wo sie wirklich der Schuh drückt, nämlich als Produzenten. Die mäßige Verbilligung der Lebensmittel, welche unter Umständen durch die Konsumvereine erreicht werden kann, vermag die Lage des ganzen Arbeiterstandes selbst nicht zu verbessern. „Das eherne ökonomische Gesetz, welches unter den heutigen Verhältnissen, unter der Herrschaft von Angebot und Nachfrage nach Arbeit, den Arbeitslohn bestimmt, ist dieses: daß der durchschnittliche Arbeitslohn immer auf den notwendigen Lebensunterhalt reduziert bleibt, der in einem Volke gewohnheitsmäßig zur Fristung der Existenz und zur Fortpflanzung erforderlich ist. Dies ist der Punkt, um welchen der wirkliche Tagelohn in Pendelschwingungen jederzeit herum gravitiert, ohne sich jemals lange weder über denselben erheben, noch unter denselben hinunterfallen zu können. Er kann sich nicht dauernd über diesen Durchschnitt erheben denn sonst entstünde durch die leichtere, bessere Lage der Arbeiter eine Vermehrung der Arbeiterehen und der Arbeiterfortpflanzung, eine Vermehrung der Arbeiterbevölkerung und somit des Angebotes von Händen, welche den Arbeitslohn wieder auf und unter seinen früheren Stand herabdrücken würde. Der Arbeitslohn kann auch nicht dauernd tief unter diesen notwendigen Lebensunterhalt fallen, denn dann entstehen — Auswanderungen, Ehelosigkeit, Enthaltung von der Kinderzeugung und endlich eine durch Elend erzeugte Verminderung der Arbeiterzahl, welche somit das Angebot von Arbeitshänden noch verringert und den Arbeitslohn daher wieder auf den früheren Stand zurückbringt." Wenn auch das Niveau der als notwendig betrachteten Lebensbedingungen sich im Laufe der Zeiten gehoben hat, und früher nicht gekannte Befriedigungen gewohnheitsmäßige Bedürfnisse geworden sind, so haben sich auf demselben Wege auch früher nicht gekannte Entbehrungen und Leiden eingefunden. Die menschliche Lage der Arbeiter ist immer dieselbe geblieben, immer diese: auf dem untersten Rande der in jeder Zeit gewohnheitsmäßig erforderlichen Lebensnotdurft herumzutanzen, bald ein wenig über ihm, bald ein wenig unter ihm zu stehen. Die menschliche Lage der Arbeiter hängt eben ab von dem Verhältnis ihrer Lage zu der Lage ihrer Mitmenschen, zu der Lage der anderen Klassen in derselben Zeit. Dieses Lohngesetz vermögen die Konsumvereine nicht zu durchbrechen. Treten nur einzelne Gruppen von Arbeitern zu Konsumvereinen zusammen, so wird der allgemeine Arbeitslohn noch nicht dadurch berührt. Sobald aber die Konsumvereine den gesamten Arbeiterstand umfassen, ergiebt sich vermöge des erwähnten Gesetzes die notwendige Konsequenz, daß der Arbeitslohn um ebensoviel fällt, als durch die Konsumvereine der Lebensunterhalt billiger geworden ist. Vermögen nun auch die von Schulze vorgeschlagenen Vereinigungen dem Arbeiter nicht zu helfen, so braucht deshalb noch nicht der Grundsatz der freien individuellen Assoziation überhaupt zu fallen: er ist durch Anwendung und Ausdehnung auf die fabrikmäßige Großproduktion in der That imstande, seiner Aufgabe zu genügen.

Es gilt die Arbeiter im Wege der Assoziation zu ihren eigenen Unternehmern zu machen, wenn jenes eherne und grausame Gesetz durchbrochen werden soll. Dann fällt die Scheidung in Arbeitslohn und Unternehmergewinn weg, und der Arbeiter erhält seinen vollen Arbeitsertrag. Die Arbeiter sind indes nur dann in der Lage, erfolgreiche Produktivgenossenschaften zu begründen, wenn der Staat ihnen das nötige Kapital leiht. Diese Unterstützung entspricht durchaus der Aufgabe und Bestimmung des Staates, die großen Kulturfortschritte der Menschheit zu erleichtern. Auch die Bourgeoisie hat für ihre Gründungen und Bahnbauten die Hilfe des Staates durchaus nicht verschmäht. Ohnedies ist der Staat eigentlich nichts anderes als die große Assoziation der ärmeren Klassen, da sie ja $96^{1}/_{4}{}^{0}/_{0}$ der Bevölkerung ausmachen. Warum soll also die große Assoziation der Arbeiter nicht befördernd und befruchtend auf deren kleinere Assoziations freie einwirken? Der Staat wird sich dieser Intervention nicht entziehen können, sobald das allgemeine und direkte Wahlrecht eingeführt wird, und die Arbeiter daher eine ihrer numerischen Bedeutung entsprechende Geltung in den Vertretungskörpern erhalten. Um das Wahlrecht aber zu erringen, müssen sich die Arbeiter in einem allgemeinen deutschen Arbeiterverein organisieren und eine große Volksbewegung nach Art der englischen Agitation gegen die Kornzölle in Fluß bringen.

Hiermit sind die Grundgedanken, von welchen die politische Thätigkeit Lassalle's im Interesse der Arbeiterklasse beherrscht wurde, gekennzeichnet. Mochte das Antwortschreiben auch nicht sofort denjenigen Erfolg erzielen, den Lassalle sich versprochen, so griff das Leipziger Komitee, nachdem Rodbertus dem ökonomischen Teile des Lassalle'schen Programmes zum großen Teile zugestimmt hatte, doch diese Gedanken auf und berief eine große Arbeiterversammlung, in der Lassalle persönlich seine Ideen entwickeln sollte. Es fehlte indes nicht an Arbeiterversammlungen, die gegen Lassalle Stellung nahmen. Die Arbeiter, Schulze-Delitzsch zum Teile blind ergeben, mißtrauten noch dem Staate, dessen Hilfe Lassalle empfahl. Dabei blieben die heftigen, ja gemeinen und entstellenden Angriffe, mit denen die liberale Presse gegen Lassalle zu Felde zog, nicht ohne Eindruck.

Sollte die Gründung des allgemeinen deutschen Arbeitervereines gelingen, so mußte Lassalle dieser Bewegung mit allem Nachdruck entgegenarbeiten. Sein ausgezeichnetes Agitationstalent wußte ihm die Arbeiter des Mainganes, vor denen er in Versammlungen zu Mainz und Frankfurt a. M. seine Sache führte, zuzuwenden, und am 23. Mai 1863 konnte der Allgemeine deutsche Arbeiterverein in der That zu Leipzig in Anwesenheit von Delegierten aus zehn Städten (Hamburg, Harburg, Köln, Düsseldorf, Mainz, Elberfeld, Barmen, Solingen, Leipzig und Frankfurt a. M.) gegründet werden. Die starke Vertretung der rheinischen Städte zeigt, wie gründlich hier durch die industrielle Entwicklung und die Thätigkeit der „Neuen Rheinischen Zeitung" im Jahre 1848 der Boden für eine selbständige Arbeiterbewegung vorbereitet worden war. Bezeichnend ist das Fehlen Berlins, wo die Fortschrittspartei zunächst noch die Oberhand behielt.

Die Organisation des Vereines war streng zentralistisch. Lassalle wurde sofort auf fünf Jahre zum unabsetzbaren Präsidenten erklärt und erhielt eine nahezu diktatorische Gewalt. Unbegreiflich erscheint es, warum Lassalle es unterließ, für ein entsprechendes publizistisches Organ zu sorgen, da doch die Fortschrittspartei über eine zahlreiche, tief in die Volkskreise eindringende Presse gebot. Das Wachstum des Vereins ging nur ziemlich langsam von statten. Drei Monate nach der Gründung zählte er 900 Mitglieder.

Im Herbst 1863 hatte Lassalle neuerdings eine gerichtliche Verhandlung zu bestehen. Er hatte gegen das Urteil appelliert, das von der ersten Instanz gegen ihn wegen der Rede über den Zusammenhang der gegenwärtigen Geschichtsperiode mit der Idee des Arbeiterstandes gefällt worden war. Eine für den Zweck der Verteidigung vorbereitete Rede „Die indirekten Steuern und die Lage der arbeitenden Klassen" wurde noch vor der Verhandlung selbst veröffentlicht. Die Arbeit Lassalle's bildete ein Arsenal von Waffen, um die indirekten Steuern zu bekämpfen und bezeichnete den Höhepunkt seiner politischen Thätigkeit. Mit dem größten Nachdruck betonte er den durchaus friedlichen Charakter der Bewegung, die er ins Leben gerufen hatte. „Wie? es hat sich jemand in einem faustischen Triebe mit der zähesten und ernstesten Mühe durchgearbeitet von der Philosophie der Griechen und dem römischen Rechte durch die verschiedensten Fächer historischer Wissenschaft bis zur modernen Nationalökonomie und Statistik und Sie könnten im Ernst glauben, er wolle diese ganze lange Bildung damit schließen, den Proletariern die Brandfackel in die Hand zu drücken? .... Was ist denn zuletzt an der Wissenschaft, wenn sie nicht notwendig eine ethische Richtung des Geistes erzeugte? Was an der Sittlichkeit, wenn sie nicht ein notwendiger Ausfluß wahrer Wissenschaft wäre? Die ganze Kultur wäre nichts als eine große Lüge und fortgefallen jedes Band, welches die zivilisierte Welt im Innersten zusammenhält, wenn die Annahme, zu der man ihnen rät, auch nur denkbar wäre! Das also kann ich nicht wollen! Was will ich also . . . . . Dem Staate schiebe ich die hohe, gewaltige Aufgabe zu, die Keime des Menschlichen zu entwickeln, wie er dies, seitdem die Geschichte steht, gethan hat und für alle Ewigkeit thun wird, und als das Organ, das für alle da ist, an seiner schützenden Hand die menschliche Lage aller herbeizuführen. Diese Doktrin . . . ist keine Theorie der Zerstörung und der Barbarei, es ist im höchsten Grade eine Staatsdoktrin. Sie, meine Herren, gehören ja nicht den Manchester=Männern an, jenen modernen Barbaren, welche den Staat hassen, nicht diesen oder jenen bestimmten Staat, nicht diese oder jene Staatsform, sondern den Staat überhaupt! und welche, wie sie das hin und wieder deutlich eingestehen, am liebsten allen Staat abschaffen, Justiz und Polizei an den Mindestfordernden vergeben und den Krieg durch Aktiengesellschaften betreiben lassen möchten, damit nirgends ein Akt noch ein sittlicher Punkt sei, von welchem aus ihrer kapitalistischen Ausbeutungssucht ein Widerstand geleistet werden könnte. Wie breite Unterschiede Sie und mich auch von einander trennen, meine Herren, — dieser Auflösung alles Sittlichen gegenüber stehen wir Hand in Hand! Das uralte Bestsfeuer aller Zivilisation, den Staat, verteidige ich mit Ihnen gegen jene modernen Barbaren!"

Die vier Monate Gefängnis der ersten Instanz wurden in 100 Thaler Geldstrafe verwandelt. Lassalle hatte so gut wie gesiegt.

Die Fortschrittspartei begnügte sich nicht, die von Lassalle einberufenen öffentlichen Versammlungen stören und ihn selbst in ihrer Presse beschimpfen zu lassen, Schulze=Delitzsch zog noch mit einer besonderen Schrift „Kapitel zu einem deutschen Arbeiterkatechismus" gegen den gefährlichen Feind zu Felde. Schulze besaß unstreitig einen feinen Sinn für kleinbürgerliche Bedürfnisse und Denkungsweise, aber das Verständnis der modernen Arbeiterbewegung blieb ihm versagt. Seine volkswirtschaftlichen Anschauungen wurden von einem engen, durchaus privatwirtschaftlichen Horizonte begrenzt. Bastiat galt ihm für das Alpha und Omega ökonomischer Weisheit. So fiel es Lassalle, der den Fehdehandschuh sofort aufhob, nicht sonderlich schwer, Schulze wissenschaftlich zu vernichten. Immerhin würde sein „Herr Bastiat-Schulze von Delitzsch, der ökonomische Julian oder Kapital und Arbeit" einen noch tiefern Eindruck erzielt haben, wenn Lassalle die Grenzen litterarischen Anstandes sorgsamer innegehalten hätte, und wenn er mit etwas mehr Gerechtigkeit und etwas weniger Selbstgefälligkeit und Selbstbewußtsein aufgetreten wäre. Das letztere wäre umsomehr am Platze gewesen, als die glänzenden Waffen, mit denen er focht, doch zum größten Teile fremden Werken, namentlich einer Arbeit von Marx entnommen waren, ohne daß Lassalle es für notwendig erachtete, dies genügend klar zu stellen.

Der langsame Fortgang, den die Bewegung trotz unermüdlicher Agitation nahm, und der schwere Kampf, der mit der ganzen Fortschrittspartei zu führen war, mögen Lassalle bestimmt haben, Beziehungen zu Bismarck zu suchen. Es liegt ja nahe, daß Gegner eines und desselben Feindes schließlich gemeinsame Sache machen, wenn ihr Kampf auch von verschiedenen Seiten her und aus verschiedenen Gründen geführt wird. Hätte sich Bismarck zur Oktroyierung des allgemeinen Wahlrechtes bestimmen lassen, würde Lassalle sein nächstes Ziel rasch erreicht haben. Andrerseits würde Bismarck durch eine Arbeiterpartei, die der Fortschrittspartei in den Rücken gefallen wäre, einen nicht zu verachtenden Bundesgenossen gewonnen haben. Daß Lassalle mit dieser Entwicklung zu rechnen begann, beweisen seine Reden aus dem Jahre 1864 deutlich genug. In der Rede, mit der er sich vor dem Staatsgerichtshofe gegen die Anklage auf Hochverrat verteidigte, schrumpfte ihm der Verfassungskonflikt bereits zu einem Streite zwischen dem Königtum und einer Clique zusammen. Dieser Clique könne das Königtum nicht weichen. Es solle das Volk auf die Bühne rufen und sich auf dasselbe stützen. Es brauche sich nur seines Ursprunges zu erinnern, daß alles Königtum ursprünglich Volkskönigtum gewesen sei. Ein Königtum von der Schöpfung der Bourgeoisie vermöchte das freilich nicht; aber ein Königtum, das noch aus seinem ursprünglichen Teige geknetet dastehe, auf den Knauf seines Schwertes gestützt, sei dazu im stande, wenn es entschlossen wäre, wahrhaft große, nationale und volksgemäße Ziele zu verfolgen. Und weiter: „So verkündige ich Ihnen denn an diesem feierlichen Orte, es wird vielleicht kein Jahr mehr vergehen — und Herr von Bismarck hat die Rolle Robert Peels gespielt, und das allgemeine und direkte Wahlrecht ist oktroyiert." Ähnlich äußerte sich Lassalle auch in der Schrift gegen Schulze: „Schon zuckt auf den Höhen der Blitz des direkten und allgemeinen Wahlrechtes, auf diesem oder jenem Wege, bald fährt er zischend hernieder." Daß Begegnungen zwischen Bismarck und Lassalle stattgefunden haben, hat bekanntlich der erstere selbst offen zugestanden. Auch mit Hermann Wagener, dem Begründer der „Kreuzzeitung", trat Lassalle in Beziehungen, ja Lassalle soll diesem gegenüber erklärt haben, er (Lassalle), Bismarck und Wagener seien die drei klügsten Leute in Preußen. Mit dem in altpreußischen Anschauungen lebenden Robbertus führte Lassalle eine eifrige Korrespondenz, und Lothar Bucher, der bald in die Dienste Bismarcks trat, war einer seiner intimsten Freunde.

Im Sommer 1864 ging Lassalle nach Rigikaltbad, um seine Gesundheit, die durch die unaufhörlichen Prozesse und die Lasten der Agitation stark angegriffen war, wieder herzustellen. Eine Liebesaffaire mit Helene von Dönniges veranlaßte ihn schließlich, deren Bräutigam, Janko von Rackowitz, zum Zweikampfe herauszufordern. Lassalle wurde so schwer verwundet, daß er drei Tage nach dem Kugelwechsel, am 31. August 1864, verschied. Seine Leiche wurde nach seiner Vaterstadt Breslau überführt und dort auf dem israelitischen Friedhofe beigesetzt. „Hier ruht, was sterblich war, von Ferdinand Lassalle, dem Denker und Kämpfer", lautet die Grabschrift, die sein Freund, der berühmte Philologe August Boeckh, verfaßt hat.

Die Persönlichkeit und Weltanschauung Lassalle's wird gut durch ein Bekenntnis charakterisiert, das er in der Rede „Die indirekten Steuern und die Lage der arbeitenden Klassen" ablegte: „Von zwei Dingen eines. Entweder lassen Sie uns Cyperwein trinken und schöne Mädchen küssen, also nur dem gewöhnlichen Genußegoismus fröhnen — oder aber, wenn wir von Staat und Sittlichkeit sprechen wollen, so lassen Sie uns alle unsere Kräfte der Verbesserung des dunklen Loses der unendlichen Mehrheit des Menschengeschlechtes weihen, aus deren nachtbedeckten Fluten wir Besitzende nur hervorragen wie einzelne Pfeiler, gleichsam um zu zeigen, wie dunkel jene Flut, wie tief der Abgrund sei!" Lassalle hat bald das eine, bald das andere gethan.

Man ginge sicher fehl, wenn man behaupten wollte, ohne Lassalle hätte eine sozialdemokratische Arbeiterpartei Deutschlands sich nicht entwickelt. Aber diese Partei hat ohne Zweifel bis in die neueste Zeit herein den Stempel seiner gewaltigen Individualität getragen, und die Lassalle'schen Werke gehören noch immer zu den weitaus wirkungsvollsten

und glänzendsten Agitationsschriften, über die die deutsche Sozial=
demokratie verfügt. Ob dieser große Einfluß Lassalle's der deutschen
Arbeitersache zum Segen ausgeschlagen ist, bleibt allerdings zweifelhaft.
Für Arbeiterschutz, Koalitionsfreiheit und Gewerkschaftsorganisation be=
saß Lassalle kein Verständnis, und die von ihm entfesselte Bewegung
wurde daher einseitig in politisch=agitatorische Bahnen gedrängt.

So unrühmlich für eine sachliche Betrachtungsweise das Ende
Lassalle's erscheinen mußte, die romantischen Umstände, unter denen sein
Tod erfolgte, haben gerade außerordentlich viel zur Verbreitung seiner
Ansichten beigetragen. Der größte Triumph, der Lassalle zufiel, den
er aber freilich nicht mehr erlebte, bestand jedenfalls darin, daß Bismarck
in die Verfassung des Norddeutschen Bundes das allgemeine, gleiche
und direkte Wahlrecht aufnahm, zu dessen Erkämpfung der allgemeine
deutsche Arbeiterverein gegründet worden war.

5. Die Entstehung der internationalen Sozialdemokratie
in Deutschland und deren Entwicklung bis zum Sozialisten=
gesetze.

Die Arbeitervereine, die sich im Schlepptau der Fortschritts=
partei befanden, wurden im Sommer 1863 in Frankfurt a. M. zu einem
„Verband deutscher Arbeitervereine" vereinigt, um so der Lassalle'schen
Bewegung kräftiger begegnen zu können. In dem ständigen Ausschusse
des Verbandes befanden sich der geistvolle Verfasser der „Geschichte
des Materialismus", Fr. A. Lange, ferner Max Hirsch und der Drechsler=
meister August Bebel. Dieser Verband überschritt indes gar bald die
Kreise, die ihm die Fortschrittspartei gezogen hatte. Schon im Jahre
1865 wurde die Forderung des allgemeinen gleichen Stimmrechtes
angenommen, ein Jahr darauf erklärte man sich gegen Schulze=Delitzsch
und auf einer Landesversammlung sächsischer Arbeiter in Chemnitz ent=
wickelte Bebel ein selbständiges Programm, das Grundsätze des Parti=
kularismus, der Demokratie und des Sozialismus enthielt. Auf dieses
Programm hin wurde Bebel und Liebknecht in den Norddeutschen
Reichstag gewählt. Im Jahre 1868 vollzogen sie den Anschluß an
die Internationale Arbeiterassoziation.

Es wäre ungerecht, wenn man diesen ungemein raschen Umschwung,
der innerhalb fünf Jahren den Verband deutscher Arbeitervereine aus
dem Lager der Fortschrittspartei in das der internationalen Sozial=
demokratie führte, ausschließlich dem Ungeschicke zuschreiben wollte,
das der liberalen Partei in der Behandlung der Arbeiterfrage eigen=
tümlich war. Der überraschende Szenenwechsel war zu einem nicht
geringen Teile auch das Verdienst W. Liebknechts.

Als Student an den bewaffneten Erhebungen des Jahres 1848 beteiligt mußte Liebknecht nach der Besiegung der Revolution fliehen. Er wendete sich nach London und trat dort in enge Beziehungen zu Marx, Engels und anderen Mitgliedern des Kommunistenbundes. Die Krönungsamnestie verschaffte die Möglichkeit, in die Heimat zurückzukehren. Liebknecht machte davon Gebrauch, um hier im Sinne von Marx und dem der Internationalen Arbeiterassoziation zu wirken. Letztere war im Anschlusse an den Besuch, den die Arbeiter verschiedener Länder der Londoner Industrie-Ausstellung abgestattet hatten, und unter dem Einflusse von Marx im Jahre 1864 begründet worden. Die „Norddeutsche Allgemeine Zeitung", die Liebknecht in Verbindung mit Schweichel und Braß zum Zwecke republikanischer Propaganda herausgab, wurde, da Braß sich von der Regierung gewinnen ließ, bald Organ Bismarck's. Liebknecht verließ das Unternehmen und wurde Mitglied des Lassalle'schen Arbeitervereins. Im Sommer 1865 lernte er Bebel kennen, der in Leipziger Arbeiterkreisen der einflußreichste Mann war und im Jahre 1867 zum Vorsitzenden des Ausschusses des Verbandes deutscher Arbeitervereine erwählt wurde. Liebknecht mag es umso leichter gefallen sein, Bebel für den Ideenkreis von Marx zu gewinnen, als im Jahre 1867 des letztern großes Werk „Das Kapital" erschien, die „Bibel des Sozialismus", wie man es genannt hat. Wie rasch sich Bebel in den Gedankenkreis des „Kapital" eingearbeitet hatte, läßt seine Erstlingsschrift „Unsere Ziele" erkennen, die im Jahre 1869 erschien und aus einer gegen die „Demokratische Korrespondenz" geführten Polemik entstanden war.

Bebel verfügte über seine Anhänger unbedingt. Die Gewinnung Bebels bedeutete daher auch die Gewinnung des Verbandes deutscher Arbeitervereine für die Internationale Arbeiterassoziation. So trat neben die nationale Sozialdemokratie der Lassalleaner, die internationale Sozialdemokratie der Marxisten. Bald kam es zwischen beiden Parteien zur heftigen Fehde. Das Haupt der Lassalleaner, von Schweitzer, der Bismarck gegenüber sich ähnlich wie Lassalle benahm, wurde von den „Ehrlichen", der Partei Bebel-Liebknecht, als Reaktionär und Verräter an der Arbeitersache bekämpft. Ein Einigungsversuch zwischen beiden Richtungen, der im Jahre 1869 zu Eisenach unternommen wurde, aber mißlungen war, verschärfte zunächst nur den Gegensatz. Der Verband deutscher Arbeitervereine löste sich zu Gunsten einer neugegründeten sozialdemokratischen Arbeiterpartei auf. Ihr Programm enthielt außer den Forderungen der radikalen Demokratie: Einführung eines Normalarbeitstages, Einschränkung der Frauen- und Verbot der Kinderarbeit, Abschaffung aller indirekten Steuern zu Gunsten einer einzigen progressiven Einkommens- und Erbschaftssteuer, staatliche Förderung des Genossenschaftswesens und Staatskredit für freie Produktivgenossenschaften unter demokratischen Garantien. Der letztere Punkt sollte den Übertritt der Lassalleaner erleichtern.

Die nationale Begeisterung der Jahre 1870 und 71 wirkte aus naheliegenden Gründen auf die weitere Entwicklung der internationalen Sozialdemokratie lähmend ein. Ein Manifest des Parteiausschusses, das nach Sedan zu Massenkundgebungen für einen ehrenvollen Frieden mit der französischen Republik und gegen die Annexion von Elsaß-Lothringen aufforderte, zog den leitenden Persönlichkeiten eine Anklage wegen Hochverrates zu. In Ketten wurden die Ausschußmitglieder Bracke, von Bonhorst und Spier nach der Veste Boyen in Lötzen abgeführt. Bei den Wahlen von 1871 eroberte allein Bebel für Glauchau-Meerane ein Mandat. Immerhin wurden im ganzen Reiche 120108 Stimmen für die beiden sozialdemokratischen Parteien abgegeben. Im Frühjahr 1872 wurden Bebel und Liebknecht von den Leipziger Geschworenen der Vorbereitung des Hochverrates für schuldig befunden und zu zwei Jahren Gefängnis verurteilt. Die Internationale Arbeiterassoziation brach infolge der Zwistigkeiten, die sich zwischen den Anhängern von Marx und denen des russischen Anarchisten Bakunin herausgebildet hatten, zusammen.

Die Einbuße, welche die Bewegung unter dem Eindrucke der deutschen Siege und der deutschen Einigung erlitten hatte, wurde bald durch die fieberhafte Entwicklung des deutschen Wirtschaftslebens nach dem Kriege wieder wett gemacht. Der Milliardensegen, die Ausschreitungen des Gründertumes, der daraufsfolgende Krach und weiter die chronische Krise verschärften die sozialen Gegensätze in gefährlichster Weise. Im Jahre 1874 erzielten die Arbeiterparteien 352000 Stimmen und neun Mandate.

Im übrigen hatten die Wahlen erwiesen, daß beide Arbeiterparteien ungefähr die gleiche Stärke besaßen. Da die Lassalleaner sich in ihren Anschauungen und ihrer Taktik, nach dem Rücktritte v. Schweitzer's von der Führung, ohnehin den Internationalen erheblich genähert hatten, konnte ein neuer Einigungsversuch mit besseren Aussichten auf Erfolg unternommen werden. Die Vereinigung vollzog sich in der That zu Gotha im Mai 1875. Da bei der Feststellung des Programmes den Lassalleanern nicht unerhebliche Zugeständnisse gemacht worden waren, goß Marx in einem Privatbriefe an seine Freunde, unter scharfen Ausfällen gegen Lassalle, die volle Schale seiner ätzenden Kritik über dasselbe aus. Nähme die deutsche Arbeiterpartei dieses Programm an, so zeige sie, daß ihr die sozialistischen Ideale noch nicht einmal hauttief säßen. Hätten die Anhänger von Marx seinen Ratschlägen Folge gegeben, so würde die Vereinigung beider Parteien, die auf die Ausbreitung der Sozialdemokratie zweifelsohne sehr günstig eingewirkt hat, höchstwahrscheinlich nicht zustande gekommen sein. Ein neuer Beleg, wie wenig Marx die deutschen Verhältnisse richtig zu beurteilen vermochte.

Im Jahre 1877 hatte es die Parteipresse bereits auf 41 politische Organe gebracht. Außerdem erschienen ein Dutzend Gewerkschaftsblätter.

Schon längst begnügte sich die Sozialdemokratie nicht mehr mit der ausschließlich politischen Agitation in der Weise Lassalle's. Die Führer waren der Notwendigkeit inne geworden, den Arbeitern auch auf dem Gebiete ihrer Berufsinteressen einige näher liegende Vorteile zu verschaffen. Der Lassalleaner Fritzsche hatte 1865 den deutschen Tabakarbeiterverein gegründet. Im folgenden Jahre trat der Verband deutscher Buchdrucker ins Leben. Nachdem auf der in Hamburg am 22. August 1868 tagenden Versammlung des Allgemeinen Deutschen Arbeitervereines der Plan Schweitzer's, Genossenschaften zu organisieren, noch lebhaft mit dem Hinweise auf Lassalle's ehernes Lohngesetz bekämpft worden war, wurde schließlich von einem besondern, zu diesem Zwecke nach Berlin einberufenen Arbeiterkongreß der Standpunkt Schweitzer's mit stürmischer Begeisterung anerkannt. Dieser hatte auch ein Musterstatut entworfen, nach dem bald zahlreiche gewerkschaftliche Kampfesorganisationen entwickelt wurden. Allerdings bereitete das Streikfieber, welches die neugegründeten Vereine alsbald ergriff, vielen von ihnen einen jähen Untergang. Da auch die Marxisten die Gewerkschaften empfahlen, nahm die Bewegung nach dem Vereinigungskongresse doch im ganzen einen guten Fortgang. Die Gewerkschaften begannen für den Fall der Erkrankung oder des Todes sowie zum Aufsuchen neuer Arbeitsgelegenheiten Unterstützungen zu gewähren; „sie gründeten Herbergen und Fachzeitungen und hoben das Solidaritätsgefühl und die Geselligkeit".

Die großen Erfolge der 1879er Wahlen — die Partei zählte nahezu eine halbe Million Stimmen und 12 Vertreter — steigerten das Selbstbewußtsein der Führer von Tag zu Tag. Die Sprache der Presse wurde immer aufreizender und frecher, die Verwilderung unter den proletarischen Massen der Fabrik- und Großstädte immer gefahrdrohender. „Hörte man," schrieb Franz Mehring, „den hundertstimmigen Chorus der sozialdemokratischen Agitatoren, Blätter, Flugschriften, so war die Religion ein leerer Humbug, erfunden von Betrügern, um Narren zu bethören, der Patriotismus ein verhüllender Schleier für Raub und Mord, die Ehe eine staatlich konzessionierte Prostitution, die Wissenschaft eine feile Dirne des Volksverrates, die Schule eine Verdummungsanstalt „im Dienste gegen die Freiheit", der Reichstag ein Haufe von Junkern, Apostaten und Nullen, der als Marionette am Drahte eines Recht und Menschen verachtenden Staatsmannes tanzt, die Presse ein einziger Reptiliensumpf der Korruption."

Das verruchte Attentat vom Mai 1878 auf die erhabene Person des Kaisers bewog die Reichsregierung, obwohl Hödel, ein höchst verworrener Mensch, keineswegs nur der Sozialdemokratie angehört hatte, einen Gesetzentwurf zur Abwehr sozialdemokratischer Ausschreitungen dem Reichstage vorzulegen. Die Vorlage war juristisch so unvollkommen abgefaßt, daß auch diejenigen, die ihrem Zwecke durchaus beipflichteten, dennoch vor der Annahme zurückscheuten. Sie fiel daher mit 251 gegen 57 Stimmen. Bald nachher wurde von Nobiling ein zweites Attentat verübt. Trotzdem hier noch weniger als bei Hödel ein Zusammenhang mit der Sozialdemokratie nachgewiesen werden konnte, schritt die Regierung zur Auflösung des Reichstages in der Erwartung, ein neu gewähltes Parlament werde sich dem Erlasse eines Ausnahmegesetzes günstiger gestimmt erweisen. In der That nahm der neugewählte Reichstag einen Gesetzentwurf gegen die gemeingefährlichen Bestrebungen der Sozialdemokratie an, nachdem einige Änderungen und namentlich eine zeitliche Begrenzung der Geltungsdauer zugestanden worden war.

Das Gesetz und insbesondere seine Handhabung schossen über das berechtigte Ziel der Unterdrückung gemeingefährlicher Ausschreitungen weit hinaus. Es wurden einfach alle selbständigen Arbeiterorganisationen, politische sowohl wie wirtschaftliche, zerstört, die Presse unterdrückt, das Versammlungsrecht aufs äußerste beschränkt. Wo der kleine Belagerungszustand eingeführt wurde, wies man die leitenden Persönlichkeiten der Partei aus.

Den Unterdrückungsmaßregeln schritt später eine umfassende soziale Reformbewegung zur Seite. Es dürfte indes zweckmäßig sein, deren Darlegung noch zu verschieben und zunächst der Haltung zu gedenken, welche die deutsche Wissenschaft und die bürgerlichen Parteien der Arbeiterfrage gegenüber eingenommen haben.

6. Die Stellung der deutschen Wissenschaft zur Arbeiterfrage.

Bei der genauen Kenntnis der französischen und englischen Litteratur, durch welche die deutsche Gelehrtenwelt sich von jeher auszeichnete, finden wir letztere mit der sozialen Frage schon eifrig beschäftigt, ehe sie noch in Deutschland selbst aufgeworfen worden war. So wurde im Jahre 1837 von einem jungen pommerischen Rittergutsbesitzer, der als Sohn eines Universitätsprofessors eine umfassende geschichtliche, philosophische und nationalökonomische Bildung erworben hatte, der „Augsburger Allgemeinen Zeitung" ein Manuskript übermittelt, das eine so eigentümliche, tiefe und geistvolle Erörterung des sozialen Problemes enthielt, wie sie um jene Zeit nur bei Owen, den St. Simonisten und etwa Sismondi zu finden war. Der Verfasser hieß K. Rodbertus. Seine Abhandlung wurde von der Redaktion natürlich zurückgewiesen. Zeitgemäß war sie in der That nicht, ja es ist fraglich, ob selbst fünfzig Jahre später der durchschnittliche Leser einer bürgerlichen Zeitung imstande gewesen wäre, sie richtig zu erfassen. Bald nachher machte der Kommunismus Frankreichs beträchtliche Fortschritte. Ein hochbegabter Jünger der Hegel'schen Schule, Lorenz Stein, der sich rechtsgeschichtlicher Studien halber in Paris aufhielt, wurde deshalb von der Idee erfaßt, die philosophische Geschichte der sozialen Bewegung Frankreichs zu schreiben. Noch erschien der Inhalt seines Buches, das 1842 in erster Auflage veröffentlicht wurde, den meisten seiner deutschen Zeitgenossen, wie W. Roscher bekennt, als ein „Märchen aus weiter Ferne". „Indem Stein — verschieden von seinen Vorgängern — in dem Sozialismus nicht etwa eine bloß merkwürdige, sondern eine geschichtlich bedeutsame Erscheinung und in den sozialistischen Schriften nicht lediglich eine Fortsetzung der utopischen Litteratur, sondern mit voraussehendem Blicke den litterarischen Ausdruck einer gesellschaftlichen Bewegung von welthistorischer Bedeutung erkannte, hat er sich zugleich ein entschiedenes Verdienst um das richtige Verständnis derselben erworben." Auf diesen und seinen philosophischen Studien beruhte auch seine Gesellschaftslehre, die, wie K. Menger mit Recht ausführte, zum Gemeingute der Wissenschaft, ja der Gebildeten überhaupt geworden ist. „Nach Stein ist die fortschreitende Zivilisation der Kulturvölker die Wirkung der im Verlaufe der Geschichte unabläßig steigenden Bildung und Wohlhabenheit. Der fortschreitende Reichtum erzeugt immer neue Bedürfnisse, indem er zugleich die Mittel zu ihrer Befriedigung bietet. Die sich ausbreitende Bildung bemächtigt sich immer weiterer Kreise der Bevölkerung und bewirkt eine fortschreitende Erhebung der untern Volksschichten zu höherer Leistungsfähigkeit, zu höheren Bedürfnissen und zu höheren Lebensansprüchen — die aufsteigende Klassenbewegung. Die staatliche Ordnung in ihrer Bewegung ist nichts anderes, als die rechtliche Ausgestaltung dieses geschichtlichen Prozesses, welcher bei allen europäischen Kulturvölkern im Wesen der nämliche ist und dieselben zu immer engerer Ideen- und Interessengemeinschaft verknüpft." In den Werken Stein's ist ein großer Teil der geschichts- und sozialphilosophischen Ideen enthalten, die Lassalle in seiner Rede über den besonderen Zusammenhang der gegenwärtigen Geschichtsperiode mit der Idee des Arbeiterstandes entwickelte. Stein war es auch, der den sozialen Beruf des Königtums, welchen St. Simon bereits mystisch angedeutet hatte, klar begründete. Da Lassalle es nicht liebte, die Männer besonders hervorzuheben, auf deren Arbeiten er sich stützte, so läßt sich freilich nicht bestimmt sagen, ob er auch in dieser Beziehung unter Stein'schem Einflusse stand, oder ob nur der gemeinsame Ausgangspunkt, die Gesellschaftsphilosophie von Hegel und die soziale Geschichtsschreibung von Louis Blanc, zu verwandten Folgerungen führte.

Bald nach dem Stein'schen Werke, im Jahre 1845, erschien Engels' Lage der arbeitenden Klassen in England. Insofern es die soziale Bewegung Englands darlegte, konnte es als eine überaus wertvolle Ergänzung der Arbeiten von Stein, die sich auf Frankreich beschränkten, angesehen werden. Seine Bedeutung ging indes darüber weit hinaus. Engels war der erste deutsche deskriptive Nationalökonom. Seinen theoretischen Ausführungen ging eine genaue Beschreibung der thatsächlichen Zustände voran. Ja, sogar der weitaus größte Teil seines Buches ist der Schilderung gewidmet. Immerhin ließ die scharfe Analyse der freien Konkurrenz, der Handelskrisen u. a. m. schon die hohe dialektische Begabung des Verfassers erkennen. Einige der theoretischen Grundgedanken, zu denen Engels durch das Studium der englischen Zustände und des englischen Sozialismus geführt worden war, waren von ihm übrigens schon früher in den von Marx und Ruge herausgegebenen Deutsch französischen Jahrbüchern unter dem Titel: „Umrisse zu einer Kritik der Nationalökonomie" 1844 veröffentlicht worden. Über den Eindruck, den die Schriften von Engels hervorriefen, äußerte sich Bruno Hildebrand in seiner 1848 erschienenen „Nationalökonomie der Gegenwart und Zukunft": „Das Buch hat weniger Lärm, aber eine große Wirkung hervorgebracht, und gilt gleichsam als das kommunistische Evangelium der Thatsachen, worauf sich alle sozialen Theorien berufen können. Beide Arbeiten von Engels ergänzen sich gegenseitig. Hier sucht er durch umfassende statistische Untersuchungen den thatsächlichen Beweis zu liefern, daß die Menschheit durch die moderne Ökonomie, durch Fabrikation, Maschinen, freie Konkurrenz und Geldwirtschaft immer weiter bis an den Rand des Verderbens zurück geschritten ist; dort in seiner ersten Abhandlung faßt er die Anklagepunkte gegen die Wissenschaft zusammen, welche zur Entwicklung dieser Zustände die Theorie geliefert hat."

In dem genannten Werke von Hildebrand, der gewissermaßen die sozialistischen Theorien vom fachökonomischen Standpunkte aus für universitätsfähig erklärte, wurde den Arbeiten von Engels die eingehendste Berücksichtigung geschenkt. Engels galt ihm als der begabteste und kenntnisreichste unter allen deutschen Sozialschriftstellern.

Neben Stein und Engels verdienen Marlo (K. Winkelblech) und Th. v. Bernhardi erwähnt zu werden, obschon das große Publikum ihren Arbeiten ebensowenig Beachtung geschenkt hat als denjenigen von Rodbertus, und ihr Einfluß sich daher keineswegs mit den erstgenannten Schriftstellern vergleichen läßt. Ein sorgfältiges Studium der Litteratur des In- und Auslandes hatte Marlo die Gefahren, welche die individualistische Wirtschaftsordnung und die Entwicklung der Großindustrie in ihrem Schoße bargen, klar erkennen lassen. Sein Streben ging dahin, die kleingewerbliche, ja zum Teil noch zünftlerische Verfassung Deutschlands durch soziale Reformen möglichst unmittelbar, unter Umgehung der liberalen Wirtschaftsprinzipien, in eine auf föderalistischer Grundlage ruhende Großproduktion hinüberzuleiten. Diese Pläne und namentlich die Teilnahme Marlo's an der Bewegung der Handwerker im Jahre 1848, die seinen Ideen allerdings nicht entfernt zu folgen vermochten, wurden vielfach mißdeutet. Sein später entworfenes „System der Weltökonomie" blieb daher lange Zeit unbeachtet, und erst Schäffle lenkte in seinem „Sozialismus und Kapitalismus" wieder die Aufmerksamkeit, wenigstens der Fachmänner, auf diesen eigenartigen Denker.

Bernhardi kritisierte in seinem „Versuch einer Kritik der Gründe, die für großes und kleines Grundeigentum angeführt werden" 1849 in vorzüglicher Weise die Lehren Ricardo's und die von den Vulgärökonomen aus denselben gezogenen Folgerungen. Bezeichnend für den Geist des Werkes sind die von Bernhardi aufgeworfenen Fragen: „Aber wird die Arbeit ihrem wirklichen Werte nach bezahlt? — Entspricht der Lohn dem wirklichen Anteile des Arbeiters an der Produktion? Mißbrauchen die Gewerbsunternehmer die Überlegenheit, welche ihnen ihr Kapital und ihre Stellung geben, nicht, um den Wettbewerb, den gewerblichen Kampf unter sich, zum Teil auf Kosten des Arbeiters zu führen? Wirkt das Eingreifen des Staates dahin, daß die Verteilung des National-Einkommens eine möglichst gerechte werde? Bleibt nicht etwa der Macht zum Schaden des Rechts ein allzugroßer Spielraum? — Stört nicht vielleicht selbst ein Staatshaushalt, der seine Hilfsquellen fast ausschließlich in indirekten, in Verbrauchssteuern sucht, das billige Gleichgewicht der verschiedenen ökonomischen Stände? — Keinem Menschen scheint das einzufallen, daß die Fragen so gestellt werden könnten." (S. 314.) Bernhardi entwickelt aus der Wertlehre der Ricardo'schen Schule auch den Satz, der Gewinn könne sich nur dadurch ergeben, daß die Arbeit nicht vollständig, nicht nach ihrem wahren Werte bezahlt wird.

Spiegeln sich in den besprochenen Werken die erregten Zeiten, die der Revolution des Jahres 1848 vorausgingen, so konnte der Ausgang dieser Bewegung auf die Entwicklung der Litteratur der Folgezeit ebenfalls nicht ohne Einfluß bleiben. Die bürgerliche Gesellschaft sank, um mit Schäffle zu sprechen, dem Absolutismus matt in die Arme. Die französische Sozialdemokratie war in der Junischlacht besiegt worden, der englische Chartismus jäh in sich zusammen gebrochen, die von Engels prophezeite soziale Revolution in England nicht eingetreten. Die deutschen Fachökonomen verspürten wenig Lust mehr über die Mauern der gegebenen Wirtschaftsordnung hinauszublicken. Frischer und fröhlicher denn je machte sich ein platter, freihändlerischer Optimismus im öffentlichen Leben und der Presse breit. Die schweren Wunden, die ihm ein Friedrich List und die sozialen Schriftsteller geschlagen hatten, waren vollkommen vernarbt. Die scharfsinnige Kontroversen, die Rodbertus mit von Kirchmann über die Ursachen der Handelskrisen führte, begegneten selbst bei den Fachökonomen ebensowenig Beachtung als Verständnis. So sehr widersprach eine gründliche Beschäftigung mit den sozialen Problemen dem Zuge der Zeit. Die Größen des Tages, die Prince Smith, Faucher, Schulze, Wirth, Böhmert, Braun u. s. w. kannten damals wenigstens nur eine sogenannte Arbeiterfrage.

Es ist das große und unbestreitbare Verdienst von Lassalle, hier gründlichen Wandel geschaffen zu haben. In bisher unerreichter Weise verstand er es gleichzeitig auf die Massen und die gelehrten Kreise einzuwirken. Der Umstand, daß er seine Waffen dem Arsenal der deutschen Wissenschaft entnommen hatte, und seine bezaubernde Idee eines Bündnisses zwischen Wissenschaft und Arbeiterklasse erzielten auf die unabhängigeren Vertreter der Nationalökonomie einen tiefen Eindruck.

Noch im Todesjahr Lassalle's erschienen zwei Schriften, die beide trotz ihrer Verschiedenheiten im Vergleiche zu der herrschenden Strömung einen außerordentlichen Fortschritt verrieten. Es handelt sich um Dühring's „Kapital und Arbeit" und Fr. Albert Lange's Arbeiterfrage.

Während Dühring darin sich mit Rodbertus berührte, daß er der durch die niedrigen Löhne bedingten Unterkonsumtion der arbeitenden Klassen einen verhängnisvollen Einfluß auf die Entwicklung des wirtschaftlichen Fortschrittes einräumte, war er sich, im Gegensatze zu Rodbertus, aber auch der hohen sozialen Bedeutung der Koalitionen vollkommen bewußt. Fr. Albert Lange wieder, der bekannte feinsinnige Verfasser der Geschichte des Materialismus, beleuchtete in einer inhaltlich wie formell gleich vornehmen und ausgezeichneten Weise die

Arbeiterfrage als allgemeines Kulturproblem und suchte in praktischer Hinsicht einen Ausgleich zwischen dem freihändlerisch-individualistischen Prinzipe der Selbsthilfe und dem sozialistischen der Staatshilfe herbeizuführen. Die späteren Auflagen von Lange's Arbeiterfrage, die Adolf Wagner als die beste deutsche Schrift über diesen Gegenstand bezeichnet hat, sind durch das Studium von Brentano und Marx noch wesentlich vervollkommnet worden.

Der Gang der politischen Ereignisse hatte Marx bekanntlich gezwungen, Deutschland zu verlassen. Er wandte sich wieder nach London und widmete sich dort, unterstützt durch die berühmte Bibliothek des Britischen Museums, den umfassendsten Studien, um die Entwicklungsgesetze der kapitalistischen Produktionsweise zu ergründen. Von dieser gelehrten Arbeit legte bereits eine im Jahre 1859 erschienene Schrift: „Zur Kritik der politischen Ökonomie" einen vollgiltigen Beweis ab. Lassalle hat sich mehrfach auf dieses Werk gestützt, als er sein Pamphlet gegen Schulze-Delitzsch ausarbeitete. Das Jahr 1867 brachte ein neues Buch von Marx, den ersten Band einer großen, auf drei Bände berechneten Untersuchung über das Kapital (Das Kapital. Kritik der politischen Ökonomie. Erster Band, Buch I: Der Produktionsprozeß des Kapitals. Hamburg, Meißner, 1867). Seitdem ist kein Jahr verflossen, das nicht entweder eine neue Auflage, eine Erläuterung, eine Kritik oder eine Widerlegung des Werkes gebracht hätte. Welch' geringer Erfolg namentlich den „Widerlegungen" oft beschieden war, geht schon aus der Thatsache hervor, daß man immer von neuem Widerlegungen auf gegnerischer Seite für notwendig hielt. Ohne Zweifel ist eine große Zahl der „Kritiker" mit unverzeihlicher Oberflächlichkeit an die Aufgabe geschritten. Viele haben Marx kaum gelesen, sehr wenige ihn überhaupt verstanden. Das letztere Unglück ist übrigens auch manchem der Anhänger von Marx zugestoßen.

In theoretischer Beziehung ist die berühmte und vielumstrittene Hypothese vom Wert und der Entstehung des Mehrwertes als die Grundlage des glänzenden Gedankenbaues anzusehen, den Marx errichtet hat. Der Tauschwert der Güter, die in praktisch beliebiger Menge produziert werden können, wird durch die zu ihrer Herstellung gesellschaftlich notwendige Arbeit bestimmt. Unter gesellschaftlich notwendiger Arbeit ist eine den herrschenden Bedarfs- und Produktionsverhältnissen entsprechend verausgabte Arbeit zu verstehen. Eine auf nicht begehrte Gegenstände verwendete oder eine hinter der herrschenden Technik und Intensität zurückbleibende Arbeit ist für die Wertbildung nicht maßgebend. Die Arbeit selbst wird nach der Arbeitszeit gemessen. Eine Stunde hoch qualifizierter Arbeit ist gleich zu setzen einem Vielfachen von einer Stunde geringer qualifizierter Arbeit. Dabei ist keineswegs nur die körperliche Arbeit wertbildend. Marx sagt ausdrücklich: „Mit dem kooperativen Charakter des Arbeitsprozesses selbst erweitert sich daher notwendig der Begriff der produktiven Arbeit und ihres Trägers, des produktiven Arbeiters. Um produktiv (also im Sinne von Marx wertbildend) zu arbeiten, ist es nun nicht mehr nötig, selbst Hand anzulegen. Es genügt, Organ des Gesamtarbeiters zu sein."

Wie der Wert aller Waren, so richtet sich innerhalb der kapitalistischen Wirtschaftsordnung auch der Wert der Arbeitskraft, die ja als Ware gilt, nach der zu ihrer Hervorbringung gesellschaftlich notwendigen Arbeitszeit, d. h. nach der Arbeitszeit, welche notwendig ist, um die Mittel zur gewohnheitsmäßigen Lebenshaltung zu produzieren. Im Lohne hat der Kapitalist den Wert der Arbeitskraft zu bezahlen. Er würde keinen Vorteil aus der Beschäftigung von Arbeitern erzielen, wenn der Wert der Arbeitskraft und der Wert der von ihr geleisteten Arbeit zusammenfiele, wenn also die Arbeitskraft nur so lange thätig wäre, um die zu ihrer Reproduktion notwendigen Waren zu erzeugen. Der Kapitalist strebt deshalb danach, die Arbeiter über die zur Reproduktion der Arbeitskraft notwendige Zeit hinaus arbeiten zu lassen. Wäre der Arbeiter z. B. imstande, innerhalb fünf Stunden den zu seiner Lebensfristung notwendigen Bedarf zu erzeugen, während er zehn Stunden hindurch vom Arbeitgeber beschäftigt wird, so würde das Arbeitsergebnis von fünf Stunden dem Arbeitgeber als Mehrwert zufallen. Der Kapitalist braucht aber dem Arbeiter nur den Wert der Arbeitskraft zu bezahlen, während er selbst die Leistungen der Arbeiter nach Maßgabe der gesellschaftlich notwendigen Arbeitszeit, die in ihnen steckt, auf dem Markte bezahlt erhält. „Der Umstand, daß die tägliche Erhaltung der Arbeitskraft nur einen halben Arbeitstag kostet, obgleich die Arbeitskraft einen ganzen Tag wirken, arbeiten kann, daß daher der Wert, den ihr Gebrauch während eines Tages schafft, doppelt so groß ist als ihr eigener Tageswert, ist ein besonderes Glück für den Käufer, aber durchaus kein Unrecht gegen den Verkäufer." Der auf die geschilderte Weise sich bildende Mehrwert ist die Quelle alles Renteneinkommens, also von Handelsgewinn, Kapitalgewinn, Kapitalzins, Grundrente u. s. w. Wie diese verschiedenen Zweige des Renteneinkommens sich an die Empfänger verteilen, soll im dritten Bande des Werkes, der aber zur Zeit noch nicht erschienen ist, auseinander gesetzt werden. In demselben soll auch das Rätsel der gleichen durchschnittlichen Profitrate der Kapitalisten, das diese Werttheorie aufgibt, gelöst werden. Thatsächlich produzieren ja gleich große Kapitale, einerlei wie viel oder wie wenig Arbeiter sie anwenden, in gleichen

Zeiten durchschnittlich gleiche Profite. Nach der Werttheorie aber müßte man zu dem Ergebnisse kommen, daß der Profit um so reichlicher ausfällt, je größer im Verhältnis zum Anlagekapital die Zahl der Arbeiter ist, die vom Kapitalisten eingestellt werden.

Will man über eine Hypothese, die noch nicht einmal vollständig entwickelt worden ist, überhaupt schon ein Urteil äußern, so wird man am ehesten Lexis beipflichten können, der erklärt: Allerdings kann der Kapitalgewinn in der Weise von Marx abgeleitet werden, aber nichts zwingt zu dieser Auffassung. Auch diejenige Betrachtungsweise, welche der unmittelbaren Erfahrung näher kommt, und welche den Gewinn aus Preiszuschlägen entstehen läßt, gelangt, da allein den Lohnarbeitern die wirtschaftliche Macht zu solchen Aufschlägen fehlt, zu denselben Endergebnissen. So groß das gelehrte und spekulative Interesse ist, das die Theorie des Mehrwertes verdient, für den Bestand des Sozialismus oder der Sozialdemokratie ist sie belanglos. Beide vermögen sehr gut auch ohne sie auszukommen.

Die Masse des Mehrwertes, der dem Kapitalisten zufällt, wächst nach Marx unter sonst gleichbleibenden Bedingungen mit der Länge der Arbeitszeit, welche der Arbeiter über die zu seinem Unterhalte notwendige Zeit hinaus arbeitet. Daher das eifrige Bestreben der Kapitalisten einerseits die Arbeitskraft zu verbilligen, also die Lebenshaltung herabzudrücken oder kindliche und weibliche Arbeitskräfte einzustellen, andrerseits die tägliche Arbeitszeit möglichst auszudehnen. Selbstverständlich hat der Arbeiter das entgegengesetzte Interesse. Allein ohne eigene Produktionsmittel ist er nicht in der Lage es geltend zu machen. Außerdem vermindern die Fortschritte in den Produktionsmethoden die Anzahl der beschäftigten Arbeiter wenigstens im Vergleiche mit der erzeugten Warenmenge. Die frei gesetzten Arbeiter, die sogenannte „industrielle Reservearmee", drängen sich um die Arbeitsgelegenheiten und verhindern so die Erhebung der Lebenshaltung der arbeitenden Klassen überhaupt. In demselben Sinne wirken auch die durch die anarchische Produktionsweise erzeugten Handelskrisen. Immerhin kann eine gewisse Verbesserung durch gesetzliche Herabsetzung der Arbeitszeit und die Einschränkung der Kinder- und Frauenarbeit erzielt werden.

All' diese Ausführungen hat Marx mit einer Fülle von höchst interessanten, zumeist englischen Blaubüchern entnommenen Thatsachen erläutert. Schon aus diesem Grunde würde seinem Werke ein hervorragender Platz in der nationalökonomischen Litteratur gesichert sein.

Während nun, nach Marx, den Arbeitern eine genügende Verbesserung ihrer Lage innerhalb der kapitalistischen Produktionsweise nicht erblühen kann, führen die Entwicklungsgesetze des Kapitalismus selbst zu dessen Untergange. Er wird sein eigener Totengräber. Der freie Wettbewerb bewirkt, daß die kleinen und mittleren Betriebe von den großen, die großen von den größten vernichtet werden. Immer weitere Kreise der Bevölkerung werden in das Proletariat hinabgeworfen. Das Eigentum geht in die Hände einer immer kleineren Zahl über. „Hand in Hand mit dieser Zentralisation oder der Expropriation vieler Kapitalisten durch wenige entwickelt sich die kooperative Form des Arbeitsprozesses auf stets wachsender Stufenleiter, die bewußte technische Anwendung der Wissenschaft, die planmäßige Ausbeutung der Erde, die Verwandlung der Arbeitsmittel in nur gemeinsam verwendbare Arbeitsmittel, die Ökonomisierung aller Produktionsmittel durch ihren Gebrauch als Produktionsmittel kombinierter, gesellschaftlicher Arbeit, die Verschlingung aller Völker in das Netz des Weltmarktes, und damit der internationale Charakter des kapitalistischen Regimes. Mit der beständig abnehmenden Zahl der Kapitalmagnaten, welche alle Vorteile dieses Umwandlungsprozesses usurpieren und monopolisieren, wächst die Masse des Elendes, des Druckes, der Knechtschaft, der Entartung, der Ausbeutung, aber auch die Empörung der stets anschwellenden und durch den Mechanismus des kapitalistischen Produktionsprozesses selbst geschulten, vereinten und organisierten Arbeiterklasse. Das Kapitalmonopol wird zur Fessel der Produktionsweise, die mit und unter ihm aufgeblüht ist. Die Zentralisation der Produktionsmittel und die Vergesellschaftung der Arbeit erreichen einen Punkt, wo sie unerträglich werden mit ihrer kapitalistischen Hülle. Sie wird gesprengt. Die Stunde des kapitalistischen Privateigentumes schlägt. Die Expropriateurs werden expropriiert.

Die aus der kapitalistischen Produktionsweise hervorgehende kapitalistische Aneignungsweise, daher das kapitalistische Privateigentum, ist die erste Negation des individuellen, auf eigene Arbeit gegründeten Privateigentumes. Aber die kapitalistische Produktion erzeugt mit der Notwendigkeit eines Naturprozesses ihre eigene Negation. Es ist die Negation der Negation. Diese stellt nicht das Privateigentum wieder her, wohl aber das individuelle Eigentum auf Grundlage der Errungenschaft der kapitalistischen Ära: der Kooperation und des Gemeinbesitzes der Erde und der durch die Arbeit selbst produzierten Produktionsmittel."

In diesen Anschauungen liegt die wirtschaftliche Quintessenz des Marxismus. Sofern eine Auseinandersetzung mit demselben nicht schon durch die Arbeiten Brentano's, deren Besprechung wir uns sofort zuwenden, gegeben erscheint, wird sie in der Folge, namentlich im Zusammenhange mit der Würdigung des Kommunismus überhaupt, noch versucht werden.

Selbstverständlich führt diese kurze Inhaltsangabe nur die wichtigsten Grundlinien des Systemes vor; sie erschöpft den erstaunlichen Gedankenreichtum des „Kapital" in keiner Weise und läßt eine entsprechende Vorstellung von den wissenschaftlichen Verdiensten des Gelehrten Marx nicht gewinnen. Leider war es ihm nicht vergönnt, das großartig angelegte Werk zu vollenden. Engels hat es übernommen, die im Nachlaß vorgefundenen Arbeiten zu einem zweiten und dritten Bande herauszugeben. Bis jetzt ist diese Aufgabe aber erst bezüglich des zweiten Bandes erfüllt worden. Es verlautet, daß der dritte Band noch vor Ablauf des Jahres 1894 veröffentlicht werden soll.

Als der bedeutendste Antipode von Marx darf Brentano angesehen werden. Auch er gründete seine Lehren auf die Entwicklung der englischen Verhältnisse, die ja in wirtschaftlicher und sozialer Hinsicht zweifellos am weitesten vorgeschritten sind. Brentano giebt zu, daß die Analyse, der Marx die Arbeiterzustände unterworfen hat, richtig ist, solange die Arbeiter der Organisation entbehren und vereinzelt ihre Ware Arbeit anbieten. Ganz anders aber, wenn sie in nationalen Berufsverbänden organisiert sind. Dann braucht der Arbeiter nicht mehr bedingungslos seine Arbeit anzubieten, er hat vielmehr die Möglichkeit, entsprechend den Marktverhältnissen, auf den Lohn einzuwirken und seine Lebensweise zu erhöhen. In England hat diese Entwicklung seit den fünfziger Jahren sich wirklich vollzogen und weit mehr zur Hebung der Arbeiterklasse beigetragen als die von Marx einseitig in den Vordergrund gestellte Fabrikgesetzgebung. Mit der aufsteigenden Klassenbewegung der Arbeiter aber spitzen sich die Gegensätze nicht in der von Marx gelehrten Weise immer weiter zu, sondern die wachsende Macht und Reife der Arbeiter bewirkt, daß sie von den Unternehmern als thatsächlich gleichberechtigte Kontrahenten beim Abschlusse des Arbeitsvertrages anerkannt werden. An Stelle der Klassenkämpfe, der Arbeitseinstellungen und Aussperrungen treten allmählich rein geschäftliche Verhandlungen in Schiedsgerichten und Einigungsämtern. Mag die Entwicklung vorerst auch nur in wenigen Industrien diese Höhe bereits erreicht haben, so werden doch immer weitere Kreise der Arbeiterbevölkerung von ihr ergriffen. Der Selbsthilfe der Arbeiterverbände kommt also eine viel größere Tragweite zu, als die Fortschrittler im Sinne von Schulze-Delitzsch, als Marx, oder gar Lassalle angenommen haben. Die liberale Wirtschaftsordnung, weit entfernt, ihrem Untergange zuzueilen, beginnt sich im Gegenteile mit der Herstellung der faktischen Freiheit des Arbeitsvertrages erst recht zu entfalten.

Brentano hat diese Anschauungen zunächst in den „Arbeitergilden der Gegenwart" (2 Bände, Leipzig 1871 und 72), sodann im „Arbeitsverhältnis gemäß dem heutigen Recht" (Leipzig 1877), in der „Gewerblichen Arbeiterfrage" (Schönberg's Handbuch der polit. Ökonomie, erste Auflage, Tübingen 1882) und in dem im Auftrage des Vereines für Sozialpolitik herausgegebenen Bande „Über Arbeitseinstellungen und Fortbildung des Arbeitsvertrages" (Leipzig 1890) niedergelegt. Ein Schüler Brentano's, von Schulze-Gaevernitz, hat in seinem Werke „Zum sozialen Frieden" (2 Bände, Leipzig 1890) gezeigt, wie die Entwicklung der englischen Arbeiterverhältnisse auch in den letzten zwei Jahrzehnten die von Brentano vertretenen Lehren bestätigt.

Gleichzeitig mit Brentano hat A. E. F. Schäffle, wenn auch in ganz anderer Weise, zum Marxismus Stellung genommen. Seinen Arbeiten, „Kapitalismus und Sozialismus" (Tübingen 1870) und „Quintessenz des Sozialismus" (Gotha 1875) kommt das Verdienst zu, weiteren Kreisen eine richtige Vorstellung vom Wesen der Marxistischen Theorien verschafft zu haben. Sodann hat sich Schäffle bemüht, die von sozialistischer und darwinistisch-biologischer Seite gegebenen Anregungen in umfassender Weise für die Ausbildung der theoretischen und praktischen Volkswirtschaftslehre zu verwerten („Bau und Leben des sozialen Körpers". 4 Bände. Tübingen 1875—1878). In der „Aussichtslosigkeit der Sozialdemokratie" (Tübingen 1885) und der „Bekämpfung der Sozialdemokratie ohne Ausnahmegesetz" (Tübingen 1890) entwirft Schäffle ein vollständiges, wissenschaftlich begründetes Programm sozialer Reformen. Mit Rücksicht auf die großen sozialen Aufgaben, die Schäffle dem Staate und öffentlichen Körperschaften zuweist, kann seine Richtung als eine staatssozialistische im Gegensatze zu der mehr liberalen Brentano's bezeichnet werden. Er zeigt hierin die größte Verwandtschaft mit Adolf Wagner, von dessen staatssozialistischen Anschauungen das „Lehrbuch der politischen Ökonomie. Erster Teil. Grundlegung" (3. Auflage. Leipzig 1892/93), sowie die finanzwissenschaftlichen Arbeiten Zeugnis ablegen.

Ganz auf sozialistischem Boden steht K. Robbertus-Jagetzow, dessen Erstlingsschrift bereits im Eingange erwähnt wurde. Kann er auch nicht Marx an die Seite gestellt werden, so ist er doch ohne Zweifel ein sozialistischer Denker ersten Ranges. Als bemerkenswert muß hervorgehoben werden, daß bei ihm sozialistische Überzeugungen mit einer politisch gemäßigten Richtung friedlich Hand in Hand gehen. Im Anschlusse an Owen, St. Simon und Sismondi hat Robbertus in einer Reihe von Schriften („Zur Erkenntnis unserer staatswirtschaftlichen Zustände", 1842; „Soziale Briefe an v. Kirchmann", 1850, 1851, neu herausgegeben 1875; „Das Kapital. Vierter sozialer Brief an v. Kirchmann. Aus dem Nachlaß herausgegeben von Kozak", 1884), die erst nach seinem Tode (1875) größere Beachtung gefunden haben, auf die schweren Gefahren hingewiesen, welche die ungünstige Einkommensverteilung mehr und mehr für die Entwicklung der Produktion bringen muß. Solange die Arbeiter immer nur das zu ihrer Erhaltung eben Notwendige im Lohne empfangen, nimmt bei steigender Produktivität der Arbeit ihr relativer Anteil am Nationaleinkommen ab (Gesetz der fallenden Lohnquote). So bleibt die kaufsähige Nachfrage hinter der Entwicklung der Produktion zurück. Es entstehen die Krisen, unter denen das gesamte soziale und wirtschaftliche Leben so schwer leidet. „Die Gesellschaft kommt in den Fall, Gebrauchswert zu produzieren, der nicht mehr Marktwert und Kaufkraft ist, während doch noch bei den meisten die Bedürfnisse danach nicht befriedigt sind ... volle Warenmagazine, darbendes Volk." — Seine praktischen Reformpläne laufen auf eine Lohnregulierung hinaus, durch welche, entsprechend der Zunahme der Produktivität, auch der Anteil der Arbeiter am Nationaleinkommen sich erhöhen soll.

Das stetig wachsende Interesse der deutschen Gelehrtenwelt an der sozialen Frage hat dazu geführt, daß eingehende Untersuchungen über die thatsächliche Lage bestimmter Arbeitergruppen, da amtliche Enqueten entweder garnicht oder nur in höchst ungenügender Weise erfolgten, von privater Seite stattgefunden haben. Es hat sich eine sogenannte „deskriptive" Richtung in der deutschen Nationalökonomie herausgebildet, als deren Vorläufer in Deutschland Fr. Engels hingestellt werden darf. So haben Alphons Thun die Arbeiterverhältnisse am Niederrhein, Bráf und Singer die des nördlichen Böhmens, Schnapper-Arndt und Sax hausindustrielle Zustände, Herkner die soziale Entwicklung der oberelsässischen Baumwollindustrie, Schönlank die der Fürther Spiegelfabrikation, der badische Fabrikinspektor Wörishoffer die Lage der Arbeiter in der badischen Zigarrenindustrie und in Mannheim geschildert.

Während die bisher genannten Schriftsteller vorzugsweise nur der industriellen Arbeiterfrage ihr Augenmerk zugewendet haben, ist durch G. Fr. Knapp, der die Bauernbefreiung und den Ursprung der Landarbeiter in den altpreußischen Gebieten (Leipzig 1887) aktenmäßig dargestellt hat, neuerdings auch für die Behandlung der Landarbeiterfrage eine überaus wertvolle Grundlage geschaffen worden, umsomehr, als eine Reihe begabter Schüler Knapp's die entsprechenden Vorgänge in andern deutschen Gebieten bearbeitet hat.

Wenn von dem Anteile der deutschen Wissenschaft an der Förderung des sozialen Problemes die Rede ist, darf einer Vereinigung, die ihre

Entstehung in erster Linie den akademischen Vertretern der National=
ökonomie*) in Deutschland verdankt, nicht vergessen werden. Es ist
der „Verein für Sozialpolitik". Im Jahre 1872 gegründet, besitzt
er weder den Charakter einer Partei, noch einer Interessenten=Ver=
sammlung. Er besteht aus Gelehrten, Beamten, Industriellen und
Landwirten verschiedener Richtungen. Gemeinsam ist nur das Bestreben,
sich gegenseitig und andere durch die Debatten und die vom Vereine
veranlaßten Arbeiten über die wichtigsten sozialpolitischen Zeitfragen zu
belehren und aufzuklären. Es handelt sich also um einen wissenschaftlichen Verein, der allerdings auch einen Einfluß auf die öffentliche
Meinung ausüben will. Er will, nach den Worten seines gegen=
wärtigen Vorsitzenden Schmoller, „wie der Chor der antiken Tragödie
die leidenschaftlichen Handlungen der Bühne begleitet, ruhig und leiden=
schaftslos zur Seite stehend, für das Wahre und Gute, für das Billige
und Gerechte eintreten und versuchen, diesen höchsten Mächten des
Menschenlebens ein größeres Gewicht zu verschaffen". Die stattliche
Reihe sozialpolitischer Arbeiten, die auf Veranlassung des Vereines
entstanden sind, hat in der That auf die Entwicklung der Reichsgesetz=
gebung einen nicht unerheblichen Einfluß ausgeübt.

Ungeachtet ihrer ruhigen, maßvollen und durchaus wissenschaftlichen Haltung haben die Gründer und Leiter des Vereines mancherlei
Angriffen und Verdächtigungen von Rechts und Links zur Zielscheibe
dienen müssen. Von manchesterlicher Seite wurden sie als Katheder=
sozialisten verspottet, von sozialistischer Seite als Streber bekämpft, von
dem bekannten Historiker Heinrich von Treitschke als „Gönner des
Sozialismus" angeklagt. Mit der ganzen Wucht seines rednerischen
Pathos verfocht Treitschke gegenüber dem „matten Eudaimonismus"
der deutschen Nationalökonomie seinen aristokratisch=individualistischen
Standpunkt. Ihm ist die soziale Notlage etwas Unvermeidliches und
in den unwandelbaren Gesetzen der menschlichen Natur und Gesell=
schaft tief begründetes. Keine Kultur ohne Dienstboten. Die Klassen
herrschaft ergiebt sich notwendig aus der Natur der Gesellschaft. Nur
einer Minderzahl ist es beschieden, die idealen Güter der Kultur ganz
zu genießen. Die große Masse schafft im Schweiße ihres Angesichtes
und wird immer Masse bleiben. Eine Statue des Phidias aber wiegt
das Elend von Millionen antiker Sklaven auf u. s. w.

Diese Anschauungen finden noch heute, in letzter Zeit namentlich
durch die Schriften Nietzsche's, der ja auch ein deutscher Professor
war, gefördert, in gewissen akademischen Kreisen eine lebhafte Zu-

---

*) Brentano, Held, Hildebrand, Knapp, Mithoff, Roscher, Schmoller.

stimmung. Jedenfalls kamen sie den Vorurteilen der gebildeten und besitzenden Kreise so sehr entgegen, daß sie nicht ohne Erwiderung gelassen werden durften. Gustav Schmoller war es, der in seinem offenen Sendschreiben an Herrn Professor Dr. H. von Treitschke „Über einige Grundfragen des Rechtes und der Volkswirtschaft" (Jena 1875) den Angriff glänzend parierend, nicht nur die Unhaltbarkeit des von Treitschke eingenommenen Standpunktes überzeugend darlegte, sondern auch die überaus beklagenswerten praktischen Folgen klar machte, die sein Vorgehen heraufbeschworen hatte. „Ihre Erklärung wird von der Masse ganz anders aufgefaßt, als Sie beabsichtigten. Sie liest nichts aus derselben heraus, als daß die Welt, wie sie besteht, die beste der Welten sei, daß alle die Thoren seien, die etwas daran bessern wollen, daß die Roheit und Brutalität des Arbeiterstandes ausschließlich ihm selbst zur Last zu legen sei, daß es auf eine Reform unserer Sitten, unserer Geschäftsgewohnheiten, unseres Rechtes viel weniger ankomme, als darauf, eventuell den Knüppel in die Hand zu nehmen und jeden auf den Kopf zu schlagen, der das, was da ist, nicht auch recht und vernünftig findet."

Diese Essays müssen noch heute als die beste sozialpolitische Arbeit Schmoller's und die vorzüglichste Widerlegung der sozial-aristokratischen Richtung gelten.

Die kurze Skizze wird immerhin gezeigt haben, daß in neuerer Zeit nicht mehr die französische und englische Litteratur das Denken über die soziale Frage ausschließlich beherrscht, sondern daß der deutschen Wissenschaft die Führung der Geister zugefallen ist. Kein Volk hat in den letzten drei Jahrzehnten einen solchen Reichtum an sozial= politischen Charakterköpfen aufzuweisen gehabt, wie das deutsche.

7. Die Stellung der bürgerlichen Parteien zur sozialen Frage.

Unter den bürgerlichen Parteien Deutschlands ist es die konser= vative, die den Ruhm für sich in Anspruch nimmt, am frühesten ein volles Verständnis für die soziale Frage besessen und dementsprechend ein sozialpolitisches Programm entworfen zu haben. Bekanntlich besitzt diese Partei ihre hauptsächlichste Stütze in dem politisch überaus ein= flußreichen adligen Großgrundbesitze der altpreußischen Provinzen. Früher neben dem Königtume der allein maßgebende Faktor des preußischen Staatslebens, sah sich diese Interessengruppe durch das Aufkommen des kapitalbesitzenden Bürgertumes und die konstitutionelle Bewegung gezwungen, einen Teil ihrer ausschließlichen Herrschaft ab= zutreten. Bei diesem Gegensatze zum Liberalismus war es natürlich, daß sie seine schwachen Seiten aufzuspüren eifrig bemüht war.

Scharfsichtigen Männern, wie Otto von Bismarck und Hermann Wagener, dem Begründer der Kreuzzeitung, blieben sie in der That auch nicht lange verborgen. Höhnend führte man den liberalen Fabrikanten die üblen Zustände ihrer Arbeiter vor, und auch die wirtschaftliche Überzeugungstreue der Gegner wurde durch den Hinweis in eine bedenkliche Beleuchtung gerückt, daß diese Feinde der Staatshilfe so eifrig auf Schutzzölle und staatliche Beiträge für Eisenbahnen und ähnliche Gründungen bedacht wären.

Läßt sich also nicht bestreiten, daß einzelne Persönlichkeiten der konservativen Partei die gewerblichen Arbeiterverhältnisse geschickt gegen das liberale Bürgertum auszuspielen wußten, so bietet doch das Programm der Konservativen keinerlei Beweise dafür, daß ihnen ein besonderes sozialpolitisches Verständnis eigentümlich gewesen wäre. Das von H. Wagener 1855 entworfene Programm forderte in Bezug auf das gewerbliche und soziale Leben, außer der Beseitigung der Gewerbefreiheit und einer unklaren Wiederbelebung zünftiger Einrichtungen, namentlich Maßnahmen gegen leichtsinnige Eheschließungen. Wagener selbst sah ja wohl tiefer, aber es gelang ihm nicht, die Masse der Parteigenossen auf die Höhe seines Urteiles zu erheben. Gesteht er doch selbst zu: „Die große Masse der Konservativen hatte für derartige (sozialpolitische) Fragen noch absolut kein Verständnis, stand vielmehr" — wie dies der Präsident von Gerlach sehr drastisch ausdrückte — „mit der Front nach dem Mist und mit dem Rücken nach dem Staat, und war schon völlig damit zufrieden, daß man wieder sein Glas Wein trinken und seine Partie L'hombre spielen konnte." Und später, als die sozialdemokratische Bewegung bereits in vollem Gange sich befand, klagte Wagener: „Leider ist es eine üble Gewohnheit der konservativen Partei, diese Leute (Sozialdemokraten) und ihren Anhang zu unterschätzen, obschon das Gros derselben auch nicht entfernt die volkswirtschaftliche Bildung besitzt, deren sich selbst die untergeordneten Führer der Sozialdemokraten erfreuen." Es darf auch nicht übersehen werden, daß die Konservativen in der Zeit, in der sie in der preußischen Kammer ausschlaggebend waren, nicht das mindeste zu gunsten der gewerblichen Arbeiter unternommen haben. Trotzdem das allgemeine Wahlrecht für den norddeutschen Bund von Bismarck im monarchisch-konservativen Interesse eingeführt wurde, wie unter anderem sein Schreiben vom 15. April 1866 an den Grafen Bernstorff in London erkennen läßt,*) so ist dieser Schritt „die für die damaligen Konservativen

---

*) „Ich darf es wohl als eine auf langer Erfahrung begründete Überzeugung aussprechen, daß das künstliche System indirekter und Klassenwahlen ein viel gefährlicheres ist, indem es die Berührung der höchsten Gewalt mit gesunden

am schwersten verständliche politische Handlung des ihnen ursprünglich so nahe stehenden Herrn von Bismarck gewesen".

Im übrigen hat das allgemeine Wahlrecht die sozialpolitische Haltung der Konservativen günstig beeinflußt. Bei der Beratung der Gewerbeordnung für den Norddeutschen Bund forderte von Brauchitsch mit dem Sozialdemokraten von Schweitzer wirksamen Arbeiterschutz. Auch in der Folge sind die Konservativen stets für den Arbeiterschutz in der Industrie und die Arbeiterversicherungsgesetzgebung eingetreten. Dagegen haben sie in Bezug auf die Koalitionsfreiheit selbst nur der gewerblichen Arbeiter eine große Zurückhaltung bewahrt und dieses Recht den Landarbeitern bis auf die Gegenwart vorenthalten. Mit ungleich größerer Begeisterung als für Arbeiterschutz und ähnliche Maßnahmen sind sie aber für alle Versuche eingetreten, die auf eine reaktionäre Umgestaltung der Gewerbeordnung und die Erhöhung der Bodenrente abzielten. Mit Recht schreibt R. Meyer, der gleich Wagener die Konservativen für eine Sozialpolitik höheren Stiles begeistern wollte: „Die Herren können sich die Idee nicht klar machen, daß sich seit 1848 eine gewaltige soziale Revolution in Deutschland vollzogen hat. Aus dem Ackerbaustaat hat sich der Industriestaat entwickelt, das sagt alles. Diesen Übergang merken jene Herren nicht. Sie stecken mit allen ihren Gedanken und Ideen ebenso tief im Ackerbau= und Zunftstaat, wie ihre Gefühle sehr erklärlicherweise demselben gehören."

Entschiedener und erfolgreicher als die deutsche hat die feudale Partei in Österreich für die Ausbildung der Fabrikgesetzgebung gewirkt.

Alles in allem muß der konservativen Partei aber zugestanden werden, daß sie sich nicht des Widerspruches der Liberalen schuldig gemacht hat, nämlich den politischen Fortschritt ohne den sozialen zu wollen. Sie mag vielmehr von dem einen ebensowenig wissen wie von dem anderen.

Angesichts der matten und lauen Haltung, welche die konservative Partei in der Frage der sozialen Reform einnahm, schritt der Hof= prediger Stöcker im Jahre 1877 zur Gründung einer besonderen christlich=sozialen Arbeiterpartei. Ihr Programm entsprach ungefähr den Ideen, zu deren Förderung Männer wie Wagener,

---

Elementen, welche den Kern und die Masse des Volkes bilden, verhindert. In einem Lande mit monarchischen Traditionen und loyaler Gesinnung wird das all= gemeine Stimmrecht, indem es die Einflüsse der liberalen Bourgeoisie= klassen beseitigt, auch zu monarchischen Wahlen führen. ... In Preußen sind neun Zehntel des Volkes dem Könige treu und nur durch den künstlichen Mechanismus der Wahl um den Ausdruck ihrer Meinung gebracht."

Huber, von Brauchitsch, R. Meyer u. a. m. die Konservativen schon früher hatten bestimmen wollen. Es lautete:

„Allgemeine Grundsätze. — I. Die christlich soziale Arbeiterpartei steht auf dem Boden des christlichen Glaubens und der Liebe zu König und Vaterland. — II. Sie verwirft die Sozialdemokratie als unpraktisch, unchristlich und unpatriotisch. — III. Sie erstrebt eine friedliche Organisation der Arbeiter, um, in Gemeinschaft mit anderen Faktoren des Staatslebens, die notwendigen praktischen Reformen anzubahnen. — IV. Sie verfolgt das Ziel der Verringerung der Kluft zwischen Reich und Arm und die Herbeiführung einer größeren ökonomischen Sicherheit.

Einzelne Forderungen. — I. An die Staatshilfe. — A. Arbeiterorganisationen. — 1. Herbeiführung obligatorischer, sachlich geschiedener, aber durch das gesamte Reich hindurchgehender Fachgenossenschaften; mit ihnen zusammenhängend Regelung des Lehrlingswesens. — 2. Einsetzung obligatorischer Schiedsgerichte. — 3. Errichtung von obligatorischen Witwen- und Waisen- sowie Invaliden- und Altersversorgungs-Rentenkassen. — 4. Autorisation der Fachgenossenschaften zur Vertretung der Interessen und Rechte der Arbeiter ihren Arbeitgebern gegenüber. — 5. Verpflichtung der Fachgenossenschaften zur Haftung für die von den Arbeitern etwa zu übernehmenden kontraktlichen Verbindlichkeiten. — 6. Staatliche Kontrolle des fachgenossenschaftlichen Haftungswesens. — B. Arbeiterschutz. — 1. Verbot der Sonntagsarbeit. Abschaffung der Arbeit von Kindern und verheirateten Frauen in Fabriken. — 2. Normalarbeitstag, modifiziert nach Fachgenossenschaften. — 3. Energische Anstrebung der Internationalität dieser Arbeiterschutzgesetze; bis zur Erreichung dieses Zieles ausreichender Schutz der nationalen Arbeit. — 4. Schutz der Arbeiterbevölkerung gegen gesundheitswidrige Zustände in den Arbeitslokalen und Wohnungen. — 5. Wiederherstellung der Wuchergesetze. — C. Staatsbetrieb. — 1. Arbeiterfreundlicher Betrieb des vorhandenen Staats- und Kommunaleigentumes und Ausdehnung desselben, soweit es ökonomisch ratsam und technisch zulässig ist. — D. Besteuerung. — 1. Progressive Einkommensteuer als ausgleichendes Gegengewicht gegen bestehende oder zu schaffende indirekte Besteuerung. — 2. Progressive Erbschaftsteuer bei größerem Vermögen und entfernteren Verwandtschaftsgraden. — 3. Börsensteuer. — 4. Hohe Luxussteuern.

II. An die Geistlichkeit. — Die liebevolle und thätige Teilnahme an allen Bestrebungen, welche auf eine Erhöhung des leiblichen und geistigen Wohles, sowie auf die sittlich-religiöse Hebung des gesamten Volkes gerichtet sind.

III. An die besitzenden Klassen. — Ein bereitwilliges Entgegenkommen gegen die berechtigten Forderungen der Nichtbesitzenden, speziell durch die Gesetzgebung, durch thunlichste Erhöhung der Löhne und Abkürzung der Arbeitszeit.

IV. Von der Selbsthilfe. — A. Freudige Unterstützung der fachgenossenschaftlichen Organisation als eines Ersatzes dessen, was in den Zünften gut und brauchbar war. B. Hochhaltung der persönlichen und Berufsehre, Verbannung aller Roheit aus den Vergnügungen und Pflege des Familienlebens in christlichem Geiste."

Noch entschiedener, als das vorgeführte Programm, betonte die Richtung des Pastors Todt, der unter dem Einflusse von Rodbertus und Adolf Wagner stand, den staatssozialistischen Gedanken.

Es gelang übrigens nicht, eine christlich-soziale Arbeiterpartei von Belang zu gründen. Den Arbeitern mochte das Programm politisch und kirchlich zu konservativ, den Besitzenden sozial und wirtschaftlich zu radikal erscheinen. Stöcker selbst ging mehr und mehr in der antisemitischen Propaganda auf. War somit der Partei an sich keine für das politische Leben bedeutungsvolle Stärke beschieden, so haben doch die von ihr vertretenen Gedanken in den höchsten Kreisen Anklang gefunden, wie die kaiserliche Botschaft von 1881 bewies. In den letzten Jahren, namentlich seit den kaiserlichen Erlässen vom Februar 1891, hat sich wieder eine lebhaftere und fortschrittlichere Beteiligung der evangelischen Geistlichkeit an der sozialen Frage kundgegeben. Diese Bestrebungen finden in dem Evangelisch-sozialen Kongreß ihren Mittelpunkt, der im allgemeinen anerkennt: „Die rein wirtschaftlichen Ziele, denen die Arbeiter unter Führung der Sozialdemokratie zustreben, im Namen der christlichen Kirche zu bekämpfen, ist unchristlich." Der durch seine Studie „Drei Monate Fabrikarbeiter" bekannte Pastor Göhre, der Pastor Naumann, Professor Baumgarten u. a. m. sind als die führenden Geister dieser jüngeren Richtung anzusehen.

In praktischer Hinsicht ist der evangelisch-sozialen Bethätigung die Ausbreitung von Herbergen, Arbeiterkolonien und Verpflegungsstationen zu danken. Diese Einrichtungen schließen sich mehr an die „Innere Mission" an, und der Pastor von Bodelschwingh darf wohl als diejenige Persönlichkeit angesehen werden, die um diese Zweige sozialer Hilfsthätigkeit sich die größten Verdienste erworben hat.

Frühzeitig nahm auch die katholische oder Centrumspartei zur sozialen Frage Stellung. Bekennt sich doch der größte Teil des industriell so hoch entwickelten rheinisch-westfälischen Gebietes zum Katholizismus. Nachdem der Freiherr von Ketteler schon 1848 auf die Bedeutung der sozialen Probleme hingewiesen, stimmte er als

Bischof von Mainz in seiner Schrift „Die Arbeiterfrage und das Christentum" (1864) im wesentlichen der Kritik bei, die Lassalle an den sozialen Zuständen geübt hatte. Dagegen wollte er von der weitgehenden Inanspruchnahme des Staates nichts wissen. Die Produktivassoziationen, die auch er empfahl, sollten nicht mit Hilfe des öffentlichen Kredites, sondern im Wege der freien Selbsthilfe des Arbeiterstandes geschaffen werden. Allerdings wäre es ein eminent christliches Werk, solche Körperschaften mit Kapital zu unterstützen. Weiter als Ketteler ging der Mainzer Domkapitular Moufang. Als er 1871 für den Reichstag kandidierte, trat er nicht nur für freie Arbeiterassoziationen, sondern auch für gesetzlichen Arbeiterschutz, für Fabrikinspektion und ein gesetzliches Lohnminimum ein. Ein vom Kaplan Kronenberg nach Aachen im Jahre 1873 einberufener katholischer Arbeiterkongreß verlangte einen zehnstündigen Maximalarbeitstag und paritätische Gewerbegerichte.

Immerhin währte es bis zum Jahre 1877, ehe das Centrum, dessen hervorragendster Führer, Windthorst, wirtschaftlich durchaus auf liberalem Boden stand, den Entschluß faßte, sich auf ein bestimmtes sozialpolitisches Programm offiziell zu verpflichten. Am 23. März wurde es von dem Grafen Galen von der Tribüne des Reichstages herab verkündigt: Wirksamer Schutz des religiös-sittlichen Lebens, insbesondere Sonntagsruhe, Schutz und Hebung des Handwerkerstandes durch Einschränkung der Gewerbefreiheit, Regelung des Verhältnisses der Lehrlinge und Gesellen zu den Meistern, Förderung der korporativen Verbände, erweiterter Schutz der Fabrikarbeiter, Normativbestimmungen über Fabrikordnungen, Verbot der Beschäftigung jugendlicher Arbeiter unter 14 Jahren und Beschränkung der Frauenarbeit in den Fabriken, Einführung paritätischer Schiedsgerichte, Revision der Freizügigkeit und der Haftpflicht.

Diesem Programme entsprechend hat das Centrum einen bei der Größe der Partei überaus einflußreichen Anteil an dem Ausbau der sozialpolitischen Gesetzgebung genommen. Während es sich in den Fragen des Arbeiterschutzes durch die Abgeordneten Hitze und Lieber entschieden für staatliches Eingreifen einsetzte, kehrte es bei den Beratungen über die Versicherungsgesetze mehr den wirtschaftlich-liberalen Standpunkt hervor und verhütete durch Bekämpfung der Reichszuschüsse den von Seiten der Reichsregierung ursprünglich geplanten stark staatssozialistischen Charakter dieser Maßnahmen. Im allgemeinen ist die Stimmung der deutschen Katholiken seit dem Aufhören des Kulturkampfes dem Eingreifen des Staates geneigter geworden. Das wirtschaftliche Programm der Sozialdemokratie aber wird immer noch entschiedener bekämpft als von Seiten der evangelisch-sozialen Richtung. Es dürfte höchstens in der Schweiz, aber kaum in Deutschland einen katholischen Theologen geben, der die Worte unterschreiben würde, die Göhre einmal in seiner bekannten Schrift äußert: „Der Kirche und ihren Dienern ist es gleichgiltig, ob sie in einem Feudal-, Manchester- oder Sozialstaate wirken. Sie sind nicht um dieses, sondern um der Menschen willen da, die in ihnen leben. Und darum, wenn in ferner oder naher Zukunft selbst der radikalste sozialistische Staat heraufziehen, wenn die Mobilisierung aller Staatsbürger in Arbeiterbataillone Wirklichkeit und Wahrheit werden würde — was thut das uns? So treten auch wir ‚evangelische Pfaffen' in ihre Reihen, so arbeiten auch wir unsere vier oder sechs Stunden in der Fabrik, im Bergwerk, auf dem Acker: und die übrigen zwanzig Stunden des Tages verkündigen wir, den Aposteln gleich, frei und stark vor allen, die es hören wollen, das Evangelium unseres Herrn. Aber noch sind wir lange nicht so weit. Noch gilt es ein näheres großes Ziel zu erreichen, zu verhindern, daß die Sozialdemokratie das vollendete Anti-Christentum wird. Es muß der Grundsatz durch uns zur Thatsache gemacht werden, daß auch ein Sozialdemokrat Christ und ein Christ Sozialdemokrat sein kann." Mit dem streng individualistischen Geiste der päpstlichen Encyclica „Novarum rerum" vom 17. Mai 1891 wären derartige Anschauungen jedenfalls nicht vereinbar.

In kleingewerblichen Arbeiterkreisen hat bereits seit 1846 „Vater Kolping" durch Gründung zahlreicher Gesellenvereine gewirkt. Ihr Zweck besteht in der Fortbildung und Unterhaltung der Mitglieder, in der Anregung und Pflege eines kräftigen religiösen und bürgerlichen Sinnes und Lebens, um dadurch einen ehrenwerten Meisterstand heranzubilden. Mit Gewerkvereinen haben sie, wie ersichtlich, nicht das mindeste gemein. Eher können sie mit den Arbeiterbildungsvereinen der liberalen Parteien verglichen werden. Kolping hatte das ganze Elend des Gesellenstandes am eigenen Leibe erfahren. Erst mit 27 Jahren kam er auf's Gymnasium, um acht Jahre später die Priesterweihe zu empfangen.

Im übrigen ist, den Überlieferungen der Kirche getreu, der Förderung der freiwilligen Kranken- und Armenpflege durch Gründung von Spitälern, Asylen, Vincentiusvereinen u. s. w. ein immer größeres und hingebenderes Interesse gewidmet worden.

Der Art und Weise, wie die liberalen Parteien sich mit der sozialen Frage abzufinden suchten, ist bereits bei der Besprechung der Lassalle'schen Bewegung und in dem Abschnitte über die Entwicklung der Sozialdemokratie mehrfach gedacht worden. Wenn die liberalen

Parteien sich in den 60er Jahren überhaupt um die Arbeiter kümmerten, so waren die Grundsätze des Manchestertumes, Bildungsvereine, Spar- und Konsumgenossenschaften, das einzige, was sie ihnen anzupreisen vermochten.

Nur widerwillig verstand man sich bei der Beratung über die Gewerbeordnung von 1869 dazu, den in der preußischen Gesetzgebung (vgl. Seite 110 und 111) enthaltenen spärlichen Schutz für Kinder und jugendliche Arbeiter in Fabriken auf das Reich zu übernehmen. Weitergehende Anträge der Konservativen und Sozialdemokraten, namentlich die obligatorische Einführung der Fabrikinspektion, wurden mit überwältigender Mehrheit verworfen. Die Argumente, mit denen z. B. der nationalliberale Abgeordnete Karl Braun = Wiesbaden gegen die Fabrikaufsicht zu Felde zog, sind für die damals maß= gebende liberale Strömung zu bezeichnend, als daß sie hier ganz unterdrückt werden dürften: „Man wolle nur wieder eine neue Sorte Bureaukratie schaffen: die Ausführung der Gesetze sei Sache des Einzelstaates, nicht des Bundes. Wenn man durch so allgewaltige Inspektoren den Betrieb der Industrie stören lasse, so leide der Unter= nehmer Schaden; wenn das der Staat wolle, müsse er auch das geschäftliche Risiko tragen. Das könne der Staat aber nicht, das sei der Weg zum Staatsbankerott. Er habe auch in seinem Leben oft mehr als 15 Stunden arbeiten müssen und sei nicht daran zu Grunde gegangen; man habe schon genug Gendarmen und Polizeidiener; die Sicherung des Hausrechtes gegen politische Eingriffe müsse im 19. Jahr= hundert doch zu=, nicht abnehmen. Niemand sei, wenn ein derartiges Fabrikinspektorat geschaffen werde, nachts zwischen 2—3 Uhr in seinem Bette sicher; der Eindringende brauche blos zu erklären, er habe ge= glaubt, es sei hier ein industrielles Unternehmen. Wenn gar der Fabrikinspektor über die gewöhnlichen Verwaltungsbehörden zu wachen habe, ob sie ihre Schuldigkeit thun, so werde eine spanische Hermandad, eine Art Vehmgericht daraus. Die geforderten Berichte der Inspektoren habe der Bundeskanzler doch nicht Zeit zu lesen! Es wären 500 Fabrik= inspektoren, jeder mit einem Gehalte von 6000 Thalern nötig; das sei unerschwinglich. Er finde in dem Antrage nichts als eine Wieder= auflebung der bureaukratisch=polizeilichen Weltanschauung. Die Arbeiter hätten Verstand genug, ihre Rechte selbst zu wahren; sie wollten diese angebliche Wohlthat nicht; die Freiheit genüge ihnen. Und zuletzt würde der Fabrikinspektor den Arbeitern auch nichts nützen; denn er würde die Interessen derer, die ihn bezahlen, vertreten und nicht die Arbeiter." Auch Schulze=Delitzsch und M. Hirsch sprachen dagegen. Der Abgeordnete Baumbach bekämpfte die Verschärfung des Schutzes der Fabrikkinder sogar einmal mit dem Hinweise, daß ja auch die Hohenzollern-Kinder ein Handwerk erlernen müßten. Die Koalitionsfreiheit wurde zugestanden, aber die zumeist aus den Reaktionszeiten stammende partikulare Vereinsgesetzgebung durch ein freisinniges Reichsgesetz nicht beseitigt. Den Arbeitern wurde also die Möglichkeit zu Arbeitseinstellungen gewährt, nicht aber zur Ausbildung gut organisierter Gewerkvereine. Und doch ist ohne diese eine erfolgreiche Durchführung der Ausstände kaum möglich, und, was noch wichtiger, auch die Einrichtungen zur friedlichen Schlichtung von Arbeitsstreitigkeiten sind ohne eine solche sachliche Organisation der Arbeiter und Unternehmer nicht zu erzielen. Von der geringen Einsicht selbst hervorragender liberaler Parteimänner in die Bedeutung der Gewerkvereine legte ferner die gegen Brentano gerichtete Schrift Ludwig Bamberger's „Die Arbeiterfrage unter dem Gesichtspunkte des Vereinsrechtes" (Stuttgart 1873) ein vollgiltiges Zeugnis ab.

Die von der Reichsregierung in Angriff genommene Arbeiterversicherung fand erst im Jahre 1884 durch das sogenannte Heidelberger Programm die Billigung der nationalliberalen Partei. Die Deutsch-Freisinnigen haben dagegen noch länger an den Grundsätzen des Manchestertums festgehalten. Nur M. Hirsch hat wenigstens in den Fragen des Arbeiterschutzes mehr und mehr diesen Standpunkt verlassen. Von ihm und Franz Duncker sind überdies auch Gewerkvereine ins Leben gerufen worden, die äußerlich den englischen nachgebildet, doch die Unterstützung bei Arbeitslosigkeit und überhaupt die Initiative im Kampfe um bessere Arbeitsbedingungen vernachlässigt haben. Einen größern Aufschwung haben diese Vereine erst durch den Krankenversicherungszwang erhalten. Sie erfüllen nun die Aufgaben von freien Hilfskassen. Im Juli 1893 zählte man 1341 Ortsvereine mit 61 034 Mitgliedern. Davon gehörten 23 129 dem Gewerkvereine der Maschinenbau- und Metallarbeiter, also der Elite der Arbeiterschaft, an. Die Verdienste der Vereine liegen vorwiegend auf dem Gebiete des Bildungs- und Unterstützungswesens, sowie des geselligen Verkehrs.

Vom sozialpolitischen Standpunkte verdient nur die Opposition der deutsch-freisinnigen Richtung gegen die übermäßige Anspannung des Verbrauchssteuersystemes im Reichshaushalte anerkennend hervorgehoben zu werden.

In neuerer Zeit sind von liberaler Seite von Oechelhäuser, Roesicke und Kulemann mit großer Wärme und Umsicht für soziale Reformen im Sinne der Kathedersozialisten eingetreten, während die „Irrlehren der Sozialdemokratie" von Eugen Richter, obwohl im

Jahre 1893 erschienen, lebhaft an die Schriften von Schulze Delitzsch erinnern, mit denen dieser in einer für sein sozialpolitisches Ansehen so verhängnisvollen Weise Lassalle zu bekämpfen suchte.

Die schwerste sozialpolitische Unterlassungssünde des liberalen Bürgertumes in Deutschland besteht aber darin, daß es für die volle wirtschaftliche Organisationsfreiheit, die den Arbeitern wertvollste Forderung im Programme des ökonomischen Liberalismus, niemals seine ganze Kraft eingesetzt hat. Dagegen ist den „patriarchalischen Wohlfahrtseinrichtungen", die nicht selten liberalen Idealen geradezu ins Gesicht schlagen, stets, von nationalliberaler so gut wie von deutschfreisinniger Seite, eine überaus warme, aber ziemlich kritiklose Förderung zu Teil geworden.

Auszunehmen von diesen Vorwürfen ist nur die süddeutsche Volkspartei, die sich vom Anbeginne den sozialreformatorischen Aufgaben der Zeit entgegenkommend erwiesen hat. Obwohl diese Partei durch die „Frankfurter Zeitung" über ein weitverbreitetes und trefflich redigiertes Organ verfügt, vermochte sie im Hinblick auf die geringe Zahl ihrer Reichstagsmandate einen größeren politischen Einfluß bis jetzt nicht zu äußern.

8. Die Entwicklung der Sozialreform.

Die Zunahme in der Ausbeutung jugendlicher Arbeitskräfte, die dem Auftreten der Großindustrie folgte, hat wie überall, so auch auf deutschem Boden den ersten Anstoß dazu gegeben, daß der moderne Staat in das Arbeitsverhältnis eingriff. In den ersten Jahrzehnten dieses Jahrhunderts wurden in den rheinischen Industriebezirken viele Tausende von Kindern zartesten Alters — selbst vierjährige befanden sich unter ihnen — gegen einen Tagelohn von zwei Groschen zu einer Arbeit von 10, 12 ja 14 Stunden, und zwar nicht nur des Tags über, sondern auch zur Nachtzeit herangezogen. „Diese unglücklichen Geschöpfe," so wurde an die Regierung berichtet, „entbehren des Genusses frischer Luft, sind schlecht gekleidet, schlecht genährt und verbringen ihre Jugend in Kummer und Elend. Bleiche Gesichter, matte und entzündete Augen, geschwollene Leiber, aufgedunsene Backen, aufgeschwollene Lippen und Nasenflügel, Drüsenanschwellungen am Halse, böse Hautausschläge und asthmatische Zufälle unterscheiden sie in gesundheitlicher Beziehung von anderen Kindern derselben Volksklasse, welche nicht in Fabriken arbeiten. Nicht weniger verwahrlost ist ihre sittliche und geistige Bildung." Im Jahre 1828 machte der Generalleutnant v. Horn den König darauf aufmerksam, daß das rheinische Gebiet nicht mehr imstande sei, das entsprechende Truppenkontingent zu stellen; so stark sei die Bevölkerung durch die Fabrikarbeit körperlich entartet. Die Zustände wurden so schlimm, daß schließlich selbst der rheinische Provinziallandtag eingriff, obwohl er größtenteils aus Fabrikanten bestand. Er richtete an den König eine Bittschrift, diesen entsetzlichen Mißbräuchen zu steuern. Erst zwei Jahre später, 1839, wurde in der That eine königliche Verordnung herausgegeben, derzufolge Kinder unter neun Jahren überhaupt nicht, 9—16 jährige wenigstens nicht während der Nacht und nicht länger als 10 Stunden zur Fabrikarbeit verwendet werden sollten. Diese geringfügigen Schutzbestimmungen blieben allerdings ein toter Buchstabe, da zur Durchführung keine ausreichenden Vorkehrungen getroffen wurden.

Im Jahre 1853 erfolgte ein neuer Schritt. Die preußische Kammer nahm ein Gesetz an, dessen Inhalt in die spätere Reichsgewerbeordnung von 1869 überging und deshalb bis in die neueste Zeit hinein Geltung besessen hat. Demnach durften Kinder vor zurückgelegtem 12. Jahre garnicht, 13= und 14 jährige höchstens 6 Stunden am Tage, 15= und 16 jährige Personen höchstens 10 Stunden in Fabriken beschäftigt werden. Wichtiger als der Erlaß dieser Vorschriften, die übrigens für damalige Verhältnisse überaus scharf waren, war der Versuch, nun auch deren Befolgung einigermaßen sicher zu stellen. Inspektoren wurden bestellt, von denen einige die Fabrikanten wirklich zur Beachtung der Gesetze zwangen. Immer noch blieben die Verhältnisse aber so furchtbar, daß der liberale Minister von der Heydt, als die Inspektoren ihren Bericht erstatteten, ausrief: „So mag doch lieber die ganze Industrie zu Grunde gehen!"

Der Aufschwung, den die Fabrikinspektion unter dem genannten Minister genommen, dauerte nicht lange. Graf Itzenplitz, der Handelsminister des Kabinettes Bismarck, ließ die überaus segensreich wirkende Einrichtung bald ganz in Verfall geraten.

Auch die Gründung des Reiches brachte zunächst keinen Fortschritt. Mit Mühe und Not wurde der Schutzinhalt der preußischen Gesetze in die Gewerbeordnung hinübergerettet. Weitergehende Anträge der Konservativen und Sozialdemokraten fanden, wie bereits in dem parteigeschichtlichen Abschnitte dargelegt worden ist, weder auf Seite der freihändlerischen Mehrheit noch auf derjenigen der Regierung Unterstützung. Dagegen wurde die Koalitionsfreiheit angenommen. Freilich nur widerwillig. Die auf Koalitionen bezüglichen Verabredungen wurden für rechtlich unverbindlich erklärt.

Obwohl infolge des bekannten Aufschwunges nach dem Kriege Kinder= und Frauenarbeit immer häufiger wurde, obwohl schon auf der ersten Versammlung des Vereins für Sozialpolitik die Sache des Arbeiterschutzes von Brentano in äußerst wirksamer Weise vertreten worden war, obwohl in England über den Segen solcher Maßnahmen ein Zweifel längst nicht mehr bestand, ja, obwohl auch in den Kreisen der Liberalen und der Centrumspartei die Zahl der Freunde eines ausreichenden Schutzes sich stetig mehrte: eine im Jahre 1878 dem Reichstage vorgelegte Novelle zur Gewerbeordnung enthielt zwar einige schwächliche Verbesserungen der Schutzvorschriften, nicht aber das, worauf es vor allem ankam, die obligatorische Einführung einer strengen Fabrikaufsicht. Der Versuch des Ministers Achenbach, diese Einrichtung in den Entwurf aufzunehmen, hatte von Seiten des Reichskanzlers die schärfste Abweisung erfahren. „Ich halte," schrieb Bismarck am 16. August 1877 aus Varzin an Achenbach, „im wesentlichen an dem prinzipiellen Teile meines Votums vom 10. September v. J. fest und betrachte es als eine Verirrung, in die wir auf grund vorgefaßter Meinungen einzelner Persönlichkeiten geraten, wenn wir glauben, die Schwierigkeiten, welche das Verhältnis der Arbeitgeber und Arbeiter mit sich bringt, durch Schöpfung einer neuen Beamtenklasse zu lösen, welche alle Keime zur Vervielfältigung bureaukratischer Mißgriffe in sich trägt. Die Kämpfe der Arbeiter und Arbeitgeber drehen sich wesentlich um die Höhe des Anteiles eines jeden am Gewinn und um die Höhe der Leistungen, welche vom Arbeiter verlangt werden darf, um Lohn und Arbeitszeit.

Daß irgendwie die Punkte, welche der vorliegende Entwurf berührt, und namentlich die Sorge für körperliche Sicherheit der Arbeiter, für die Schonung der Jugend, für die Trennung der Geschlechter, für die Sonntagsheiligung — und wenn diese Fragen viel befriedigender gelöst würden, als der Entwurf beabsichtigt — daß die Steigerung der Macht der Staatsbeamten den Frieden der Arbeiter und der Patrone herstellen würde, ist nicht anzunehmen. Im Gegenteile, jede weitere Hemmung und künstliche Beschränkung im Fabrikbetriebe vermindert die Fähigkeit des Arbeitgebers zur Lohnzahlung . . . . . . Und warum sollte man nicht mit demselben Rechte, mit welchem man die Fabrikinspektoren zum Schutze der bedrohten Sicherheit der Arbeiter, unter Verletzung des Hausrechtes, in geschlossene Fabrikräume eindringen läßt, auch Hausinspektoren anstellen, die sich überzeugen, ob geladene Gewehre und Dynamit-Patronen, Schwefelhölzer, ätzende Säuren oder andere Gifte mit hinreichender Sorgfalt aufbewahrt werden und bei Erbauung der Häuser die Vorkehrungen für eine solche Sicherheit vor der Konzessionserteilung getroffen worden sind? . . . . . Als das wirksamste Schutzmittel in dieser Richtung betrachte ich vielmehr nur die Haftpflicht für Unfälle und, wenn nötig, eine Verschärfung und namentlich eine schärfere Überwachung derselben, auch ihre mögliche Ausdehnung auf die Invalidität, die aus Erschöpfung durch Arbeit und aus Krankheit im Dienste hervorgeht."

Allein der Reichstag hielt an der obligatorischen Einführung der Fabrikaufsicht fest, und die Reichsregierung gab endlich nach. Im übrigen hat sich die Entwicklung der deutschen Sozialreform ziemlich genau in der Weise vollzogen, welche durch die zuletzt erwähnten Äußerungen des Fürsten Bismarck angedeutet wird: auf der einen Seite schroffer Widerstand der Regierung gegen alle Beschlüsse des Reichstages, welche auf Erweiterung der Fabrikgesetzgebung abzielten, auf der anderen lebhafte Förderung einer umfassenden Arbeiterversicherungsgesetzgebung. Letztere steht natürlich auch in einem gewissen Zusammenhange mit dem Sozialistengesetze. Es wurde früher erwähnt, daß der Vollzug dieses Gesetzes den Arbeitern fast alle Mittel, mit eigenen Kräften auf die Besserung ihrer Lage einzuwirken, entwunden hatte. So entstand für die Reichsregierung die moralische Verpflichtung, die Hebung der Arbeiter= klasse selbst in die Hand zu nehmen. In überaus feierlicher Form wurde diese Pflicht in der kaiserlichen Botschaft vom 17. No= vember 1881 anerkannt: „Schon im Februar dieses Jahres haben Wir Unsere Überzeugung aussprechen lassen, daß die Heilung der sozialen Schäden nicht ausschließlich im Wege der Repression sozial= demokratischer Ausschreitungen, sondern gleichmäßig auf dem der positiven Förderung des Wohles der Arbeiter zu suchen sein werde. Wir halten es für Unsere kaiserliche Pflicht, dem Reichstage diese Aufgabe von neuem ans Herz zu legen, und würden Wir mit um so größerer Befrie= digung auf alle Erfolge, mit denen Gott Unsere Regierung sichtlich gesegnet hat, zurückblicken, wenn es Uns gelänge, dereinst das Bewußtsein mitzunehmen, dem Vaterlande neue und dauernde Bürgschaften seines inneren Friedens und den Hilfsbedürftigen größere Sicherheit und Ergiebigkeit des Beistandes, auf den sie Anspruch haben, zu hinterlassen. In Unseren darauf gerichteten Bestrebungen sind wir der Zustimmung aller verbündeten Regierungen gewiß und vertrauen auf die Unterstützung des Reichstages ohne Unterschied der Parteistellung.

In diesem Sinne wird zunächst der von den verbündeten Regie= rungen in der vorigen Session vorgelegte Entwurf eines Gesetzes über die Versicherung der Arbeiter gegen Betriebsunfälle mit Rücksicht auf die im Reichstage stattgehabten Verhandlungen über denselben einer Umarbeitung unterzogen, um die erneute Beratung desselben vorzubereiten. Ergänzend wird ihm eine Vorlage zur Seite treten, welche sich eine gleichmäßige Organisation des gewerblichen Krankenkassenwesens zur Aufgabe stellt. Aber auch diejenigen, welche durch Alter oder durch Invalidität erwerbsunfähig werden, haben der Gesamtheit gegenüber einen begründeten Anspruch auf ein höheres Maß staatlicher Fürsorge, als ihnen bisher hat zu Teil werden können.

Für diese Fürsorge die rechten Mittel und Wege zu finden, ist eine schwierige, aber auch eine der höchsten Aufgaben jedes Gemeinwesens, welches auf den sittlichen Fundamenten des christlichen Volkslebens steht. Der engere Anschluß an die realen Kräfte dieses Volkslebens und das Zusammenfassen der letzteren in die Form korporativer Genossenschaften unter staatlichem Schutze und staatlicher Förderung werden, wie Wir hoffen, die Lösung auch von Aufgaben möglich machen, denen die Staatsgewalt allein in gleichem Umfange nicht gewachsen sein dürfte."

Die erste Reform, die auf Grund dieses Programmes zustande kam, war das Krankenversicherungsgesetz vom 15. Juni 1883. Hier ist das Vorgehen durch den Umstand erheblich erleichtert worden, daß Organisationen zum Zwecke der Krankenversicherung, teils von Arbeitgebern, teils von Arbeitern, teils von Gemeinden begründet, schon allenthalben bestanden. Man hatte die bereits bestehenden Einrichtungen eigentlich nur durch Aussprechen des Versicherungszwanges zu verallgemeinern. Nachdem spätere Maßnahmen von 1885 und 1886 die Versicherungspflicht auf die Arbeiter der Transportgewerbe ausgedehnt und es der Landesgesetzgebung anheim gestellt haben, auch die land- und forstwirtschaftlichen Arbeiter einzubeziehen, betrug die Zahl der wirklich versicherten Personen (inklusive der Versicherten bei den Knappschaftskassen) im Jahre 1891: 7 361 521. Es sind im allgemeinen Lohnarbeiter, die ein Einkommen von weniger als 2000 Mark im Jahre beziehen. Die Organisationen, welche die Versicherung zu übernehmen haben, werden gebildet: 1. durch die Orts- und Gemeindekrankenkassen; ihre Errichtung liegt den Gemeindebehörden ob und sie dienen vornehmlich den Arbeitern der Kleingewerbe. 2. Die Betriebs-, Bau-, Innungs- und Knappschaftskassen. Diese hat der Arbeitgeber einzuführen. Abgesehen von den Mitgliedern der Innungskassen sind es großindustrielle Arbeiter, die in dieser Kategorie von Kassen versichert werden. Die gesetzlichen Minimalleistungen der Kassen bestehen darin, daß die Erkrankten erhalten für 13 Wochen freie ärztliche Behandlung nebst Heilmitteln und bei Erwerbsunfähigkeit ein Krankengeld zur Hälfte des durchschnittlichen Tagelohnes oder an Stelle dieser Leistungen freie Anstaltspflege nebst dem halben Krankengelde für Angehörige; ferner dieselbe Fürsorge für Wöchnerinnen auf die Dauer von vier Wochen, und im Todesfall ein Sterbegeld zum 20 fachen Betrage des Tagelohnes. Die dazu nötigen Mittel werden durch Wochenbeiträge (bis zu drei Prozent des Durchschnittslohnes) aufgebracht, welche die Versicherten zu Zweidrittel, ihre Arbeitgeber zu Eindrittel zu tragen haben. Diesen Leistungen entspricht auch die Vertretung beider Teile im Vorstande der Kassen. Es bleibt den Arbeitern noch die Möglichkeit offen, freie Hilfskassen zu errichten. Die Mitgliedschaft bei einer den gesetzlichen Anforderungen genügenden freien Hilfskasse befreit von der Zugehörigkeit zu einer der oben genannten Kassen. Es besteht also nur ein Kassenzwang, nicht aber eine Zwangskasse. Für die freien Hilfskassen beigetretenen Arbeiter haben deren Arbeitgeber keine Beiträge zu leisten. Im Jahre 1891 entfielen auf die verschiedenen Kassenarten Mitglieder:

Gemeindekrankenversicherung 1 166 893
Ortskrankenkassen 2 900 004
Betriebskrankenkassen 1 730 303
Baukrankenkassen 27 293
Innungskrankenkassen 78 064
Knappschaftskassen 481 600
Landwirtschaftliche Hilfskassen 138 883
Freie Hilfskassen . . . . 838 481.

Erst nachdem die Krankenversicherung geordnet worden war, konnte die Versicherung gegen die Betriebsunfälle, welche sich zum großen Teile auf die Krankenkassen stützt, mit Erfolg in Angriff genommen werden.

Im Jahre 1871 war ein Haftpflichtgesetz eingeführt worden. Dasselbe gewährte dem durch einen Unfall verletzten Arbeiter indes nur dann Entschädigung, wenn er ein Verschulden des Arbeitgebers oder eines Betriebsbeamten nachweisen konnte. Die Schwierigkeit dieser Beweislast entzog den Arbeitern in den meisten Fällen die Wohlthaten des Gesetzes. So beschloß die Reichsregierung den civilistischen Grundsatz des Schadenersatzes überhaupt fallen zu lassen und an dessen Stelle eine auf dem Boden des öffentlichen Rechtes sich bewegende Fürsorge für die durch Betriebsunfälle betroffenen Arbeiter und deren Hinterbliebene einzuführen. Der erste Entwurf beabsichtigte für die Zwecke der Versicherung eine Reichsanstalt ins Leben zu rufen. Bei dieser sollten die Unternehmer ihre Arbeiter versichern. In die Aufbringung der Mittel hätten sich Reich, Arbeitgeber und Arbeiter zu teilen gehabt. Der Reichszuschuß wurde indes als eine „sozialistische" Maßregel vom Reichstage verworfen. Erst auf einen dritten Entwurf hin kam eine Einigung unter den gesetzgebenden Faktoren zustande.

Das Unfallversicherungsgesetz vom 6. Juni 1884 (mit Nachträgen aus den Jahren 1885, 1886 und 1887) erstreckt sich so ziemlich auf alle Lohnarbeiter mit weniger als 2000 Mark Jahreseinkommen. Ausgenommen sind noch die Arbeiter des Handels und derjenigen gewerblichen Kleinbetriebe, in denen keine Motoren zur Verwendung gelangen. Sofern die Unfälle nur eine Erkrankung oder Erwerbsstörung von weniger als 13 Wochen begründen, fallen sie den Krankenkassen zur Last. In den übrigen Fällen tritt die Unfallentschädigung ein, und diese umfaßt: 1. bei Verletzungen die Kosten des Heilverfahrens und eine Rente für die Dauer der Erwerbsunfähigkeit bis zu $66^2/_3$ Prozent des durchschnittlichen Jahresarbeitsverdienstes oder an Stelle dieser Leistungen freie Anstaltspflege bis zur Beendigung des Heilverfahrens und eine Rente für die Angehörigen des Verletzten wie im Todesfall; 2. bei Tötungen die Beerdigungskosten bis zum 20fachen Betrage des Tagelohnes und eine Rente für die Hinterbliebenen vom Todestage ab (für die Witwe und Kinder bis zu 60 Prozent, für bedürftige Eltern 20 Prozent des Jahresarbeitsverdienstes). Zur Übernahme dieser Lasten sind die Unternehmer nach Maßgabe ihres Berufes in besondere Berufsgenossenschaften vereinigt worden. Die Beiträge werden im Verhältnis zu den von den einzelnen Unternehmern gezahlten Löhnen umgelegt. Im Jahre 1891 umfaßten die gewerblichen Berufsgenossenschaften 5 093 412, die landwirtschaftlichen 12 289 415, die staatlichen und kommunalen Ausführungsbehörden 632 459 versicherte Arbeiter; insgesamt etwa 18 015 286. Dabei dürften allerdings 1—1$^1/_2$ Millionen, die im Haupt- und Nebenberufe versicherungspflichtig sind, doppelt gezählt sein. Für 51 209 Verletzte hatte die Unfallversicherung, für 174 128 die Krankenversicherung aufzukommen.

Noch größere Schwierigkeiten als die Unfallversicherung türmte die Einführung der Alters- und Invalidenversorgung auf. Da es galt, durch Prämienzahlungen der Arbeitgeber und Arbeiter zu Gunsten der letzteren einen Rentenanspruch für den Fall zu begründen, daß Invalidität oder hohes Alter ihre Erwerbsfähigkeit beschränkt, so hatte man mit den Störungen in den Prämienzahlungen zu kämpfen, welche durch Verdienstlosigkeit, durch den Wechsel des Arbeiters von Ort zu Ort, von Beruf zu Beruf und durch die zeitlich sehr wechselnde Höhe des Einkommens hervorgerufen werden.

Das Gesetz betr. die Invaliditäts- und Altersversicherung vom 22. Juni 1889, das im Reichstage nur mit einer geringen Majorität angenommen wurde, verfolgt, wie schon seine Bezeichnung sagt, einen doppelten Zweck. Derjenige, der ein gewisses Minimum nicht mehr zu verdienen imstande ist, empfängt ohne Rücksicht auf sein Alter eine Invalidenrente. Wer aber das 70. Lebensjahr vollendet hat, der hat wiederum, ohne Rücksicht auf die wirkliche Höhe seines Einkommens, einen Anspruch auf Altersrente. Der erstgenannte Fall ist der weitaus häufigere und sozialpolitisch bedeutungsvollere. Zur Aufbringung der Mittel vereinigen sich Reich, Arbeitgeber und Arbeiter. Ersteres trägt zu jeder Rente, die zur Auszahlung gelangt, pro Jahr 50 Mk. bei. Letztere steuern zu gleichen Teilen bei und zwar, je nachdem die Arbeiter der I. (—350 Mk.), der II. (350—550 Mk.), der III. (550—850 Mk.), oder IV. (850 Mk. und darüber) Lohnklasse angehören, pro Woche 14, 20, 24 oder 30 Pfennige. Die Zahlung erfolgt durch Einkleben von Versicherungsmarken in besondere, dem Arbeiter gehörende Quittungskarten.

Die Invalidenrente wird in folgender Weise bemessen: den Ausgangspunkt bildet ein Betrag von 60 Mk. und der feste Reichszuschuß von 50 Mk. Zu dieser Summe tritt ein Betrag, der nach der Zahl der Beitragswochen und der Lohnklasse, in der die Beiträge entrichtet worden sind, berechnet wird. Die den verschiedenen Lohnklassen entsprechenden Beträge, mit denen die Beitragswochen multipliziert werden, sind 2, 6, 9 und 13 Pfennige.

Bei der Altersrente kommt zu dem Reichsbeitrag von 50 Mk. ein Zuschuß, der ebenfalls nach Beitragswochen und Lohnklassen bestimmt wird. Erstere gelangen in der festen Zahl von 1410 zur Anrechnung. Der Multiplikator wird durch 4, bezw. 6, 8 und 10 Pf. gebildet.

Unter diesen Umständen beträgt die niedrigste Invalidenrente 114,70 Mk. im Jahre, die höchste 415,50 Mk.; die geringste Altersrente 106,40, die höchste 191 Mk. Träger dieser Versicherung sind besondere Landesanstalten.

Mit diesem Gesetze war nach der Auffassung des Fürsten Bismarck der Schlußstein in die deutsche Sozialreform eingefügt worden. Der Größe und Originalität des Baues wird niemand seine Bewunderung versagen können. Im übrigen aber muß die sozialpolitische Ideenrichtung, der diese Versicherungsgesetzgebung entsprungen ist, als eine überaus einseitige bezeichnet werden. Immer handelt es sich nur darum, dem Arbeiter in gewissen äußersten Fällen eine Hilfe zu gewähren. Nur wenn der deutsche Arbeiter auf dem Krankenlager liegt, wenn ein Unfall ihn betroffen, wenn er invalid und altersschwach geworden, kommt ihm die Reform zustatten. Das ist keineswegs gering zu achten, aber es ist nicht entfernt das, was die Arbeiter nach weit verbreiteten Überzeugungen vom Staat erwarten dürfen. Der jugendliche Arbeiter, die Frau, selbst der erwachsene, gesunde Mann, sie alle bedürfen auch in ihren normalen Verhältnissen des staatlichen Schutzes. Ja gerade, je wirksamer dieser Schutz ausfällt, desto weniger brauchen sie die Fürsorge der Kranken-, Unfall- und Invaliditätsversicherung in Anspruch zu nehmen. Die betonte Einseitigkeit der deutschen Reform hat die sozialpolitische Wirkung ungemein beeinträchtigt. Man darf ja nicht vergessen, daß die vielfach bureaukratisch-autoritären Formen der Fürsorge, die Kosten und die Umständlichkeit der Verwaltung, die nicht unerheblichen Lasten, welche sie Arbeitgebern und Arbeitern auferlegt, in weiten Kreisen mehr oder weniger verstimmt haben. Jedenfalls sind diejenigen, die sich durch die Reform beengt und bedrückt fühlen, zahlreicher als die Arbeiter, die bereits deren Vorteile in vollem Maße erfahren konnten. Für die Antipathien, welche die Invaliditäts- und Altersversicherung (das „Klebegesetz") treffen, kann allerdings nicht Fürst Bismarck ausschließlich verantwortlich gemacht werden. Wären seine Absichten allein zur Geltung gekommen, dann wäre der so große Schwierigkeiten bereitende, durch die Thatsachen aber nicht durchaus gerechtfertigte individualistische Gedanke der Versicherung weniger zur Anerkennung gelangt als das „sozialistische" Prinzip der allgemeinen Staatsfürsorge.

Wie oben dargethan wurde, stellte Bismarck den Bemühungen des Reichstages zur Verbesserung des Arbeiterschutzes, an denen schließlich alle Parteien, wenn auch mit verschiedener Intensität, sich beteiligten, die 80er Jahre hindurch ein unbeugsames Veto entgegen. Nach dem Regierungsantritte Kaiser Wilhelms II. wurde der Gedanke des Arbeiterschutzes aber nicht nur vom Reichstage, sondern auch von Seiten der Krone gefördert. Die Meinungsverschiedenheiten, die in dieser Frage zwischen Kaiser und Kanzler sich ergaben, sollen sogar zu den Gründen gezählt haben, die das Ausscheiden des Fürsten Bismarck aus dem Amte herbeiführten. Immerhin wurden von Kaiser Wilhelm II. noch vor der Entlassung Bismarck's zwei von diesem entworfene Erlasse (vom 4. Februar 1890) veröffentlicht, die eine Reform des Arbeiterschutzes auf nationalem wie internationalem Wege in Aussicht stellten:

„So wertvoll und erfolgreich," besagte der an den preußischen Minister der öffentlichen Arbeiten und für Handel und Gewerbe gerichtete Erlaß, „die durch die Gesetzgebung und Verwaltung zur Verbesserung der Lage des Arbeiterstandes bisher getroffenen Maßnahmen sind, so erfüllen dieselben doch nicht die ganze Mir gestellte Aufgabe. Neben dem weiteren Ausbau der Arbeiter-Versicherungsgesetzgebung sind die bestehenden Vorschriften der Gewerbeordnung über die Verhältnisse der Fabrikarbeiter einer Prüfung zu unterziehen, um den auf diesem Gebiete laut gewordenen Klagen und Wünschen, soweit sie begründet sind, gerecht zu werden. Diese Prüfung hat davon auszugehen, daß es eine der Aufgaben der Staatsgewalt ist, die Zeit, die Dauer und die Art der Arbeit so zu regeln, daß die Erhaltung der Gesundheit, die Gebote der Sittlichkeit, die wirtschaftlichen Bedürfnisse der Arbeiter und ihr Anspruch auf gesetzliche Gleichberechtigung gewahrt bleiben. Für die Pflege des Friedens zwischen Arbeitgebern und Arbeitnehmern sind gesetzliche Bestimmungen über die Formen in Aussicht zu nehmen, in denen die Arbeiter durch Vertreter, welche ihr Vertrauen besitzen, an der Regelung gemeinsamer Angelegenheiten beteiligt und zur Wahrnehmung ihrer Interessen bei Verhandlungen mit den Arbeitgebern und mit den Organen Meiner Regierung befähigt werden. Durch eine solche Einrichtung ist den Arbeitern der friedliche Ausdruck ihrer Wünsche und Beschwerden zu ermöglichen und den Staatsbehörden Gelegenheit zu geben, sich über die Verhältnisse der Arbeiter fortlaufend zu unterrichten und mit den letzteren Fühlung zu behalten. Die staatlichen Bergwerke wünsche Ich bezüglich der Fürsorge der Arbeiter als Musteranstalten entwickelt zu sehen."

Mit großer Eile wurde eine internationale Arbeiterschutzkonferenz nach Berlin einberufen, die im März 1890 tagte. Die bei dieser Gelegenheit gefaßten Beschlüsse würden, wenn sie eine genaue Durchführung erlangen sollten, der Hauptsache nach nur für die in der Fabrikgesetzgebung zurückgebliebenen Staaten wie Belgien, Spanien, Italien u. a. m. einen Fortschritt bedeuten.

Ungleich wichtiger war der ebenfalls noch 1890 dem Reichstage vorgelegte Entwurf zur Erweiterung des Arbeiterschutzes. Die Novelle entsprach den durch die Februarerlässe allenthalben hoch gespannten Erwartungen nicht. Da aber gerade im Hinblick auf diese Erwartungen die Gegner eines wirksamen Schutzes sich trefflich zur Wahrnehmung ihres Standpunktes gerüstet hatten, so gelang es im Reichstage nicht, wesentliche Verbesserungen zu erzielen. Es mußte schon als ein erheblicher Erfolg der reformfreundlich gesinnten Richtungen angesehen werden, daß wenigstens diejenigen Bestimmungen des Entwurfes, die eine empfindliche Beeinträchtigung der Koalitionsfreiheit in sich schlossen, zum Falle gebracht wurden.

Trotz alledem bezeichnete die Novelle gegenüber den überlieferten Zuständen einen Fortschritt.

Kinder unter 13 (früher 12) Jahren dürfen in Fabriken und Bergwerken überhaupt nicht, und Kinder über 13 Jahren nur dann beschäftigt werden, wenn sie nicht mehr zum Besuche der Volksschule verpflichtet sind. Für Arbeiterinnen über 16 Jahren, deren Arbeitszeit bisher nicht beschränkt war, kommt der elfstündige Maximalarbeitstag zur Einführung; die Nachtarbeit wird ihnen verboten. Sogar für männliche erwachsene Arbeiter kann durch Beschluß des Bundesrats in Gewerben, die durch übermäßige Arbeitszeit die Gesundheit der Arbeiter gefährden, Dauer, Beginn und Ende der zulässigen Arbeitszeit und der Pausen geregelt werden. Die Vorschriften über die Hygiene der Werkstätten werden wesentlich schärfer gefaßt. Für alle größeren Unternehmungen sind Arbeitsordnungen entsprechend den gesetzlichen Normativbestimmungen zu erlassen. Eine gewisse Sonntagsruhe wird gewährleistet und in den meisten Staaten das Aufsichtspersonal vermehrt.

Noch vor der Erledigung der Novelle zur Gewerbeordnung gelangte ein Gesetz betr. die Gewerbegerichte (vom 29. Juli 1890) zur Verabschiedung. Es erteilt den Gemeindebehörden die Befugnis, Gewerbegerichte zur Schlichtung der Streitigkeiten zwischen Arbeitern und Arbeitgebern einzuführen. Die Beisitzer des Gerichtes werden von beiden Gruppen in gleicher Zahl erwählt. Bei Widerstreben der Gemeindebehörde kann auf Antrag der Arbeiter oder Arbeitgeber die Landeszentralbehörde die Gemeinden zur Errichtung des Gewerbegerichtes zwingen.

Auf Grund eines Regulativs vom 28. März 1892 ist eine teils aus Mitgliedern des Reichstags, teils aus Beamten bestehende Reichskommission für Arbeiterstatistik gebildet worden. Sie ist zur Zeit mit Aufnahmen beschäftigt, die dem Bundesrat die Grundlagen zu Verordnungen über die Arbeitszeit in Bäckereien, Mühlen und offenen Ladengeschäften abgeben dürften.

Hat man sich auch in Deutschland während der letzten Jahre zweifelsohne bemüht, die langjährigen Versäumnisse auf dem Gebiete der Arbeiterschutzgesetzgebung einzuholen, so ist trotzdem das Niveau der in dieser Hinsicht fortgeschrittensten Staaten (England, Schweiz, Österreich) noch nicht erreicht worden. Mag Deutschland hier einigermaßen zurück stehen, so übertrifft es doch alle anderen Länder in Bezug auf die Ordnung des Arbeiterversicherungswesens.

9. Die Entwicklung der Sozialdemokratie seit dem Erlasse des Sozialistengesetzes und nach Aufhebung desselben.

Zunächst führte das Sozialistengesetz zu einer vollständigen Zerstörung der ganzen Parteiorganisation. Die periodische und nichtperiodische Litteratur der Partei, 42 politische und 14 gewerkschaftliche Blätter, alle Agitationsbroschüren, eine ungeheure Zahl von Vereinen wurden verboten. Im ganzen sind während des Ausnahmezustandes 155 periodische und 1200 nichtperiodische Druckschriften von der Polizei unterdrückt worden. Auf Grund des kleinen Belagerungszustandes, wie er über Berlin, Hamburg, Leipzig, Frankfurt a. M., Stettin u. s. w. verhängt worden war, erfolgten etwa 900 Ausweisungen, während 1500 Personen ebenfalls infolge des Ausnahmegesetzes ins Gefängnis wanderten. Unter diesen Umständen durfte es als ein großer Erfolg der Partei angesehen werden, daß sie bei den Wahlen von 1881 noch immer 312 000 Stimmen errang. Konnten doch in einem großen

Teile der Wahlkreise unter dem herrschenden Drucke keine Wahl=
flugblätter, ja nicht einmal Stimmzettel ausgegeben werden, da die
Partei selbst über eigene Druckereien nicht verfügte, gegnerische aber
keinerlei Aufträge annahmen. Die Parteitage fanden unter großen
Schwierigkeiten im Auslande statt (1880 Wyden [Schweiz], 1883 Kopen=
hagen, 1887 St. Gallen).

Daß all' die scharfen Gewaltmaßregeln nicht imstande waren, das,
worauf es doch angekommen wäre, nämlich die sozialdemokratische
Gesinnung zu vernichten, bewiesen die sich unausgesetzt steigernden
Wahlerfolge der Partei deutlich genug. Schon im Jahre 1884 wurde
der höchste Stand, den die für sozialdemokratische Kandidaten ab=
gegebenen Stimmen noch vor dem Sozialistengesetze erreicht hatten,
erheblich überschritten; und die Wahlen von 1887 ergaben sogar
763 000 Stimmen für die Partei. Trotzdem machte 1889 die Reichs=
regierung den Versuch, das Sozialistengesetz aus einem zeitlich begrenzten
Ausnahmegesetz in ein dauerndes Gesetz zu verwandeln. In den
Kommissionsberatungen wurde auf Veranlassung nationalliberaler und
freikonservativer Abgeordneter die Ausweisungsbefugnis gestrichen. Da
die Regierung erklärte, das Gesetz mit dieser Veränderung nicht an=
nehmen zu können, stimmten in der Schlußabstimmung auch die Kon=
servativen dagegen. Dadurch kam die Vorlage zum Falle.

Die Wahlen von 1890 bedeuteten für die Regierung und die
mit ihr verbündeten sogenannten Kartellparteien (Konservative, Frei=
konservative und Nationalliberale) eine unverkennbare Niederlage. Die
Konservativen verloren 7, die Freikonservativen 21 und die National=
liberalen 57 Mandate. Die sozialdemokratischen Kandidaten dagegen
ernteten 1 427 300 Stimmen. Diesen Ereignissen gegenüber machte
die Reichsregierung, nachdem Fürst Bismarck aus dem Amte geschieden
war, keinen weiteren Versuch, die Verlängerung des ablaufenden
Sozialistengesetzes oder die Genehmigung eines Gesetzes mit ver=
wandten Tendenzen durchzusetzen. Es gelangten mit dem 1. Oktober 1890
wieder die Normen des gemeinen Rechts für die sozialdemokratische
Partei zur Geltung.

Von dem, was in den ersten Jahren des Sozialistengesetzes zerstört
worden war, hatte man von Seiten der Sozialdemokratie in der zweiten
Hälfte der 80 er Jahre allerdings manches wieder aufgebaut. Namentlich
seitdem Kaiser Friedrich III. mit der Leitung des preußischen Ministeriums
des Innern an Stelle v. Puttkammer's Herrfurth betraut hatte, war
für die rein gewerkschaftlichen Bestrebungen der Arbeiter eine größere
Bewegungsfreiheit zugestanden worden. Schon vor Ablauf des
Sozialistengesetzes besaß die Partei 60 politische Blätter (darunter 19

täglich erscheinende) mit 254000 und 41 Gewerkschaftsblätter mit 201000 Abonnenten.

Bis zum Herbst 1893 hat sich die Zahl der politischen Organe auf 75, die der Fachblätter auf 55 gesteigert. Das offizielle Zentralorgan der Partei, der in Berlin erscheinende „Vorwärts", hat bei einem Abonnentenstande von 42500 einen Jahresgewinn (1892/93) von ungefähr 40000 Mark zu Gunsten der Parteikasse abgeworfen. Die Wahlen von 1893 brachten der Partei gegenüber dem Ergebnisse von 1890 noch einen Zuwachs von 359440 Stimmen, nämlich 1786738; in 380 Wahlkreisen waren Kandidaten aufgestellt worden, 24 erlangten im ersten Wahlgange ein Mandat, 85 kamen in die Stichwahlen, aus denen allerdings nur 20 Bewerber siegreich hervorgingen. Die Stärke der sozialdemokratischen Reichstagsfraktion beläuft sich also auf 44 Mitglieder. Gut besuchte Parteitage fanden nach Ablauf des Sozialistengesetzes wieder Jahr für Jahr auf deutschem Boden statt: 1890 Halle, 1891 Erfurt, 1892 Berlin, 1893 Köln.

Wenden wir uns von der Berücksichtigung der äußeren Verhältnisse der inneren Entwicklung der Partei zu, so beanspruchen folgende vier Punkte Beachtung: die neue Parteiorganisation, das neue Programm, die Entstehung oppositioneller Strömungen und die Stellung gegenüber der Gewerkschaftsbewegung.

Unter dem Sozialistengesetze konnte von einer eigentlichen Parteiorganisation natürlich nicht die Rede sein. Man behalf sich mit einem System von Vertrauensmännern. Die Leitung ging von der Reichstagsfraktion aus. Letztere arbeitete nun für den ersten Parteitag nach Ablauf des Ausnahmegesetzes einen Entwurf zur Neuorganisation der Partei aus. Er räumte, wie es im Hinblick auf seinen Ursprung nicht verwunderlich erscheinen konnte, der Fraktion auch in Zukunft die maßgebende Stellung ein. Über diesen Punkt, aber auch über die vorgesehene Kontrolle der Parteipresse durch den Vorstand und die zentralisierenden Tendenzen der Vorlage überhaupt, brachen im Schoße der Partei Zwistigkeiten aus. An der Spitze der Opposition stand der Führer der Münchener Parteigenossen v. Vollmar und eine Reihe von Berlinern, die später als die „Jungen" bezeichnet wurden. Der Parteitag in Halle ließ in der That die am meisten angefeindeten Bestimmungen des Organisationsentwurfes fallen.

Die Partei bedurfte außerdem eines neuen Programms. Das alte Gotha'er Vereinigungsprogramm von 1875, das noch viele dem Lassalle'schen Ideenkreise entsprechende Wendungen enthielt, hatte sich überlebt, wie Liebknecht in längerer Rede in Halle auseinandersetzte. Es war die Zeit gekommen, um den in der Partei vollständig zur

Herrschaft gelangten Marxismus auch im Programme ausschließlich zur Geltung zu bringen. Nach eingehenden Erörterungen in Presse und Versammlungen wurde der Entwurf, welchen der Redakteur des wissenschaftlichen Organes der Partei, der „Neuen Zeit", K. Kautzky, aufgestellt hatte, von dem Parteitage in Erfurt angenommen. Dieses „Erfurter Programm" wird an anderer Stelle*) unsere Aufmerksamkeit noch in hohem Maße in Anspruch nehmen.

Ohne der Formulierung des Parteiprogrammes auf das praktische Verhalten und die thatsächliche Entwicklung eine Einwirkung absprechen zu wollen, muß doch betont werden, daß der lebendigen Taktik der Führer eine ungleich höhere Bedeutung zukommt als akademisch gehaltenen Prinzipienerklärungen. Dafür legt schon der Umstand einen vollgiltigen Beweis ab, daß die äußerst unvollkommene Fassung des Gotha'er Programmes der Partei nicht den mindesten Abbruch gethan hatte. Es haben sich die ernstesten Meinungsverschiedenheiten, die innerhalb der Partei zum Austrage gelangten, auch nicht auf das Programm, sondern auf die Taktik bezogen.

Der hergebrachten, hauptsächlich wohl von Bebel, Liebknecht, Singer und Auer bestimmten Taktik wurde von links und rechts widersprochen. Die Freunde einer schärferen Tonart knüpften an die zurückhaltende Erklärung an, welche die Fraktion im April 1890 in Betreff der Maifeier abgegeben hatte. Diese Angriffe, in denen rein persönliche Angelegenheiten eine große Rolle spielten, spitzten sich allmählich zu einer Verurteilung der ganzen parlamentarischen Thätigkeit der Fraktion zu. Es wurden ihr Mangel an revolutionärer Energie, kleinbürgerlicher Possibilismus, Personenkultus, Korruption, Verrat an der Sache des Proletariates und diktatorische Gelüste vorgeworfen. Die Heerrufer in diesem Streite gegen die Fraktion waren die Berliner Werner, Wildberger, Baginsky und Wille; aber auch in Magdeburg und in Dresden hatten die Redakteure der in diesen Städten erscheinenden Parteiblätter eine oppositionelle Haltung eingenommen.

In Erfurt kam es neuerdings zu erbitterten Auseinandersetzungen. Ein Teil der Opposition wurde durch Beschluß des Parteitages aus der Partei gewiesen, ein anderer schied freiwillig aus. Die „Jungen" gründeten am 28. Oktober 1891 in Berlin eine neue Partei, den Verein unabhängiger Sozialisten, mit dem „Sozialist" als Parteiorgan. Diese Richtung „verlangt nicht mehr und nicht weniger als eine völlige Regeneration der deutschen Sozialdemokratie, ihre Neu- und Umbildung zu einer rein proletarischen Arbeiterpartei, die Ausscheidung aller

---

*) Siehe Zweiter Teil, 3. Kapitel.

opportunistischen possibilistischen Elemente, die Emanzipation des Proletariates von dem die Partei beherrschenden Kleinbürgertum!" Die sozialdemokratischen Abgeordneten sollen durch eine That aussprechen, was ist, d. h. „daß sie durch eine That sagen: Wir erreichen im Parlamente für unsere Wähler nichts, die herrschenden Klassen wollen das Los der Armen und Elenden nicht verbessern, das kann nur durch eine völlige Beseitigung der bestehenden Machtverhältnisse, der heutigen Gesellschaftsordnung geschehen. Und die That, die diese revolutionäre Wahrheit mit Donnerstimme dem ganzen Lande, der ganzen Welt verkünden würde, wäre: Niederlegung der sozialdemokratischen Mandate. Diese That würde zünden, die ganze Welt in Bewegung und Erregung versetzen. Eine revolutionäre Begeisterung würde das ganze Proletariat ergreifen, und die herrschenden Klassen samt der Regierung würden ins Wanken geraten." Die Sozialdemokratie müsse aussprechen, daß das deutsche Proletariat nicht auf dem Wege der abgewirtschafteten, bankerotten, parlamentarischen Mitarbeit an sein Ziel komme, sondern daß es auf ungesetzlichem Wege sich selbst seine Freiheit und sein Brot holen müsse.

Ein Teil der „Unabhängigen" ist letzthin ins anarchistische Lager abgeschwenkt.

Von ungleich größerer Tragweite als das Gebahren der „Jungen" war das Auftreten Georg von Vollmar's. In einer von wahrhaft staatsmännischem Geiste durchwehten Programmrede (gehalten im „Eldorado" zu München am 1. Juni 1891) „Über die nächsten Aufgaben der deutschen Sozialdemokratie" stellte er sich klar und offen auf den Standpunkt einer durchaus gesetzlichen, friedlichen, reformatorischen Partei.

Wohl habe die Regierung den Kampf gegen die Sozialdemokratie noch nicht aufgegeben. Aber es sei nicht mehr der barbarische Vernichtungskrieg, sondern man habe die Partei als kriegführende Macht anerkannt und führe einen geregelten Streit mit ihr, in welchem sie durch ihre Tüchtigkeit „wesentliche Erfolge" zu erringen vermöchte. Es sei angesichts der gemachten Versprechungen (der kaiserlichen Februarerlässe) eine ehrliche Probe zu machen, ob thatsächlich der Wille zu gewissen Verbesserungen vorhanden. Der kritisierende Geist verfalle leicht in den Fehler der grundsätzlichen Verneinung, des leichtbereiten Absprechens über alle Dinge und meine, daß alles, was bestehe, schon darum schlecht und zu bekämpfen sei, weil es bestehe. Dieser Zustand sei ein unvermeidlicher Durchgangspunkt, eine Kinderkrankheit, die bei einer kleinen, beginnenden Bewegung wenig bedeute. Eine große Partei aber, auf welche von allen Seiten das Licht falle, müsse alles vermeiden, was ihr vor der öffentlichen Meinung, welche sie gewinnen solle, mit Recht schaden könne. So werde der Dreibund in einem Teile der Parteipresse abfällig besprochen, wohl hauptsächlich in der Annahme, daß alles von der Regierung Kommende notwendig schlecht und zu bekämpfen sein müsse. Man müsse indes für den Dreibund eintreten, weil seine Tendenz unzweifelhaft auf Erhaltung des Friedens gerichtet sei. Die Partei sei international; dessenungeachtet gebe es für sie auch nationale Aufgaben und Pflichten. Die Verneinung der Nation sei ebenso sehr zu vermeiden wie die nationale Überhebung. Wenn die Partei auch in Frankreich sozialistische Freunde besitze, die das chauvinistische Treiben verurteilten, so dürfe doch nicht übersehen werden, daß diese mutigen Männer als „Prussiens" und Landesverräter beschimpft würden und des ausschlaggebenden Einflusses auf die öffentliche Meinung entbehrten.

Die maßgebenden Kreise jenes Landes lägen in verblendetem Chauvinismus vor der despotischsten Macht des Weltteiles schweifwedelnd auf dem Bauche und trügen dadurch viel Schuld an den unaufhörlichen Rüstungen. Sobald Deutschland von außen her angegriffen würde, würde es nur noch eine Partei geben und die Sozialdemokraten würden nicht am letzten ihre Pflicht thun. In dem Maße, in welchem die Partei einen unmittelbaren Einfluß auf den Gang der öffentlichen Angelegenheiten gewinne, habe sie — unter voller Aufrechterhaltung ihrer grundsätzlichen Bestrebungen — ihre Kraft auf die jeweils nächsten und dringendsten Dinge zu konzentrieren und zeitweise positive Aktionsprogramme aufzustellen.

Als die nächsten und mit allem Nachdrucke anzustrebenden Forderungen seien anzusehen: 1. die Weiterführung des Arbeiterschutzes; 2. die Erringung eines wirklichen Vereinigungsrechtes; 3. auf dem Gebiete des Lohnkampfes sei jede staatliche Einmengung zu Gunsten des einen Teiles auszuschließen; 4. eine Gesetzgebung über die industriellen Kartelle; 5. die Beseitigung der Lebensmittelzölle. Es sei der Einfluß der Agrarier zurückzudrängen und der Regierung begreiflich zu machen, daß nicht der Vorteil der bevorrechteten Klassen und Kreise, sondern das Wohl der Allgemeinheit das wahre Staatsinteresse sei: „Es wird sehr viel vom Vorgehen der Sozialdemokratie, von ihrer Kraft und Entschiedenheit, wie von ihrer geschickten, folgerichtigen Benutzung der thatsächlichen Verhältnisse abhängen, daß dieser Gedanke in erster Reihe in der Arbeiterwelt, aber auch darüber hinaus bei den Einsichtigen in allen Schichten immer mehr Wurzeln faßt und sich Geltung verschafft. Je friedlicher, geordneter, organischer diese Entwicklung vor sich geht, desto besser für uns und das Gemeinwesen!"

Auf die oppositionelle Linke in Berlin wirkte diese Rede, wie einer ihrer begabtesten Vertreter, Hans Müller, berichtet, „wie die Posaune des jüngsten Gerichtes". Der „Vorwärts" und der Parteivorstand, die anfangs der Vollmar'schen Rede keine Beachtung zollen wollten, waren schwächlich genug, sich durch das Treiben der „Jungen" einschüchtern und zu einer Verurteilung Vollmar's bestimmen zu lassen. Vollmar entgegnete in einer zweiten Eldorado=Rede (6. Juli 1891) und einer Artikelserie „Vom Optimismus" (Münchener Post. Nr. 173, 174, 175. 1891). Mit feiner Ironie zeigte er, wer mit Recht den Vorwurf des Optimismus verdiene, er oder Bebel, welch' letzterer eben wieder einmal die sozialistische Gesellschaft für die nächsten Zeiten in Aussicht gestellt hatte.

Der Erfurter Parteitag mußte sich mit der Angelegenheit befassen. Bebel trat gegen Vollmar auf und erklärte, dessen Standpunkt führe zur Versumpfung und mache aus der Partei eine Opportunitätspartei im allerschlimmsten Sinne. Er verschmähte es selbst nicht, in Ermangelung besserer Gründe, die Überzeugungen Vollmar's lediglich als Ausfluß seiner „satten" Position hinzustellen. Vollmar unterstelle der hungrigen Masse die eigenen Gefühle und denke: „es pressiert, es eilt nicht mit der Umgestaltung, seien wir vorsichtig und sorgen wir, daß wir wenigstens allmählich, peu à peu, zum Ziele kommen." Es zeigte sich aber, daß die Zahl der Parteigenossen, die mehr oder weniger zu Vollmar neigten, viel zu bedeutend war, als daß man mit ihm in der Weise hätte umspringen können, welche den „Jungen" gegenüber zur Anwendung gebracht worden war. Eine Kompromiß=Resolution, daß „fest und entschieden im Sinne des Parteiprogramms gewirkt werden solle, ohne auf Konzessionen seitens der herrschenden Klassen zu verzichten", wurde angenommen.

Neuerdings, auf dem Kölner Parteitage, ist der Zwiespalt zwischen den reformatorischen und der zweideutig zwischen Reform und Revolution hin und her schwankenden Richtung in anderen Formen zum Ausdrucke gelangt. Von dem Führer der deutschen Gewerkschaften, Legien, wurde bitter über die thatsächlich überaus geringe Förderung geklagt, welche die Männer der politischen Bewegung der Sache der Gewerkschaften angedeihen ließen. Wie in den 70er Jahren, so hat die Sozialdemokratie auch, sobald es die Handhabung des Sozialistengesetzes wieder gestattete, zahlreiche Fachverbände gegründet. Mit Ausnahme weniger Vereine und namentlich desjenigen der deutschen Buchdrucker, der übrigens erst in letzter Zeit in das Lager der Sozialdemokratie übergegangen ist, befinden sich all' diese Vereinigungen aber an Haupt und Gliedern noch in den ersten

Stadien der Entwicklung. Die unternommenen Arbeitseinstellungen sind wegen ungenügender Erfahrung und Autorität der Führer, wie wegen unzulänglicher Mittel meistenteils unglücklich ausgefallen. Es ist übrigens ja auch klar, daß deutsche Arbeiter, die den Prophezeiungen Bebel's glauben und den Zusammenbruch der kapitalistischen Produktionsweise in den nächsten Jahren erwarten, sich um der Förderung der Gewerkschaften willen keine besonderen Opfer auferlegen werden. Wozu jetzt mit großen Opfern kleine Verbesserungen erkämpfen, wenn man bereits an der Schwelle des tausendjährigen Reiches steht. Immerhin finden die Prophetengaben Bebel's nicht allenthalben gläubige Verehrer. Im ganzen bestanden im Jahre 1892 52 Berufsorganisationen mit 227023 Mitgliedern und einer Jahreseinnahme von 2031922 Mark. Die größte Mitgliederzahl weisen auf die Metallarbeiter mit 26121, die Tischler 18092, die Buchdrucker 16000, die westfälischen Bergarbeiter 15300, die Maurer 11842 u. s. w. Der Wortführer der Gewerkschaften hatte vielleicht Unrecht, wenn er blos einzelne Handlungen und Äußerungen der maßgebenden Persönlichkeiten zum Ausgangspunkte der Beschwerden machte. Das Hindernis liegt tiefer. Der ganze Geist, welcher in den maßgebenden Organen der Partei herrscht, verhindert eine lebhaftere Beteiligung an den gewerkschaftlichen Bestrebungen. Wenn tagtäglich wiederholt wird, wie alles an der vorhandenen Wirtschaftsordnung bis ins Mark hinein verfault sei, wie die bürgerliche Gesellschaft ihrem Bankerotte entgegeneile, wenn man alles, was vom Boden der gegebenen Verhältnisse aus unternommen wird, mit Spott und Hohn verfolgt, wenn man, wie es Bebel gethan, die Organisation des Arbeitsnachweises und die Bekämpfung der Arbeitslosigkeit zu „gleichgiltigen Dingen" rechnet, wenn man es liebt, sich an Stimmzettel- und Redeerfolgen zu berauschen, dann ist es ganz unmöglich, aus den deutschen Arbeitern tüchtige Gewerkschafter zu machen. Die scharfen Entgegnungen, mit denen Auer und Bebel auf diesem Parteitage die Beschwerden Legien's abzufertigen suchten, haben unter den überzeugten Anhängern der Gewerkschaftsbewegung viel böses Blut gemacht und zahlreiche Proteste hervorgerufen.

Die oppositionellen Strömungen, welche durch die Jungen einerseits, die Richtung Vollmar und die Gewerkschafter andererseits dargestellt werden, sind notwendige Produkte der Doppelzüngigkeit, in der sich die von Bebel beherrschten Kreise gefallen. Die „Jungen" nahmen die revolutionären Allüren ernst, Vollmar und die Gewerkschafter die sozialreformatorischen Bestrebungen der Partei. Beide sind konsequent und unterscheiden sich insofern vorteilhaft von der Taktik Bebel's, der je nach Bedarf bald in den Farben dieser, bald in denen jener Richtung schillert. In Halle 1890 erklärte Bebel: „Wenn dies Nebenfragen sein sollen: Verkürzung der Arbeitszeit, Verbot der Kinderarbeit, Verbot der Sonntagsarbeit, Verbot der Nachtarbeit u. s. w., dann ist freilich neun Zehntel unserer Agitation überflüssig gewesen. Dann sind aber auch die Gewerkschaften der Arbeiter, ohne Ausnahme, überflüssig. Diese Ansicht kann aber nur aus einem Gehirn kommen, in dem es kraus und wirr aussieht. Den ungeheuren Anhang und das Vertrauen in den Arbeitermassen haben wir nur, weil diese sehen, daß wir praktisch für sie thätig sind und sie nicht nur auf die Zukunft des sozialistischen Staats verweisen, von dem man nicht weiß, wann er kommen wird." Ein Jahr später schrieb derselbe Bebel in der „Neuen Zeit": „Die Debatten über die Notwendigkeit einer internationalen Arbeiterschutzgesetzgebung erlangen allmählich nur noch einen sehr problematischen Wert, nachdem sich täglich mehr und mehr die Unfähigkeit und Böswilligkeit der bürgerlichen Machtfaktoren zeigt, auf diesem Gebiete auch nur halbwegs Befriedigendes zu leisten. Außerdem haben auch die besten Maßregeln auf diesem Gebiete nur einen ephemeren Wert, sie bilden höchstens die Zwischenaktsmusik, die in dem Kampfe zwischen der alten vergehenden Welt des Bürgertumes und der neuen werdenden Welt des Proletariates, die Pausen ausfüllt. Man muß weiter marschieren und künftig Prinzipienfragen erörtern, nachdem die Verständigung über den zu gehenden Weg erzielt wurde." Und bald darauf in Erfurt ging Bebel noch weiter: „Ich glaube, wir haben die größte Ursache, mit dem Gange der Dinge zufrieden zu sein. Nur diejenigen, welche das Ganze nicht zu überschauen vermögen, können andrer Meinung sein. Die bürgerliche Gesellschaft arbeitet so kräftig auf ihren eigenen Untergang los, daß wir nur den Moment abzuwarten brauchen, indem wir die ihren Händen entfallende Gewalt aufzunehmen haben. Und wie in Deutschland, nehmen in ganz Europa die Dinge eine Gestaltung an, daß wir auch hier alle Ursache haben, uns darüber zu freuen. Ja, ich bin überzeugt, die Verwirklichung unserer letzten Ziele ist so nahe, daß wenige in diesem Saale sind, die diese Tage nicht erleben werden."

Andere, vielleicht weniger hinreißende, aber besonnenere Führer der Partei vermeiden es allerdings, sich so zu widersprechen, wie der redegewaltige Bebel. Sie sagen, wie schon Lassalle es that: „Ob die Entwicklung allmählich, friedlich, gesetzlich sich vollziehen wird oder nicht, das hängt von unseren Gegnern ab. Gewähren sie nicht, was wir fordern, dann ist die revolutionäre Gewalt unvermeidlich. Das gereicht aber nicht uns zum Schaden, sondern nur den besitzenden Klassen." Diese Wendung hätte vielleicht eine gewisse Berechtigung in einem Staate, der den arbeitenden Klassen es schlechterdings unmöglich macht, auf gesetzlichem Wege an einer Umgestaltung der sozialen und ökonomischen Zustände zu arbeiten. In einem Lande des allgemeinen Stimmrechtes wie im Deutschen Reiche ist es aber für eine politische Partei, die diesen Namen verdienen und nicht zu einer revolutionären Sekte herabsinken will, gerade die vornehmste politische Aufgabe, nicht etwa, in Wolken thronend, Prinzipien und Ziele auszusprechen, sondern die besitzenden Klassen auf gesetzlichem Wege zur Annahme positiver Reformen zu bestimmen. Sehr richtig bemerkte in dieser Beziehung v. Vollmar in seiner zweiten Eldoradorede: „Man sagt, die herrschenden Klassen werden ja doch freiwillig niemals etwas von ihren Vorrechten ablassen. Nun, freiwillig werden sie das allerdings kaum, sondern nur genötigt. Aber es ist ein Irrtum, sich vorzustellen, daß diese Nötigung nur durch die Faust geschehen könne, daß in jeder einzelnen Frage des Staats- und Gesellschaftslebens die nackte Gewalt in Wirkung trete und entscheide. Es giebt auch noch andere Gewalten als die Faust: die fortgesetzte, zähe Arbeit zielbewußt arbeitender Organisationen, die dadurch bewirkte Veränderung der Meinungen und vor allem die Macht der wirtschaftlichen Thatsachen."

Hiermit soll selbstverständlich nicht die Arbeiterklasse allein für die zukünftige Entwicklung verantwortlich gemacht werden. Letztere hängt zweifelsohne auch ebenso sehr von der Haltung ab, die die besitzenden Klassen den Forderungen der sozialen Reform gegenüber einnehmen. Es sollte nur betont werden, daß die Stellungen der Arbeiter und der bürgerlichen Kreise einander bedingen. Mit gewissen Vorbehalten könnte man sagen: die Besitzenden eines jeden Landes haben die Arbeiterpartei, die sie verdienen, so gut wie jede Arbeiterpartei diejenige Bourgeoisie, denjenigen Staat hat, den sie verdient. Und gerade deshalb erscheint die soziale Zukunft Deutschlands in so trübem Lichte. Die mit der revolutionären Gewalt spielende Taktik eines Teiles der Sozialdemokratie macht die entgegenstehenden Mächte immer konservativer, immer lauer in allen Fragen der Reform, ja bietet ihnen sogar die Veranlassung oder den Vorwand, um ganz friedliche Bestrebungen der Arbeiter abzuwehren. Naturgemäß trägt diese reaktionäre Haltung gerade das Meiste dazu bei, die revolutionäre Strömung in der Arbeiterpartei zu verstärken. So sammelt sich an den entgegengesetzten Polen eine wachsende Spannung. Der Abgrund, welcher Arbeiterklasse und Bürgertum trennt, wird anscheinend immer tiefer und breiter. Und doch hängt unsere Zukunft davon ab, daß in den bürgerlichen Parteien die nach links, in der Arbeiterpartei die nach rechts strebenden Elemente die Übermacht gewinnen, daß sie sich die Hände reichen zu einer gemeinsamen ehrlichen

Reformarbeit. Wird dies noch geschehen? Wer wird die Initiative dazu ergreifen? Als deutscher Gelehrter und Angehöriger der „besitzenden und gebildeten" Klassen kann ich nur wünschen, daß diese den Mahnrufen der Wissenschaft volles Gehör schenken möchten, daß ihnen der welthistorische Ruhm und die Ehre zufallen möchte, unsere politische und soziale Entwicklung aus dem furchtbaren Kreise, in dem sie sich jetzt bewegt, endlich herausgerissen zu haben.

Anmerkungen.

1. Außer den bekannten Werken von Gervinus, Häußer, Onken, Perthes, Pertz, Philippson, Ranke, Schlosser, Sybel und Treitschke vergleiche man: Biedermann, Deutschlands geistige, sittliche und gesellige Zustände im 18. Jahrhundert, insbesondere 2. Bd. 2. Teil. Leipzig 1880. S. 1070—1225; Cavaignac, G., La formation de la Prusse contemporaine. Paris 1891. S. 148—489; Gottschall, Die deutsche Nationallitteratur im 19. Jahrhundert. 5. Aufl. 1. Bd. Breslau 1881. S. 21—162; Knapp, G. F., Die Bauernbefreiung und der Ursprung der Landarbeiter in den älteren Teilen Preußens. Leipzig 1887. 1. Bd. 2., 3. und 4. Kapitel; Lewes, G. H., Goethe's Leben und Werke. 13. Aufl. Stuttgart 1881. 2. Bd. S. 461—495; Mehring, Fr., Die Lessing-Legende. Stuttgart 1893; Schiller's Briefe über den Don Carlos. 2. Brief; Schulze, H., Einleitung in das deutsche Staatsrecht. Leipzig 1867. S. 292; Stern, A., Geschichte der neuern Litteratur. Leipzig 1883. 5. Bd. 143. Kap.; Engenheim, Geschichte der Aufhebung der Leibeigenschaft und Hörigkeit in Europa. St. Petersburg 1861. S. 376—444.

2. Adler, G., Geschichte der ersten sozialpolitischen Arbeiterbewegung in Deutschland. Breslau 1885. 1. u. 2. Kap.; Derselbe, Die Grundlagen der Marx'schen Kritik. Tübingen 1887. S. 226—290; Derselbe, H. St. Art. Sozialdemokratie. S. 716—717; Derselbe, H. St. Art. Sozialismus und Kommunismus. S. 778—781; Bourdeau, Le socialisme allemand. Paris 1892. S. 201—243; Engels, Fr., H. St. Art. Marx; Marx und Engels, Das kommunistische Manifest. 3. autorisierte deutsche Ausgabe. Hottingen-Zürich 1883.

3. Adler, G., Geschichte der ersten sozialpolitischen Arbeiterbewegung u. s. w. 3.—5. Kap.; Derselbe, H. St. Art. Sozialdemokratie. S. 718; Blos, Die deutsche Revolution. Geschichte der deutschen Bewegung von 1848 und 1849. Stuttgart 1893; Marlo, Untersuchungen über die Organisation der Arbeit. Tübingen 1885. 1. Bd. S. 163—167, S. 398—436; Stieda, H. St. Art. Handwerk. S. 370—376; Wagener, H., Erlebtes. Berlin 1884. 1. Abt.

4. Über die allgemeinen innerpolitischen Verhältnisse der 50er und 60er Jahre: Baumgarten, Histor. u. polit. Aufsätze u. Reden, herausgeg. von E. Marcks. Straßburg 1894. S. 76—217; Bernstein, Die Jahre der Reaktion. Berlin 1881. Ferd. Lassalle's Reden und Schriften. Neue Gesamtausgabe, mit biograph. Einleitung herausgeg. v. E. Bernstein. 3 Bde. Berlin 1892/93; Briefe von Lassalle an K. Rodbertus-Jagetzow, mit Einleitung von A. Wagner. Berlin 1878.

Litterarische Anmerkungen. 131

Aus der überreichen Lassalle Litteratur sind hervorzuheben: Adler, G.,
H. St. Art. Sozialdemokratie. S. 719—720; Bourdeau, a. a. O. S. 243—269;
Brandes, J. Lassalle. 2. Aufl. Leipzig 1889; Diehl, K., H. St. Art. Lassalle;
Kohut, J. Lassalle. Sein Leben und Wirken. Leipzig 1889; Laveleye, Die
sozialen Parteien der Gegenwart (deutsch von Eheberg). Tübingen 1884. 5. Kap.
Mehring, Fr., Die deutsche Sozialdemokratie. Ihre Geschichte und ihre Lehre.
3. Aufl. Bremen 1879. S. 3—59, 220—256; Meyer, Der Emanzipations=
kampf des vierten Standes. 1. Bd. Berlin 1882. S. 220—249; v. Plener,
J. Lassalle. Leipzig 1884.

5. Adler, G., H. St. Art. Sozialdemokratie. S. 720—722; Derselbe,
Die Entwicklung des sozialistischen Programmes in Deutschland. Jahrbücher für
Nationalökonomie und Statistik. 3. Folge. 1. Bd. Jena 1891. S. 210—225;
Bourdeau, a. a. O. S. 9—37; Mehring, a. a. O. S. 197—219, 249—346.

6. Über L. v. Stein: Menger, Karl, Lorenz v. Stein. Jahrbücher für
Nationalökonomie und Statistik. 3. Folge, 1. Bd. Jena 1891. S. 193—205.

Über Fr. A. Lange: Braun, H., F. A. Lange als Sozialökonom. Halle 1881;
Ellissen, Friedrich Albert Lange. Seine Lebensbeschreibung. Leipzig 1891;
Reichesberg, Friedrich Albert Lange als Nationalökonom. Bern 1892.

Über K. Marx: Adler, G., Die Grundlage der Marx'schen Kritik.
Tübingen 1887; Derselbe, H. St. Art. Sozialismus. S. 778—781, 783;
v. Böhm-Bawerk, Geschichte und Kritik der Kapitalzinstheorien. Innsbruck 1884.
1. Bd. S. 418—447; Bourdeau, a. a. O. S. 216—243; Groß, K.,
K. Marx. Leipzig 1885; Cathrein, V., Der Sozialismus. Freiburg i. B. 1892.
5. Aufl.; Knies, K., Das Geld. 2. Aufl. Heidelberg 1885. S. 157 ff.;
Laveleye, a. a. O. S. 65—92; Lehr, J., Grundbegriffe und Grundlagen
der Volkswirtschaft. Leipzig 1893. S. 288—315; Leroy-Beaulieu, P., Le
Collectivisme. Paris 1893. S. 236—314; Lexis, Die Marx'sche Kapitaltheorie.
Jahrbücher für Nationalökonomie und Statistik. Neue Folge. 11. Bd. Jena 1885.
S. 452—465; Mehring, a. a. O. S. 281—313; Rümelin, Die Marx'sche
Dialektik und ihr Einfluß auf die Taktik der Sozialdemokratie. Tübinger Zeit=
schrift für die gesamte Staatswissenschaft. 50. Jahrg. 1894. S. 33—60; Schäffle,
Die Quintessenz des Sozialismus. 7. Aufl. Gotha 1879; Derselbe, Bau und
Leben des sozialen Körpers. 3. Bd. Tübingen 1881. S. 321 ff., S. 330 ff.;
Schmidt, Konrad, Die Durchschnittsprofitrate auf Grundlage des Marx'schen
Wertgesetzes. Stuttgart 1889; Wolf, J., Das Rätsel der Durchschnittsprofitrate
bei Marx. Jahrbücher für Nationalökonomie und Statistik. 3. Folge. 2. Bd.
Jena 1891. S. 252—367; Derselbe, Sozialismus und kapitalistische Gesellschafts=
ordnung. Stuttgart 1892. S. 125—139, 255 ff., 284—307.

Über Rodbertus: Adler, G. Rodbertus, der Begründer des wissenschaftlichen
Sozialismus. Leipzig 1883; v. Böhm-Bawerk, a. a. O. S. 386 ff.; Diehl, K.,
H. St. Art. Rodbertus; Dietzel, Karl Rodbertus. Darstellung seines Lebens und
seiner Lehre. I. Abt.: Darstellung seines Lebens, Jena 1886. II. Abt.: Dar=
stellung seiner Sozialphilosophie, Jena 1887; Engels, Fr., Vorwort zu Marx'
Elend der Philosophie (deutsch von E. Bernstein und K. Kautsky), Stuttgart 1885.
S. V—XXIV; Derselbe, Vorwort zum 2. Bande des „Kapital" von Marx.
Hamburg 1885. S. VIII—XXIII; Kozak, Th., Rodbertus=Jagetzows sozial=
ökonomische Ansichten. Jena 1882; Lexis, Zur Kritik der Rodbertus'schen
Theorien. Jahrbücher für Nationalökonomie und Statistik. Neue Folge, 9. Bd.
S. 462—476. Jena 1884; Pierstorff, Besprechung von Rodbertus=Jagetzow's

9*

Kapital (J. soz. Brief an v. Kirchmann). Schmollers Jahrbücher für Gesetzgebung, Verwaltung und Volkswirtschaft im Deutschen Reiche. VIII. Jahrg. Leipzig 1884. S. 1282—1290; Schramm, Rodbertus, Marx, Lassalle. München 1889; Wirth, M., Bismarck, Wagener und Rodbertus. Leipzig 1883.

Über den Verein für Sozialpolitik: Schriften d. Vereins f. Sozialpolitik. I—LVIII. Leipzig 1873—1893. In diesen sind auch die Protokolle der Verhandlungen enthalten: Held, A., Sozialismus, Sozialdemokratie und Sozialpolitik. Leipzig 1878. S. 121—155; Laveleye, a. a. O. S. 374—397; Mehring, a. a. O. S. 211; Meyer, a. a. O. S. 216; v. Philippovich, The Verein für Socialpolitik. The Quarterly Journal of Economics. Boston 1891. Vol. V. 2. S. 220—238.

7. Über die deutschen sozialen Parteien überhaupt: Braun, Ad., Die Parteien des deutschen Reichstages. Ihre Programme, Entwicklung und Stärke. Stuttgart 1893; Brentano, Die gewerbliche Arbeiterfrage. Schönberg's Handbuch der politischen Ökonomie. 1. Aufl. Tübingen 1882. S. 929—943; Jörg, Geschichte der sozialpolitischen Parteien in Deutschland. Freiburg 1867; Parisius, L., Deutschlands politische Parteien und das Ministerium Bismarck. I. Berlin 1878; v. Philippovich, Grundriß der politischen Ökonomie. 1. Bd. Freiburg 1893. S. 290—342; v. Scheel, Unsere sozialpolitischen Parteien. Leipzig 1878; Ströll, M., Die staatssozialistische Bewegung in Deutschland. Leipzig 1885.

Über die Konservativen: Bismarck, Rede über den Gesetzentwurf betr. verschiedene Abänderungen der allgemeinen Gewerbeordnung (Sitzung der 2. preußischen Kammer vom 18. Oktober 1849); Laveleye, a. a. O. S. 143—163; Meyer, a. a. O. S. 368—430; Wagener, H., Erlebtes. 1. und 2. Abt. Berlin 1884; Derselbe, Die kleine aber mächtige Partei. Berlin 1885.

Über die Christlich- (evangelisch-) Sozialen: H. St. Art. Soziale Reformbestrebungen. Uhlhorn, G., Evangelisch-soziale Bestrebungen. S. 758—762; Baumgarten, O., Neuere evangelisch-soziale Bewegungen in Deutschland. S. 762—769, mit trefflicher Litteratur-Übersicht.

Über die Katholisch-Sozialen: H. St. Art. Soziale Reformbestrebungen. Brüll, Die katholisch-sozialen Bestrebungen. S. 750—758, gleichfalls mit vollständigen Litteraturangaben.

Zur Kennzeichnung der Liberalen diene: Bamberger, L., Die Arbeiterfrage unter dem Gesichtspunkte des Vereinsrechtes. Stuttgart 1873; Oechelhäuser, Die Arbeiterfrage. Berlin 1886; Derselbe, Die sozialen Aufgaben der Arbeitgeber. Berlin 1887; Derselbe, Über die Durchführung der sozialen Aufgaben. Berlin 1888; Derselbe, Soziale Tagesfragen. Berlin 1889; Oppenheim, H. B., Der Kathedersozialismus. Berlin 1892; Prince-Smith, Gesammelte Schriften, herausgegeben von v. Michaelis und K. Braun. 3 Bde. Berlin 1871/80. Bd. 1.; Richter, Eugen, Die Irrlehren der Sozialdemokratie. Berlin 1890; Derselbe, Sozialdemokratische Zukunftsbilder. Berlin 1892; Roeside, Arbeiterschutz. Dessau 1887; Schulze-Delitzsch, Kapitel zu einem deutschen Arbeiterkatechismus. Berlin 1863. Unter den Zeitschriften, die die Anschauungen der letztgenannten Richtung zum Ausdrucke bringen, seien hervorgehoben: Der Arbeiterfreund, Organ des Zentralvereins für das Wohl der arbeitenden Klassen; Nation (herausgeg. v. Th. Barth) Berlin; Sozial-Korrespondenz (v. Böhmert), Dresden; Vierteljahrsschrift f. Volksw., Politik u. Kulturgeschichte. Berlin: Volksw. Zeitfragen. Berlin.

8. Über den Arbeiterschutz in Deutschland bis zur Reichsgründung: Anton, Günther, Geschichte der preußischen Fabrikgesetzgebung. Leipzig 1891; Braun,

Ab., Die Arbeiterschutzgesetzgebung der europäischen Staaten. I. Deutsches Reich. Tübingen 1890. S. 51—95; Thun, Alphons, Die Industrie am Niederrhein und ihre Arbeiter. Leipzig 1879. I. S. 169—190.

Über den Arbeiterschutz seit der Reichsgründung: Adler, G., Die Frage des internationalen Arbeiterschutzes. München 1888; Bebel, A., Die Gewerbeordnungsnovelle. Neue Zeit. Stuttgart 1891. S. 324 f., 364 f., 406 f.; Brentano, L., Zur Reform der deutschen Fabrikgesetzgebung. Jahrb. f. Nat. u. Stat. 19. Bd. Jena 1872. S. 168 f.; Cohn, G., Die gesetzliche Regelung der Arbeitszeit im Deutschen Reiche. Ebenda. N. F. 6. Bd. Jena 1883. S. 39—71; Conférence internationale concernant le règlement du travail aux établissements industriels et dans les mines. Leipzig 1890; Elster, Die Fabrikinspektionsberichte und die Arbeiterschutzgesetzgebung im Deutschen Reiche. Jahrb. f. Nat. u. Stat. N. F. 11. Bd. Jena 1885. S. 393 f.; Hertner, Die oberelsässische Baumwollindustrie und ihre Arbeiter. Straßburg 1887; Derselbe, Zur Kritik und Reform der deutschen Arbeiterschutzgesetzgebung. Braun's Archiv. 3. Bd. Tübingen 1890. S. 209 f.; Derselbe, Der Entwurf eines Gesetzes betr. die Abänderung der Gewerbeordnung, a. a. O. S. 567 f.; Derselbe, Die Reform der deutschen Arbeiterschutzgesetzgebung, a. a. O. 5. Bd. Berlin 1892. S. 221 f.; Hirsch, M., Arbeiterschutz, insb. Maximalarbeitstag. Berlin 1890; Hitze, Schutz dem Arbeiter! Köln 1890; Kulemann, Der Arbeiterschutz sonst und jetzt in Deutschland und im Auslande. Leipzig 1893; Landmann, H. St. Art. Arbeiterschutzgesetzgebung (Deutschland); Löwenfeld, Kontraktbruch und Koalitionsrecht im Hinblick auf die Reform der deutschen Gewerbegesetzgebung. Braun's Archiv. 3. Bd. Tübingen 1890. S. 383 f.; Poschinger, v., Aktenstücke zur Wirtschaftspolitik des Fürsten Bismarck. 1. Bd. Berlin 1890. S. 258—265; Luard, M., Die Arbeiterschutzgesetzgebung im Deutschen Reiche. Stuttgart 1886; Derselbe, Zur äußeren Geschichte der Fabrikinspektion in Deutschland. Frankfurt a. M. 1889; Derselbe, Die nächsten Aufgaben einer deutschen Arbeiterschutzreform. Frankfurt a. M. 1890; Schäffle, Deutsche Kern- und Zeitfragen. Berlin 1894. S. 350—380; Schmoller, Zur Sozial- und Gewerbepolitik der Gegenwart. Leipzig 1890. S. 462 f.; Thun, Die Fabrikinspektion in Deutschland. Schmoller's Jahrbuch. 5. Bd. Leipzig 1881. S. 55 f.; Wasserrab, Soziale Politik im Deutschen Reiche. Stuttgart 1889; Wörishoffer, Jahresberichte der deutschen Fabrikaufsichtsbeamten. Zeitschrift für die gesamte Staatswissenschaft. 50. Bd. Tübingen 1894. S. 111 f.

Außerdem die einschlägigen Reichstagsverhandlungen, insbesondere 8. Legislatur Periode, I. Session 1890/91, Bericht der VIII. Kommission über den derselben zur Vorberatung überwiesenen Gesetzentwurf, betr. Abänderung der Gewerbeordnung (Berichterstatter Hitze). Nr. 190 der Drucksachen; ferner ad Nr. 190 der Drucksachen; ferner: Amtliche Mitteilungen aus den Jahresberichten der mit der Beaufsichtigung der Fabriken betrauten Beamten. Berlin seit 1879.

Aus den juristischen Bearbeitungen der deutschen Arbeiterschutzgesetzgebung hervorzuheben: Schentel, K., Kommentar zur Gewerbeordnung. 1894.

Über die Arbeiterversicherung im Deutschen Reiche: Bebel, Aug., Das Gesetz über die Invaliditäts- und Altersversicherung im Deutschen Reiche. Neue Zeit. Stuttgart 1889. S. 385 f., S. 454 f.; van der Borght, Über den Entwurf eines Gesetzes betreffend die Alters- und Invalidenversicherung. Jahrbücher für Nationalökonomie und Statistik. Neue Folge. 18. Bd. Jena 1889. S. 1 f.; Brentano, Die Arbeiterversicherung gemäß der heutigen Wirtschaftsordnung. Leipzig 1879; Derselbe, Der Arbeiterversicherungszwang, seine Voraussetzungen und seine Folgen. Berlin 1881; Derselbe, Die beabsichtigte

Alters- und Invalidenversicherung für Arbeiter und ihre Bedeutung. Jahrbücher für Nationalökonomie und Statistik. Neue Folge. 16. Bd. Jena 1888. S. 1—46; Engel, Der Preis der Arbeit. Berlin 1868; Hirsch, M., Die gegenseitigen Hilfskassen und die Gesetzgebung. Berlin 1875; Honigmann, H. St. Art. Arbeiterversicherung (Deutschland); Paasche, Das Gesetz betr. die Krankenversicherung vor dem Reichstage. Jahrbücher für Nationalökonomie und Statistik. Neue Folge. 7. Bd. Jena 1883. S. 345 f.; Derselbe, Das Unfallversicherungsgesetz vom 6. Juli 1884, seine Entstehung und sozialpolitische Bedeutung, a. a. O. 9. Bd. Jena 1884. S. 411 f.; Petersen, Das Gesetz betr. die Krankenversicherung der Arbeiter. Schmoller's Jahrbuch. 8. Bd. Leipzig 1884. S. 63 f.; Platter, Die geplante Alters- und Invalidenversicherung im Deutschen Reiche. Braun's Archiv. 5. Bd. Tübingen 1888. S. 7—42; Schäffle, Der korporative Hilfskassenzwang. Tübingen. 1. Aufl. 1882; Derselbe, Deutsche Kern- und Zeitfragen. Berlin 1894. S. 380—398; Schriften des Vereins für Sozialpolitik. XIX.

Aus den juristischen Bearbeitungen hervorzuheben: Rosin, Das Recht der Arbeiterversicherung. 1. Bd. Die reichsrechtlichen Grundlagen. Berlin 1893; ferner die Gesetzes-Ausgaben von v. Woedtke. Berlin 1892 und 1893.

Als der deutschen Arbeiterversicherungsfrage dienende Zeitschrift: Die Arbeiterversorgung, Zentralorgan für das gesamte Kranken-, Unfall-, Invaliditäts- und Alters-Versicherungswesen im Deutschen Reiche. Begründet von J. Schmitz, herausgegeben von Dr. P. Honigmann. Berlin (seit 1884).

9. Adler, G., H. St. Art. Sozialdemokratie. S. 723—725; Derselbe, Die Entwicklung der sozialistischen Programme in Deutschland. Jahrb. f. Nat. u. Stat. 3. Folge. 1. Bd. Jena 1891. S. 210—225; Bericht des Parteivorstandes an den Parteitag zu Köln 1893 (Vorwärts. Berlin 1893. Nrn. 245, 246, 247); Blum, H., Die Lügen unserer Sozialdemokratie. Wismar 1891. Besonders S. 88 f.; Braun, H., Zur Lage der deutschen Sozialdemokratie. Braun's Archiv. 6. Bd. Berlin 1893. S. 506 f.; Bourdeau, J., Le socialisme allemand. Paris 1892. S. 37—61, 126—161; Müller, H., Der Klassenkampf in der deutschen Sozialdemokratie. Zürich 1892; Die Organisationsfrage. Ein Beitrag zur Entwicklung der deutschen Gewerkschaftsbewegung. Herausgegeben von der Generalkommission der Gewerkschaften Deutschlands. Hamburg 1891; Protokolle über die Verhandlungen des Parteitages der sozialdemokratischen Partei Deutschlands. Abgehalten zu Halle a. S. vom 12.—18. Oktober 1890. Berlin 1890; Protokolle u. s. w. Abgehalten zu Erfurt vom 14.—20. Oktober 1891. Berlin 1891; Protokolle u. s. w. Abgehalten zu Köln vom 22.—28. Oktober 1893. Berlin 1893; Rümelin, Die Marx'sche Dialektik und ihr Einfluß auf die Taktik der Sozialdemokratie. Zeitschrift für die gesamte Staatswissenschaft. 50. Jahrgang. Tübingen 1894. S. 33—60; Vollmar, v., Über die nächsten Aufgaben der deutschen Sozialdemokratie. München 1891; Derselbe, Vom Optimismus. Münchener Post 1891. Nrn. 173, 174, 175; Wagner, A., Das neue sozialdemokratische Programm. Berlin 1892. Über die an den Kölner Parteitag sich anknüpfende Gewerkschaftsdebatte: Vorwärts 1893. Nrn. 259, 262, 263, 267, 270, 272, 273, 275.

Als Hauptorgane der Partei sind zu nennen: Vorwärts, Berliner Volksblatt. Zentralorgan der sozialdemokratischen Partei Deutschlands, seit 1884; Neue Zeit (redigiert von K. Kautsky). Stuttgart, seit 1883; Der Sozialdemokrat (redigiert von M. Schippel). Berlin, seit 1894.

Zweiter Teil.

Soziale Theorie und Kritik.

Erstes Kapitel.
Die Arbeiterfrage vom sittlichen Standpunkte.

1. Einleitung und Überblick.

Die Ausführungen des ersten Teiles haben Zeugnis abgelegt von dem steten Wachstume einer gewaltigen sozialen Bewegung. Dieselbe ist durchaus nicht beschränkt auf die Länder, für die sie dargelegt wurde. In Nord-Amerika, in den höher entwickelten englischen Kolonien, in Belgien und Italien, in Österreich und der Schweiz treten die gleichen Erscheinungen, wenn auch mit geringerer Ursprünglichkeit auf. In der erstgenannten Ländergruppe ist eben der englische Einfluß, in der zweiten der französische, in der dritten der deutsche mehr oder weniger maßgebend. Aber überall in den Staaten der westeuropäischen Kultur ist der helle frohe Sonnenglanz von der bürgerlich-kapitalistischen Gesellschaftsordnung gewichen, und sie liegt, von den schweren Wetterwolken des sozialen Problemes verdüstert, nur noch in fahlem Lichte da.

Bisher wurde eine kritische Prüfung der großen, leitenden Ideen dieses welthistorischen Umschwunges vermieden. Es galt vor allem den Leser bekannt zu machen mit den Thatsachen, durch welche die soziale Bewegung, der Emanzipationskampf des vierten Standes, gekennzeichnet wird. Nun tritt die Geschichte zurück und überläßt der wissenschaftlichen Kritik und Politik die weitere Führung. Es ist klar, daß der wissenschaftliche Standpunkt nicht mit demjenigen einer bestimmten Klasse oder einer Interessengruppe zusammenfallen kann. Wir können uns nicht ohne weiteres mit dem in der Bewegung kämpfenden Arbeiter identifizieren, dem das Interesse seiner Klasse als das des Ganzen erscheint, der von keinerlei Skepsis angekränkelt ist über die Berechtigung, eine „menschenwürdige" Existenz zu erringen, in dessen Augen die bürgerliche Welt, morsch und entartet, einer Verjüngung durch die gesunde Volks-

Kraft der Massen dringend bedarf. Ebenso wenig dürfen wir aber auch die soziale Bewegung einfach unter dem Gesichtswinkel betrachten, unter dem sie die Mehrheit der Besitzenden, insbesondere die unmittelbar von ihr betroffenen Arbeitgeber zu beurteilen pflegen: als eine Folge gewissen= loser Hetzereien, als den Ausfluß der faulen, neidischen und begehrlichen Instinkte der Massen, als das Grab von Zucht und Ordnung, von Kultur und Sitte.

Klimmen wir empor aus den dumpfen, trüben Niederungen des Parteigeistes in die klare, scharfe Luft der Höhen, die uns den Blick auf das Ganze eröffnen: untersuchen wir, so unbefangen als Menschen, welche dies aufrichtig wollen, nur sein können, zu= nächst die Beziehungen, die aus den großen, die Menschheit be= herrschenden Weltanschauungen und der sozialen Bewegung unserer Tage entspringen.

Da tritt uns zuerst eine religiöse Weltauffassung entgegen, die es leugnet, daß die materielle Wohlfahrt und der wirtschaftliche Fortschritt zum wahren Heile des Menschen ausschlagen. Die wirtschaftlichen Be= strebungen der arbeitenden Klassen erscheinen, von diesem Standpunkt aus, ebenso verkehrt als die maßlosen Befürchtungen der Besitzenden, eben infolge dieser Bestrebungen etwas von ihren Gütern einzubüßen. Irdisches Glück und irdische Wohlfahrt entfernen die unsterbliche Seele des Menschen von ihrem echten Ziele, von der Vorbereitung für das Leben im Jenseits, von der Annäherung an die überirdische Glückseligkeit und der Auflösung in Gott. Entbehrung und Entsagung, Bekämpfung der Sinnenlust und Unterdrückung aller selbstischen Regungen dagegen läutern den Menschen und geleiten ihn sicher auf dem steilen, schmalen Pfade zum Tempel des ewigen Lebens.

Und es ist eine merkwürdige Thatsache, daß der Buddhismus, also gerade die Religion, welche in der Verherrlichung der Askese und der Weltflucht noch weiter geht als selbst die katholische Kirche, das Christentum in Bezug auf die Zahl seiner Bekenner weit überragt. Entspricht die Verachtung irdischen Wohles nicht doch dem unver= fälschten, echten Wesen des Menschen? Ist das zügellose Hasten und Rasen der letzten Jahrhunderte nach Steigerung der materiellen Wohl= fahrt, sub specie aeternitatis betrachtet, vielleicht nichts denn eine grandiose Verirrung der westeuropäischen Kulturmenschheit?

Indes nicht nur Stifter von Religionen, auch zahlreiche Philosophen haben sich zu einer Auffassung durchgerungen, welche das Streben nach materieller Verbesserung für schädlich, gefährlich oder mindestens über= flüssig hält. Die menschlichen Bedürfnisse sind einer so ungeheuren Ent= wicklung fähig, daß der auf seinen Frieden bedachte Mensch, dessen

Fähigkeiten zur Befriedigung der Bedürfnisse immer beschränkte bleiben, besser daran thut, die Bedürfnisse einzuschränken und sie mit dem Stande der Befriedigungsmittel in Einklang zu bringen, als die Bedürfnisse zu steigern und die Kraft zu ihrer Befriedigung in einen hoffnungslosen Wettlauf mit ihnen treten zu lassen. Andere Weltweise heben die große Empfindlichkeit hervor, welche die Fortschritte der Kultur in den Menschen erzeugen. Wieder andere verweisen auf das Gesetz der Kontrastwirkung, infolgedessen unsere Nerven für eine bestimmte Erregungsweise um so empfänglicher werden, je mehr sie vorher der entgegengesetzten ausgesetzt gewesen sind. Wenn ein Teil der Menschheit hart arbeitet und manche Entbehrung erdulden muß, während ein anderer im Müßiggange und im Genusse schwelgt, so ist schließlich das Glücksgefühl des ersteren doch nicht geringer als das des letzteren. Ja dem Arbeiter erwächst aus der wohlverdienten Ruhe nach schwerer Tagesarbeit, aus der Sättigung nach lebhaftem Hunger eine viel intensivere Lustempfindung, als sie der im Genusse abgestumpfte Reiche selbst aus den raffiniertesten Vergnügungen ziehen kann. Warum also die Erhöhung der materiellen Wohlfahrt in den Brennpunkt des Wollens rücken, wenn Glück und Lust des Menschen so wenig mit seiner äußeren Lage zu schaffen haben, oder wenn gar die materiell höhere Lebenserfüllung die Lustgefühle schwächt?

Nein, ertönt es von anderer Seite, der Reichtum ist erstrebenswert, herrlich, ersprießlich, förderlich und glückverheißend, die Armut ist wirklich traurig, abstumpfend, widerwärtig, unheilbringend und verderblich. Aber es ist ein eitles und aussichtsloses Beginnen, gegen sie mittelst sozialer Reformen anzukämpfen. Die Natur selbst, gegen die wir machtlos sind, ist es, die auf die Erzeugung des Elendes hinarbeitet. Sie hat allen organischen Wesen den Trieb eingepflanzt, sich ins Grenzenlose zu vermehren, sich zu vermehren über die Mittel hinaus, die zu ihrer Erhaltung dienen. Dieser Trieb ist auch in die Menschheit gelegt worden, schwächer vielleicht als bei vielen Tiergeschlechtern, aber immerhin stark genug, um auch die Vermehrung der Menschen über die Schranken, welche die Unterhaltsmittel ziehen, hinaus zu drängen. Groß ist die Zahl menschlicher Wesen, die in das Leben streben, aber nur klein die Zahl derer, die sich erhalten und ausleben können. So ist es der Wille der Natur. Sie ist aristokratisch. Viele sind berufen, aber wenige auserwählt. Nicht daß Viele sich recht ausleben, sondern daß Einige zu höheren Lebensformen emporsteigen, ist die Absicht der Natur. Solange wenigstens die menschliche Gesellschaft nicht imstande ist, die Zunahme der Menschenzahl von dem Vorhandensein ausreichender Erhaltungsmittel abhängig zu machen, solange giebt es für die Gesell=

schaft nur die Wahl zwischen allgemeinem Elende und dem Elende einiger Menschenklassen. Gesetzt, die Gesellschaft würde sich eine Organisation geben, die allen ihren Gliedern dieselbe Existenzmöglichkeit böte, so würde die Volkszunahme in einem Maße emporschnellen, daß, trotz gleicher Verteilung des Produktionsertrages, alle bald in größerer Not sich befänden als heute die arbeitenden Klassen. Man mag die Härte der Natur beklagen, aber es bleibt uns nichts anderes übrig, als uns ihr zu beugen.

So dachten Malthus und seine Anhänger. Da kam Darwin und zeigte, wie der Kampf ums Dasein, zu dem die Überproduktion der Keime nötige, das wirksamste Prinzip des Fortschrittes in sich berge. Im Kampfe ums Dasein tragen die Tüchtigsten, diejenigen, welche sich den gegebenen Bedingungen am besten anzupassen verstehen, den Sieg davon. So vollzieht sich eine natürliche Auslese, deren günstige Wirkungen noch durch die Gesetze der Vererbung gehoben werden. In die Daseinskämpfe durch soziale Reformen einzugreifen, heißt den Fortschritt hemmen. Die künstliche Erhaltung und Förderung desjenigen, das sich nicht selbst behaupten kann, würde den Rückschritt des Ganzen und damit auch der niederen Schichten des Volkes bedeuten.

Unter dem Banne dieser naturwissenschaftlichen Weltanschauung, dieser naturwissenschaftlichen Denkformen, deren Hegemonie ein geistvoller Jurist als den Zopf des neunzehnten Jahrhunderts bezeichnet hat, erklärte Heinrich v. Treitschke: „Ohne die Anhäufung großer Reichtümer kann weder die Großindustrie noch die Blüte der Kunst gedeihen. Männer wie Wilhelm v. Humboldt, Friedrich Gentz und Heinrich Heine lassen sich nicht denken ohne Genüsse des Wohllebens. Solche Naturen haben ein Recht, sich den Boden zu erobern, der ihrer Begabung zusagt. Die Persönlichkeit eines gereisten, großen Volkes kommt nicht zur allseitigen Durchbildung ohne starke soziale Gegensätze." Es ist ihnen ein Zeichen „politisch müder" Zeiten, wenn die sozialen Ansprüche in den Vordergrund des Volkslebens treten.

Und nun erst Friedrich Nietzsche! „Jede Erhöhung des Typus ‚Mensch' war bisher das Werk einer aristokratischen Gesellschaft . . . Ohne das Pathos der Distanz, wie es aus dem eingefleischten Unterschied der Stände, aus dem beständigen Ausblick und Herabblick der herrschenden Kaste auf Unterthänige und Werkzeuge und aus ihrer ebenso beständigen Übung im Gehorchen und Befehlen, Nieder- und Fernhalten erwächst, könnte auch jenes andere geheimnisvollere Pathos gar nicht erwachsen, jenes Verlangen nach immer neuer Distanz-Erweiterung innerhalb der Seele selbst, die Herausbildung immer höherer, seltnerer, fernerer, weit gespannterer, umfänglicherer Zustände, kurz eben die Erhöhung des

Typus „Mensch"." Seine Vorrechte nicht behaupten, ist ein Zeichen des Niederganges. Eine gesunde Aristokratie darf nicht glauben, daß die Gesellschaft um der Gesellschaft willen da sei, „sondern nur als Unterbau und Gerüst, an dem sich eine ausgesuchte Art Wesen zu ihrer höheren Aufgabe und überhaupt zu einem höheren Sein empor= zuheben vermag: vergleichbar jenen sonnensüchtigen Kletterpflanzen auf Java, welche mit ihren Armen einen Eichbaum so lange und oft um= klammern, bis sie endlich hoch über ihm, aber auf ihn gestützt, in freiem Lichte ihre Krone entfalten und ihr Glück zur Schau tragen können." Die Enthaltung von Ausbeutung und Unterdrückung würde als Prinzip der Gesellschaft sich sofort als Das erweisen, was es ist: als Wille zur Verneinung des Lebens, als Auflösungs= und Verfalls= Prinzip. Darum keine größere Gefahr für die europäische Gesellschaft als die Überwucherung derselben durch das große Mitleid mit dem Menschen. „Fort mit dieser schädlichen Verweichlichung des Gefühles! Daß die Kranken nicht die Gesunden krank machen — und dies wäre eine solche Verweichlichung —, das sollte doch der oberste Gesichtspunkt auf Erden sein . . . . Oder wäre es etwa ihre Aufgabe, Krankenwärter oder Ärzte zu sein? . . . Aber sie könnten ihre Aufgabe gar nicht schlimmer verkennen und verleugnen, — das Höhere soll sich nicht zum Werkzeug des Niedrigen herabwürdigen, das Pathos der Distanz soll in alle Ewigkeit auch die Aufgaben auseinander halten! Ihr Recht, dazusein, das Vorrecht der Glocke mit vollem Klange vor der miß= tönigen, zersprungenen, ist ja ein tausendfach größeres: sie allein sind die Bürgen der Zukunft, sie allein sind verpflichtet für die Menschen= Zukunft." Die Herren sollen von dem entnervenden Prinzipe des „Gut" und „Böse" sich befreien und sich „jenseits von Gut und Böse" stellen. Sie sollen die Herrschaft ergreifen, die Massen unterjochen und für ihre Zwecke ausbeuten. Nur dann wird es gelingen, einen neuen, höheren, schöneren, mächtigeren Typus „Mensch" heranzubilden: den „Übermenschen". Die Parole vom „Wohle der Meisten" muß verlassen werden. Das „Wohl der Wenigsten" ist die Losung für eine bessere Zukunft.

Man sieht, auch wenn man das Lager derjenigen verläßt, die am Bestande der gegenwärtigen Zustände ein unmittelbares Interesse besitzen, fehlt es durchaus nicht an Gedankenkreisen, die der sozialen Reform entgegen sind, oder sie wenigstens als eine überaus gleichgiltige Sache erscheinen lassen. Ehe dazu geschritten werden kann, die Welt= anschauung zu entwickeln, auf Grund welcher die soziale Reform als die größte und dringendste Aufgabe unserer Zeit erscheint, ist es not= wendig, die Beweisgründe der vorgeführten Gegner zu widerlegen.

2. Kritik.

Was die im Christentum liegende Verachtung irdischen Wohlstandes betrifft, so ist sie mehr einzelnen Entwicklungsperioden und einzelnen Gruppen seiner Bekenner als dem Christentume selbst eigentümlich. Die Masse, selbst der strenggläubigen, fühlt sich durch die asketischen Ideale nicht gepackt, ihr Inneres ist ihrer Gewalt nicht unterthan. „Man hat," wie J. St. Mill bemerkt, „eine herkömmliche Achtung für ihren Klang, aber kein Gefühl, das von den Worten auf die bezeichneten Dinge übergeht, und die Seele zwingt, diese in sich aufzunehmen und den Formeln anzupassen." So verdammt auch die Sittenlehre selbst der katholischen Kirche durchaus nicht das Streben nach Wohlstand, sofern derselbe auf durchaus rechtmäßigem Wege erworben und zur sittlichen und geistigen Vervollkommnung des Eigentümers wie des Nächsten verwendet wird. An die Stelle der schroffen Verurteilung und Bekämpfung ist längst mehr und mehr die Betonung der sozialen Pflichten, die der Reichtum auferlegt, getreten. Man würde deshalb auch irre gehen, wenn man aus der weiten Verbreitung der christlichen Lehren auf eine dem Wesen des Menschen eigentümliche Neigung für asketische Ideale schließen wollte. Die herrschende Stellung, welche den Bekenntnissen zukommt, die die Askese mehr oder weniger verherrlichen, findet auf anderem Wege eine viel einfachere Erklärung. Man braucht sich nur zu vergegenwärtigen, welch' unendlicher Trost, wie viel Versöhnendes und Beruhigendes in diesen Religionen für die darbende Menschheit, und das ist ja die große Mehrheit des Menschengeschlechtes, dargeboten wird. Der Arme, Unterdrückte, Ausgebeutete und Leidende sieht den Weg zum Himmel offen. Nur zu oft entspricht seine thatsächliche Lebenshaltung den Idealen strengster Askese. Daß diese nicht freiwillig geübt wird, sondern unter dem Drucke der Verhältnisse erfolgt, kommt weniger zum Bewußtsein. Er weiß doch, daß ein Schiffstau eher durch ein Nadelöhr, als ein Reicher in den Himmel eingeht. Er ist durchdrungen von dem Glauben, daß seine irdischen Entbehrungen und Mühseligkeiten ihm von dem gerechten Schöpfer im seeligen Jenseits mehr als vergolten werden.

Wenn das Christentum die Armen und Verlassenen durch die Vertröstung auf das ewige Leben mit den gegebenen Zuständen auszusöhnen trachtet und insofern die Bedeutung sozialreformatorischer Bestrebungen herabdrückt, so enthält es doch auch wieder eine stattliche Reihe von Sätzen, die gerade, wie die ganze Geschichte beweist, den gesellschaftlichen Fortschritt ungemein gefördert haben und heute noch fördern. Man darf nie vergessen, daß die Grundsätze der Gleichheit, der Freiheit und der Brüderlichkeit auf dem Boden der christlichen

Die soziale Bedeutung des Christentumes.   143

Weltanschauung erwachsen sind. Ihr ist die Ausbreitung der Lehre von der Gotteskindschaft, der allgemeinen Liebe und Gleichheit unter den Kindern desselben Vaters, ihr die Lehre von der Unsterblichkeit aller Menschenseelen, von dem unendlichen Werte der einzelnen Persönlichkeit und der Verantwortlichkeit aller für einander zu verdanken. Sucht das Christentum dem Menschen auch die irdische Wohlfahrt als etwas verhältnismäßig Gleichgiltiges erscheinen zu lassen, so legt es doch kaum ein Gebot mehr ans Herz, als das, dem Nächsten nach Kräften beizustehen zu seinem zeitlichen und ewigen Wohle. Die Beseitigung der Sklaverei, die sittliche Anerkennung der Arbeit und die Einführung einer geordneten Armenpflege, das sind soziale Fortschritte von ungeheurer Tragweite gewesen, die zweifelsohne nur unter dem Einflusse des Christentums gemacht worden sind. Auch in der neueren Zeit sehen wir überall Vertreter des Christentums am Werke, weiteren sozialen Reformen die Wege zu ebnen. Nicht bloß in dem naheliegenden Sinne, daß den Bevorrechteten, Reichen und Mächtigen ihre Pflichten gegenüber ihren besitzlosen Mitbrüdern ins Gewissen gerufen würden, es wird vielmehr auch unmittelbar gegen die materiellen Notstände gekämpft, weil diese vielfach die Sittlichkeit des Volkes und damit das Heil unzähliger Seelen aufs schwerste bedrohen. Es wird Protest erhoben gegen die übermäßige Ausdehnung der Arbeitszeit, gegen die Sonntagsarbeit, gegen Frauen- und Kinderarbeit, gegen die niedrige Entlohnung, die eine menschenwürdige Lebenshaltung unmöglich macht, gegen die elenden Wohnungen, welche die Reinheit und den Segen des Familienlebens vernichten. Ja immer häufiger wird die Erklärung abgegeben, daß selbst eine sozialistische Wirtschaftsordnung nicht notwendig mit dem Geiste des Christentums unvereinbar wäre. Es erscheint unter diesen Umständen alles eher begreiflich als der Versuch, auf Grund des Christentums den Forderungen des sozialen Fortschrittes entgegen zu treten. Ein lebendiger, praktischer Christenglaube muß im Gegenteil zur eifrigen Unterstützung aller Bestrebungen führen, welche die Lage der arbeitenden Klassen verbessern. Wenn dessenungeachtet, wenigstens in Frankreich und Deutschland, die Arbeiterbewegung in einen scharfen Gegensatz zu den christlichen Kirchen getreten ist, so wird diese Erscheinung, soweit sie nicht einfach als materialistische Ausschreitung gelten darf, nur durch die antisoziale und volksfeindliche Haltung, die sich viele Vertreter der offiziellen Kirchen haben zu Schulden kommen lassen, nicht aber durch den wahren Geist der Lehre und ihres erhabenen Stifters erklärt werden können.

Wir kommen zu den Einwürfen, welche gegen soziale Bestrebungen deswegen erhoben werden, weil der Mensch, um glücklich zu werden, nicht seine Bedürfnisse zu erweitern, sondern einzuschränken habe. Hier wird zu unterscheiden sein zwischen sinnlichen und geistigen Bedürfnissen.

Eine Reihe von sinnlichen Bedürfnissen ist dem Menschen durch die Natur eingepflanzt; sie lassen sich nur auf Kosten der körperlichen Entwicklung und Gesundheit zurückdrängen. Daß in einer solchen Zurückdrängung das wahre Glück des Menschen zu suchen sei, wird der gesunde Menschenverstand beharrlich leugnen. Er wird als vernünftige Genügsamkeit nur diejenige ansehen, die in einer einfachen, naturgemäßen, aber ausreichenden Befriedigung aller elementaren physischen Lebensbedürfnisse besteht. Nach dem Zeugnisse unserer Einkommens-, Entlohnungs-, Ernährungs-, Wohnungs- und Sterblichkeitsstatistik kann aber mit dem Hinweise auf diese Genügsamkeit nur den Besitzenden, nicht den in der sozialen Bewegung stehenden Arbeitern entgegengetreten werden. Für letztere ist leider die einfache, aber ausreichende Befriedigung der elementaren Lebensbedürfnisse noch lange nicht durchaus sichergestellt. Erst in den über die Mittelstände sich erhebenden Klassen macht sich ein immer raffinierterer materieller Lebensgenuß breit, dessen Ersprießlichkeit für Glück, Frieden und höhere Entwicklung derer, die ihn pflegen, allerdings in Frage gestellt werden kann. Es scheint uns somit auch der Wert der Genügsamkeit nicht gegen die arbeitenden Klassen, sondern nur gegen diejenigen, die trotz großer eigener Mittel selbst den kleinsten materiellen Konzessionen widerstreben, in Anschlag gebracht werden zu können.

Was aber die geistigen Bedürfnisse angeht, so ist eine Zurückdämmung derselben gleichbedeutend mit einem Rückschritte unserer ganzen intellektuellen Kultur. Gerade der ungeheuren Ausdehnungsfähigkeit und Mannigfaltigkeit der geistigen Bedürfnisse verdankt die Menschheit alles, was sie im Laufe der Zeiten errungen, und was sie so unendlich hoch über das animalische und vegetative Leben erhoben hat. Ob dadurch die Menschen gerade glücklicher im gemeinen Verstande des Wortes geworden sind, mag dahin gestellt bleiben. Jedenfalls wird die Zunahme des Glückes auch nicht bestimmt in Abrede gestellt werden können. Unsere modernen Pessimisten lieben es, einseitig nur die durch die Kultur gesteigerte Empfindlichkeit gegen Leiden zu unterstreichen, während es sich doch wohl um eine gesteigerte Empfänglichkeit überhaupt handelt, die Freud' wie Leid gegenüber zum Ausdrucke kommt.

Ungleich häufiger noch, als auf die eben besprochenen Anschauungen, wird die Skepsis gegenüber der sozialen Reform auf die Gesetze der Kontrastwirkungen gegründet. Mit Recht hat hier schon Friedrich Albert Lange betont, man dürfe keineswegs das Lustgefühl, das aus der Befriedigung eines Bedürfnisses erwächst, proportional dem Unlustgefühlte betrachten, das die Versagung des betreffenden Bedürfnisses hervorruft. Das Unlustgefühl, welches durch stundenlanges Hungern oder Dürsten entsteht, wird nicht durch das Lustgefühl, welches die redlich erfolgte Befriedigung bedingt, aufgewogen. „Ich glaube nicht," schreibt der genannte Philosoph, „daß das Herz einer Londoner Näherin, die dem einförmigen Werk ihrer Nadel kaum einige Stunden Schlaf entziehen kann, jemals, wenn sie auch plötzlich aus all' ihrem Unglücke gerissen wird, eines solchen Übermaßes von Glück fähig ist, wie das eines gesunden und frischen jungen Mädchens, welches nach einigen Monaten banger Erwartung, ohne je eine andere Not gekannt zu haben, den Geliebten umarmt, der der Gegenstand ihrer Sehnsucht war . . . Man wird einräumen müssen, daß Personen, welche in einer geschützten Lebensart ohne entnervende Verweichlichung aufwachsen, im allgemeinen feinerer und edlerer Genüsse fähig sind, als die, welche von Jugend auf unter dem Drucke harter Arbeit seufzen, und es ist kaum wegzuleugnen, daß darin, vorausgesetzt, daß sie die Mittel haben, sich diese Genüsse zu bereiten, auch ein Glück liegt, welches sich nicht jeder verschaffen kann. Der Wechsel von Arbeit und Erholung bringt allerdings sowohl für den armen Tagelöhner einen Genuß mit sich, wenn er nach zwölfstündigem Tagewerke in seine enge und niedere Hütte zurückkehrt, als auch für den höheren Beamten, der bei guter Tageszeit sein Bureau verläßt, um einen Spaziergang durch Gottes freie Natur zu machen und dann den Abend im Theater oder in einer angenehmen Gesellschaft zuzubringen. Kann man aber wohl dem Tagelöhner, wenn er sein Glück viel geringer findet, als das des Beamten, einen großen Irrtum vorwerfen? Nein, denn der Kontrast thut zwar viel, aber er thut eben noch lange nicht Alles. Die äußeren Glücksgüter sind nicht mit dem Glücke zu verwechseln, und ihr beständiges, gleichmäßiges Übermaß kann sogar Stumpfsinn und Überdruß hervorbringen; allein im Durchschnitte darf durchaus nicht verkannt werden, daß auch ihr absolutes Maß sehr wesentlich dazu beiträgt, die Summe und Lebhaftigkeit glücklicher Gefühle zu steigern, und daß ihr Fehlen das Glück des Menschen in jedem Falle vermindert . . . . . . Wir wissen recht gut, daß ein gewisser Grad von Entbehrung dazu beitragen kann, den Körper gesund und elastisch in allen seinen Funktionen zu erhalten: daß bedeutende Anstrengungen durch Erholung und Nahrung nicht nur ausgeglichen werden, sondern daß der durch sie erregte Stoffwechsel auch einen Überschuß abwirft, daß die lebhaft thätigen Organe sich stärker entwickeln und das gesamte Befinden des Organismus vollkommener wird als bei träger Ruhe. Wir wissen aber nicht minder, daß es ein Übermaß von Anstrengung und Entbehrung giebt, bei welchem plötzlich das

Gegenteil eintritt, bei welchem die Kräfte schwinden, der Stoffwechsel einen Rückschlag statt des Zuwachses ergiebt, die Lebensdauer verkürzt wird und der verkümmerte Organismus einem frühzeitigen Siechtume verfällt. Haben wir nun nicht guten Grund anzunehmen, daß diesen Erscheinungen des physischen Lebens ähnliche Vorgänge im Gemütsleben entsprechen? Man mag die Wollust noch so hoch anschlagen, mit welcher ein Arbeiter, nachdem er seine 13 Stunden im dumpfen Kerker der Fabrik zugebracht hat, daheim sein kümmerliches Abendbrot verzehrt. Es muß doch — abgesehen von dem bedeutenden Prozentteile von Lebensstunden, welche die mühsame und langweilige Arbeit ausfüllt — es muß doch auch innerlich, im Bewußtsein, ein Unterschied sein zwischen diesen Menschen mit vergrämten Zügen und verkümmertem Körperbau und jenen wohlgenährten, Zufriedenheit strotzenden Figuren, die uns in den wohlhabenden Klassen so oft begegnen . . . Einer der wichtigsten Punkte ist aber endlich der natürliche Einfluß der **Vergleichung**, welche jeder Mensch beständig unwillkürlich zwischen seinem eigenen Zustande und dem seines Nebenmenschen anstellt. Es ist klar, daß diese Vergleichung nicht so vollkommen sein kann, als könnte sich Einer in die Seele des Andern versetzen und mit dessen Organen die Lage desselben beurteilen. Wir bilden uns unsere Vorstellung vom Glücke des Andern zunächst stets, indem wir die äußern Umstände, in denen er lebt, wahrnehmen, und an diese **unseren eigenen Maßstab anlegen**. So denkt sich namentlich der Arme das Glück des Reichen größer, als es in Wahrheit ist, weil für ihn selbst alle jene Genüsse, die er noch niemals gekostet hat, einen weit stärkeren Reiz haben, und weil ihm sein eigener Zustand neben jenem als ein Zustand beständiger Entbehrung erscheint . . . Es heißt gar nichts, wenn man ein solches aus der Vergleichung hervorgehendes Bewußtsein schlechthin als Neid bezeichnet und dann darüber hinweg zu sein glaubt. Der Sozialpolitiker muß solche Gefühle in Rechnung ziehen . . . Es genügt, ihr Vorhandensein zu konstatieren, um daraus den Schluß zu ziehen, daß eine übertriebene Differenz in der Lebenslage der Individuen mit Notwendigkeit eine geringere Gesamtsumme von Glück ergiebt, als annähernd gleiche Verhältnisse, in welchen sich nicht eine Minderzahl unnatürlich gehoben und eine Mehrzahl schwer gedrückt fühlt. Wir lassen aber die weitere psychologische Ausführung dieses Satzes dahin gestellt, um zunächst an die einfache Wahrheit zu erinnern, daß die oben entwickelten Sätze über das Glück auch eine **umgekehrte Anwendung** gestatten, als die, welche man gewöhnlich zu machen pflegt. Statt nämlich aus ihnen zu schließen, daß die Entbehrungen des Armen seinem Glücke nicht im Wege stehen, und daß daher Alles so gut ist,

wie es in der Welt einmal ist, kann man auch den umgekehrten Schluß
machen, daß die Genüsse der höheren Kultur und des Wohllebens dem
Glücke nichts Wesentliches zusetzen, und daß man daher auf
sie verzichten sollte, sobald sich dies aus anderen Gründen
als wünschenswert herausstellt."

Aber ist es denn überhaupt nur möglich, den Massen der Arbeiter
des Volkes ein besseres Los zu bescheiden? Wir wissen, daß die An=
hänger von Malthus die Möglichkeit in Abrede stellen, solange nicht
eine erhebliche Einschränkung in der Zunahme der Bevölkerung eintritt.
Die soziale Verbesserung würde sonst bald im Strudel der durch sie
bedingten Übervölkerung versinken.

Selbst zugegeben, daß das Elend die Volkszunahme hemmt, und
die soziale Reform sie beschleunigt, was nicht erwiesen ist, so kann im
Hinblick auf die ungeheueren Gebiete, mit deren Verwertung noch kaum
ein Anfang gemacht ist, und die enorme Steigerung der Produktivität,
welche schon die allgemeine Anwendung aller bereits gemachten technischen
Fortschritte zur Folge haben würde, für absehbare Zeiten die Über=
völkerung ebenso wenig als eine reelle Gefahr anerkannt werden, als
wir die verschiedenen Ereignisse im Weltenraume, die nach der Behauptung
gewisser Propheten den Untergang unserer Erde herbeiführen könnten,
ernst zu nehmen pflegen. So häufig die Notlage einer Familie aus
allzureichem Kindersegen entspringen mag, so leicht innerhalb engerer
Kreise eine Übervölkerung eintreten kann, die Wurzel des Massenelendes
ist in den Thatsachen der Bevölkerungszunahme nicht zu finden. Diese
Erkenntnis erscheint unseres Erachtens sich um so fester zu begründen,
je besser wir den verwickelten Organismus unserer Volkswirtschaft
erfassen lernen. Vielleicht war die Volkszunahme der gewaltigste Motor
im Getriebe des menschlichen Fortschrittes. Die Volksvermehrung zwingt
uns unter Bedrohung mit wachsender Not zur steten Vervollkommnung
unserer sozialen, technischen und wirtschaftlichen Verfassung, aber sie
zwingt die Menschen nie in absoluter Weise, ihren Nacken dem Joche
des Menschenelendes zu beugen.

Die soziale Reform ist daher keine Sisyphus= und Danaidenarbeit.
Ebenso wenig bildet sie aber auch eine Gefahr für die natürliche Aus=
lese, für die fortschreitende Entwicklung durch den Kampf ums Dasein
im Sinne der Darwinisten. Wir wollen uns nicht damit aufhalten,
die Berechtigung der von dieser Seite aufgestellten Analogien überhaupt
in Zweifel zu ziehen. Allein wir müssen fragen: besitzen wir denn
wirklich einen freien Wettbewerb, einen freien Kampf ums Dasein, der
nur zwischen einzelnen äußerlich gleich ausgestatteten Individuen sich
vollzieht? War es Zeichen geringerer Tüchtigkeit, wenn der Christ, der

mit einem Stäbchen bewaffnet, in der Arena den Kampf mit wilden Bestien aufzunehmen hatte, unterlag? Ist es ein Zeichen geringerer Tüchtigkeit, wenn der Fußgänger im Wettlaufe mit dem Reiter auf einem englischen Renner zurückbleibt? Ist es schon ein Zeichen größerer Tüchtigkeit, wenn eine Handvoll Europäer mit Repetiergewehren ein Heer von pfeilschießenden Afrikanern vernichtet? Und ist etwa der Kampf zwischen dem kleinen Bäuerlein und dem Latifundienbesitzer, zwischen dem Hausweber und dem Fabrikanten, zwischen dem Armen und dem Reichen weniger ungleich? In einer Gesellschaftsordnung mit Eigentum und Erbrecht, in deren Eigentumsverteilung überdies die Spuren der Gewalt noch so deutlich zu erkennen sind, wie in der unseren, scheint es uns ein schlechter Spaß zu sein, von einem freien wirtschaftlichen Wettbewerbe, einem ehrlichen Kampfe ums wirtschaftliche Dasein sprechen und diese Ordnung mit dem Hinweis auf seine ausgezeichneten Wirkungen vor sozialen Reformen bewahren zu wollen.

Aber angenommen selbst, wir hätten einen thatsächlich freien Daseinskampf in unserem Wirtschaftsleben. Wer würde emporkommen? In welchem Sinne würde sich nach den Prinzipien der natürlichen Auslese und der Vererbung die Entwicklung vollziehen?

Emporkommen würde, — das zeigen die Vereinigten Staaten, wo die gemachte Voraussetzung einigermaßen zutrifft — wer in den Künsten des Gelderwerbes die größten Fähigkeiten besäße. Sind diese Künste wirklich die Quintessenz der Menschlichkeit? Ist es ein Ideal, ausschließlich diese Fähigkeiten im Menschengeschlechte zur höchsten Vollendung zu bringen, eine Nation von „citymen", „smart fellows" und Yankees zu züchten? Soll der Darwinismus zur Beurteilung sozialer Verfassungsfragen verwertet werden, dann spricht er gewiß ebenso sehr gegen die gegebenen Zustände wie gegen die öde künstliche Nivellierung, welche manchem Sozialisten vorschweben mag. Er legt uns vielmehr die Verpflichtung auf, eine gesellschaftliche Organisation anzustreben, innerhalb deren der Kampf ums Dasein so waltet, daß er zur Verstärkung und Ausbreitung derjenigen menschlichen Eigenschaften führt, die als die edelsten und besten gelten.

Und bedürfen nach Malthus und den darwinistischen Sozialpolitikern ein Treitschke und ein Nietzsche noch der eingehenden Erörterung? Nur wer der Berührung mit dem Leben der unteren und mittleren Schichten des Volkes ängstlich ausgewichen ist, kann wahre Gemüts- und Geistesbildung, die natürlich nicht mit Formensicherheit und äußerem Schliff zusammenfällt, für ein Monopol der durch Macht und Reichtum ausgezeichneten Gesellschaft halten. Gerade dasjenige, was wir unter die höchsten Errungenschaften unserer intellektuellen Kultur rechnen, verdanken wir zumeist Männern, die, aus dürftigen Verhältnissen stammend, zeitlebens die Schwelle eines bescheidenen Wohlstandes kaum erreicht haben. Man denke an den Brillenschleifer Spinoza, an den Bergmannssohn Luther, an den Sattlersohn Kant, an das Leineweberkind Fichte, an Gauß, an Lessing, Schiller, Grillparzer, Haydn, Mozart, Beethoven und Schubert, an Albrecht Dürer, an die Menge blutarmer Entdecker und Erfinder. Aber kein Lied, kein Heldenbuch nennt uns die Namen derjenigen, deren herrliche Anlagen durch die jämmerliche Sorge um des Leibes Notdurft vernichtet worden sind, noch ehe sie zur Entfaltung kommen konnten. Will man sich schon einmal in Einseitigkeiten und Übertreibungen ergehen, dann wird man noch eher das Wort Jean Paul's unterschreiben: „Reichtum belastet mehr das Talent als Armut — unter Goldbergen und Thronen liegt vielleicht mancher geistige Riese begraben."

Mit Nietzsche läßt sich kaum rechten. Zwischen sozialreformatorischen Bestrebungen, Demokratie, Sozialismus und Anarchismus lohnt es ihm nicht der Mühe, zu unterscheiden. Von dem Geiste, von den Zielpunkten dieser Strömungen weiß er so wenig, daß er glaubt, es handle sich nur um ein „allgemeines grüne Weide=Glück der Herde, mit Sicherheit, Ungefährlichkeit, Behagen, Erleichterung des Lebens für jedermann". Gewiß, es soll die Arbeit, die der Erhaltung des Daseins zu widmen ist, erleichtert werden, aber doch nur deshalb, um möglichst viele Kräfte für die höheren und edleren Bestrebungen freizumachen. Auch der Freund des sozialen Fortschrittes will große, vornehme, edle, starke, „freie, sehr freie" Seelen, aber er glaubt dieses Ziel um so besser zu erreichen, je mehr es die soziale und wirtschaftliche Organisation verhütet, daß hoffnungsvolle Keime in zu fettem, üppigen Boden entarten oder auf steinigem verkümmern, daß das Fünkchen, das zur herrlichen, leuchtenden Flamme emporlodern könnte, in den Regenschauern des Elendes verlösche.

Nicht beseitigt soll eine jede Aristokratie werden; sie soll sich aber nicht auf Grund ererbter Vorteile und künstlicher Vorrechte, sondern auf Grund der eigenen Leistungen erheben.

Im übrigen dürfte es dem, der ein offenes Auge für die sozialpolitischen Vorgänge besitzt, schwer fallen, das Übermaß der Verzärtelung, der Verweichlichung und des Mitleides auf Seiten der oberen Klassen zu entdecken, das Nietzsche an der Zukunft der europäischen Menschheit fast verzweifeln läßt. Uns will es scheinen, als ob das Verhalten der Grubenbarone bei der Beratung der preußischen Berggesetznovelle, das Verhalten der Großgrundbesitzer in der Frage der Getreidezölle, das Verhalten der Industriellen=Verbände gegenüber den Gewerkschaften der Arbeiter selbst den hohen Ansprüchen, die Nietzsche in Bezug auf Rücksichtslosigkeit stellt, genügen könnte. Die Zeiten, in denen ein Regent, Papst Gregor der Große, sich voll Scham in seine Gemächer einschloß und durch einige Tage nicht wagte, als Priester vor den Altar zu treten, weil in einer Straße Roms ein Bettler Hungers gestorben war, sind längst dahin.

Wäre aber, wie Nietzsche meint, die soziale Härte der beste Boden für die Entwicklung der „Übermenschen", so müßten solche in ziemlicher Zahl bereits vorhanden sein. Dagegen sieht Nietzsche bekanntlich überall und namentlich in den oberen Schichten der Gesellschaft nur Zeichen der Decadence. Wir können im allgemeinen auch von dieser Decadence, von der Abnahme des Willens zur Macht, der Verneinung des Daseins wenig entdecken. Die bevorrechteten Klassen halten, wie bemerkt, sehr zähe an ihren Sondervorteilen fest, und wenn eine gewisse Abnahme ihrer Macht eingetreten ist, so entspringt diese Abnahme ganz gewiß nicht einer Abschwächung des Willens zur Macht, einer freiwilligen, gutmütigen Hingabe der Ausnahmestellung. Der Wille zur Macht ist ganz unversehrt, aber auch in anderen Schichten der Gesellschaft ist eben der Wille zur Macht lebendiger geworden und hat die Macht der Aristokratie etwas eingeschränkt. Gerade das Wachstum der ganzen sozialen Bewegung scheint uns für die Ausbreitung des Willens zur Macht den besten Beweis zu liefern. Treffend führt ein Schriftsteller, der tief in die Seele des emporstrebenden Arbeiterstandes geblickt hat, Pastor Göhre, aus: „Die Lohnfrage (also nach Nietzsche das „allgemeine grüne Weideglück") ist nach allen meinen Erfahrungen nur einer, nicht einmal der bedeutendste, gewöhnlich nur der anstoß=, keinesfalls der ausschlaggebende Faktor der Bewegung..... Es ist der heiße Wunsch, in dieser nahenden neuen wirtschaftlichen Ordnung nicht bloß mehr die stummen, ausführenden, gedankenlosen Werkzeuge eines höheren Willens, nicht nur gehorsame Menschen, sondern kraftvoll und originell mitwirkende Menschen, nicht nur Hände, sondern auch Köpfe zu sein. Es ist der unaufhaltsame Drang nach größerer geistiger Freiheit, das Verlangen nach den Gütern der Bildung und des Wissens und nach voller Klarheit auch über die höchsten und tiefsten Probleme der Menschenseele, die heute wieder trotz aller Jagd nach Gold und Glanz als neue Rätsel in neuen Gestalten vor der Menschheit emportauchen." Und ein Zeitalter, in dem der glühende Durst, das herzhafte, der Gefahr trotzbietende Ringen und Kämpfen nach Macht und Wissen auch die untersten Schichten der Gesellschaftspyramide erfaßt hat, soll eine Epoche des Niederganges darstellen?

3. Die Bestimmung der Menschheit.

Von der Kritik gehen wir zur positiven Darstellung über. Worin besteht die Bestimmung der Menschheit, und ist die soziale Reformbewegung geeignet, die Erreichung der idealen Ziele der menschheitlichen Entwicklung zu fördern?

Worin besteht die Aufgabe der Menschheit? Das ist die Frage, die schließlich jeden einmal mit elementarer Wucht erfaßt, und um deren Lösung gerade die Höchstentwickelten und Besten am meisten sich bemüht haben. Allein je weiter die Kritik des menschlichen Erkenntnisvermögens vorschreitet, desto mehr gelangen wir zu der Überzeugung, daß das menschliche Wissen zur Beantwortung dieses höchsten Problems, das wir uns stellen können, niemals ausreichen wird. Das Wissen bedarf der Hilfe und Unterstützung durch die Stimme des Gewissens, durch den Glauben.

Das geläuterte Gewissen aber ruft uns, wenn wir die Welt betrachten, zu: So kann, so darf es nicht bleiben. Die Menschen müssen sittlich und geistig vollkommener werden. In der Lage der Menschheit, wie sie gegenwärtig ist, kann unmöglich schon die Bestimmung des Menschengeschlechts erreicht sein. Unausrottbar und unvertilgbar lebt in uns die Sehnsucht nach einer besseren Welt, und nur dann, wenn wir die gegebenen Verhältnisse als eine notwendige Durchgangsstufe, die ein höheres und vollkommeneres Dasein vorbereitet, ansehen, vermögen wir sie zu ertragen. Die Zustände gelten uns aber um so vollkommener und besser, je mehr die Menschen sich in Übereinstimmung mit ihrer Vernunft, mit sich selbst setzen und die äußere Natur ihrer Herrschaft unterwerfen. Das ist unsere Bestimmung, der Zweck unseres irdischen Lebens. In der That, um mit Fichte zu sprechen, „soll nicht das ganze menschliche Leben sich verwandeln in ein Schauspiel für einen bösartigen Geist, der den Armen dieses unvertilgbare Streben nach dem Unvergänglichen einpflanzte, bloß um sich an ihrem unaufhörlichen Ringen nach dem, was sie unaufhörlich flieht, an ihrem jedesmal wiederholten Haschen nach dem, was ihnen abermals entschlüpfen wird, an ihrem rastlosen Herumtreiben im stets wiederkehrenden Kreise zu belustigen, und ihres Ernstes beim abgeschmackten Possenspiel zu lachen; soll nicht der Weise, der dieses Spiel bald durchschauen und den es verdrießen wird, seine Rolle in demselben fortzuführen, das Leben von sich werfen, und der Augenblick des Erwachens zur Vernunft der Augenblick des irdischen Todes werden: so muß jener Zweck erreicht werden."

Dieser Glaube findet überdies in der unbefangenen Betrachtung des bisherigen Werdeganges der Menschheit eine feste Stütze. Die ganze Geschichte tritt nicht nur als Zeuge für den in der Menschheit liegenden Trieb nach Vervollkommnung auf, sondern sie lehrt auch klar und deutlich, daß dieses Streben dem Menschen nicht vergeblich eingepflanzt worden ist, daß er zu einer sich steigernden Freiheit des Menschen, zu einer sich steigernden Herrschaft des Menschen über die Natur in Wirklichkeit geführt hat, und daß, indem ein immer größerer Bruchteil der Menschheit seine Anerkennung als Selbstzweck durchsetzte, auch die Segnungen der Kultur immer breiteren Schichten zu statten gekommen sind.

Betrachten wir es als unser Ziel, einem stetig wachsenden Bruchteile des Menschengeschlechtes die Entwicklung zur vollentfalteten Eigenart, zur freien Ausbildung aller seiner Kräfte und Anlagen zu ermöglichen, so erhebt sich jetzt die Frage nach den wirtschaftlichen Voraussetzungen, nach der wirtschaftlichen Verfassung, die in Gegenwart und absehbarer Zukunft die Annäherung an dieses Ziel am sichersten in Aussicht stellen.

Alle bisher gemachten Erfahrungen deuten darauf hin, daß im allgemeinen bescheidene Wohlstandsverhältnisse der geistigen, sittlichen und körperlichen Entwicklung des Menschen am günstigsten, Not und Überfluß aber am verderblichsten sind. Weitaus die erfreulichsten Züge weisen diejenigen Perioden in der Völkergeschichte auf, in denen ein breiter Mittelstand vorhanden war. Es sind die sogenannten organischen, positiven, aufbauenden Epochen in der Geschichte der Menschheit. Da zeigt sich eine glückliche Vereinigung von Arbeit und Genuß, von Rechten und Pflichten, ein offener Blick für den gesunden Fortschritt; da finden wir eine lebhafte und allgemeine Teilnahme an öffentlichen Dingen, eine hohe Blüte der im Dienste der öffentlichen und privaten Körperschaften wirkenden Kunst. Das ist der Boden für wahre politische Freiheit, für eine tüchtige Selbstverwaltung. Da ist eine breite Brücke zwischen Arm und Reich geschlagen, welche den zwischen ihnen befindlichen Abstand dem Bewußtsein entrückt. Die oberen Klassen ergänzen sich leicht aus den unteren, und die zahlreichen Zwischenglieder sorgen dafür, daß die Kulturerrungenschaften der Spitzen der Gesellschaft sich allmählich auch erstrecken auf die breiten Massen des Volkes. Da ist nicht zu besorgen, daß von der Natur reich ausgestattete Individuen unter dem Drucke des Elendes verkommen oder im üppigen Reichtume erschlaffen. Die Volkswirtschaft gedeiht und blüht. Produktion und Konsumtion halten einander das Gleichgewicht. Die Arbeit der Gesellschaft findet einen kaufkräftigen Markt in der Heimat. Der wirtschaftliche Kreislauf vollzieht sich ohne ernste Reibungen und Störungen.

Welche ökonomische Verfassung ist also imstande, uns derartigen Zuständen in Zukunft wieder näher zu bringen: der Liberalismus oder der Kommunismus?

Anmerkungen.

1. Über den asketischen Zug im Christentum: Kambli, Die sozialen Parteien und unsere Stellung zu ihnen. St. Gallen 1887. S. 222 f.; Paulsen, Ethik. 2. Aufl. Berlin 1891. S. 56 f.

Über asketische Ideale überhaupt auch: Nietzsche, Fr., Zur Genealogie der Moral. 2. Aufl. Berlin 1892. S. 95—182.

Über den Pessimismus: Paulsen, a. a. O. S. 227 f.

Über die Gesetze der Kontrastwirkung: Lange, Fr. A., Die Arbeiterfrage, ihre Bedeutung für Gegenwart und Zukunft. 4. Aufl. Winterthur 1879. S. 116 f.

Über den malthusisch darwinistischen Standpunkt vergleiche man die reiche Malthus=Litteratur überhaupt, von der Elster's Art. im H. St. Bevölkerungs= lehre und Bevölkerungspolitik S. 484 f. eine gute Übersicht bietet. Ferner Knapp, Darwin u. d. Sozialwissenschaften. Jahrb. f. Nat. u. Stat. 18. Bd.; Neurath, W., Volkswirtschaftliche und sozialphilosophische Essays. Wien 1880. S. 51 f.; Treitschke, H. v., Der Sozialismus und seine Gönner. Berlin 1875; Ziegler, H. E., Die Naturwissenschaft und die sozialdemokratische Theorie. Stuttgart 1894. S. 116 ff.

Nietzsche's sozialphilosophische Ansichten besonders in „Jenseits von Gut und Böse". 3. Aufl. Leipzig 1894. S. 52, 66, 134 f.; Zur Genealogie der Moral. 2. Aufl. Leipzig 1892. S. 1—39, S. 132—136.

2. Man vergleiche das früher S. 103—107 über die evangelische und katholische Sozialpolitik Gesagte und die entsprechenden Litteraturangaben S. 132.

Im übrigen: Lange, a. a. O. S. 1—82, S. 120 f.; Mangoldt, K. v., Die Entfremdung der Stände und ihre Folgen. Deutsche Revue. 19. Jahrgang. Breslau 1894. S. 98—109; Neue Zeit. 9. Jahrgang. Stuttgart 1891. S. 171 f. (Dazu auch Bourdeau, Le socialisme allemand. Paris 1892. S. 107, 108); Ritchie, David G., Darwinism and Politics. London 1891; Schäffle, Bau und Leben des sozialen Körpers. Tübingen 181. Insbesondere Bd. 2; Derselbe, Deutsche Kern= und Zeitfragen. Berlin 1894. S. 6—79; Wagner, Ad., Lehr= und Handbuch der politischen Ökonomie. Erster Teil. Grundlegung. 2. Halbband. Leipzig 1893. S. 814—815.

Über und gegen Nietzsche: Adler, G., Fr. Nietzsche, der Sozialphilosoph der Aristokratie. Nord und Süd. 14. Jahrgang. Breslau 1891. S. 224 f.; Brandes, Aristokratischer Radikalismus. Deutsche Rundschau. 1890. 63. Bd. S. 52; Eisner, K., Psychopathia spiritualis. Leipzig 1892; Schellwien, M. Stirner und Fr. Nietzsche. Leipzig 1892; Stein, L., Fr. Nietzsche's Weltanschauung und ihre Gefahren. Berlin 1893.

3. Brentano, Die gewerbliche Arbeiterfrage in Schönberg's Handbuch der politischen Ökonomie. 1. Aufl. Tübingen 1882. S. 905—907; Fabian Essays

in Socialism. London 1889. S. 123 f.; **Fichte**, Die Bestimmung des Menschen, herausgegeben von K. Kehrbach. Leipzig (Reclam). Insbesondere S. 104 f.; **Gronland Lawrence**, Our Destiny. Boston 1890; **Hertner**, Über Erhaltung und Verstärkung der Mittelklasse. Zeitschrift für Volkswirtschaft, Sozialpolitik und Verwaltung. Wien 1893. S. 200 f.; J. St. **Mill's** Ges. Werke, herausgegeben von Gomperz. 9. Bd. August Comte und der Positivismus. Leipzig 1874; **Paulsen**, a. a. O. S. 445 f.; **Schmoller**, J., Fichte, eine ethisch-national=ökonomische Studie. Jahrbücher für Nationalökonomie und Statistik. 5. Bd. Jena 1865; **Derselbe**, Über einige Grundfragen des Rechtes und der Volks=wirtschaft. 2. Aufl. Jena 1875; **Derselbe**, Zur Sozial= und Gewerbepolitik der Gegenwart. Leipzig 1890. S. 204 f.; **Wolf**, J., Sozialismus und kapitalistische Gesellschaftsordnung. Stuttgart 1892. S. 97—110; **Ziegler**, Th., Die soziale Frage eine sittliche Frage. 3. Aufl. Stuttgart 1891.

Zweites Kapitel.

Der Liberalismus.

1. **Die ursprünglichen Grundgedanken des Liberalismus.**
Die aufgeklärten Geister des vorigen Jahrhunderts waren von der Überzeugung erfüllt, daß ein höchstes Wesen die Welt zu dem Zwecke der irdischen Beglückung der Menschheit erschaffen habe. Die Menschen und ihre Triebe sind von Natur aus gut, da Gott, der nur Gutes wollen kann, sie ins Leben gerufen hat. Wenn die Betrachtung der thatsächlichen Zustände so viel Unglück, Bosheit, Verkehrtheit und Unkultur aufweist, so kommt das nur daher, daß die Menschen ihre Verhältnisse nicht nach den von Gott gegebenen natürlichen Gesetzen sich entwickeln lassen. Die ganze künstliche Ordnung, die im Laufe der Zeiten im Widerspruche mit jenen Gesetzen aufgerichtet worden ist, muß deshalb beseitigt werden. An deren Stelle muß ein Zustand natürlicher Freiheiten treten. Dann wird auch die von Gott gewollte Ordnung, Harmonie und Schönheit des Daseins überall und in reichstem Maße erblühen. Sobald jedermann sein Interesse, das er selbst ja am besten versteht, soweit frei verfolgen kann, als es das gleiche Recht des Mitmenschen gestattet, wird auch das höchste Glück des Ganzen, das doch immer nur das größte Glück der größten Zahl bedeutet, von selbst erwachsen. Der Staat braucht nur dafür zu sorgen, daß das Eigentum geschützt und der frei geschlossene Vertrag geachtet werde. Jeder ist dann auf sich selbst gestellt, Herr seiner Geschicke, Schmied seines Glückes. Frei von jeder künstlich gestalteten Ungleichheit werden im Wettbewerbe die Anlagen der Menschen die vollste Ausbildung erfahren.

Darf jeder frei seine Thätigkeit und den Ort derselben wählen, so werden die vorhandenen Arbeitskräfte sich am zweckmäßigsten auf die einzelnen Produktionszweige verteilen. Wo Arbeitskräfte fehlen, sorgt der durch die ungenügende Befriedigung der Nachfrage steigende Lohn dafür, daß Arbeiter zuwandern. Ebenso wird der sinkende Lohn die Abwanderung aus überfüllten Arbeitszweigen und Gebieten herbeiführen. Die hohen Warenpreise und Gewinne derjenigen Unternehmungen, deren Produktenmenge dem Bedarfe noch nicht genügt, werden zur Erweiterung der Produktion bis auf die Höhe der Nachfrage veranlassen. Geringerer Gewinn bei zurückgehender Nachfrage wird dazu nötigen, andere, dem gesellschaftlichen Bedarfe besser entsprechende Verwendungsweisen der Produktionsmittel, aufzusuchen. Der Arbeiter, dessen Lohn nach Maßgabe seiner Arbeitsleistungen ausfällt und dem der Genuß des erarbeiteten Einkommens gesichert ist, wird schon im eigensten Interesse auf gute Arbeitsleistungen bedacht sein. Im freien Wettbewerbe wird nur derjenige Unternehmer, der die Ansprüche des Publikums am besten befriedigt, sich behaupten. Die Freiheit des Verkehres bedingt eine natürliche und somit gerechte Entwicklung der Preise sowie der Vergütungen für Arbeitsleistungen, für Boden- und Kapitalnutzungen. So wird im freien Spiel der wirtschaftlichen Kräfte jeder im eigenen Interesse dasjenige thun, was dem Wohle des Ganzen am zuträglichsten ist. Überall wird mit dem kleinsten Aufwande das größtmögliche Ergebnis erzielt werden. Eine stetige Verbesserung der materiellen Lage der Menschheit ist die notwendige Frucht der natürlichen Freiheit.

Um zu dieser allein vernunftgemäßen, natürlichen Ordnung der Dinge zu gelangen, genügte es freilich nicht, daß die Nationalökonomen das Wesen der natürlichen Gesetze des Verkehrs darlegten und die günstigen Folgen derselben in den verlockendsten Farben ausmalten; es galt vielmehr auch den konkreten Staat zur praktischen Anerkennung dieser Erkenntnisse zu zwingen. Nun war der historisch überlieferte Staat und seine Verfassung mit denjenigen Kreisen der Bevölkerung aufs engste verknüpft, die an der Aufrechterhaltung der feudalen Monopole und der zünftigen widernatürlichen Beschränkungen das lebhafteste Interesse empfanden. Um die übermächtige Stellung der privilegierten Klassen zu erschüttern, mußte das in Handel und Manufakturen thätige Bürgertum, das vor allem als Vertreter und Freund der natürlichen Ordnung auftrat, einen Einfluß auf die Bestimmung des Staatswillens gewinnen. So ergab sich aus dem wirtschaftlichen Programme des Liberalismus mit Notwendigkeit die auf Einführung von Konstitutionen gerichtete Bewegung. Hatte das kapitalbesitzende Bürgertum auch als Anwalt der ganzen Nation verfassungsmäßige Zustände gefordert, so scheute es, zur Herrschaft gelangt, doch meist davor zurück, die wesentlichsten politischen Rechte auch den besitzlosen Volksklassen zu erteilen. Hierin konnte aber nach liberaler Anschauung um so weniger eine wirkliche Beeinträchtigung erblickt werden, als ja die wirtschaftliche Freiheit, die für alle galt, dem Arbeiter die schönsten Aussichten eröffnete, in die Schichten der Besitzenden und damit zur vollen Teilnahme am öffentlichen Leben emporzusteigen. Im übrigen fehlte dem Einzelnen, der noch um sein tägliches Brot zu ringen hatte, doch die Muße und Bildung zu einer vernünftigen Einwirkung auf die allgemeine Politik.

2. **Die wirtschaftlichen und sozialen Ergebnisse des Liberalismus.**

Wenn die Vorkämpfer des Liberalismus von der Aufhebung der Gebundenheit des ländlichen Grundeigentumes, von der Beseitigung der gutsherrlichen Lasten, unter denen der Bauer fast erlag, von der Durchbrechung der zünftigen Schranken, die im städtischen Gewerbe jeden Fortschritt und jede Initiative unterdrückten, wenn sie von der persönlichen Freiheit, der Freiheit der Wissenschaft, von der Aufklärung und Bildung des Volkes und von der Teilnahme des Bürgertums an der Staatsgewalt ein bisher unbekanntes Aufblühen der Produktion erwarteten, so haben sie sich, wie der Gang der Dinge in unserem Jahrhundert zeigt, durchaus nicht getäuscht. Die moderne Produktions- und Verkehrstechnik sowie die Naturwissenschaften haben eine Höhe erklommen, die selbst die kühnsten Hoffnungen der Liberalen des achtzehnten Jahrhunderts weit übertreffen dürfte. Die Bevölkerung Europas hat sich seit dem Anfange dieses Jahrhunderts mehr als verdoppelt, und doch hat die Zunahme des materiellen Reichtumes die Zunahme der Bevölkerung weit überholt. Größere Kreise des Volkes als früher nehmen an den Gütern der Gesittung teil und sind sich ihrer Bestimmung bewußt. Überall ist die Sehnsucht nach einer freieren, volleren Entwicklung persönlicher Eigenart gestiegen. Die Pflege der Justiz und des öffentlichen Unterrichtes, die Finanzverwaltung und die Wohlfahrtspolizei, das alles hat sich unter dem Einflusse des bürgerlichen Konstitutionalismus im Staats- und Gemeindeleben ungemein vervollkommnet. Und man darf sich gar nicht wundern, daß das von solchem Glanz geblendete Auge nicht auch sofort die tiefen Schattenseiten der bürgerlichen Kulturperiode erkennt, daß man über dem, was vom Liberalismus wirklich geleistet worden ist, das, was er versprochen hat, und das, was er schuldig geblieben ist, gar leicht übersieht. Und doch haben sich gerade diejenigen Ideen des Liberalismus, von denen seine edelsten und hochherzigsten Anhänger am tiefsten durchdrungen waren, die Ideale der Freiheit, der Gerechtigkeit und der allgemeinen Wohlfahrt noch am wenigsten verwirklicht. Heute nachdem die thatsächliche Entwicklung schon ein fruchtbares Arbeitsgebiet der empirischen Forschung eröffnet hat, und nachdem die hervorragendsten Denker sich aufs eifrigste darum bemüht haben, die Irrtümer des Liberalismus zu ergründen, fällt es nicht mehr schwer zu zeigen, warum die schönsten, rosigen Träume des jugendfrischen Liberalismus eben zum guten Teile Träume geblieben sind.

Als die Freiheit der Arbeit verkündet, und der Arbeiter als ein dem Arbeitgeber gleichberechtigter Kontrahent anerkannt, als der Vertrag über Kauf und Verkauf der Ware Arbeit gleichgestellt worden war anderen Kauf- und Verkaufverträgen des geschäftlichen Lebens, da hatte die Arbeiterschaft in ihrer aufsteigenden Klassenbewegung zweifelsohne eine wichtige Etappe erreicht. Dem heidnischen Altertume war der Arbeiter noch Sklave, Sache gewesen; das Christentum hatte im Arbeiter wenigstens die Persönlichkeit insofern anerkannt, als der Unfreie und Hörige nicht nur Pflichten, sondern auch gewisse Rechte besaß. Noch besser gestaltete sich die Stellung des gewerblichen Arbeiters in der Zunftverfassung. Aber immer bestand ein Dienstverhältnis zwischen Arbeitgeber und Arbeiter, kein bloßes Vertragsverhältnis. Nun riß der Liberalismus alle besonderen Standesrechte nieder und erkannte allen Volksgenossen in wirtschaftlicher Hinsicht der Hauptsache nach das gleiche Recht zu. Freilich erhielt der Arbeiter mit der rechtlichen Gleichheit beim Abschlusse des Arbeitsvertrages nicht auch die gleiche wirtschaftliche Macht, die gleiche faktische Freiheit wie der Arbeitgeber. (Giebt man zu, daß nur dann eine echte Freiheit beim Vertragsabschlusse vorhanden ist, wenn jeder der Kontrahenten die Vorschläge des anderen ablehnen kann, ohne empfindlichere Nachteile als der andere zu erfahren, so kann in der liberalen Wirtschaftsordnung von einem thatsächlich freien Arbeitsvertrage in der Regel nicht gesprochen werden. Der besitzlose Arbeiter kann seine Arbeitskraft nur bethätigen, wenn er einen Arbeitgeber findet, der ihm die zur Arbeit notwendigen Produktionsmittel zur Verfügung stellt. Kommt ein Arbeitsvertrag nicht zustande, so ist der Arbeiter im allgemeinen nicht imstande, aus eigener Kraft sein Leben zu fristen. Er fällt der Armenpflege mit all' ihren entehrenden Folgen anheim. Der Arbeitgeber dagegen kann, auch wenn es nicht möglich ist einen Arbeitsvertrag abzuschließen, sein Vermögen zur Lebensführung verwenden, oder selbst, ohne Beiziehung von Hilfskräften, arbeiten. So groß immer die wirtschaftlichen Nachteile sein mögen, die ihn treffen, wenn er keine fremden Arbeitskräfte erhalten kann, den Vergleich mit dem Zustande, in dem ein besitz- und arbeitsloser Arbeiter sich befindet, können sie keinenfalls bestehen. Mit Recht hat man daher gesagt, der Arbeiter befinde sich ständig in der Lage des Falliten, der um jeden Preis losschlagen muß, und dessen Ausverkauf zu Schleuderpreisen sprichwörtlich geworden ist. Die Ungunst der Stellung des Arbeiters wird indes noch durch eine Reihe anderer Momente verstärkt. Während

Der „freie" Arbeitsvertrag. 159

andere Waren von der Persönlichkeit des Verkäufers getrennte Ergebnisse menschlicher Thätigkeit darstellen, ist die Arbeit die Thätigkeit des Menschen selbst und von ihm unzertrennlich. Wer Kapital verleiht, Boden verpachtet, Wohnungen vermietet, Waren verkauft, wird durch die entsprechenden Erträge in seiner wirtschaftlichen Lage berührt. Seine Persönlichkeit aber bleibt vollkommen frei. Anders beim Arbeiter. Der Unternehmer, der durch den Lohnvertrag die Verfügung über eine Arbeitskraft erworben hat, erwirbt immer auch eine gewisse Verfügung über die Persönlichkeit des Arbeiters selbst. Indem der Arbeitgeber eine Arbeitsleistung anträgt, bestimmt er, unter welchen Verhältnissen in Bezug auf Temperatur, Beschaffenheit der Luft, Unfallsgefährdung und Mitarbeiterschaft die Person des Arbeiters sich befinden wird. Je ungünstiger die Stellung des Arbeiters aber beim ganzen Vertragsabschlusse ist, destoweniger kann er auch in all' den genannten, oft sehr wesentlichen Momenten sein Interesse sicher stellen.

Andere Waren als die Arbeit werden nie um ihrer selbst willen, sondern nur mit Rücksicht auf die Bedarfsverhältnisse produziert. Die Arbeitskraft aber entwickelt sich mit dem Menschen selbst, der ohne Rücksicht auf die Bedarfs- und Marktverhältnisse ins Leben tritt. Fällt nun der Preis anderer Waren unter die Kosten, so kann durch Einschränkung der Produktion vergleichsweise leicht wieder eine entsprechende Preisgestaltung herbeigeführt werden. Was soll der Arbeiter thun, wenn seine Arbeit weniger begehrt wird und der Lohn fällt? Vereinzelt wird er, um sein Einkommen auf das Niveau seines Lebensbedarfes zu erheben, nur umsomehr arbeiten. Er wird eine größere Zahl von Stunden hindurch und, wenn es seine physischen Kräfte gestatten, vielleicht noch fleißiger und intensiver als früher schaffen. Eben dadurch wird aber das Verhältnis zwischen Arbeitsangebot und Arbeitsnachfrage immer mehr zum Nachteile des Arbeiters verschoben, bis schließlich der Zuwachs der Arbeit auf der einen, die Abnahme der Vergütung auf der anderen Seite den Arbeiter zu Grunde richtet, und auf diesem grausamen Wege vielleicht eine gewisse Verminderung des Arbeitsangebotes sich endlich vollzieht.

Während Recht und Moral unserer Zeit den Arbeiter als Menschen und Selbstzweck anerkennen, macht die liberale Wirtschaftsordnung sein Schicksal davon abhängig, daß es einem Arbeitgeber vorteilhaft erscheint, ihn zu beschäftigen. Es besteht aber keinerlei Gewähr dafür, daß die Unternehmer stets soviel Arbeit begehren, als angeboten wird, oder daß sie die Arbeit nur unter Bedingungen erhalten können, die den Arbeitern eine menschliche Existenz gestatten. Häufig haben technische Erfindungen, wirtschaftliche Krisen, die Verdrängung der kleineren und mittleren minder produktiven Betriebsformen durch den Großbetrieb Massen von Arbeitern überflüssig gemacht und sie den bittersten Notständen, ja dem Hunger= typhus preisgegeben. Denn noch immer geht die Armenpflege, oder was man euphemistisch so nennt, von der in der modernen Wirtschafts= ordnung durchaus nicht begründeten Voraussetzung aus, der arbeits= willige und arbeitsfähige Arbeiter finde stets eine ihn erhaltende Be= schäftigung. So verfällt der Arbeitslose nur zu leicht dem Verbrechen, dem Laster oder schwerem Siechtume. Die Arbeitslosigkeit ist indes nicht nur für die unmittelbar von ihr betroffenen Arbeiter ein gräßliches Unglück, eine zahlreiche Armee von Arbeitslosen übt durch ihr dringliches, vorbehaltloses Arbeitsangebot auch auf die Lage derjenigen Arbeiter, die noch eine Beschäftigung haben, den verhängnisvollsten Druck aus. Ein Mißverhältnis zwischen Arbeitsangebot und Arbeitsnachfrage zieht endlich auch deshalb so schwere Konsequenzen nach sich, weil die Arbeit nicht die leichte Beweglichkeit anderer Waren besitzt. Der Arbeiter kann keineswegs ebenso leicht als andere Warenverkäufer den besten Markt für seine Ware aufsuchen. Ein Familienvater kann zumeist seine Arbeit nur dann an einem anderen Platze verwerten, wenn er die Mittel be= sitzt, dorthin zu übersiedeln. Das wird selten genug zutreffen. Auch ist der Arbeiter nicht in der Lage, Proben seiner Arbeit zu versenden und etwa auf diesem Wege sich anderwärts eine Stellung im voraus zu sichern. Dabei fehlt es noch in der Regel an jeder Organisation des Arbeitsmarktes. Noch giebt es keinen Kurszettel, der Tag für Tag das Verhältnis zwischen Angebot und Nachfrage nach Arbeit an den maßgebenden Plätzen des Wirtschaftsgebietes zur allgemeinen Kenntnis bringt.

So hat der Liberalismus trotz der Freiheit der Arbeit doch dadurch, daß er den Arbeiter in Bezug auf die Verwertung seiner Arbeitskraft den Gesetzen der Warenproduktion unterwarf, die soziale Lage der Arbeiter= klasse kaum wirklich verbessert. An der Abhängigkeit hat sich nur wenig geändert, und der Anteil der Arbeiter am Reinertrage der nationalen Produktion hat dort, wo nicht besonders günstige Umstände wie auf= steigende Konjunkturen, reichliches Angebot von jungfräulichem Boden zu niedrigen Preisen, Nachfrage nach besonderer Arbeitsgeschicklichkeit oder Intelligenz, tüchtige Berufsorganisation oder staatlicher Schutz vor= handen sind, keine nennenswerte Steigerung erfahren.

Ebenso gefährlich wie für die Arbeiter hat sich das System der wirtschaftlichen Freiheit auch für die niederen Schichten der Mittelstände, für die Handwerker und Bauern erwiesen. Namentlich im Gewerbe hat der kleine und mittlere Betrieb schwer gegen die Konkurrenz der

Bedeutung der Großbetriebe in Deutschland.

Großbetriebe anzukämpfen, ja er ist dieser Konkurrenz zu einem nicht geringen Teile bereits unterlegen.

Die folgende auf Grund der deutschen Berufsstatistik (1882) von Dr. Sinzheimer*) entworfene Tabelle läßt deutlich erkennen, wie sehr der Schwerpunkt der gewerblichen Produktion Deutschlands schon in den Großbetrieben liegt:

	Zahl der Betriebe absolute Zahl — %		Zahl der Personen absolute Zahl — %		Anteil an der Produktion %
Handwerksmäßige Betriebe	1 895 749	97,0	3 255 513	53,85	28,5
Hausindustrielle Betriebe	19 209	1,0	544 980	9,02	4,8
Kleine Fabriken	29 753	1,5	686 144	11,35	12,0
Fabrikmäßige Großbetriebe	9 509	0,5	1 558 574	25,78	54,7

Zur richtigen Würdigung dieser Ziffern diene noch die Bemerkung, daß mindestens 800 000 Handwerksmeister ihren Unterhalt nicht ausschließlich auf die gewerbliche Thätigkeit, sondern auch auf einen meist landwirtschaftlichen Nebenberuf gründen. Fragt man nach den Beschäftigungen, die einem mittelbaren und unmittelbaren Wettbewerb der Großbetriebe noch nicht ausgesetzt sind, so sind es, nach Sinzheimer (S. 67), nur „kleine Winkel" des deutschen Gewerbefleißes. Sie umfassen rund 71 000 Personen, also wenig mehr als ein Prozent sämtlicher im Gewerbe oder im Bergbau thätigen Personen. Nun lassen aber andere Daten erkennen, daß seit 1882 die Großbetriebe noch gewaltige Fortschritte gemacht haben. In der Zeit von 1882 auf 1892 nahmen im deutschen Brausteuergebiete die kleineren Brauereien um 28,72 Prozent ab, die großen um 87,94 Prozent zu. In Preußen wuchs die Zahl der Pferdekräfte der Dampfmaschinen seit 1879 um 103,9 Prozent, in Sachsen um 142,09 Prozent. Und doch haben die deutschen Großbetriebe den Umfang englischer Anlagen noch lange nicht erreicht. Im Jahre 1891/92 produzierte die größte Münchener Brauerei 558 287 hl., die englische von Guineß & Co. 1887/88 2 417 177 hl. In der Spinnerei von Lancashire ist die durchschnittliche Spindelzahl 50—65 000 Spindeln; in Bayern, wo die durchschnittliche Spindelzahl in Deutschland noch am größten ist, nur 40 573.

Wie hoffnungslos der Kampf der kleineren und mittleren Betriebe gegen die fabrikmäßigen Großbetriebe ist, zeigt folgende Übersicht über die Kosten, welche ein Paar Stiefel in den verschiedenen Betriebsformen verursacht:

---

*) Über die Grenzen der Weiterbildung des fabrikmäßigen Großbetriebes in Deutschland, Stuttgart 1893. S. 46, 52, 64.

Art des Betriebes	Arbeitskosten nur für Gehilfen	Kapital-zinsen	Kosten des Rohstoffes	Arbeits-zeit Stunden	Verkaufs-preis	Überschuß des Preises über die Produktions-kosten	Wochenlohn des Arbeiters
	Mt.	Pf.	Mt.		Mt.	Mt.	Mt.
Meister allein*)	—	62	4,50	17—18	8,—	2,88	—
Meister allein, aber mit Nähmaschine, an der die Frau hilft	—	60	4,50	14—15	7,75	2,65	—
Meister m. 2 Gehilf.	1,62½	31¼	4,25	14—15	7,50	1,31¼	13,—
„ „ 5 „	1,62½	25	4,—	13—14	6,50	0,87½	13,—
Fabrik m. 20 Arb.	0,93¾	36¼	3,75	3⅓	5,40	0,45	18,75
Fabrik m. 100 Arb.	0,88	17⅗	3,75	2⅖	5,—	0,19⅖	22,—

Es ist überdies nicht unwahrscheinlich, daß auch der Kleinbetrieb des Detailhandels im Laufe der Zeiten zum Teil dem Schicksale des Handwerkes verfallen wird. Die üble Lage der Kleinbetriebe wirkt natürlich auch auf die in ihnen thätigen Arbeiter zurück, die im allgemeinen noch weit ungünstiger gestellt sind als diejenigen der Großindustrie. Selbst der Bauernstand ist unter dem Einflusse des Liberalismus in schwere Bedrängnis geraten. Maßgebend hierfür sind ungenügende Kreditorganisation, unverhältnismäßige Preise der Liegenschaften, ein den agrarischen Verhältnissen nicht überall gerecht werdendes Erbrecht und mangelhafte technische und wirtschaftliche, insbesondere kaufmännische Erziehung. So ist ein Rückgang dieses wichtigen Standes im Nordosten zu Gunsten des Latifundienbesitzes, im Südwesten zu Gunsten der Zwergbetriebe zu befürchten.

Wenn die Vertreter des Liberalismus sich der Erwartung hingeben, die bloße wirtschaftliche Freiheit werde eine durchaus gerechte, den persönlichen Leistungen entsprechende Einkommensverteilung herbeiführen, so übersehen sie, daß Eigentum, Erbrecht und die von den Besitzverhältnissen großenteils abhängigen Bildungsverhältnisse auf den Erfolg im Wettbewerbe oft eine größere Einwirkung ausüben als die persönlichen Eigenschaften des Menschen. Ein mittelmäßiger Mensch, der ein großes Vermögen ererbt hat, besitzt doch in wirtschaftlicher Hinsicht selbst vor einem hochbegabten und ausgezeichneten Proletariersohne einen ungeheuren Vorsprung. Ebensowenig als die völlig ungleiche Ausrüstung, mit der die verschiedenen Individuen in den Wettbewerb eintreten, ist die große Rolle gewürdigt worden, welche Zufall und Konjunkturen auch im Systeme der wirtschaftlichen Freiheit spielen. Da treten durch Veränderungen in den Verkehrsverhältnissen, in der Technik, in dem Wachstume der Bevölkerung, in den Geschmacksverhältnissen,

---

*) Nach Dr. E. Francke, Die Schuhmacherei in Baiern. Stuttgart, Cotta 1893.

Der Einfluß persönlicher Tüchtigkeit auf die materielle Lage. 163

in der Handelspolitik u. s. w. bald Erhöhungen im Werte der Vermögens=
bestandteile ein, bald Verminderungen, die dem Einflusse desjenigen,
der dadurch betroffen wird, vollständig sich entziehen. Im übrigen
haben die unabhängigen und aufrichtigen Vertreter der freien Konkurrenz
sogar selbst auf die ohne individuelles Verdienst erfolgende Er=
höhung des Bodenwertes bei steigender Bevölkerungs= und Kultur=
entwicklung aufmerksam gemacht.

Allerdings ist das Los des Einzelnen nicht ganz unabhängig von
seiner Tüchtigkeit, Wirtschaftlichkeit, seinem Fleiße, seiner Sparsamkeit,
seinem Bildungstriebe, seiner Intelligenz u. s. w. Diese wirken, wie
J. St. Mill ausführt, „in der That zu seinen Gunsten, aber sie thun dies
in viel geringerem Maße als viele andere Dinge, die mit Verdienst nicht
das Geringste zu schaffen haben. Der großen Mehrzahl fällt das
Los durch die Geburt zu. Einige werden zu Reichtum ohne Arbeit
geboren, andere zu Stellungen, in denen sie durch Arbeit reich werden
können, die große Mehrheit zu harter und lebenslanger Arbeit, gar
viele zum Elende. Zunächst nach der Geburt entscheiden Zufall
und Gelegenheit über den Erfolg im Leben. Wenn es jemandem, der
nicht zum Reichtume geboren ist, gelingt, solchen zu erwerben, so hat
sein Fleiß und seine Geschicklichkeit an diesem Erfolge gewöhnlich einen
Anteil; aber Fleiß und Geschicklichkeit allein hätten dazu nicht aus=
gereicht, wenn nicht auch eine Gunst der Umstände und Zufälle mit=
gewirkt hätte, wie diese nur wenigen Menschen zu teil wird. Wenn
es wahr ist, daß manchen ihre Tugenden bei ihrem Fortkommen zu
gute kommen, so gereichen anderen, und vielleicht ebenso vielen, ihre
Laster zum Vorteile: ihre Kriecherei und ihr Intriguengeist, ihre hart=
herzige, knöcherige Selbstsucht, desgleichen ihr Spielgeist, die erlaubten
Lügen und Kniffe des kaufmännischen Verkehres, und nicht selten auch
die echte und rechte Schurkerei. Thatkraft und Talent sind für den
Erfolg im Leben von viel größerem Belang als Tugend; und wenn
der eine dadurch sein Glück macht, daß er seine Thatkraft und sein
Talent einem Unternehmen widmet, das allgemeinen Nutzen bringt,
so gedeiht dagegen ein anderer, indem er dieselben Eigenschaften dazu
verwendet, einen Rivalen aus dem Sattel zu heben."

So kann die aus dem Systeme der freien Konkurrenz fließende
Einkommens= und Vermögensverteilung jedenfalls nur dann als eine
gerechte angesehen werden, wenn man sich von vornherein entschließt,
die Folgen des freien Verkehrs deswegen als gerechte gelten zu lassen,
weil es eben die Folgen des freien Verkehrs sind.

Angesichts der ungünstigen Stellung, in der sich der vereinzelte
Arbeiter beim Abschlusse des Arbeitsvertrages befindet, angesichts der

notwendigen Verdrängung der kleineren und mittleren Betriebe durch die Großbetriebe, angesichts des schweren Gewichtes, das Eigentum, Erbrecht und Konjunkturen zu gunsten des Besitzes in die Wagschale werfen, wird man auch darauf gefaßt sein, daß der sich selbst überlassene Verkehr durchaus nicht, wie der ursprüngliche Liberalismus erwartete, zu einer stetig fortschreitenden Ausgleichung zwischen Arm und Reich geführt hat. Im Gegenteil. Soweit die allerdings mangelhafte Statistik der Einkommensverteilung einen Schluß zuläßt, ist die Brücke zwischen Reich und Arm sogar schmäler geworden. Nicht die mittleren, sondern die obersten und unteren Einkommensklassen weisen den stärksten Zuwachs auf. Die Armen werden nicht gerade ärmer, aber der Anteil am Volkseinkommen und die Stärke der obersten Einkommensklassen sind in ungleich rascherem Vorschreiten begriffen. So wenig eine solche Einkommensverteilung sich der Erreichung derjenigen Ziele als förderlich erweisen mag, die früher als die Ideale der menschheitlichen Entwicklung hingestellt worden sind, so wirkt sie doch auch unheilvoll auf den Gang des wirtschaftlichen Fortschrittes selbst ein. Die Ungunst der Einkommensverteilung schädigt die Entfaltung des Massenkonsums, die Hemmung dieses Konsums aber wieder die Entwicklung der Produktion. Das alles steht ja im Verhältnisse innigster Wechselwirkung. Der Unternehmer sucht unter dem Drucke der freien Konkurrenz möglichst an Lohnausgaben zu sparen, da ja der Lohn für ihn privatwirtschaftlich unter die Produktionskosten fällt. Nun muß aber ein großer Teil von Unternehmern den Absatz seiner Waren in Arbeiterkreisen suchen. Je größer die Lohnersparnis auf der einen Seite, desto geringer die Konsum- und Kaufkraft auf der anderen. Je glücklicher die Unternehmer als Lohnherren, desto mehr ersticken sie ihre zukünftige Kundschaft im Keime, und desto unerfreulicher gestalten sich für sie die Marktverhältnisse. Die Unternehmer müssen sich vom sicheren Boden der Massenproduktion mehr und mehr auf das glatte Parquet der Luxus- und Modeindustrie begeben. Sie müssen immer neue Produkte erfinden, um das konsumkräftige aber wenig zahlreiche Publikum der oberen Einkommensklassen zu neuen Ausgaben anzureizen. So begünstigt der wirtschaftliche Liberalismus die Steigerung des Luxus in hohem Grade. Würde diese Verfeinerung der Lebensweise in der Regel zu einer höheren geistigen Bethätigung derer, die sie genießen, führen, so würde wenigstens ein kultureller Vorteil erwachsen. Leider kann man sich aber der Einsicht nicht verschließen, daß ein großer Teil des modernen Luxus, namentlich der maßlose Toilette- und Tafelluxus gewisser Kreise, dieser Bedingung durchaus nicht entspricht. Er wird vielmehr der guten Sitte, dem Geschmacke und vor allem der Bildung des Gemütes überaus gefährlich.

Indes, so tolle Ausschreitungen des Luxus auftreten, er ist doch nicht imstande, das durch die ungleichmäßige Einkommensverteilung gestörte Gleichgewicht zwischen Produktion und Konsumtion wiederherzustellen. Schließlich wendet immer nur ein verhältnismäßig kleiner Bruchteil der wohlhabenden Klassen sein ganzes Einkommen auf die Konsumtion. Die Fürsorge für die Familie oder deren Zukunft und der „Wille zur Macht" treiben zur stetigen Vergrößerung des Vermögens selbst dort, wo das Einkommen, das es abwirft, längst schon die normalen Bedürfnisse überschreitet. So werden Jahr für Jahr ungeheure Beträge des Volkseinkommens der unmittelbaren Nachfrage nach Genußmitteln entzogen und als Kapitalien angelegt. Im deutschen Reiche sollen jährlich etwa zwei, in Großbritannien vier Milliarden Mark kapitalisiert werden. Man sollte meinen, daß diese „Sparsamkeit" oder „Enthaltsamkeit" nur günstige Wirkungen in wirtschaftlicher und sozialer Hinsicht zu Tage fördern könnte. Die neuen Anlagen, welche gegründet werden, verstärken einerseits die Nachfrage nach Arbeitern, erhöhen also den Lohn, während andererseits das reichliche Angebot von Waren die Preise ermäßigt und sie insofern auch minder wohlhabenden Kreisen zugänglich macht. Diese Entwicklung würde aber den Absichten der Kapitalisten nicht entsprechen. Sie kapitalisieren einen Teil ihres Einkommens nicht deshalb, um Löhne zu erhöhen und Preise zu drücken. Sie streben nach einer den überlieferten Anschauungen entsprechenden Höhe des Gewinnes. Beginnt die Verwertung der Produkte im Inlande diesen Gewinn nicht mehr zu liefern, so drängt man zum Exporte, nach neuen Märkten, um den Preisfall aufzuhalten. Steigt der Lohn, so sucht man sich durch Einführung arbeitersparender Maschinen oder billigerer Arbeitskräfte (Weiber und Kinder an Stelle erwachsener Männer) zu helfen. Sind diese Wege nicht mehr gangbar, so wird das ersparte Kapital wohl unmittelbar in einem Teile des Auslandes angelegt, der bei geringerer Kapitalsättigung noch höhere Gewinne verspricht. In den europäischen Militärstaaten sorgen überdies die ungeheuren Bedürfnisse der Armee und Flotte dafür, daß Jahr für Jahr Schulden gemacht werden, und demzufolge dem Konsume entzogene Einkommensteile eine bequeme und gewinnsichere Anlage in Staatsschuldverschreibungen finden. So mildert der starke öffentliche Konsum einigermaßen das Mißverhältnis zwischen Produktion und privater Konsumtion. Allerdings wird auf diese Weise die Wurzel des Übels, die ungleichmäßige Einkommensverteilung, nicht ausgerottet. Die ständige Ausdehnung der Staatsschulden für wirtschaftlich unproduktive Zwecke erhöht vielmehr den Zinsfuß, oder hält wenigstens sein Fallen auf. Der auf die Kapitalrente entfallende Teil des Volkseinkommens wird also gesteigert, während die Verzinsung der Staatsschulden nicht selten durch Anspannung der indirekten Verbrauchssteuern, also durch eine Einschränkung der Konsumkraft der Massen, erzielt wird.

Wenn aber trotz der Luxusindustrien, trotz des Exportes von Waren und Kapital, trotz der ungeheuren Kreditbedürfnisse der modernen Staatswesen einmal der Fall eintritt, daß der anlagesuchende Kapitalist keine ihm ausreichend erscheinende Zinsen mehr erhält, und der Unternehmer seine Waren nur zu Preisen anbringt, welche die herkömmliche Höhe des Gewinnes, ja selbst die Deckung der Kosten nicht mehr gestatten? Wird die große Triebfeder des privatkapitalistischen liberalen Wirtschaftssystems, der Gewinn, geschwächt, dann ermattet eben auch der Gang des ganzen Getriebes, der ganzen Volkswirtschaft. Es tritt die Krise, die Depression ein. Große Kapitalien bleiben müßig liegen, die Waren, für die annehmbare Preise nicht erzielt werden können, werden in den Magazinen aufgespeichert. Alles kommt in's Stocken. Die Arbeiter werden entlassen, geraten in Not und Elend, weil zu viel produziert worden ist. So lähmen die Störungen des wirtschaftlichen Kreislaufes, die aus der unvollkommenen Einkommensverteilung entspringen, die Energie des wirtschaftlichen Fortschrittes. „Wir dürfen," wie Rodbertus sagt, „nicht einmal die nationalen Produktionsmittel mit voller Kraft arbeiten lassen, denn bei unserer mangelhaften Verteilung des Nationaleinkommens fehlt uns für deren volle Anspannung der innere Markt, und der auswärtige ist immer nur ein prekärer Notbehelf." „Es kommt uns teuer zu stehen, daß die Arbeit so billig ist."

Dabei bleibt noch zu beachten, daß die liberale Wirtschaftsordnung dem Unternehmer kein unmittelbares Interesse an der Vervollkommnung der Produktion einflößt. Der Unternehmer hat nur ein Interesse, den Gewinn. Es ist aber möglich, daß höhere Gewinne sich aus, absolut betrachtet, niedriger stehenden Betriebsformen ergeben. Geringe Kapitalverwendung, zurückgebliebene Technik und niedriger Lohn können unter Umständen bessere Gewinnstaussichten eröffnen als hoher Lohn und vorgeschrittene Technik. Insofern der freie Verkehr niedrige Arbeitslöhne begünstigt, kann er auch den Eifer für die Anwendung der besten Technik abschwächen. So finden wir, daß in den Ländern mit niedrigen Löhnen trotz des Liberalismus noch lange nicht alle Maschinen und technischen Fortschritte zur Anwendung gelangt sind, die der menschliche Erfindungsgeist bereits für die Zwecke der Güterversorgung zur Verfügung gestellt hat. Nicht einmal vom Standpunkte des Produktionsinteresses vermag daher der Liberalismus die Prüfung siegreich zu bestehen. Nach sehr vorsichtigen Berechnungen kommt z. B. Hermann Losch zu dem Schlusse, daß wir unsere nationale Warenmasse ohne Steigerung der Arbeit um mindestens 29 % erhöhen könnten, wenn die Produktionsweise überall auf die volle Höhe der modernen Technik gebracht würde.

Der freie Verkehr vermag also auch zur unbedingt billigsten Befriedigung der Bedürfnisse nicht immer zu führen. Es kommen für diesen Mangel freilich noch andere Momente in Betracht. Das wirtschaftliche Interesse kann zur Aufhebung der Konkurrenz, zur Koalition treiben. Und zwar tritt dieser Fall überall dort ein, wo es unmöglich ist, das Warenangebot zurückzuziehen, selbst wenn die Preise unter die Gestehungskosten fallen, also bei industriellen Anlagen, die mit einem großen, unwiderruflich festgelegten Kapitale arbeiten. Dann ersteht aus der Konkurrenz das Kartell, das Monopol mit der entsprechenden Preisgestaltung.

Und endlich, wie das Selbstinteresse im freien Verkehr nicht immer zum Wettbewerb, so führt der Wettbewerb auch nicht immer zur Verbilligung. Die übermäßige Zahl kleiner Handelsbetriebe hat z. B. keine Ermäßigung der Gewinnaufschläge veranlaßt, sondern nur eine Verteilung des möglichen Gesamtgewinnes eines Geschäftszweiges auf eine größere Zahl von Unternehmern. Zwischen diesen besteht eine stillschweigende Übereinstimmung, die hohen Preise, welche allein jedem Einzelnen bei der vermehrten Konkurrentenzahl seinen Geschäftsbetrieb noch möglich machen, so lange zu behaupten, als es irgendwie angeht.

Nach all dem wird man der Überzeugung nicht widerstehen können, daß der wirtschaftliche Liberalismus, das schrankenlose laissez-faire, keineswegs als das schlechthin vernünftige, absolute Prinzip des Wirtschaftslebens anzusehen ist. Die Epoche des Liberalismus hat zweifelsohne ihre historische Berechtigung besessen. Sie hat die alte aus Feudal- und Zunftzeit überlieferte Ordnung, welche die Energie wirtschaftlichen und sozialen Vorschreitens unterdrückte, beseitigt und für eine neue Entwicklung Bahn gebrochen. Diese neue Entwicklung bedarf aber jetzt mehr als der bloßen Verneinung einer Verfassung, sie bedarf einer positiven Ordnung durch die soziale Reform. Das starre Festhalten an den ökonomischen Grundsätzen des Liberalismus bedeutet heute nicht nur Stillstand, sondern Rückschritt, in wirtschaftlicher nicht weniger als in sozialer Hinsicht, einen Rückschritt, der schließlich zum Grabe der modernen Zivilisation, zum revolutionären Umsturz führen würde.

3. Die politische Seite des Liberalismus.

Der Liberalismus besaß auch ein politisches Programm: die Teilnahme des Bürgertumes an der öffentlichen Gewalt, oder, im Stile des älteren Liberalismus gesprochen, die Verwirklichung der allgemeinen Menschen- oder Grundrechte, der „Ideen von 1789". Soweit die

Anerkennung dieser Menschenrechte im Interesse der bürgerlichen Klassen lag, ist sie auch im großen und ganzen durchgeführt worden. Im übrigen ist trotz aller schönen Erklärungen, daß die Menschen frei und gleich an Rechten geboren seien, das wichtigste politische Recht, das Wahlrecht, den breiten Volksmassen vom Liberalismus entweder überhaupt nicht, oder nur in höchst homöopathischer Verdünnung zugestanden worden. Wie lässig z. B. die preußische Fortschrittspartei die Reform des Wahlrechts behandelte, wurde bereits erwähnt; ebenso, daß das allgemeine, gleiche und direkte Wahlrecht zum deutschen Reichstage kein Verdienst der liberalen Partei ist, sondern daß es vielmehr von Bismarck gerade in antiliberaler Absicht eingeführt wurde. Die tiefe Abneigung des Bürgertumes aller Richtungen gegen Erweiterungen des Wahlrechts gelangt auch deutlich in der Thatsache zum Ausdrucke, daß noch kein deutscher Gliedstaat das Reichstagswahlrecht für Landtag und Gemeinde angenommen hat. In Belgien haben die besitzenden Klassen so lange und hartnäckig sich gegen eine Reform des Censuswahlsystemes, das die Wahlberechtigung an eine Steuerleistung von 42 Franken knüpfte, gesträubt, daß das Land vor dem Ausbruch einer Revolution stand. In Österreich wurde das Ministerium Taaffe mit Hilfe der Liberalen nach vierzehnjährigem Bestande gestürzt, als es die Ausdehnung des Wahlrechts auf die besitzlosen Volksklassen plante.

Noch am ehesten können in England die Wahlreformen als Verdienst der Liberalen gelten.

Aber nicht nur in der Frage des Stimmrechts, auch in der der Koalitionsfreiheit, der Organisationsfreiheit und der kriminellen Ahndung des Arbeitsvertragsbruches der Arbeiter haben die liberalen Parteien lange genug gezaudert, eine den allgemeinen Grundsätzen des Liberalismus entsprechende Entscheidung herbeizuführen.

Für die Stellung der Liberalen in finanzpolitischer Beziehung ist ihre Abneigung gegen progressive Einkommens-, Vermögens- und Erbschaftssteuern ebenso bezeichnend wie ihre Vorliebe für die Zunahme der Staatsverschuldung und die Anspannung der indirekten Verbrauchsbesteuerung, die nach unten hin progressiv wirkt. Die einseitige Ausbildung dieser Steuergruppe ist um so unschicklicher und unbilliger, je mehr die Ausübung politischer Rechte einseitig an die Leistung sogenannter direkter Steuern geknüpft wird.

Auch die allgemeine Gegnerschaft des Liberalismus gegen Staatseingriffe ist eigentlich immer nur dort zu entschiedenem Ausdrucke gelangt, wo der Staat anderen Klassen Hilfe leisten sollte, etwa den Arbeitern durch staatliche Verkürzung des Arbeitstages, durch Beschränkung der Kinder-, Frauen- und Sonntagsarbeit. Da verhinderte die

Achtung vor der persönlichen Freiheit das Gros der Liberalen, energisch einzuschreiten. Galt es dagegen für Verkehrs- und andere Unternehmungen staatliche Zinsgarantien, Subventionen, Schutzzölle oder Exportprämien, also überaus kommunistische Maßregeln zu beschließen, so ließen sich die individualistischen Bedenken in der Regel ziemlich leicht beschwichtigen.

Endlich haben die Beziehungen des politischen Liberalismus zur Bank- und Börsenwelt, der Umstand, daß so manches liberale Mandat mehr der persönlichen Bereicherung als der freiheitlichen Entwicklung gedient hat, und die Ausschreitungen hervorragender liberaler Parteimänner in den Gründerperioden, der Sache des Liberalismus viele Sympathien geraubt.

Alle diejenigen, welche das ursprüngliche Programm des Liberalismus, der für die ganze Nation eintreten wollte, ernst genommen haben, und das waren die großen Massen des Volkes, mußten also den regierungsfähig gewordenen Liberalismus der Falschheit und Treulosigkeit zeihen. Nur dort, wo, wie in Großbritannien, der Liberalismus über dem Paktieren mit den historischen Mächten die volkstümlichen Forderungen nicht vergessen hat, besitzt er noch heute im Volke Boden. Sonst ist überall eine Fahnenflucht eingetreten, nicht nur nach links, sondern — und das ist für den Liberalismus besonders beschämend — auch nach rechts in den Schoß reaktionärer Parteien (Antisemiten, Bauernbündler, Zünftler, Konservative). So scheint uns das thatsächliche Programm des Liberalismus vom wirtschaftlichen, sozialen und politischen Standpunkte in gleich hohem Maße der Reform dringend zu bedürfen.

Anmerkungen.

1. Außer den Werken der großen liberalen Ökonomen Quesnay, Turgot, Smith, Ricardo und Say: Bonar, Philosophy and Political Economy in some of their historical relations. London 1893. S. 59—190; Diehel, H. St. Art. Individualismus; Hasbach, W., Die allgemeinen philosophischen Grundlagen der von Fr. Quesnay und Ad. Smith begründeten politischen Ökonomie. Leipzig 1890; Derselbe, Untersuchungen über Adam Smith und die Entwicklung der politischen Ökonomie. Leipzig 1891; Derselbe, Die philosophischen Grundlagen der von Quesnay und Smith begründeten politischen Ökonomie. Pernerstorfer's Deutsche Worte. Wien 1893. S. 129f.; Marlo, Untersuchungen über die Organisation der Arbeit. 1. Bd. 2. Aufl. Tübingen 1885. S. 260f., 2. Bd. 2. Aufl. Tübingen 1884. S. 50—349; Ouden, Die Maxime: Laissez faire et laissez passer, ihr Ursprung, ihr Werden, ein Beitrag zur Geschichte der Freihandelslehre. Bern 1887. —

Vgl. auch die auf S. 132 zur Charakterisierung der liberalen Partei in Deutschland genannte Litteratur.

2. Kritisierend gegenüber dem Liberalismus verhalten sich die kommunistische und staatssozialistische Litteratur ebenso wie die Schriften der historischen Schule der deutschen Nationalökonomie. Es sind also insbesondere die Werke in Betracht zu ziehen, die in dem Abschnitte über die Stellung der deutschen Wissenschaft gegenüber der Arbeiterfrage aufgeführt worden sind; über die Stellung des Arbeiters als eines Warenverkäufers vergleiche man die Brentano'schen Arbeiten, ferner Marx, Kapital. Bd. I. 3. Aufl. Hamburg 1883. S. 143 f.; Thorton, W. Th., Die Arbeit, deutsch von H. Schramm. Leipzig 1870. S. 47 f.; Tönnies, Ferd., Der moderne Arbeitsvertrag und die Arbeitslosigkeit, in: Arbeitslosigkeit und Arbeitsvermittlung in Industrie und Handelsstädten. Bericht über den am 8. und 9. Oktober 1893 vom Freien Deutschen Hochstift zu Frankfurt a. M. veranstalteten sozialen Kongreß. Berlin 1894.

Mehr oder minder vollständige Zusammenfassungen der am Liberalismus geübten Kritik: Hertner, Soziale Reform als Gebot des wirtschaftlichen Fortschrittes. Leipzig 1891. S. 1—15, 33—86; Derselbe, H. St. Art. Krisen; Knies, Die politische Ökonomie vom geschichtlichen Standpunkte. Neue Auflage. Braunschweig 1883. S. 180—349; Lexis, H. St. Art. Überproduktion; Paulsen, Ethik. 2. Aufl. Berlin 1891. S. 686; Mill, J. St., Ges. Werke (herausgegeben von Gomperz). 12. Bd. Leipzig 1880. Der Sozialismus. S. 160 f.; Schäffle, Bau und Leben des sozialen Körpers. 3. Bd. Tübingen 1891. S. 419 f., Wagner, Ad., Lehr- und Handbuch der politischen Ökonomie, Grundlegung der politischen Ökonomie. Leipzig 1893. S. 794 f.; Wittelshöfer, O., Untersuchungen über das Kapital. Tübingen 1890. S. 75—262; Derselbe, Über das Verhältnis von Konsumtion und Kapitalisation in der modernen Wirtschaft. (Mitteilungen der Gesellschaft österreichischer Volkswirte. Wien 1891.)

Über die Einkommensverteilung: Hertner, Die Statistik der Einkommensbesteuerung. Die Zukunft. 1. Bd. Nr. 8. 1892; Wolf, J., Sozialismus und kapitalistische Gesellschaftsordnung. Stuttgart 1892. S. 224—242.

3. Hauptwerke der liberalen Politik: Bluntschli, Allgemeines Staatsrecht. 2 Bde. München 1868; Mill, Ges. Werke (Gomperz). 8. Bd. Leipzig 1873. Betrachtungen über Repräsentativ-Regierung; Derselbe, Über die Freiheit (deutsch von Pickford). Frankfurt a. M. 1860; Mohl, v., Staatsrecht, Völkerrecht Politik. 1. Bd. Tübingen 1860. S. 1—460.

Zur Kritik des politischen Liberalismus: Bucher, L., Der Parlamentarismus, wie er ist. Berlin 1855; Derselbe, Kleine Schriften. Stuttgart 1893. S. 167 f.; Jentsch, K., Geschichtsphilosophische Gedanken. Leipzig 1892. S. 413 f.; Derselbe, Weder Kommunismus noch Kapitalismus. Leipzig 1893. S. 359 f.; Kautsky, K., Der Parlamentarismus, die Volksgesetzgebung und die Sozialdemokratie. Stuttgart 1893; Lassalle, Ferd., Reden und Schriften, herausgegeben von Bernstein. Berlin 1892/93. Bd. I. Über Verfassungswesen. S. 471 f. und Bd. II. Arbeiterprogramm samt den anschließenden Prozeß-Verhandlungen und Verteidigungsreden. S. 1—393; Maine, Sir H. Sumner, Die volkstümliche Regierung. Berlin 1887; Paulsen, a. a. O. S. 825 f.; Roscher, Politik. Stuttgart 1892. S. 473 f.; Schäffle, Deutsche Kern und Zeitfragen. Berlin 1894. S. 79—168.

Drittes Kapitel.

Der Kommunismus.

1. **Das Wesen des Kommunismus.**

Man hat Liberalismus und Kommunismus als Zwillingsbrüder bezeichnet. Gewiß mit Recht. Beide gehen aus der individualistischen Weltanschauung hervor, welche die modernen Zeiten beherrscht, und die auch wir vertreten haben. Beide streben danach, dem Individuum das höchste Maß der Entwicklung, die volle Ausbildung aller seiner Anlagen zu sichern. Aber während der Liberalismus annimmt, dieses Ziel nur dann erreichen zu können, wenn an den Grundsätzen des freien Verkehrs, des Sondereigentumes und Erbrechtes in ihrer heutigen Gestalt unerschütterlich festgehalten wird, erwartet der Kommunismus genau vom Gegenteile alles Heil: freier Wettbewerb und Tauschverkehr, Privateigentum an Produktionsmitteln und Erbrecht sind aufzuheben, alle Produktionsmittel müssen in den Besitz der Gesellschaft gelangen und von dieser nach einem von einer Zentraldirektion entworfenen Wirtschaftsplane verwendet werden. „Stellen wir uns endlich", führt Marx aus, „zur Abwechslung einen Verein freier Menschen vor, die mit gemeinschaftlichen Produktionsmitteln arbeiten und ihre vielen individuellen Arbeitskräfte selbstbewußt als eine gesellschaftliche Arbeitskraft verausgaben. Alle Bestimmungen von Robinson's Arbeit wiederholen sich hier, nur gesellschaftlich, statt individuell. Alle Produkte Robinson's waren ausschließlich persönliches Produkt und daher unmittelbar Gebrauchsgegenstände für ihn. Das Gesamtprodukt des Vereines ist ein gesellschaftliches Produkt. Ein Teil dieses Produktes dient wieder als Produktionsmittel. Es bleibt gesellschaftlich. Aber ein anderer Teil wird als Lebensmittel von den Vereinsgliedern verzehrt. Es muß daher unter sie verteilt werden. Die Art dieser Verteilung wird wechseln mit der besonderen Art des gesellschaftlichen Produktionsorganismus selbst und der entsprechenden geschichtlichen Entwicklungshöhe der Produzenten. Nur zur Parallele mit der Warenproduktion setzen wir voraus, der Anteil jedes Produzenten an den Lebensmitteln sei bestimmt durch seine

Arbeitszeit. Die Arbeitszeit würde also eine doppelte Rolle spielen. Ihre gesellschaftlich planmäßige Verteilung regelt die richtige Proportion der verschiedenen Arbeitsfunktionen zu den verschiedenen Bedürfnissen. Andrerseits dient die Arbeitszeit zugleich als Maß des individuellen Anteiles des Produzenten an der Gemeinarbeit und daher auch an dem individuell verzehrbaren Teil des Gemeinprodukts."

Den Kommunismus in derselben Weise zu kritisieren wie den Liberalismus, ist unmöglich. Der Liberalismus ist Thatsache, der Kommunismus Hypothese, Idee, Glaube, Hoffnung. Die eben angeführten Äußerungen von Marx sind noch die genauesten, die dieser hervorragendste kommunistische Denker über die Form der kommunistischen Produktionsweise veröffentlicht hat. Der Kritiker des Kommunismus hat es daher, sofern er sich nicht nur auf eine bloße Antikritik der Kritik beschränkt, die vom Kommunismus an der kapitalistischen Produktionsweise geübt wird, mit einem vom Nebel der Zukunft ziemlich verhüllten Gegner zu thun. Noch giebt es keinen bestimmten Grundriß des kommunistischen Gesellschaftsbaues, der innerhalb der kommunistischen Richtungen einer allgemeinen Anerkennung sich erfreuen würde und deshalb mit Recht zum Ausgangspunkte der Kritik verwendet werden könnte. Vielfach herrscht der Brauch, bei der Kritik des Kommunismus sich auf die kühnen Luftschlösser zu beziehen, die August Bebel in seinem Buche „Die Frau und der Sozialismus" nicht eben zur Freude aller seiner Parteigenossen entworfen hat. Bei der maßgebenden Stellung, die Bebel in seiner Partei genießt, wird man diesem Vorgehen, wo es sich um volkspädagogische und parteipolitische Zwecke handelt, nicht jede Berechtigung absprechen dürfen. Für eine ernste, wissenschaftliche Prüfung kann aber ein so durch und durch unwissenschaftlich gedachtes Buch, wie das von Bebel, eine brauchbare Grundlage selbstverständlich nicht liefern. Auch das Hauptwerk von Marx, „Das Kapital", das an wissenschaftlicher Bedeutung die übrige deutsche kommunistische Litteratur turmhoch überragt, ist für diesen Zweck wenig geeignet; denn es liegt bisher nicht vollendet vor und enthält, wie bemerkt wurde, über die kommunistische Gesellschaftsordnung nur kurze Andeutungen. Unter diesen Umständen wird das neue, sogenannte Erfurter Programm der sozialdemokratischen Arbeiterpartei Deutschlands, das von dem begabtesten Epigonen des Marxismus, Karl Kautsky, aufgestellt worden ist, nebst seinen ebenfalls von Kautsky herrührenden Erläuterungen noch immer als das für die wissenschaftliche Kritik wertvollste Material angesehen werden müssen. Hie und da kann vielleicht das kommunistische Manifest und die von Marx an dem Gothaer Vereinigungsprogramm geübte Kritik zur Ergänzung herangezogen werden.

2. Das Erfurter Programm.

Mit derselben optimistischen Zuversicht, wie einst der Liberalismus, verspricht auch der Kommunismus seinen Anhängern eine Ära, in der dem Menschen wenigstens in wirtschaftlicher Hinsicht kaum etwas mehr zu wünschen übrig bleiben wird. Die ganze Gesellschaft wird, das hat schon Marx im kommunistischen Manifest behauptet, „für immer" vor Ausbeutung, Unterdrückung und Klassenkämpfen befreit sein. Und in der Programmkritik wird folgende Perspektive entworfen: „In einer höheren Phase der kommunistischen Gesellschaft, nachdem die knechtende Unterordnung der Individuen unter die Teilung der Arbeit, damit auch der Gegensatz geistiger und körperlicher Arbeit verschwunden ist, nachdem die Arbeit nicht nur Mittel zum Leben, sondern selbst das erste Lebensbedürfnis geworden; nachdem mit der allseitigen Entwicklung der Individuen auch die Produktionskräfte gewachsen sind, und alle Springquellen des genossenschaftlichen Reichtumes voller fließen — erst dann kann der enge bürgerliche Rechtshorizont ganz überschritten werden und die Gesellschaft auf ihre Fahne schreiben: „Jeder nach seinen Fähigkeiten, jedem nach seinen Bedürfnissen." Dem entsprechend erklärt auch das Erfurter Programm: „Nur die Umwandlung der Warenproduktion in sozialistische, für und durch die Gesellschaft betriebene Produktion kann es bewirken, daß der Großbetrieb und die stets wachsende Ertragsfähigkeit der gesellschaftlichen Arbeit für die bisher ausgebeuteten Klassen aus einer Quelle des Elendes und der Unterdrückung zu einer Quelle der höchsten Wohlfahrt und allseitiger, harmonischer Vervollkommnung werde. Diese gesellschaftliche Umwandlung bedeutet die Befreiung, nicht bloß der Arbeiterklasse, sondern der gesamten Menschheit, die unter den heutigen Zuständen leidet."

Man mag den Kommunismus für möglich halten, man mag ihn für viel zweckmäßiger und leistungsfähiger halten als die vorhandene Erwerbsordnung, darüber läßt sich gewiß rechten. Allein die Annahme, daß eine kommunistische Gesellschaftsordnung, wenn auch erst in einer „höheren Phase", von allen Fehlern und Mängeln frei sein werde, die nach einer vieltausendjährigen Erfahrung stets allem Menschenwerke anhaften, fällt einfach in das Bereich des Pathologischen. Im Vergleiche mit diesen chiliastischen Hoffnungen erscheint der Glaube an eine unendliche Glückseligkeit im Jenseits fast aus der Reihe der Dogmen in diejenige wissenschaftlicher Ergebnisse überzugehen. Es fällt schwer, solche Äußerungen ernst zu nehmen, und man geht kaum irre, wenn man sie mehr unter dem Gesichtswinkel von wirksamen Werkzeugen der Propaganda betrachtet. Es dürfte diesen Phrasen ähnlich ergehen, wie es jener vom „ehernen Lohngesetze" bereits ergangen ist. Man wird sie fallen lassen, sobald sie ihre Bestimmung, agitatorisch zu wirken, „herrlich erfüllt" haben werden.

Diese bestimmte Zuversicht auf die Vollkommenheit der kommunistischen Produktionsweise ist um so merkwürdiger, als die Kommunisten der marxistischen Richtung eingestandenermaßen nur eine sehr unbestimmte Vorstellung von den vortrefflichen Einrichtungen des Kommunismus besitzen. Ja man kann geradezu behaupten, die Kommunisten wissen, abgesehen von der Vergesellschaftung der Produktion, eigentlich nichts vom Zukunftsstaate, als daß er allen Ansprüchen vollkommen genügen, und daß er mit „Naturnotwendigkeit" eintreten werde.

In der That, mit Naturnotwendigkeit. Und hiermit kommen wir zu der ernsteren, wissenschaftlich wertvolleren Seite des Kommunismus. Marx und Engels haben, ihrer Meinung nach, die Entwicklungsgesetze der kapitalistischen Produktionsweise entdeckt. Diese Entwicklungstendenzen aber führen unbedingt zum Kommunismus. Noch sieht man das Land der Verheißung nicht, aber man weiß genau, daß die Wege, auf denen wir uns befinden, in dasselbe führen müssen.

„Die ökonomische Entwicklung der bürgerlichen Gesellschaft führt mit Naturnotwendigkeit zum Untergange des Kleinbetriebes, dessen Grundlage das Privateigentum des Arbeiters an seinen Produktionsmitteln bildet. Sie trennt den Arbeiter von seinen Produktionsmitteln und verwandelt ihn in einen besitzlosen Proletarier, indes die Produktionsmittel das Monopol einer verhältnismäßig kleinen Zahl von Kapitalisten und Großgrundbesitzern werden. Hand in Hand mit dieser Monopolisierung der Produktionsmittel geht die Verdrängung der zersplitterten Kleinbetriebe durch kolossale Großbetriebe, geht die Entwicklung des Werkzeuges zur Maschine, geht ein riesenhaftes Wachstum der Produktivität der menschlichen Arbeit. Aber alle Vorteile dieser Umwandlung werden von den Kapitalisten und Großgrundbesitzern monopolisiert. Für das Proletariat und die versinkenden Mittelschichten — Kleinbürger, Bauern — bedeutet sie wachsende Zunahme der Unsicherheit ihrer Existenz, des Elendes, des Druckes, der Knechtung, der Erniedrigung der Ausbeutung. Immer größer wird die Zahl der Proletarier, immer massenhafter die Armee der überschüssigen Arbeiter, immer schroffer der Gegensatz zwischen Ausbeutern und Ausgebeuteten, immer erbitterter der Klassenkampf zwischen Bourgeoisie und Proletariat, der die moderne Gesellschaft in zwei feindliche Heerlager trennt und das gemeinsame Merkmal aller Industrieländer ist. Der Abgrund zwischen Besitzenden und Besitzlosen wird noch erweitert durch die im Wesen der kapitalistischen Produktionsweise begründeten Krisen, die immer umfangreicher und verheerender werden, die allgemeine Unsicherheit zum Normalzustand der Gesellschaft erheben und den Beweis liefern, daß die Produktivkräfte der heutigen Gesellschaft über den Kopf gewachsen sind, daß das Privateigentum an Produktionsmitteln unvereinbar geworden ist mit deren zweckentsprechender Anwendung und voller Entwicklung. Das Privateigentum an Produktionsmitteln, welches ehedem das Mittel war, dem Produzenten das Eigentum an seinem Produkte zu sichern, ist heute zum Mittel geworden, Bauern, Handwerker und Kleinhändler zu expropriieren und die Nichtarbeiter — Kapitalisten und Großgrundbesitzer — in den Besitz des Produktes der Arbeiter zu setzen. Nur die Verwandlung des kapitalistischen Privateigentumes an Produktionsmitteln — Grund und Boden, Gruben und Bergwerke, Rohstoffe, Werkzeuge, Maschinen, Verkehrsmittel — in gesellschaftliches Eigentum, und die Umwandelung der Warenproduktion in sozialistische, für und durch die Gesellschaft betriebene Produktion kann es bewirken, daß der Großbetrieb und die stets wachsende Ertragsfähigkeit der gesellschaftlichen Arbeit für die bisher ausgebeuteten Klassen aus einer Quelle des Elendes und der Unterdrückung zu einer Quelle der höchsten Wohlfahrt und allseitiger, harmonischer Vervollkommnung werde."

Diese Ausführungen enthalten unbestreitbar viel Richtiges. Es unterliegt keinem Zweifel, daß der fabrikmäßige Großbetrieb im Gewerbe immer weiter vordringen, und daß hiermit eine außerordentliche Steigerung der Produktivität der menschlichen Arbeit verknüpft sein wird. Es unterliegt auch keinem Zweifel, daß die vom Großbetriebe niederkonkurrierten Handwerksmeister und ihre Arbeiter in der jämmerlichsten Lage sich befinden, und daß diese Ungunst der Lage sich auch mehr oder weniger auf die Fabrikarbeiter, für deren Verhältnisse an und für sich vorteilhaftere wirtschaftliche Voraussetzungen vorhanden wären, fortzupflanzen pflegt. Die niedrigen Löhne des untergehenden Handwerkes und Verlagssystems leisten eben der Lohnerhöhung in den Fabriken Widerstand. Überdies erlaubt die Besitzlosigkeit dem vereinzelten Arbeiter beim Abschlusse des Arbeitsvertrages nur selten, seine Interessen voll zur Geltung zu bringen. Ebensowenig wird Jemand bestreiten, daß Arbeitslosigkeit und Krisen zu den schwersten Übeln unserer Zeit gehören. Das alles wurde schon früher, als die Folgen des Liberalismus zur Darstellung kamen, zum Teile eben im Anschlusse an die vom Kommunismus geübte Kritik anerkannt.

Wir geben also zu, daß das kommunistische Programm die liberalen Entwicklungstendenzen auf dem Gebiete der gewerblichen Produktion im großen und ganzen richtig kennzeichnet. Nun wird aber vom Kommunismus angenommen, daß auch die Landwirtschaft unter der Herrschaft derselben Entwicklungstendenzen stehe. Diese Auffassung ist mit den Ergebnissen der neuesten Forschungen indes keineswegs im Einklange.

„Der bäuerliche Betrieb," erklärte jüngst M. Sering auf Grund umfassender Studien, „und zwar nicht allein der denkbar höchst entwickelte, sondern die heutige ostdeutsche Bauernwirtschaft ist der Konkurrenz des Großbetriebes um den Bodenbesitz durchaus gewachsen; sie würde sich auch ohne jeden Schutz neben der Großlandwirtschaft behaupten können. Ein Akkumulationsgesetz besteht für den Ackerbau überhaupt nicht, die vorherrschende Tendenz ist vielmehr auf Verkleinerung der großen Landwirtschaftsbetriebe gerichtet. Die Besiedelung eines Teiles der Gutsländereien durch bäuerliche Wirtschaften ist nicht nur ein soziales, sondern ein Erfordernis der technisch-ökonomischen Zweckmäßigkeit. Bei richtiger Durchführung wird die innere Kolonisation die landwirtschaftliche Produktion nicht mindern, sondern mehren. Ich glaube den Beweis für diese Behauptungen in meiner Schrift*) geführt zu haben und muß mich hier auf wenige Erläuterungen beschränken. Zwei Umstände vor allem drängen hin auf die allmähliche Verkleinerung der großen Betriebe: die zunehmende Intensität der Landwirtschaft und die wachsenden Ansprüche der Arbeiter. Je mehr es gilt, dem Boden mit gesteigertem Aufwand an Arbeit erhöhte Erträge abzugewinnen, und je höher der Arbeitslohn, um so mehr ist es erforderlich, die vorhandene Kapital- und Arbeitskraft auf verkleinerte Wirtschaftsflächen zu konzentrieren. Es giebt hundert tausende Hektar Landes in den Außenschlägen unserer großen Güter im Osten, die früher bei extensiver Wirtschaft und niedrigen Löhnen einen befriedigenden Reinertrag abwarfen, heute aber mit positivem Verluste für den Besitzer wie für die Volkswirtschaft bebaut werden. Die Veräußerung und Besiedelung solcher Flächen ist eine wahre Entlastung der Gutswirtschaften: sie mindern dadurch ihre Schuldenlast, erhöhen ihr Betriebskapital und werden bald von der zurückbehaltenen Fläche größere Reinerträge erzielen als vorher von dem ungeteilten Gut. Steigerung der Produktionsmittel und Arbeitsleistungen mit Beschränkung des Raumes ihrer Anwendung ist das dem industriellen durchaus entgegengesetzte Entwicklungsgesetz der Landwirtschaft, welches in allen voll besiedelten Ländern zu einer fortschreitenden Verkleinerung und Vermehrung der landwirtschaftlichen Betriebe geführt hat, sofern technisch-ökonomische Rücksichten die Größe derselben bestimmten. Dieses ökonomische Gesetz hat einst auf den römischen Latifundien Kolonate entstehen lassen. Das Gesetz ist unmittelbar abzulesen von den

---

*) M. Sering, Die innere Kolonisation im östlichen Deutschland. Leipzig 1893.

Die Lebensfähigkeit der bäuerlichen Betriebe. 177

statistischen Tabellen über die Grundbesitzverteilung in Nordamerika — die Durchschnittsgröße der Farmen nimmt fortlaufend ab in der Richtung von West nach Osten, d. h. von den niedriger zu den hochentwickelten Staaten: die berühmten Riesen-Farmen bezeichnen dort nicht das Endziel, sondern den ersten Anfang der landwirtschaftlichen Kultur, sie verschwinden aber mit der wachsenden Intensität des Betriebes. Im europäischen Rußland sehen wir eine ganz gewaltige Parzellierungsbewegung im Gange, seitdem die dortige Bauernbank ihren Kredit den Ansiedlern zur Verfügung gestellt hat. . . . . . Die Gefahren, welche den bäuerlichen Mittelstand bedrohen, gehen nicht hervor aus einer technisch-ökonomischen Schwäche, sondern aus Umständen, die mit der wirtschaftlichen Zweckmäßigkeit nicht das mindeste zu thun haben, ihr vielmehr im höchsten Maße widersprechen. Diese Gefahren sind 1) die Aufsaugung der Bauerngüter und zwar nicht durch den großen Betrieb, sondern durch den Latifundienbesitz, 2) ihre Zertrümmerung in Zwergwirtschaften. 3) in Überschuldung. Der Latifundienbesitz . . . ist namentlich in Schlesien und Posen vertreten, und dort sehen wir, wie manche große Herrschaften alljährlich ihre nichtverbrauchten Einkünfte immer wieder in Land anlegen, nicht aus irgend welchen ökonomisch zu rechtfertigenden Gründen, sondern zu keinem andern Zwecke, als ihre ohnehin schon gemeinschädlich ausgedehnte Machtsphäre unaufhörlich zu erweitern."

Verwandte Gedankengänge führt Dr. R. Meyer im wissenschaftlichen Organe der deutschen Sozialdemokratie, nämlich in der von Kautsky redigierten „Neuen Zeit" vor. Endlich zeigen genaue Untersuchungen über die Entwicklung der klein- und mittel-bäuerlichen Zustände in Baden durchaus keine fortschreitende Verschlechterung der Lage, sondern lassen gar mancherorts eine überaus erfreuliche Erhöhung des Wohlstandes erkennen.

Allein auch dann, wenn wirklich in absehbarer Zeit der Großbetrieb in Gewerbe, Handel und Landwirtschaft das Feld ausschließlich beherrschen sollte, würde die kommunistische Wirtschaftsordnung noch immer nicht „mit Naturnotwendigkeit" aus dieser Entwicklung hervorgehen. Der Großbetrieb ist nicht gleichbedeutend mit der Zentralisation des Eigentumes. Gerade die mächtigsten Großbetriebe sind in der Regel Aktiengesellschaften und haben daher ihr Kapital von vielen, oft in sehr verschiedenen Vermögenslagen befindlichen Personen erhalten. In England ist es keine Seltenheit, daß Arbeiter ihre Ersparnisse in Aktienunternehmungen anlegen: ein deutlicher Beweis, wie wenig die vom Kommunismus immer betonte „Trennung von dem Produktionsmittel", die der Großbetrieb bedingt, den Arbeiter notwendig zu einem besitzlosen Proletarier

Hertner, Soziale Frage. 12

herabdrückt. Sodann ist die Zentralisation des Eigentumes an und für sich nicht notwendig mit einer Verschlechterung der Lage des Volkes verknüpft. Es kommt nicht nur auf die Verteilung des Eigentumes, sondern auch darauf an, in welcher Weise es genutzt werden, welche Rente von ihm bezogen werden kann. Gelingt es durch soziale Reformen die Besitzrente einzuschränken, so kann sogar dort, wo Großbetrieb und Zentralisation des Eigentumes zusammenfallen, eine soziale Verbesserung bewirkt werden. Zweifelsohne ist in England die Zentralisation des Kapitales und des Grundeigentumes noch am weitesten fortgeschritten, und doch steht gerade dieses Land extrem-kommunistischen Bestrebungen ferner, als irgend ein Staat westeuropäischer Kultur.

Wie vermögen die Kommunisten trotz dieser Thatsachen ihren bergeversetzenden Glauben an die kommunistische Gesellschaftsordnung aufrecht zu erhalten? „Der Kommunismus," sagt Kautsky, „wurzelt in der Überzeugung von der Unmöglichkeit, dem Proletariate in der heutigen Gesellschaft eine befriedigende Stellung zu verschaffen."

Sehen wir näher zu, was die Kommunisten unter „befriedigender Stellung" verstehen, so zeigt sich, daß ihnen als befriedigend eben nur die kommunistische Gesellschaft erscheint. Sie könnten also ebenso gut schreiben: Der Kommunismus wurzelt in der Überzeugung, daß nur die kommunistische Gesellschaftsordnung das Proletariat zufrieden stellt. „Erst die sozialistische Produktion kann dem Mißverhältnis zwischen den Ansprüchen der Arbeiter und den Mitteln, sie zu befriedigen, ein Ende machen, indem sie die Ausbeutung und die Klassenunterschiede aufhebt; sie beseitigt damit jenen mächtigen Anreiz zur Unzufriedenheit des Arbeiters mit seinem Lose, den heute das Beispiel des Luxus der Ausbeuter erzeugt. Ist dieser Anreiz aus dem Wege geräumt, dann ergiebt sich von selbst die Beschränkung der Ansprüche der Arbeiter auf das mit den vorhandenen Mitteln zur Befriedigung ihrer Bedürfnisse vereinbarte Maß." Es kann also eine Befriedigung des Proletariates nach diesen Äußerungen nur dann eintreten, wenn bei einer, der Hauptsache nach gleichen Verteilung des Produktionsertrages die Leistungsfähigkeit der Produktion bis an die äußerste überhaupt nur denkbare Grenze angespannt wird.

Es mag wahrscheinlich sein, daß die äußerste ökonomische Leistungsfähigkeit dann erreicht werden würde, wenn die ganze Volkswirtschaft in einen einzigen, riesenhaften Großbetrieb überginge. Man kann sich das ja vorstellen und Schäffle, Rodbertus u. a. mehr haben großen Scharfsinn darauf verwendet, die Grundlinien einer derartigen Organisation zu entwerfen. Aus all diesen, zum Teil ziemlich abweichenden Konstruktionen geht aber überzeugend das Eine hervor: sie sind nur möglich unter der Voraussetzung einer streng autoritären Leitung. Je gewaltiger die Massen sind, die einheitlich, planmäßig geleitet werden sollen — und nur bei durchaus einheitlicher Leitung könnte die vom Kommunismus erwartete ungeheure Steigerung in der Ergiebigkeit der Arbeit erfolgen — desto umfassender muß die Machtvollkommenheit der Direktion sein, desto mehr Bewegungsfreiheit muß dem einzelnen Gliede entzogen werden, desto mehr hört dasselbe auf, Selbstzweck zu sein, desto mehr verwandelt es sich in ein bloßes Mittel zur Verherrlichung des Gesamtkörpers. Bismarck hat die Vermutung ausgesprochen, die kommunistische Organisation werde den Willen des Einzelnen so vollständig unter die Befehle der Behörde beugen, wie es jetzt nur im Zuchthause geschehe. Das ist gewiß übertrieben. Daß aber der Kommunismus mit einer geringeren Disziplin auskommen könnte, als sie heute für unsere Millionenheere notwendig ist, das hat man unseres Erachtens bis jetzt überzeugend noch nicht zu erweisen vermocht. Kautsky befindet sich sehr im Irrtume, wenn er meint, es werde dem Kommunismus bloß vorgeworfen, daß der Arbeiter dann nicht mehr arbeiten dürfe, wie und wann er wolle. Diese Freiheit sei aber mit jedem planmäßigen Zusammenarbeiten mehrerer unverträglich und könne, nachdem die moderne Technik die Produktion zu einer gesellschaftlichen gemacht, überhaupt nicht mehr bestehen.

Wir geben gern zu, daß die Freiheit der Arbeit niemals eine volle Schrankenlosigkeit und Willkür, nicht einen jederzeit jedem freistehenden Wechsel der Zeit, des Standortes und der Art der Produktion bedeuten kann. Allein zwischen dieser anarchistischen Willkür und der absoluten Aufhebung der Freiheit der Arbeit giebt es doch sehr viele Zwischenstufen. Jedenfalls ist es kein günstiges Symptom für die Freiheitsverhältnisse der kommunistischen Gesellschaft, daß ihre Anhänger sich schon bemühen, das letztgenannte Extrem annehmbar zu machen. „Sie (die Sozialdemokratie) kann die Abhängigkeit des Arbeiters von dem wirtschaftlichen Getriebe, in dem er ein Rädchen bildet, nicht beseitigen, aber an Stelle der Abhängigkeit des Arbeiters von einem Kapitalisten, dessen Interessen den seinen feindlich gegenüberstehen, setzt sie seine Abhängigkeit von einer Gesellschaft, deren Mitglied er selbst ist, einer Gesellschaft gleichberechtigter Genossen, die gleiche Interessen haben." So scheint auch Kautsky der Meinung von Rodbertus beizupflichten, daß die Freiheit nur in der Unabhängigkeit des Individuums von anderen individuellen Willen bestehe, die Abhängigkeit vom Gesellschaftswillen hingegen der Freiheit nicht widerspreche. Dieses Argument kehrt regelmäßig wieder, wo Freiheitsfragen gestreift werden, was allerdings nicht häufig geschieht. Die Art der Verteilung des gesellschaftlichen

Produktes bleibt ziemlich im Dunkeln, und von Garantien für eine Freiheit der Bedarfsbestimmung, von Garantien für religiöse, politische, wissenschaftliche, künstlerische, litterarische und gesellschaftliche Freiheit wird überhaupt nicht gesprochen. Die demokratischen Forderungen des Programmes beziehen sich ja nicht auf den Zukunftsstaat, sondern auf die Gegenwart. Aus dem Umstande, daß die planmäßige Produktion der kommunistischen Gesellschaft eine erhebliche Verkürzung der Arbeitszeit möglich machen, und daher dem Einzelnen die Zeit für ein freieres Ausleben in all' den genannten Richtungen zur Verfügung stellen wird, glaubt Kautsky auch schon die völlige thatsächliche Freiheit hierfür ableiten zu dürfen. Aber gerade je mehr Muße eine ökonomisch vortreffliche Organisation gewährt, desto größer wird die Empfindlichkeit gegen jede Freiheitsbeschränkung. Mit Recht schreibt John Stuart Mill: „Nachdem der notwendige Lebensbedarf gesichert, ist das nächst stärkste persönliche Bedürfnis unter den menschlichen Dingen die Freiheit. Ungleich den physischen Bedürfnissen, welche mit den Fortschritten der Zivilisation mäßiger werden und leichter zu befriedigen sind, wächst das Bedürfnis nach Freiheit an Intensität, sobald die Intelligenz und die moralischen Fähigkeiten sich mehr entwickeln. Die sozialen Einrichtungen sowie die praktische Moral würden hiernach ihre Vollkommenheit erreicht haben, wenn allen Personen völlige Unabhängigkeit und Freiheit des Handelns gesichert wäre, ohne alle Beschränkung als nur die, andere nicht zu beeinträchtigen. Eine Erziehung oder soziale Einrichtungen, welche es mit sich brächten, daß man die freie Selbstbestimmung seines Thuns und Lassens zum Opfer bringen müßte, um einen höheren Grad von Lebensannehmlichkeiten oder Überfluß zu erlangen, oder daß man der Gleichheit zu Gefallen auf die Freiheit verzichten müsse, würden einen der edelsten Züge der menschlichen Natur auslöschen."

Nach unserem Dafürhalten wird daher das Bewußtsein, zur Bestimmung des Gesellschaftswillens vielleicht $1/_{10\,000\,000}$ (die Frauen haben dann ja auch gleiches Stimmrecht) beizutragen, dem Bürger des Zukunftsstaates, dessen Freiheitsgefühl die ökonomische Verbesserung so sehr gesteigert hat, kein ausreichendes Äquivalent für die Thatsache bieten, daß er in allen seinen Beziehungen diesem Gesamtwillen unterworfen ist. Bei der ungeheuren Macht, welche die kommunistische Gesellschaft in die Hände ihrer Behörde legen muß, werden die politischen Kämpfe in ihr notwendigerweise einen Grad von Leidenschaft und Erbitterung erreichen, der mit viel größerer Unzufriedenheit verknüpft sein dürfte als die wirtschaftliche Unvollkommenheit anderer Gesellschaftsordnungen. Gewiß besitzen die wirtschaftlichen Verhältnisse auf die Entwicklung der Menschheit einen mächtigen Einfluß. Allein wir erachten es für eine materialistische Übertreibung, wenn der Kommunismus annimmt, die Menschheit werde dem Ideale wirtschaftlicher Vollkommenheit alles zum Opfer bringen. Die wirtschaftliche Verfassung wird immer unterthan bleiben den obersten Interessen der Menschen, und diese sind, sobald der notwendige Lebensunterhalt gedeckt ist, durchaus nicht mehr ökonomischer Art.

So scheinen uns Liberalismus und Kommunismus gleich ungeeignet, die Annäherung an die idealen Ziele der menschheitlichen Entwicklung zu bewirken. Beide sind in die Welt gekommen, nicht um zu erfüllen, sondern um vorzubereiten. Der Liberalismus hat die Freiheit in zu abstrakter, formaler Weise aufgefaßt und über ihr die Ausgleichung der sozialen und ökonomischen Verhältnisse vergessen; der Kommunismus wieder opfert die Freiheit den Idealen der Gleichheit und der ökonomischen Beglückung. Es bleibt den noch folgenden Kapiteln der Nachweis überlassen, wie vermöge ernster sozialer Reformen eine nach normalen Begriffen ökonomisch befriedigende Lage der Massen und eine stetig zunehmende Erhöhung der persönlichen Freiheit herbeigeführt werden kann. Indessen soll schon jetzt anerkannt werden, daß diese Möglichkeit in erster Reihe als ein Verdienst der kommunistischen Litteratur zu gelten hat. Männern wie Owen und Thompson, St. Simon und Fourier, Proudhon und Louis Blanc, Marx, Engels, Lassalle und Rodbertus verdanken wir zum guten Teile die Fortschritte der Wirtschafts- und Sozialwissenschaften, welche uns in den Stand setzen, eine Gesellschaft und Individuum, materielle und geistige Lebenserfüllung der Massen gleich beachtende, sozial-liberale Entwicklung anzubahnen.

Anmerkungen.

1. Bebel, Aug., Die Frau und der Sozialismus. 9. Aufl. Stuttgart 1891. S. 261 f.: Engels, Fr., Herrn Eugen Dühring's Umwälzung der Wissenschaft. Hottingen Zürich 1886. S. 247 f.: Marx, Kapital. 3. Aufl. Hamburg 1883. S. 48.
2. Adler, G., H. St. Art. Sozialdemokratie. S. 733 f.; Brentano, Der Arbeiterversicherungszwang, seine Voraussetzungen und seine Folgen. Berlin 1881. S. 94 f.: Derselbe, Vorwort zur deutschen Ausgabe von Mrs. Sidney Webb's, Die britische Genossenschaftsbewegung. Leipzig 1893; Cathrein, Der Sozialismus. Freiburg i. B. 1892; Diehel, K., Rodbertus. 2. Abt. Jena 1888. S. 68 f., S. 214 f.; Kautsky, K., Der Entwurf des neuen Parteiprogrammes. Neue Zeit. 9. Jahrg. 2. Bd. Stuttgart 1891. S. 723 f., 749 f., 780 f., 814 f.: Derselbe, Das Erfurter Programm. Stuttgart 1892. Insbesondere S. 104 f., S. 232 f.:

Knies, K., Die politische Ökonomie. Braunschweig 1883. S. 426 f.; Losch, H., Nationale Produktion und nationale Berufsgliederung. Leipzig 1892; Marx, Zur Kritik des sozialdemokratischen Parteiprogrammes. (Aus dem Nachlasse herausgegeben von Fr. Engels.) Neue Zeit. 9. Jahrg. 1. Bd. Stuttgart 1891. S. 561 f.; Meyer, R., Das nahende Ende des landwirtschaftlichen Großbetriebes. Neue Zeit. 11. Jahrg. 1. Bd. Stuttgart 1892/93. S. 304 f., 344 f., 428 f., 469 f.; Mill, J. St., Grundsätze der politischen Ökonomie (deutsch von Soetbeer) 4. Ausg. 1. Bd. Leipzig 1881, S. 220 f.; Rodbertus, Der Normalarbeitstag. Zeitschrift für die gesamte Staatswissenschaft. Tübingen 1878. S. 324 f.; Schäffle, Die Aussichtslosigkeit der Sozialdemokratie. 4. Aufl. Tübingen 1893. S. 27—77; Derselbe, Bau und Leben des sozialen Körpers. 3. Bd. Tübingen 1881. S. 357—547; Verhandlungen des Vereines für Sozialpolitik 1893. Referat des Professors Sering. Leipzig 1893. S. 138 f.; Wagner, Ad., Grundlegung der politischen Ökonomie. Leipzig 1893. S. 749 f.

Dritter Teil.

Soziale Reform.

Einleitung.

Die Ziele der sozialen Reform sind im allgemeinen bereits in den Darlegungen über die Bestimmung, die unseres Erachtens der Menschheit gegeben ist, gekennzeichnet worden. Die soziale Reform hat, soweit ihr ökonomischer Teil in Frage kommt, die wirtschaftlichen Voraussetzungen dafür zu schaffen, daß einem immer größeren Bruchteile der Menschheit die Möglichkeit voller Entwicklung gewährt werde. Stetig wachsende Schichten des Volkes sind auf das Niveau der Mittelklasse, die in wirtschaftlicher Beziehung die besten Vorbedingungen für die sittliche und geistige Bildung darbietet, zu erheben. Die soziale Reform hat also nicht das kommunistische Ideal absoluter Gleichheit zu verwirklichen: sie hält an der Differenzierung als einer Grundbedingung der Entwicklung fest und will ebensowenig die Möglichkeit des Herabfallens in eine bedrängte Lage als eines Aufsteigens in über der Mittelklasse befindliche Stellungen völlig ausschließen. Allein der Fall soll nie so tief, der Aufstieg nie so schwindelnd hoch wie heute sein, und die ganze Bewegung soll nicht dem Zufalle der Geburt und den gesellschaftlichen Zusammenhängen, sondern möglichst der eigenen Bethätigungsweise des Individuums entsprechen.

Im Hinblick auf die vorhandenen Zustände gilt es zunächst, den Arbeitern ein höheres Einkommen zu verschaffen, das außer der Befriedigung der Existenzbedürfnisse eine wachsende Teilnahme an den Gütern der modernen Kultur gestattet. Nun kommt es nicht allein auf die Höhe des Einkommens an, sondern auch darauf, daß dieses Einkommen vom Arbeiter in einer Weise beschafft werden kann, die ihm noch Muße für seine rein menschliche Ausbildung übrig läßt. Das Arbeitsverhältnis darf auch die persönliche Unabhängigkeit des Arbeiters nicht beeinträchtigen, und der Einkommensbezug muß vor Wechselfällen möglichst sicher gestellt werden. Sodann sind Art und Dauer der Arbeit so zu regeln, daß die Empfänglichkeit des Arbeiters für höhere Bestrebungen gewahrt bleibt.

Die soziale Reform im weiteren Sinne des Wortes beschränkt sich nicht auf das wirtschaftliche Gebiet. Sie will die Menschheit mit einem sozialen, der Wohlfahrt des Ganzen dienenden Geiste erfüllen; das, was die Klassen trennt, verdrängen, das, was sie verbindet, stärken; einen Zustand anbahnen, in dem Gerechtigkeit und Wahrhaftigkeit, Menschlichkeit und gegenseitige Achtung herrschen; sie will nach Innen und Außen freie Menschen, Menschen von Charakter und edlem Gemüte erziehen.

Erstes Kapitel.

Der wirtschaftliche Fortschritt.

1. Das Verhältnis von Arbeitslohn und Arbeitszeit zur Arbeitsleistung.

War es auch, wie die Kritik des Liberalismus gezeigt hat, nur ein schöner Traum, daß der freie Verkehr selbst zu einer ausreichenden Teilnahme der arbeitenden Klassen an den Gütern der Kultur führen werde, so stehen zweifelsohne in der liberalen Wirtschaftsordnung selbst doch Kräfte in Wirksamkeit, die auf eine Verbesserung der Arbeiterlage abzielen. Die Erhöhungen des Lohnes und die Verkürzungen der Arbeitszeit, die in den letzten Jahrzehnten stattgefunden haben, gehen nicht ausschließlich auf staatliches Eingreifen und gewerkschaftliche Einflüsse zurück. Der zunehmende Wettbewerb im In- und Ausland hat immer vollkommenere Arbeitsleistungen notwendig gemacht. Die Erfahrung aber hat gezeigt, daß wirklich gute Arbeit auf die Dauer nur von gut bezahlten und nicht überanstrengten Arbeitern geliefert werden kann. Schoenhof und v. Schulze-Gaevernitz haben überzeugend dargethan, wie die wachsenden Ansprüche, welche unter dem Drucke der Konkurrenz des Weltmarktes an die Arbeiter gestellt werden, den Arbeitern auch eine günstigere Stellung verschafft haben. Einsichtsvolle Arbeitgeber haben es längst erfaßt, daß ihnen nicht niedrig, sondern hochbezahlte Arbeit schließlich am billigsten zu stehen kommt.

Ähnliche Erfahrungen sind in betreff der Arbeitszeit gesammelt worden. Nicht eine lange, den Arbeiter überanstrengende Arbeitsdauer von 13 bis 14 Stunden, sondern ein mäßiger Arbeitstag von 8 bis 10 Stunden führt unter modernen Verhältnissen zu den besten Produktionsverhältnissen.

So haben auch dort, wo Erhöhungen des Lohnes und Verkürzungen der Arbeitszeit von den Arbeitern den Unternehmern abgetrotzt werden mußten, diese sozialen Fortschritte durchaus nicht die Befürchtungen gerechtfertigt, welche von der Unternehmerseite vorher geltend gemacht worden waren. Moderne Arbeiter mit wachsenden Bedürfnissen, losgerissen durch die fortschreitende wirtschaftliche Entwicklung vom Schlendrian des Herkommens, haben sich, namentlich bei Akkordlöhnung, überall bemüht, in der kürzeren Zeit mindestens dasselbe wie früher in der längeren zu schaffen.

Ein sozial hochstehendes Arbeiterpersonal ist übrigens die unerläßliche Voraussetzung für die Anwendung jeder feineren Technik. „Die Intelligenz der Leitung," schreibt der Großherzoglich badische Fabrikinspektor Dr. Wörishoffer, „reicht allein nicht dazu aus, Fortschritte in die Industrie einzuführen. Dasselbe Geschick würde in weniger kultivierten Ländern oder in früheren Zeiten mit einem weniger unterrichteten oder weniger aufgeweckten Arbeiterstand die Benutzung einer fortgeschrittenen Technik gar nicht ermöglicht und nicht entfernt den gleichen Erfolg gehabt haben, weil die notwendige, aber so wenig beachtete Voraussetzung dieser Fortschritte die ist, daß ihrer Durchführung auch intelligente Organe bis zum letzten Arbeiter herab zur Verfügung stehen. Man wende nicht ein, daß die vervollkommnete Maschine die Intelligenz der unteren Organe ersetzt. Das ist nur in sehr beschränkter Weise richtig, denn die Ansprüche an die Zuverlässigkeit der Leistungen und an das richtige Urteil in der Leitung des Arbeitsprozesses durch die Maschine sind größer geworden. Man denke sich nur die intelligente Leitung samt der vervollkommneten Maschine in eine frühere Zeit versetzt, um das Unrichtige der Behauptung, daß die Arbeiter mit der fortschreitenden Vervollkommnung der Technik in immer geringerem Maße an den industriellen Erfolgen teil hätten, einzusehen."

Zu dem gleichen Ergebnisse gelangt v. Schulze-Gaevernitz auf Grund seiner in England angestellten Beobachtungen:

„Zudem erfordern die Maschinen, welche immer komplizierter werden, eine gewisse liebevolle Behandlung, ein verständnisvolles Eingehen auf die in ihnen niedergelegten Gedanken der Technik seitens des Arbeiters. Ähnlich wie das englische Vollblutpferd mit Verständnis und Liebe geleitet sein will und der rohen Behandlung eines unerfahrenen Stallknechtes den Gehorsam versagt, wie jener hochentwickelte Typus der Fabrikarbeit selbst verständnisvolles Eingehen auf seine Eigentümlichkeiten verlangt und dort die besten Resultate liefert, wo ihm eine gewisse Sympathie für seine Klassenbestrebungen seitens der Arbeitgeber entgegengebracht wird, ... so vertragen auch die immer künstlicheren Maschinen eine unwillige und verständnislose Behandlung nicht. Selbst Wunderwerke des menschlichen Geistes liefern sie dort das beste Erzeugnis, wo der an ihnen beschäftigte Arbeiter selbst zu der Höhe geistiger Arbeit aufsteigt."

Eine hochstehende Arbeiterschaft und eine verfeinerte Technik stehen somit durchaus im Verhältnisse der Wechselwirkung. Weder das eine noch das andere ist auf die Dauer allein möglich. Wirtschaftlicher und sozialer Fortschritt, weit entfernt einander zu widersprechen, stehen schon in dieser engeren Bedeutung des Wortes in voller Harmonie.

2. Die Verminderung des Renteneinkommens.

Es leuchtet ohne weiteres ein, daß in demselben Maße, als der Anteil der Rente am Volkseinkommen abnimmt, derjenige der Arbeit wachsen muß. Thatsächlich stehen wir aber vor der merkwürdigen Erscheinung, daß einerseits, wie die Statistik der Einkommensverteilung zeigt, die Zunahme des Reichtumes in den oberen Klassen rascher fortschreitet als in den unteren und andererseits die landwirtschaftliche Grundrente West-Europa's und der Kapitalzins eine starke Tendenz zum Sinken erkennen lassen.

Der Rückgang der landwirtschaftlichen Grundrente in den westeuropäischen Ländern ist durch die osteuropäische und überseeische Konkurrenz hervorgerufen worden. Die Preise vieler landwirtschaftlichen Produkte sind gefallen, und im Zusammenhange damit ist der Tauschwert, der welcher Bodennutzung zukommt, herabgedrückt worden. Nach den Mitteilungen der englischen Statistik ist das aus der Verpachtung ländlichen Grundeigentumes fließende Einkommen von 51 599 000 Pfd. St. im Jahre 1881 auf 41 796 000 Pfd. St. im Jahre 1891 herabgesunken. Das Jahreseinkommen der Landlords hat sich demnach in dieser kurzen Zeit um nahezu 200 Millionen Mark vermindert. In Deutschland hat man sich bemüht, diesen Fall der ländlichen Grundrente durch Agrarzölle aufzuhalten. Immerhin ist sie auch hier, wie Waren-, Pacht- und Bodenpreise andeuten, herabgegangen.

Ganz anders ist freilich die Bewegung der städtischen Grundrente gewesen. In Städten mit stark wachsender Bevölkerungsziffer — und das sind wegen der „Flucht vom Lande" fast alle größeren Städte — haben die Bodenpreise eine unerhörte Steigerung erfahren. Dieser „unverdiente Zuwachs", der den städtischen Grundeigentümern zugefallen ist, und sein ungünstiger Einfluß auf die Wohnungs- und Konsumverhältnisse der städtischen Arbeiter rufen die schärfsten Anklagen gegen die gegenwärtige Wirtschaftsordnung im allgemeinen und die Institution des Privateigentumes am städtischen Grund und Boden im besondern mit Recht hervor.

Das Fallen des Zinsfußes. 189

Dagegen fällt, gleich der ländlichen Grundrente, auch überall der Zinsfuß. Dieser Rückgang verdient um so mehr Beachtung, als gerade unser Jahrhundert mit seinem ungeheuren Kapitalbedarf der Industrie, des Verkehres und der Staatskassen eine aufsteigende Bewegung begünstigt. Zum Teil ist das Sinken des Zinsfußes eine Folge des zunehmenden Kapitalreichtumes, ja Überflusses, zum Teil eine Folge der durch die verstärkte Konkurrenz herabgedrückten Warenpreise. Je geringer das Einkommen, das der Kapitalbesitz allein abzuwerfen imstande ist, desto schwieriger wird eine arbeitslose Rentnerexistenz, desto größer die Zahl derjenigen, welche an eine Nutzbarmachung ihres Vermögens im Wege eigener Unternehmungen denken müssen. Übrigens übt ein niedriger Zinsfuß schon an und für sich einen starken Reiz auf die Unternehmungslust aus. Ist die Vergütung für Leihkapital gering, so können auch minder ergiebige Unternehmungen noch ausgeführt werden. Alle diese Momente müssen die Nachfrage nach Arbeitern und das Angebot von Waren erhöhen, also steigende Löhne und sinkende Warenpreise begünstigen. Das durch niedrigen Zins erhöhte Warenangebot drückt aber auch auf die Höhe des Unternehmergewinnes. Selbst die städtischen Wohnungsmieten dürften im Laufe der Zeit dem Sinken des Zinsfußes folgen, da ihre Höhe doch notwendigerweise mehr Kapital zur Anlage in städtischen Wohnhäusern drängt. Mit dem größern Angebote von Wohnungen ergiebt sich eine geringere Vergütung für deren Nutzung. Zudem begünstigt ein niedriger Zinsfuß die Entwicklung städtischer Verkehrsanlagen, die, indem sie das Wohnen in vom Mittelpunkt entfernteren Zonen gestatten, das Monopol der Lage einigermaßen durchbrechen.

So sucht unsere Wirtschaftsordnung mittelst einer fallenden Besitzrente die Störungen des wirtschaftlichen Kreislaufes, welche die ungünstige Einkommensverteilung hervorruft, wieder wett zu machen. Der freie Verkehr gewährt den Arbeitern oft nur niedrigen Lohn, aber er zwingt die Unternehmer dann auch die Preise der Waren herabzusetzen, um sie der geringen Kaufkraft der Massen zugänglicher zu machen. Aus Gründen, die in der Kritik des Liberalismus dargelegt wurden, kommt diese ganz allgemeine Tendenz noch keineswegs immer mit ausreichender Stärke zur Geltung. Die Besitzenden und Unternehmer entschließen sich nicht leicht zur Verminderung ihrer Rente und ihrer Preise. Sie ziehen vorübergehend eher Stillstand, Einschränkung der Produktion oder Anlage im Auslande vor und leisten damit wirtschaftlichen Krisen Vorschub. Wenn man indes längere Zeiträume ins Auge faßt, müssen sie sich diesen Tendenzen dennoch beugen. Dabei bleibt freilich noch eins zu beachten. Die prozentuelle geringere

Höhe der Besitzrente bedeutet noch lange keine absolute Abnahme des Renteneinkommens. Je mehr das Einkommen einer Person ihren Bedarf überschreitet, desto eher kann eine Steigerung ihres Einkommens trotz fallenden Zinsfußes oder fallender Grundrente eintreten. Es besitze z. B. jemand 1 000 000 Mark, die sich mit 4 Prozent verzinsen. Sein Einkommen beträgt also 40 000 Mark. Zur Lebensführung wird nur ein Bruchteil des Einkommens verwendet und der Rest kapitalisiert. So kann nach zehn Jahren das Vermögen leicht auf 1 300 000 Mark gestiegen sein. Ungeachtet eines auf $3^1/_2$ Prozent sinkenden Zinsfußes wird das Einkommen nicht 40 000, sondern 45 500 betragen. In diesen Verhältnissen wurzelt die gefährliche akkumulierende Kraft des großen Land- und Kapitaleigentumes, und aus eben diesen Gründen reicht die Verminderung der prozentuellen Besitzrente keineswegs aus, um eine sozial bessere Einkommensverteilung herbeizuführen. Mag also diese Tendenz auch nur unter schweren Konvulsionen sich durchringen, und mag sie in ihrer Tragweite an der akkumulierenden Kraft des Großbesitzes einen zähen Widerstand finden, so darf sie keinesfalls übergangen werden, wenn es sich darum handelt, die Kräfte des Liberalismus selbst vorzuführen, welche in einem der sozialen Reform förderlichen Sinne wirksam sind. Es kann ja keinem Zweifel begegnen, daß ohne diese Tendenzen es der sozialen Reform noch weit schwerer fallen würde, der Anhäufung großen Besitzes entgegenzuarbeiten.

3. Die Erhöhung der Lebenshaltung.

Einer der mächtigsten Triebe, die den Menschen beherrschen, ist der, es anderen gleichzuthun. Manches kann entbehrt werden, ohne daß die Entbehrung irgendwie lästig empfunden wird, wenn nur alle es entbehren müssen. Sobald aber Einige bestimmte Bedürfnisse zu befriedigen beginnen, erwachen dieselben Bedürfnisse auch bei Anderen aus ihrem Schlummer und fordern gebieterisch Beachtung. Durch den wirtschaftlichen Liberalismus hatte sich in einzelnen von ihm begünstigten Klassen der Bevölkerung die Lebensweise außerordentlich verfeinert. Es währte nicht lange, und das Streben nach ähnlichen Genüssen bemächtigte sich auch der diesen zunächst stehenden Kreise. So pflanzten sich allmählich höhere Lebensansprüche immer weiter und weiter fort. Je lebhafter solche Wünsche sich geltend machten, desto drückender erschien eine Lage, die sie versagte, desto kräftiger aber wurde auch das Streben, diese Lage zu verbessern. Deshalb vermochten die Umstände, welche im freien Verkehre auf Herabsetzung der Lebensweise der arbeitenden Klassen hinarbeiteten, dieses Ergebnis keineswegs immer zu erreichen. Im Gegenteile. Unter dem Einflusse günstiger Konjunkturen ist nicht selten eine Erhöhung der Lebenshaltung auf Seiten der

Arbeiter eingetreten, die dann, zur Gewohnheit geworden, meist dauernd festgehalten wurde. Ermäßigungen der Lebensmittelpreise haben in der Regel keine Lohnherabsetzungen, sondern eine bessere Lebensweise begründet.

Diese Ausführungen zeigen, daß der Liberalismus in wichtigen Beziehungen einer Erhebung der arbeitenden Klassen günstig ist. Seine Anhänger irren nur darin, daß sie glauben, die angeführten Entwicklungstendenzen reichten zur Lösung der sozialen Frage vollkommen aus.

Anmerkungen.

1. Brentano, L., Über das Verhältnis von Arbeitslohn und Arbeitszeit zur Arbeitsleistung. 2. Aufl. Leipzig 1893. Mit vollständiger Litteraturübersicht; Hirsch, C., Die Intensifikation der Arbeit und ihr Widerstand. Sozialpolit. Centralblatt. 3. Jahrg. (1889. S. 241 f.): Schoenhof, The economy of high wages. New York und London 1892; v. Schulze-Gaevernitz, Der Großbetrieb. Leipzig 1892. S. 167; Webb und Cox, The eight hours day. London 1891; Wörishoffer, Jahresbericht der Großherzoglich badischen Fabrikinspektion für das Jahr 1891. Karlsruhe 1892. S. 8.

2. Kautsky, Erfurter Programm. Stuttgart 1892. S. 73 f.: Leroy-Beaulieu, Essay sur la répartition des richesses. 2. ed. Paris 1893, besonders S. 252 f.: Paasche, Die Entwicklung der britischen Landwirtschaft unter dem Drucke ausländischer Konkurrenz. Jahrbücher für Nationalökonomie und Statistik. 3. Folge. 3. Bd. Jena 1892. S. 9: Wolf, Sozialismus und kapitalistische Gesellschaftsordnung. Stuttgart 1892. S. 520 f.

3. Lange, Arbeiterfrage. 4. Aufl. 1879. S. 147 f.

Zweites Kapitel.

Freie Organisationen.

1. Die Wirksamkeit der Gewerkvereine.

Eine Politik, welche jähe Sprünge zu vermeiden und möglichst an die gegebenen Zustände anzuknüpfen sucht, wird, sobald es sich im sozialen Interesse um eine bewußte Einwirkung auf den freien Verkehr handelt, zunächst dasjenige ins Auge fassen, was durch die freie Organisation der beteiligten Kreise erreicht werden kann. Schon in den ersten Zeiten der modernen Wirtschaftsordnung drängte sich den Arbeitern überall die Überzeugung auf, daß, während der Starke zwar am mächtigsten allein sei, die wirtschaftlich Schwachen nur durch engen Zusammenschluß ihre Interessen genügend zu wahren vermöchten. Es ist in einem früheren Abschnitte dargelegt worden, wie namentlich in England allmählich mächtige Berufsvereinigungen der Arbeiter organisch erwachsen sind, wie diese, zum Teil durch planmäßige Arbeitseinstellungen, eine Verbesserung der Arbeitsbedingungen erzwungen haben, wie den Arbeitervereinen Arbeitgebervereine entgegengetreten sind, und wie endlich auf Grund dieser Organisationen, die ursprünglich nur dem Kampfe und der Abwehr dienten, sich ständige Interessenvertretungen entwickelt haben. Letztere vermitteln nicht nur die friedliche Beilegung von Arbeitsstreitigkeiten, die aus bereits abgeschlossenen Arbeitsverträgen entstehen, sondern sie setzen auch die Arbeitsbedingungen überhaupt fest. Besonderes Interesse kommt den sogenannten „gleitenden Lohnskalen" (sliding scales) zu. Der Lohn wird hier bis zu einem bestimmten Grade durch die Verkaufspreise der Produkte geregelt. Erhöht sich z. B. der Preis der Tonne Eisen um ein Pfund Sterling, so steigt der Lohn um einen Schilling. Ähnliches ist außer in der Eisenindustrie auch in der Kohlen und Baumwollindustrie üblich geworden. In der letzteren richten sich die Löhne nach der Größe der Differenz zwischen dem Preise der Rohbaumwolle und des Garnes. So tritt gewissermaßen automatisch mit der Verbesserung oder Verschlechterung der

Konjunktur eine entsprechende Gestaltung der Lohnsätze ein, was für Arbeiter und Arbeitgeber manchen Vorteil bietet.

Im übrigen ist leicht einzusehen, wie gründlich die Stellung des Arbeiters beim Abschlusse des Arbeitsvertrages verändert wird, sobald sie „wie ein Mann", geschlossen und organisiert auftreten. Der vorbehaltlose, ruinöse Wettbewerb, das ständige und maßlose gegenseitige Unterbieten fällt weg. Die Arbeiter verabreden die Bedingungen, unter denen sie ihre Arbeit anbieten wollen. Wer zu diesen Bedingungen keine Arbeit erhalten kann, wird von der Gesamtheit unterstützt. So wird es ihm möglich gemacht, sein Arbeitsangebot vom Markte zurückzuziehen. Er braucht nicht mehr niedrigere Ansprüche zu stellen und dadurch die Stellung seiner Genossen zu gefährden. Werden die von einem Berufsvereine festgesetzten Arbeitsbedingungen von den Unternehmern verworfen, dann kann durch die Arbeitseinstellung aller Vereinsmitglieder, wenigstens in Zeiten aufsteigender Konjunkturen, auf die Unternehmer ein mächtiger Druck zu Gunsten der Arbeiterforderungen ausgeübt werden. Wie die Organisation der Arbeiter erst die Möglichkeit eröffnet, in Zeiten anziehender Preise den vollen Nutzen aus dem Stande der Dinge zu ziehen, so gewährt sie in Zeiten sinkender Nachfrage auch einen gewissen Schutz und wirkt gewissermaßen als Fallschirm.

Sogar die Verhältnisse des Arbeitsmarktes selbst können von den Gewerkvereinen, wie man diese Verbindungen zu nennen pflegt, beeinflußt werden, indem sie einen Ausgleich zwischen Angebot und Nachfrage an verschiedenen Orten bewirken. Geht an dem Orte A die Nachfrage nach Arbeit zurück, während von dem Zweigvereine in B eine Zunahme berichtet wird, so werden die jüngeren und deshalb mobileren Arbeiter in A veranlaßt werden, nach B zu wandern, dort ihre Arbeit anzubieten und dadurch eine Entlastung des Marktes in A herbeizuführen. Handelt es sich um einen allgemeinen geschäftlichen Rückgang, so bleibt das Mittel der Verkürzung der Arbeitszeit übrig, das unter Umständen, sofern die Verkürzung der Arbeitszeit eben nicht durch gesteigerte Leistungen wettgemacht wird, die Handhabe bietet, eine größere Zahl von Arbeitern in ihrer Stellung zu erhalten. Endlich können die Arbeitslosen noch auf Kosten des Vereines zur Auswanderung in Kolonien bewogen werden.

Die Verbände gelernter Arbeiter, d. h. solcher, deren Leistungen eine bestimmte längere, etwa dreijährige Lehrzeit voraussetzen, vermögen auf die zukünftige Gestaltung des Arbeitsmarktes auch dadurch einzuwirken, daß sie nur eine dem voraussichtlichen Bedarfe entsprechende Zahl von Lehrlingen einzustellen gestatten und der in manchen Gewerben beliebten „Lehrlingszüchterei" entgegentreten.

2. Möglichkeit und Folgen der Lohnpolitik der Gewerkvereine.

Die Vorwürfe, welche gegen die Gewerkvereine gerichtet worden sind, lassen sich leicht in drei Gruppen sondern: die einen zielen dahin, daß sie überhaupt nichts, die anderen, daß sie wenigstens nichts für die Volkswirtschaft Ersprießliches, und die dritten, daß sie, vom Standpunkte der Arbeiter aus betrachtet, viel zu wenig zu erreichen imstande wären.

Den erstgenannten Einwurf haben die sogenannten Manchester= ökonomen erhoben. Man behauptete, die mögliche Höhe des Lohnes werde gewissermaßen naturgesetzlich bestimmt einerseits durch die Größe des für Lohnzahlungen bestimmten Fonds, andererseits durch die Zahl der Arbeiter, welche in diesen Fonds sich zu teilen haben. Gelänge es einer Gruppe von Arbeitern im Wege künstlicher Veranstaltungen einen größeren Anteil, als ihr naturgemäß zufalle, zu erzwingen, so müsse um eben diesen Betrag der Lohn anderer Arbeiter herabgehen. So könne der Güterbetrag, der als Lohn auf die Arbeiter als Klasse ent= falle, durch die Gewerkvereine nicht verändert werden.

Wachse die Zahl der Arbeiter im Vergleiche zum Lohnfonds, so ergebe sich notwendig eine Lohnverminderung, im entgegengesetzten Falle eine Lohnerhöhung. Die Veränderungen setzten sich aber aus eigener Kraft durch. Organisationen der Arbeiter oder Arbeitgeber zu errichten, um die Lohnhöhe zu beeinflussen, sei durchaus unlogisch und unver einbar mit den von der politischen Ökonomie entdeckten Wahrheiten.

Dies die Lohnfondstheorie der klassischen Nationalökonomie. Sie erfreute sich eines hohen Ansehens, das wohl nicht allein auf ihre theoretische Bedeutung, sondern auch auf die Stütze zurückzuführen ist, die sie den Arbeitgebern im Kampfe gegen die Koalitionen der Arbeiter gewährte. Konnten doch auf Grund dieser Theorie die Bestrebungen der Arbeiter, durch Organisationen die Arbeitsbedingungen zu ver= bessern, als ein durchaus verkehrtes, von der Wissenschaft streng ver= urteiltes Beginnen vornehm abgewiesen werden. Zum Glück ließ der gesunde Sinn der englischen Arbeiter sich durch solche falsche Propheten nicht stören. Sie waren so „unlogisch", an ihren Gewerkvereinen fest= zuhalten, und so glücklich, auf diese Weise wirkliche Lohnsteigerungen zu erkämpfen. So wurde ihre Politik nicht von der Theorie, sondern die Theorie schließlich von ihrer Politik gemeistert.

Die Theoretiker erkannten allmählich den Irrtum, von welchem die Lohnfondstheorie ausging. Er ist in der Annahme zu suchen, daß der wahre Gegenwert, den die Arbeiter empfangen, in dem Kapitale des Unternehmers zu erblicken sei. Nun giebt der Unternehmer aus seinem Kapitale dem Arbeiter allerdings schrittweise einen Lohn zu dessen Unterhalte. Allein in demselben Maße erhält er auch als Entgelt die Arbeitsleistung des Arbeiters. Er wird ja Eigentümer des Arbeitsproduktes. Der Unternehmer giebt im Lohne sein Kapital nur scheinbar weg. Sein Kapital ändert nur die Form. Erst besteht es aus Geld, das der Arbeiter im Lohne empfängt; dann besteht es aus Arbeitsleistungen, die an bestimmten Stoffen sich fixiert haben. Schließlich bietet der Unternehmer die Arbeitsprodukte zum Verkaufe aus. Dadurch kehrt das Kapital wieder in die Geldform zurück. Der eigentliche Gegenwert für die Arbeit liegt somit in dem, was die Konsumenten für die Arbeitsprodukte hingeben. Nun ist aber weder das, was die Konsumenten bezahlen, noch der Gewinn der Unternehmer etwas so Starres und Bestimmtes, wie die ältere Nationalökonomie annahm. Die Anteile der Arbeiter und Unternehmer am Gesamtprodukte hängen bis zu einem gewissen Grade von ökonomischen Machtverhältnissen ab. Und gerade diese können durch Organisationen sehr wirksam verändert werden. In neuerer Zeit hat man daher weniger die Möglichkeit einer Einflußnahme auf die Lohnhöhe bestritten. Im Gegenteil. Man fürchtet sogar, die Macht der Gewerkvereine könne so erstarken, daß sie imstande wäre, die Existenz der Industrie, ihre Konkurrenzfähigkeit auf dem Weltmarkte und den wirtschaftlichen Fortschritt überhaupt in Frage zu stellen.

Wenn im Nachstehenden kurz die Folgen der Lohnsteigerungen dargelegt werden, so ist zu beachten, daß immer nur von thatsächlichen, nicht scheinbaren Steigerungen die Rede sein wird. Als scheinbare oder nominelle Steigerungen sind nämlich diejenigen aufzufassen, die lediglich als Folge einer Verminderung des Geldwertes oder einer erhöhten Arbeitsleistung auftreten.

Da die Lohnerhöhung für den Unternehmer unter dem Gesichtswinkel einer Steigerung der Produktionskosten erscheint, so liegt die Absicht nahe, die Steigerung durch eine Erhöhung der Warenpreise auszugleichen, also auf den Konsumenten abzuwälzen. Diese Abwälzung ist im allgemeinen durchführbar, wenn das betreffende Gewerbe ein lokales oder nationales Monopol besitzt, oder wenn es gleichartigen Gewerben des Auslandes entschieden überlegen ist. Gehört die Ware in die Gruppe unentbehrlicher Güter, bei denen die Konsumenten nicht durch eine verminderte Nachfrage die Preiserhöhung durchkreuzen können, so werden die Konsumenten allerdings, weil sie für die von der Lohnerhöhung betroffene Ware jetzt mehr ausgeben müssen, zum Teil für andere Waren eine geringe Nachfrage entfalten. Trotzdem braucht die effektive Nachfrage als ganzes nicht zurückzugehen. Man darf eben nicht übersehen, daß die Arbeiter, welche höhere Löhne empfangen, infolgedessen auch eine stärkere Kaufkraft besitzen. Es wird also eine auf die Konsumenten abgewälzte

Lohnsteigerung in der Produktion unentbehrlicher Güter nicht notwendig den Umfang der gesamten Produktion und der Nachfrage vermindern, sondern nur Art und Richtung der Produktion verändern. An die Stelle der Produktion von entbehrlichen Gütern tritt die Erzeugung von Waren, die dem Verbrauche der Arbeiterklasse dienen. Dabei kann natürlich nicht geleugnet werden, daß solche Veränderungen Störungen herbeizuführen vermögen, die nicht nur die Unternehmer, sondern auch die Arbeiter der davon betroffenen Gewerbe mehr oder weniger empfindlich berühren.

Häufig wird Lohnerhöhungen, die zur Steigerung der Warenpreise führen, auch der Einwand entgegengehalten, daß sie den Arbeitern keinen thatsächlichen Vorteil gewährten. Diese erhielten zwar einen nominell höheren Lohn, könnten indes mit ihm keinen größeren Bedarf befriedigen als früher. Der Vorteil der Lohnerhöhung, welchen die Arbeiter als Produzenten bezögen, würde wettgemacht durch den Nachteil, der sie als Konsumenten träfe.

Unter der Voraussetzung, daß wirklich nur eine der thatsächlichen Steigerung des Lohnes entsprechende Erhöhung der Warenpreise erfolgt — es kommt auch oft vor, daß Unternehmer Lohnerhöhungen als Vorwand benutzen, um einen Preisaufschlag zu bewerkstelligen, der zu der Lohnerhöhung ganz außer Verhältnis steht — unter der angegebenen Voraussetzung also ist vollkommen klar, daß der erwähnte Einwurf nur dann Gewicht besäße, wenn allein die Arbeiter und nicht auch die übrigen Klassen der Gesellschaft, Grundbesitzer, Kapitalisten und Beamten, die höheren Warenpreise zu entrichten hätten. Überdies bleibt zu beachten, daß die Arbeit und der Arbeitslohn bei verschiedenen Waren eine sehr verschiedene Bedeutung besitzen. Bei der Herstellung der einen mag der Lohn die Hälfte, bei der Herstellung anderer nur $^1/_5$ der Produktionskosten ausmachen. Man wird daher zu dem Schlusse kommen: In je höherem Maße die Arbeiter selbst Konsumenten der Ware sind, deren Preis infolge der Lohnsteigerung sich erhöht hat, und je größer der Bruchteil, den die Löhne bei den Produktionskosten ausmachen, desto niedriger ist thatsächlich die Zunahme der arbeitenden Klasse am Volkseinkommen zu veranschlagen. In je geringerem Umfange die Arbeiter als Konsumenten der durch die Lohnerhöhung verteuerten Waren auftreten, je kleiner ferner der Anteil ist, den die Löhne an den Produktionskosten bilden, desto größer ist für die Arbeiterklasse die thatsächliche Verbesserung. Deshalb wird bei einer allgemeinen Lohnerhöhung die Nachfrage der Arbeiter sich vorzugsweise auf solche Waren erstrecken, welche der Hauptsache nach mit Maschinen hergestellt werden, bei welchen also der Preisaufschlag wegen der Lohnerhöhung relativ am geringfügigsten ausfällt. Also auch mit Rücksicht auf dieses Moment würde sich aus der Lohnerhöhung zwar eine Änderung in der Art und Richtung, nicht aber eine Verminderung des Umfanges der Produktion ergeben.

Aus dem Dargelegten erhellt ferner, daß Lohnerhöhungen den größten Vorteil dann bringen, wenn die Konsumenten Ausländer sind, oder wenn die betreffenden Waren Luxusartikel darstellen, für welche die Nachfrage wegen der Wohlhabenheit der Konsumenten ungeachtet der höheren Preise nicht abnimmt. Sie kapitalisieren einfach einen geringeren Teil ihres Einkommens. In diesen Fällen liegt eine Erhöhung der nationalen Gesamtnachfrage vor. Die Konsumenten der verteuerten Artikel vermindern ihre Nachfrage nicht, während die Arbeiter nun die ihrige um die erfolgte Lohnerhöhung steigern können. Das verhängnisvolle Mißverhältnis zwischen Konsumtion und Produktion, das aus der ungleichmäßigen Einkommensverteilung erwächst, wird also vermindert, da die genannte Entwicklung eben die Tendenz zu einer gleichmäßigeren Einkommensverteilung in sich birgt.

Nun muß selbstverständlich auch mit der Möglichkeit gerechnet werden, daß eine Lohnerhöhung auf die Konsumenten nicht abgewälzt werden kann. Besitzen auf der einen Seite die Arbeiter, auf der anderen die Konsumenten eine feste Stellung, so wird der Kampf um die Abwälzung namentlich unter den zwischen Arbeitern und Konsumenten stehenden Gliedern entbrennen. Der Produzent wird dem Händler, der Händler dem Produzenten den Ausfall zuzuschieben trachten. Das Ergebnis ist im allgemeinen bei den sehr verschiedenen Beziehungen, in denen Produktion und Handel in den einzelnen Wirtschaftszweigen zueinander stehen, schwer zu bestimmen. Bald tritt der Handel ziemlich geschlossen einer großen Zahl von Gewerbetreibenden gegenüber auf, bald hat ein Industriekartell den Kampf gegenüber einem in viele Betriebe zersplitterten Handel zu führen. Im ersteren Falle hat natürlich der Handel, im letzteren die Industrie die besseren Aussichten, sich schadlos zu halten. Im übrigen kann auch der Fall eintreten, daß der Handel deshalb gezwungen wird, die Kosten der Lohnerhöhung zu tragen, weil die von ihm beabsichtigte Fortwälzung auf die Konsumenten von diesen, etwa durch Gründung von Konsumvereinen, gehindert wird. Die Konsumenten umgehen dann gewissermaßen die Stellung des Handels. Dadurch kann er zum Verzicht auf die beabsichtigte Steigerung der Warenpreise gezwungen werden. Es frägt sich nun, ob der Handel in der Lage ist, den Gewinnausfall auch wirklich zu tragen, welcher ihm aus dem Umstande erwächst, daß er die Kosten der Lohnerhöhung zu übernehmen hat. Die unter vorteilhafteren Bedingungen stehenden Großbetriebe des Detailhandels sind vielleicht dessen fähig, während kleinere Betriebe zu Grunde gehen. Bleibt also die Last der Lohnerhöhung auf den Schultern des Handels liegen, so kann die Folge eine raschere Verdrängung des kleinen Detailhandels durch Großbetriebe, Warenmagazine und Konsumvereine sein. Mag eine derartige Entwicklung auch für die unmittelbar von ihr betroffenen Unternehmer zweifelsohne sehr bedauerlich sein, so wird vom allgemeinen Standpunkte doch kein Einwand erhoben werden können. Die Verdrängung der kleineren Detailgeschäfte durch Unternehmungen und Organisationen, die ihre Funktion gegen eine niedrigere Vergütung leisten, stellt unbedingt einen ökonomischen Fortschritt dar. Es wird mit einem geringeren objektiven Aufwande dasselbe Ergebnis erzielt wie früher. Gesamtnachfrage und -Angebot werden wenig verändert. An Stelle des eingeschränkten Konsums der Händler tritt ein reichlicherer Konsum derjenigen Arbeiter, die sich eben der höheren Löhne erfreuen.

Ziehen wir den anderen Fall in Betracht: die Kosten der Lohnerhöhung werden vom Handel zurückgewälzt und sind vom Produktionsunternehmer zu tragen. Auch hier wird man zuerst daran denken, daß zwar einige Betriebe die Last übernehmen können, andere, minder gut ausgestattete, aber unter ihr zusammenbrechen. Vermögen die besser gestellten Betriebe, die trotz Lohnerhöhung in der Lage sind, erfolgreich weiter zu produzieren, den Bedarf bald allein zu decken, dann führt auch hier die Lohnerhöhung zu einer dauernden Verdrängung schwächerer Unternehmungen. Dieses Ergebnis müßte z. B. eine Lohnerhöhung im Schuhmachergewerbe nach sich ziehen. Sie würde einfach den Verdrängungsprozeß der handwerksmäßigen Betriebe durch die Fabrik beschleunigen.

Sind indes die günstiger gestellten Unternehmungen nicht imstande, den Ausfall, der durch die Vernichtung der schwächeren Betriebe im Angebote entstanden ist, zu decken, so wird der Preis der Ware steigen, d. h. Handel oder Konsumenten müssen schließlich doch die Lohnerhöhung tragen.

Produktionsbetriebe, die eine Lohnerhöhung nicht abwälzen können, werden danach trachten, sie durch Verbesserung der wirtschaftlichen und technischen Organisation wettzumachen. Steigt der Lohn, so steigt damit auch das Interesse, den hochbezahlten Arbeiter durch Maschinenarbeit zu ersetzen. Die Lohnerhöhung treibt hier also ebenfalls zum Fortschritte. England und Nordamerika, die Länder der höchsten Löhne, sind bekanntlich die Heimat der vollkommensten Technik.

Was tritt nun ein, wenn die Technik keiner Verbesserung mehr fähig ist, und durch die Lohnerhöhung der Gewinn unter das landesübliche Maß fällt? Gestattet die Natur des Betriebes, das angelegte Kapital leicht zurückzuziehen, so wird das Kapital andere Anlagen aufsuchen. Kann das angelegte Kapital nicht zurückgezogen werden, z. B. in Großindustrien mit einem umfangreichen, wertvollen und erst durch längere Nutzung amortisierbaren Kapitale, dann erleidet das Einkommen des Unternehmers eine Einschränkung und, wenn das Unternehmen zum Verkauf kommt, wird eine der gefallenen Rentabilität entsprechende niedrigere Bewertung, also ein Vermögensverlust, eintreten.

Derartige Verluste sind unbestreitbar unangenehm für diejenigen, die sie erleiden. Allein es liegt eben im Wesen der gegenwärtigen Wirtschaftsordnung, daß sie niemandem eine volle Sicherheit seines Erwerbes gewährt. Jedenfalls ist eine Vermögensverminderung noch lange nicht so schlimm als die Arbeitslosigkeit, welche die Arbeiter durch Einführung neuer Maschinen trifft, oder der Fall, daß ein Handwerker im Wettbewerbe mit der Fabrik die selbständige Erwerbsgelegenheit ganz verliert.

Lassen wir die Störungen der Übergangszeit außer Rechnung, so läßt sich nirgends nachweisen, daß Lohnerhöhungen, vom volkswirtschaftlichen Standpunkte aus betrachtet, einen Nachteil hervorbringen. Im Gegenteile. Soweit Lohnerhöhungen zur Verbesserung der Technik, zur Verdrängung von Betrieben geringerer Produktivität durch solche höherer Produktivität führen, dienen sie geradezu dem wirtschaftlichen und technischen Fortschritte. Tragen sie aber zur Erhöhung des Anteiles der Arbeiter am Reinertrage der nationalen Produktion auf Kosten des Anteiles der Besitzenden bei, so liegt eine Verbesserung der Einkommensverteilung vor, die vom sozialreformatorischen Standpunkte warm zu begrüßen ist, und die sich endlich ebenfalls in ökonomisch-technische Fortschritte umsetzt. Adam Smith hatte ganz recht, wenn er, freilich ohne eine Theorie der Lohnsteigerungen bieten zu können, seinem gesunden volkswirtschaftlichen Instinkte folgend schrieb: „Muß die Verbesserung in der äußeren Lage der niederen Volksklassen als ein Vorteil oder Nachteil für die Gesellschaft betrachtet werden? Die Antwort scheint mir auf den ersten Blick schon außerordentlich einfach zu sein. Diener, Arbeiter und Handwerker aller Art machen den weitaus größten Teil jeder bedeutenden Staatsgemeinschaft aus. Was aber die Lebensverhältnisse des größten Teiles verbessert, kann niemals als ein Nachteil für das Ganze betrachtet werden. Es ist gewiß, daß kein Staat blühend und glücklich sein kann, wenn der weitaus größte Teil seiner Bürger arm und elend ist."

Allein wird bei wachsenden Ansprüchen der Arbeiterklasse nicht die Unternehmungslust abnehmen? Wird man nicht, wie ein hervorragender deutscher Industrieller drohte, bald mit einem Strike der Arbeitgeber rechnen müssen? Wird das Kapital nicht auswandern?

Die Erfahrung zeigt, daß im allgemeinen in Ländern mit hohen Löhnen die Unternehmungslust eine lebhaftere ist, als in Ländern mit niedrigeren Löhnen. Sie ist z. B. in England und Nordamerika größer als in Spanien, Italien, Oesterreich und zum Teil auch in Deutschland. Mögen nun die höheren Löhne unter Umständen Folgen der höheren Unternehmungslust sein, so läßt sich doch nicht verkennen, daß hohe Löhne auch auf die Unternehmungslust anregend zu wirken imstande sind. Je geringer die Besitzrente, desto geringer ist die Zahl der Personen, die sich einem müßigen Rentnerdasein hingeben können, und desto größer die Zahl derjenigen, welche eine intensive wirtschaftliche Thätigkeit ausüben müssen, wenn sie zu höherem Einkommen gelangen wollen. Übrigens sorgt schon die hohe Kaufkraft der Arbeiter dafür, daß die Produktion nicht ins Stocken gerät. Kleine aber sichere Gewinne bei großem Umsatze sind ein viel solideres Schwungrad für den Verkehr als hohe und unsichere Profite.

Und was die Auswanderung des Kapitales anlangt, so hat schon Ricardo auf die erheblichen Schwierigkeiten hingewiesen, die ihr entgegenstehen. „Die Erfahrung lehrt, daß vielerlei dem Auswandern der Kapitale im Wege steht, z. B. die eingebildete oder wirkliche Unsicherheit des Kapitales, das der Eigentümer nicht unter seiner unmittelbaren Kontrolle haben kann; dann die natürliche Abneigung, die jeder empfindet, wenn er sein Vaterland, seine Freunde verlassen und sich unter eine fremde Regierung begeben soll, wo er genötigt ist, seine alten Gewohnheiten gegen neue Sitten und Gesetze zu vertauschen. Diese Gefühle, die ich niemals geschwächt sehen möchte, bestimmen den größten Teil der Kapitalisten, mit einem geringeren Gewinnbetrag in der Heimat sich lieber zu begnügen, als in fremden Ländern ihre Kapitale vorteilhafter anzulegen."

Im übrigen vermöchte der Staat dadurch die Kapitalauswanderung einzudämmen, daß er es ablehnte, die Interessen der einheimischen Gläubiger des Auslandes dem Auslande gegenüber in der Weise zu verfechten, die jetzt noch üblich ist.

Bei den vorangegangenen Erörterungen wurde immer die Voraussetzung festgehalten, daß die Arbeiter auch die Macht besitzen, die Lohnerhöhung unter allen Umständen zu behaupten. Wir führten die Untersuchung unter dieser Voraussetzung, um die Folgen der Lohnsteigerungen möglichst klar zum Ausdrucke zu bringen. In der Wirklichkeit ist eine solche Macht der Arbeiter nur selten vorhanden. Und wo sie ursprünglich in der That besteht, dort kann gerade durch die Folgen, welche die Lohnerhöhungen hervorrufen, auch eine Abschwächung derselben erfolgen. Überall, wo die Lohnerhöhungen den ökonomisch technischen Fortschritt beschleunigen, tritt eine Arbeitsersparnis ein, also eine relative Einschränkung der Nachfrage nach Arbeit, die notwendigerweise die Stellung der Arbeiter auf dem Arbeitsmarkte ungünstiger zu gestalten trachtet. Ebenso werden auch dort, wo die Lohnerhöhung eine Abwendung des Kapitales von dem betreffenden Berufszweige und somit seinen Rückgang herbeiführt, die Arbeiter sich nur schwer Versuchen zur Herabsetzung der gestiegenen Löhne widersetzen können. Stets werden die Arbeiter der Schwungkraft einer aufsteigenden Konjunktur bedürfen, um wirkliche Vorteile zu erringen.

In diesem Zusammenhange gelangen wir zu der dritten Gruppe von Einwürfen, die gegen die Gewerkvereine gerichtet werden: zu den Einwürfen, welche darin gipfeln, daß diese Vereinigungen viel zu schwach seien, um die Interessen aller Arbeiter in ausreichender Weise wahrzunehmen, und daß man deshalb in ihnen kein für die Fortbildung der Arbeiterverhältnisse genügendes Prinzip erblicken könne. Es handelt sich somit um die Frage, ob man annehmen darf, daß die Vorteile, welche bis jetzt nur ein Teil der Arbeiter aus den Gewerkvereinen gezogen hat, im Laufe der Zeit von allen Arbeitern zu erreichen sein werden. Um dieses wichtige Problem zu lösen, müssen wir nicht nur die Ursachen ergründen, die es bisher einem Teile der Arbeiterschaft ermöglicht haben, mittelst der Gewerkvereine auf das Niveau der Mittelklasse emporzusteigen, sondern auch erforschen, warum noch immer der weitaus größte Teil der Arbeiterschaft von dem Segen dieser Entwicklung ausgeschlossen geblieben ist.

3. **Die Grenzen für die Wirksamkeit der Gewerkvereine.** Abgesehen von den rechtlichen Voraussetzungen können Großbetrieb und gelernte Arbeit als die wichtigsten wirtschaftlichen Bedingungen gelten, welche für die Blüthe der Arbeiterverbände in Betracht kommen. Der Großbetrieb, welcher Massen von Arbeitern vereinigt und einem Arbeitgeber gegenüberstellt, begünstigt die Entwicklung des Klassenbewußtseins und Solidaritätsgefühles. Zu diesen moralischen Voraussetzungen der Organisation gesellt sich die technische der leichten Ausführbarkeit. Zwischen Arbeitern, die tagtäglich in naher persönlicher Berührung innerhalb eines Unternehmens beschäftigt sind, läßt sich ein gemeinsames Vorgehen schon von vornherein unendlich viel leichter verabreden, als zwischen den ohne engere Beziehung lebenden Arbeitern der Kleingewerbe oder gar den über ein weites räumliches Gebiet zerstreut wohnenden Kleinmeistern der Hausindustrie. Innerhalb der Großindustrie bietet aber auch die Organisation der minder zahlreichen

Arbeitgeber verhältnismäßig geringere Schwierigkeiten. Und ihre Organisation ist ja gleichfalls eine unerläßliche Voraussetzung für die friedliche Schlichtung von Arbeitsstreitigkeiten und eine angemessene Fortbildung des Arbeitsvertrages.

Sodann kommt das Moment der gelernten Arbeit in Erwägung. Schon aus rein natürlichen Gründen pflegt das Angebot gelernter und hochqualifizierter Arbeit die Nachfrage nicht in dem Umfange zu übersteigen als dasjenige ungelernter Arbeit. Freilich muß die gelernte Arbeit noch von der technisch-ökonomischen Entwicklung gefordert werden; sie muß „gesellschaftlich notwendig" sein. Die hohe Qualifikation wird dem Arbeiter keinen Rückhalt gewähren, wenn die Arbeiten, auf die sie sich bezieht, bereits durch Maschinen mit ungelernten Arbeitern ebensogut ausgeführt werden können.

So weit aber die genannte Voraussetzung zutrifft, bleibt der gelernte Arbeiter selbst bei fehlender Organisation meist vor jener Verelendung und Erniedrigung des ungelernten Arbeiters bewahrt, aus welcher ein Aufschwung aus eigener Kraft nicht mehr möglich ist. Im Wege der Organisation läßt sich dann, wie am Anfange dieses Kapitels gezeigt wurde, die Gunst der Lage noch wesentlich erhöhen.

Die gedeihlichsten Voraussetzungen für die Fortbildung des Arbeitsverhältnisses im Wege der freien Berufsorganisation liegen begreiflicherweise dort vor, wo beide Momente, Großbetrieb und gelernte Arbeit, zusammentreffen. Vor wenigen Jahren waren in der That die einflußreicheren Arbeiterverbände Englands noch auf die gelernten Arbeiter der Großindustrie beschränkt.

Welchen Einfluß werden die genannten beiden Bedingungen in der Zukunft äußern?

Zweifellos gewinnt der Großbetrieb dem Handwerke und der Hausindustrie von Tag zu Tag mehr Boden ab. Es darf somit als sicher gelten, daß diese der gewerkschaftlichen Organisation förderliche Bedingung des Großbetriebes allmählich einem immer größeren Bruchteile unserer Arbeiterbevölkerung zu statten kommen wird. Insofern gestalten sich die Aussichten für ein weiteres Wachstum dieser Organisationen nicht eben unfreundlich.

Ganz anders liegen aber die Verhältnisse, soweit das Moment der gelernten Arbeit in Frage kommt. Das unsere wirtschaftliche und technische Entwicklung beherrschende Streben, schwierigere Verrichtungen in zahlreiche, aber einfach auszuführende Teilarbeiten zu zerlegen oder gar den Werkzeugmaschinen zu überweisen, bewirkt nicht nur eine relative Einschränkung der Nachfrage nach Arbeitern überhaupt, sondern auch insbesondere eine Einschränkung der Nachfrage nach gelernten Arbeitern.

Während demnach die eine der Tendenzen, welche den Gewerkvereinen vorteilhaft sind, im Zunehmen, ist die andere im Abnehmen begriffen. Die Erwartungen, welche man von diesem Standpunkte aus an die Zukunft der Gewerkvereine knüpft, werden also abhängen von der Bedeutung, welche man im Hinblicke auf die gewerkschaftliche Organisation einer jeder dieser Tendenzen einzuräumen geneigt ist. Wer, wie wir es thun, dem Momente der gelernten Arbeit den Vorrang zuerkennt, wird auf eine allgemeine Ausbreitung weniger bestimmt rechnen.

Hiermit ist die früher aufgeworfene Frage indes noch nicht erledigt. Wie die bloße Abwesenheit gewerkvereinsfreundlicher Bedingungen uns keine genügenden Aufschlüsse über die Ursachen verschafft, denen zufolge die überwiegende Mehrheit selbst der englischen Arbeiter noch nicht organisiert ist, kann auch die bloße Abnahme gewerkvereinsfreundlicher Momente ein Zurückgehen oder geringeres Wachstum gewerkschaftlicher Verbände für die Zukunft nicht notwendig begründen. Es bleibt die Möglichkeit offen, daß gewisse gewerkvereinsfeindliche Tendenzen, welche bisher als Hindernisse gewerkschaftlicher Arbeiterorganisationen sich geltend gemacht haben, ganz wegfallen oder wenigstens an Stärke einbüßen. Wir werden deshalb auch die gewerkvereinsfeindlichen Strömungen einer Prüfung unterziehen und danach trachten müssen, uns über ihre zukünftige Bedeutung eine wissenschaftlich begründete Vermutung zu bilden.

Fassen wir zunächst vorwiegend moralische Gesichtspunkte ins Auge, so muß die ursprünglich den Arbeiterorganisationen durchaus mißgünstige öffentliche Meinung wohl beachtet werden. Es ist bekannt, durch welche Faktoren sie bestimmt wurde und in vielen Staaten noch bestimmt wird: grobe Selbstsucht der Besitzenden, Weigerung, den Arbeiter praktisch als gleichberechtigten Kontrahenten beim Arbeitsvertrage anzuerkennen, individualistische Abneigung gegen korporative Gestaltungen, irrige ökonomische Theorien, unumschränkte Herrschaft der kapitalistischen Interessen in Tagespresse und politischem Leben.

Keiner dieser Feinde der Gewerkvereine befindet sich im Vorrücken; der größte Teil derselben wankt oder ist bereits in die Flucht geschlagen.

Außer der Mißgunst der öffentlichen Meinung lastete aber auch schwer die Betäubung auf den Gemütern der Arbeiter, in welche sie der in der Geschichte bisher ja einzig dastehende Umschwung aller wirtschaftlichen und technischen Verhältnisse versetzt hatte. Die Übermacht dieser Veränderungen, die ihnen zunächst meist feindlich gegenübertraten, ließ sie verzagen und verzweifeln. Das Vertrauen in ihre eigene Kraft war gebrochen, ihr Selbstbewußtsein dahin. Langsam und allmählich ist diese Erstarrung von den arbeitenden Klassen namentlich in England gewichen. Überall fängt es an, hoffnungsfroh sich zu regen. Im elendesten, schwärzesten Slum des Londoner Ostendes beginnt es zu dämmern, und die Brust des Dockarbeiters selbst erfüllt das Ahnen einer besseren Zeit.

Unter dem Eindrucke dieser mächtigen moralischen Bewegung fällt es einigermaßen schwer, ruhig und nüchtern zu prüfen, welche Bedeutung in der Vergangenheit den rein ökonomischen Hindernissen gewerkschaftlicher Organisation zugekommen ist, und welche Bedeutung ihnen in Zukunft einzuräumen sein wird.

Als vornehmste Ursache wirtschaftlicher Art, welche bisher ungelernte und oft auch gelernte Arbeiter an der Begründung tüchtiger Fachorganisationen verhindert hat, darf das in vielen Gewerben stets die Nachfrage weit überholende Angebot von Arbeit gelten. Jeder Versuch der in Arbeit stehenden Arbeiter, ihre Arbeitsbedingungen zu verbessern, mußte scheitern, wenn die Unternehmer, wie es meist der Fall war, ohne sonderliche Mühe die mißvergnügten Arbeiter durch genügsamere ersetzen konnten. Die Politik, nach welcher gewisse gelernte Arbeiterverbände ihre Arbeitslosen unterstützen, um ihrem verderblichen Wettbewerbe vorzubeugen, ließ sich von ungelernten und mindergelernten Arbeitern nicht befolgen. Dazu war ihr Lohn zu niedrig und die Masse der Arbeitslosen zu groß. Man nimmt, auf englische Daten gestützt, an, daß der Prozentsatz der Arbeitslosen unter den ungelernten Arbeitern ungefähr noch einmal so groß ist als bei den gelernten Arbeitern. Die Opfer, welche durch die Unterstützung der Arbeitslosen den in Arbeit stehenden Arbeitern auferlegt werden, sind so beträchtliche, daß ihnen in kritischer Zeit selbst die festgefügten Verbände gut bezahlter gelernter Arbeiter zu erliegen drohten. Während die Gesamteinnahme des berühmten Gewerkvereines der Vereinigten Maschinenbauer 1879 auf 135 267 Pfd. St. sich belief, betrug die den Arbeitslosen gewährte Unterstützung 149 931 Pfd. St.; im Jahre 1886 bei 173 973 Pfd. St. Einnahme 86 460 Pfd. St. Die Eisengießer widmeten bei einer Einnahme von 43 104 Pfd. St. im Jahre 1879 57 510 Pfd. St. den Arbeitslosen, bei 44 877 Pfd. St. im Jahre 1886 32 856 Pfd. St.

Infolge der Schwierigkeit des Gegenstandes und vielleicht auch noch aus andern Gründen liegen durchaus einwandsfreie allgemeine Zählungen über den Umfang der Arbeitslosigkeit leider nicht vor. Indes deutet alles darauf hin, daß die Arbeitslosigkeit eine gewaltige Ausdehnung besitzt. Für London nimmt ein so genauer Kenner der Verhältnisse, wie Charles Booth an, daß eine Bevölkerung von 316 800 wegen höchst unsicherer Beschäftigung von der Hand in den Mund lebt, sich also ständig in Not befindet. Als arm wegen niedriger Bezahlung oder wegen eines infolge der Unregelmäßigkeit der Beschäftigung niedrigeren Einkommens werden (einschließlich der Angehörigen) 938300 bezeichnet. Im deutschen Buchdruckgewerbe sollen jederzeit 9—10 % der Setzer stellenlos sein. Eine von der Gewerkschaft der deutschen Drechsler unternommene Statistik zeigte, daß ungefähr 25 % der Mitglieder im Jahre stellenlos waren und zwar im Durchschnitte während fünf Wochen. Nach der Angabe der „Vereinigung deutscher Maler, Anstreicher und Lackierer" waren sogar 25 % länger als drei Monate hindurch ohne Beschäftigung. Die Basler Volkszählung vom 1. Dezember 1888 ergab 738 arbeitsfähige und arbeitsuchende Personen ohne Arbeit. Nach amtlichen Untersuchungen, welche im Winter 1890—91 in Berlin und Dresden angestellt wurden, waren in der erstgenannten Stadt ungefähr 20000, in der letztgenannten 12000 Personen arbeitslos. Aus ziemlich triftigen Gründen müssen die Ergebnisse der Berliner Zählung als weit hinter der Wirklichkeit zurückbleibende angesehen werden. Neuerdings wurde von der Berliner Polizei die Aufführung von Gerhart Hauptmann's „Webern" aus dem Grunde untersagt, daß die Dichtung in Berlin eine große Gefahr für die öffentliche Ordnung in sich berge, da hier die Zahl der Arbeitslosen jährlich zunehme. In Wien wurde im Winter 1892 offiziell anerkannt, daß die Zahl der Beschäftigungslosen einschließlich der Angehörigen auf 50—60000 Personen sich belaufe. Besondere Notstandskomitee's nahmen öffentliche Brotverteilungen vor. In derselben Stadt pflegen bei eintretendem Schneefalle sofort 5000—6000 Personen sich um die Arbeit des Wegschaufelns zu bewerben. Vor kurzem erhängte sich ein 63jähriger Tagelöhner, weil diese heißersehnte Arbeitsgelegenheit nicht eintrat, er deshalb nicht imstande war, seine Miete zu zahlen und der Delogierung entgegensah. Und auf der achten Versammlung des Vereins für Armenpflege und Wohlthätigkeit wurde erklärt: „Sämtliche Arbeitsvermittlungsvereine und Bureaux faßten ihre Erfahrung in dem Einen zusammen, daß sich mehr zur Arbeit melden, als mit Arbeit versehen werden können."

Wie sollen nun die kaum ihren Lebensunterhalt erwerbenden ungelernten und mindergelernten Arbeiter imstande sein, solche Massen von Arbeitslosen zu erhalten? Solange ein so gewaltiges Heer von Arbeitslosen auf ihre Arbeitsbedingungen drückt, können sie keine Erhöhung des Lohnes erreichen, und sie vermögen den Wettbewerb der Arbeitslosen nicht auszuschließen, solange sie nicht höhere Löhne beziehen!

Darf man sich der Erwartung hingeben, daß in Zukunft ohne besonderes Eingreifen eine Verminderung der überschüssigen Bevölkerung eintreten werde?

In der That, wenigstens eine Tendenz zur Vermehrung des Arbeitsangebotes dürfte an Bedeutung verlieren.

Der weiteren Einbeziehung von Kindern und Frauen in die Ersatzbezirke der Industrie ist durch die Fabrikgesetzgebung eine gewisse Grenze gezogen worden, von der wir nur hoffen wollen, daß sie an extensiver und intensiver Wirksamkeit beständig zunehmen möge. Extensiv, insofern die Zahl der geschützten Kinder und Frauen einen immer größeren Bruchteil der überhaupt beschäftigten bilden, intensiv, insofern die Altersgrenze erhöht, die Dauer der gestatteten Arbeitszeit erniedrigt werden soll.

Im übrigen aber kann nur leichtherziger Optimismus eine beträchtliche Abnahme der relativen Übervölkerung für absehbare Zeiten vorspiegeln.

Allerorts drängt die ländliche Bevölkerung nach den Städten, um hier vorzugsweise das Angebot ungelernter Arbeit zu vermehren. Dieser Abfluß der Landbevölkerung ist teils eine Folge der ungünstigen Grundeigentumsverteilung, teils eine Wirkung der Krise, welche über unsere Landwirtschaft mit der überseeischen Konkurrenz hereingebrochen ist. Der Getreidebau wird weniger rentabel und an seine Stelle tritt namentlich bei vorherrschendem Großgrundbesitze die weniger Arbeitskräfte erfordernde Vieh- und Weidewirtschaft. Selbst in England, wo man die Entwicklung dieses Prozesses nicht mehr wie im Deutschen Reiche durch Getreidezölle aufzuhalten bemüht ist, läßt sich sein Ende noch gar nicht absehen.

In zweiter Linie müssen bei der mutmaßlichen Ausdehnung des Heeres der Arbeitslosen die Wanderungen in Betracht gezogen werden, welche, durch die modernen Fortschritte des Verkehres und die Niederlassungsfreiheit begünstigt, eine wachsende Bedeutung für die Lage der Arbeiter gewinnen. Es ist der „Zug nach dem Westen", der Zufluß der Arbeiter aus kulturell niedriger stehenden Gebieten in höher entwickelte, um die es sich hier handelt. Der Arbeiter aus Posen und Oberschlesien wandert nach Sachsen, der Arbeiter aus Russisch-Polen nach Oberschlesien. Der Czeche drängt nach den deutschen Gebieten, der Rumäne und Slovake nach den ungarischen, der Italiener nach Süddeutschland, der Irländer nach England, der Chinese nach ganz Ostasien und Amerika. Und fast immer ist es der heimische, ungelernte Arbeiter, der auf diese Weise zu dem tieferen Niveau des Einwanderers herabgezogen wird. Während aber unsere Arbeiter durch die Zuwanderungen in letzter Zeit und namentlich auch in der Zukunft immer mehr bedrückt werden, haben sich für sie die Aussichten, welche die Auswanderung bietet, wesentlich verschlechtert, nachdem die Besiedelung Amerikas und Australiens der Hauptsache nach vollendet ist.

In dritter Linie tragen alle Erhöhungen der Produktivkraft durch technisch-ökonomische Fortschritte in einem von sozialen Reformen unbeeinflußten Verkehre dazu bei, die Nachfrage nach Arbeit einzuschränken, die Arbeit zu entwerten und die industrielle Reservearmee zu vergrößern. Technisch-ökonomische Fortschritte setzen uns ja in den Stand, eine größere Quantität oder höhere Qualität von Waren mit demselben objektiven Aufwande zu erzeugen, ohne daß wegen der ungünstigen Verteilung des Reinertrages der Produktion, welche unserem Systeme der freien Konkurrenz eigentümlich ist, die Aufnahmefähigkeit des nationalen Marktes dieser Steigerung der Produktion zu folgen vermag. So ergiebt sich zum mindesten eine relative Abnahme der Nachfrage. Nun darf man aber durchaus nicht meinen, daß die Zukunft nicht imstande sei, uns noch beträchtliche Erhöhungen der Produktivkraft zu bringen. Und wollte man dies selbst annehmen, so sind doch die bereits gemachten Erfindungen noch lange nicht überall verwertet. Wie viel Waren werden noch handwerksmäßig oder hausindustriell hergestellt, für welche die großindustrielle Erzeugung sich längst als objektiv überlegen herausgestellt hat! Ja, wie die Ausbeutung des Sweatingssystems in den englischen Großstädten lehrt, vermag das Übermaß bedingungslosen Arbeitsangebotes sogar die Arbeit aus der Fabrik in die häusliche Werkstätte zurückzudrängen.

An vierter Stelle ist noch der wirtschaftlichen Störungen zu gedenken, welche durch die Planlosigkeit unserer Produktion, durch die immer innigere Verflechtung der nationalen Volkswirtschaften in das Getriebe der Weltwirtschaft und des Weltmarktes, durch Überspekulationen, durch handelspolitische Änderungen und Wandlungen im Verkehrswesen bedingt werden. Vielleicht daß es den Bemühungen der nationalen und internationalen Kartelle gelingt, durch sorgfältige, andauernde Anpassung der Produktion an den Bedarf einem Teile dieser Störungen erfolgreich zu begegnen. Immerhin werden sie für absehbare Zeiten bei der Beurteilung der Faktoren, die zur Bildung der industriellen Reservearmee beitragen, noch zu beachten sein.

Wie sollen nun unter diesen Voraussetzungen die ungelernten und mindergelernten Arbeiter je dazu gelangen, sich aus eigener Kraft des Arbeitsangebotes des Heeres der Arbeitslosen zu erwehren?

Dieser Schwierigkeit sind sich die Leiter der „neuen" Gewerkvereinsbewegung in England auch vollkommen bewußt. Sie haben daher auf neue, außerhalb der traditionellen Gewerkvereinspolitik gelegene Hilfsmittel ihr Augenmerk gerichtet. So hat der Exekutivausschuß des

Gewerkvereines der Londoner Dockarbeiter im August 1890 eine Resolution angenommen, der zufolge vom 13. August 1890 keine weiteren Mitglieder mehr Aufnahme finden sollten, da die in den Londoner Docks vorhandene Arbeit nur eben zur Beschäftigung der Mitglieder des Verbandes hinreiche. Man plante also eine Schließung des Gewerkvereines und eine Monopolisierung der vorhandenen Arbeit durch denselben. George Howell, der publizistisch begabteste Vertreter der „alten" Gewerkvereine, erblickt in diesem Beschlusse freilich nur einen Beweis für seine Überzeugung, daß die neuen Führer nicht das Zeug hätten, eine Arbeiterbewegung im großen Stile zu leiten. Leider unterläßt er es, Mittel und Wege zu bezeichnen, auf welchen sonst etwa der junge Gewerkverein der Dockarbeiter sich der ständigen Bedrohung durch das Heer der Arbeitslosen entziehen könnte. Vielleicht war der Beschluß der Dockarbeiter vom praktisch-politischen Standpunkte aus verfehlt, die Theorie aber wird zugestehen müssen, daß die erstrebten Maßnahmen allein imstande wären, den Erfolg der Organisation zu gewährleisten.

Was soll aber mit der großen Zahl derer geschehen, welche durch ein ähnliches Vorgehen der neuen Gewerkvereine von jeder Arbeit ausgeschlossen werden?

Man verweist sie auf die Beschäftigung in Staats- und Gemeindewerkstätten. Außerdem erwartet man auch von dem gleichfalls angestrebten gesetzlichen Achtstundentage eine die Not der Arbeitslosen wesentlich einschränkende Steigerung der Nachfrage. Nebenher laufen Projekte, die Einwanderung fremder Arbeiter mit niedrigerer Lebenshaltung zu verbieten, ebenso die Einfuhr von Waren, welche mit niedriger entlohnter Arbeit produziert worden sind u. s. w.

Man mag über all diese Pläne denken, wie man will. Jedenfalls aber geht aus der Thatsache, daß sie von den berufensten Vertretern der neuen Gewerkvereine so ernstlich erwogen werden, zur Genüge hervor, daß mit der bloßen Organisationsfreiheit für die Fortbildung des Arbeiterverhältnisses noch kein allseitig ausreichendes Prinzip gewonnen worden ist. Es bedarf selbst nach der Überzeugung der Männer, die im Vordertreffen der Gewerkvereinsbewegung kämpfen, und die auf die sozialpolitische Zukunft Englands einen hervorragenden Einfluß nehmen dürften, außer der freien Initiative beruflich organisierter Arbeiter noch anderer Stützen, um den Verbänden ungelernter Arbeiter größere ökonomische Erfolge zu erringen.

Wir sagten mit Bedacht „größere ökonomische Erfolge": denn einheitliches, geschlossenes Vorgehen einer größeren Zahl organisierter Arbeiter wird selbst bei beträchtlichem Angebote von „freier Arbeit", wie die nichtorganisierte genannt zu werden pflegt, den Unternehmern Verlegenheiten bereiten können. Um diesen zu entgehen, ist es nicht ausgeschlossen, daß sie in minder wichtigen Punkten nachgeben und darauf verzichten, „blacklegs" („freie" Ersatzarbeiter) heranzuziehen. Sodann stellt die Organisation immer eine moralische Macht dar. Sie hebt den von ihr erfaßten Arbeiter nicht nur als Menschen empor, was nicht ohne Einfluß auf die Arbeitsbedingungen bleiben kann, sondern sie vermag auch auf die öffentliche Meinung, die Stellung der Behörden u. s. w. einzuwirken.

Die vorangegangenen Darlegungen zeigten, daß dem Prinzipe der Berufsorganisationen allein nicht die Macht zugetraut werden darf, eine angemessene Fortbildung des Arbeitsverhältnisses auch der ungelernten und mindergelernten Arbeiter zu bewirken. Die Unterscheidung in gelernte und ungelernte Arbeit ist indes nicht der einzige Gesichtspunkt, von dem die Kritik der Gewerkvereine auszugehen hat. Es handelt sich auch noch darum, die Bedingungen zu untersuchen, unter welchen die freie Organisation steht, je nachdem die Arbeiter dem männlichen oder weiblichen Geschlechte angehören. Man darf die weibliche Arbeit nicht ohne weiteres auf die Stufe der ungelernten Arbeit stellen und all' das, was wir im Vorangegangenen für letztere entwickelten, auf erstere anwenden wollen. Denn zweifelsohne ist die weibliche Arbeit nicht selten eine durchaus gelernte. Freilich ist andererseits der Unterschied in der Entlohnung zwischen gelernter und ungelernter Frauenarbeit nicht beträchtlich. Man wird diese Erscheinung dem Umstande zuschreiben können, daß die gelernten Arbeiterinnen bis jetzt noch keine genügenden Berufsverbände entwickelt haben. Wohl bestehen in London einige Gewerkvereine gelernter Arbeiterinnen, deren Mitgliederzahl indes 10 000 nicht übersteigen soll. Außerhalb Londons giebt es noch in der Großindustrie (Baumwollindustrie von Lancashire) Verbindungen von Arbeiterinnen, denen es, bei einem Mitgliederstande von 81 000, gelungen ist, einige Erfolge zu erringen. Von einer eigentlichen Fortbildung des Arbeitsvertrages durch weibliche Gewerkvereine ist aber nirgends die Rede, und man wird zu dem Schlusse gedrängt, daß selbst die Entwicklung der Berufsorganisationen gelernter Arbeiterinnen unter wesentlich ungünstigeren Bedingungen steht als diejenige männlicher Arbeiter.

Ein Teil dieser abträglichen Bedingungen ist zweifellos bereits durch die Eigenart des weiblichen Wesens gegeben, deren Veränderung aber außer fanatischen Frauenrechtlern niemand wünschen wird. Ein anderer Teil ist in ökonomischen Verhältnissen begründet. Eine beträchtliche Zahl von Frauen ist in der Heimarbeit beschäftigt. Sie sind vorzugsweise die Opfer des Sweatingsystemes. Zwischen den in ihren Wohnungen arbeitenden Frauen eine wirksame Verbindung herzuzustellen ist fast unmöglich. Käme sie aber selbst zustande, wie sollten die Hungerlöhne dieser Arbeiterinnen zur Sammlung von Fonds ausreichen, um das Angebot arbeitsloser Genossinnen fernzuhalten? Und selbst angenommen, die Mittel würden dazu aufgebracht, so würde das Arbeitsangebot Außenstehender schon deshalb nicht ferngehalten werden können, weil man die Personen gar nicht kennt, welche hier als „blacklegs" in Betracht kommen. Bekanntermaßen werden ja viele Arbeiten von Frauen aus vergleichsweise wohlhabenden Kreisen ausgeführt, die durch das Einkommen ihrer Angehörigen in Bezug auf ihren Lebensunterhalt sichergestellt sind und den Lohn nur als eine Art Taschengeld betrachten. Sodann ist ein großer Prozentsatz von Frauen in den Saisonindustrien thätig, welche die größte Unregelmäßigkeit der Beschäftigung aufweisen und daher der Organisation fast unüberwindliche Hindernisse in den Weg legen.

Wer will unter diesen trübseligen Verhältnissen den Mut finden, die Millionen von Arbeiterinnen, welche in den europäischen Industriestaaten thätig sind, und von deren Arbeitsbedingungen das leibliche und geistige Wohl der künftigen Generationen in so hohem Maße bedingt ist, ausschließlich auf das Prinzip der freien Organisation zu verweisen!

Bisher wurden die Aussichten, welche die Gewerkvereine den einzelnen Arbeitergruppen eröffnen, unter der Voraussetzung geprüft, daß die Staatsgewalt den Organisationen, ebenso wie der Anwendung ihres Kampfmittels, der Arbeitseinstellung oder Aussperrung, keinerlei Hindernisse bereitet. Es wird nun Zeit, die Frage zu untersuchen, ob die Regierung in der That überall eine derartig passive Rolle spielen kann, ohne die öffentliche Wohlfahrt, deren berufenste Hüterin sie ist, schweren Gefahren auszusetzen.

Eine einfache Beobachtung lehrt, daß Arbeitsstreitigkeiten in verschiedenen Gewerben die öffentliche Wohlfahrt auch in sehr verschiedenem Maße berühren.

Denken wir an eine Arbeitseinstellung oder Aussperrung in der Zigarrenindustrie, in der Textilindustrie, in der Holzindustrie u. s. w., so wird außer den von dem Streite betroffenen Arbeitgebern oder Arbeitern wohl niemand, selbst wenn der Konflikt auf ein weites Gebiet sich ausdehnt, ernsthaft von einer Gefährdung öffentlicher Interessen sprechen. Anders ist aber die Lage zu beurteilen, wenn infolge eines Streikes im Bäcker- oder Fleischergewerbe die Versorgung einer Stadt mit Lebensmitteln gestört wird. Brot- und Fleischpreise steigen, und gerade die ärmsten Schichten der Bevölkerung haben auf das Empfindlichste zu leiden. Ebenso bedenklich können sich die Verhältnisse infolge einer Arbeitsstockung in den Verkehrsgewerben gestalten. Solchen Zuständen gegenüber kann eine Regierung unmöglich die Hände müßig in den Schoß legen. Thatsächlich schreitet die Regierung auch immer ein: bald, wenn die öffentliche Meinung sich entschieden nach dieser Richtung hin äußert, zu Gunsten der Arbeiter, häufiger zu Gunsten der Unternehmer.

Hier stoßen wir somit auf Fälle, in welchen das Prinzip der freien Organisation und ihres Kampfmittels, des Streites oder der Aussperrung, aus Gründen der öffentlichen Wohlfahrt nicht zur ungehemmten Anwendung gelangen kann. Diesem Gesichtspunkte ist bisher in dem Streite um die Fortbildung des Arbeitsvertrages noch wenig Beachtung geschenkt worden. Unter der Herrschaft unserer individualistischen Wirtschaftsordnung ist uns das Gefühl dafür, daß gewissen gewerblichen Thätigkeiten eine Art öffentlichen Charakters zukommt, so gut wie verloren gegangen. Frühere Zeiten scheinen sich dessen klarer bewußt gewesen zu sein. Immer wurde den Nahrungsmittelgewerben von der Obrigkeit nach jeder Richtung hin ein besonderes Augenmerk zugewendet. Die Zunftautonomie gelangte hier nie zu der hohen Blüte, deren sie sich in andern vom öffentlichen Standpunkte aus indifferenteren Gewerben erfreute. Einen schwachen Versuch, dem Unterschiede gerecht zu werden, der zwischen Arbeitsstreitigkeiten in verschiedenen Gewerben besteht, macht die moderne Koalitionsgesetzgebung Englands. Nach dem Conspiracy and Protection of Property-Akt von 1875 unterliegt derjenige, welcher den Arbeitsvertrag vorsätzlich und in böser Absicht bricht, in bestimmten Fällen einer Strafe bis zu 20 Pfd. oder bis zu drei oder sechs Monaten Gefängnis. Sie tritt ein, wenn jemand, der sich im Dienst einer Person befindet, welche die Verpflichtung übernommen hat, eine Ortschaft mit Gas oder Wasser zu versorgen, den Dienstvertrag in böswilligerweise bricht, obwohl er annehmen konnte, daß dadurch dieser Gas- oder Wasserbezug wahrscheinlich ganz oder zum Teil unterbrochen würde, ferner, wenn durch den Vertragsbruch Menschenleben, körperliche Sicherheit oder fremdes Eigentum in die Gefahr der Zerstörung oder ernstlichen Schadens gebracht wird.

Daß diese Bestimmungen nicht imstande sind, erhebliche Störungen der öffentlichen Wohlfahrt durch Arbeitsstreitigkeiten in England zu verhüten, wird sich sofort noch zeigen.

Um die große öffentliche Bedeutung, die den Arbeitsstreitigkeiten in einzelnen Gewerben zukommt, klarer zum Bewußtsein zu bringen, dürfte es sich empfehlen, die wichtigsten Erfahrungen kurz darzulegen, die nach dieser Hinsicht die letzten Zeiten verschafft haben.

Eine drastische Lehre, zu welchen Folgen die unbeschränkte Organisations- und Koalitionsfreiheit führen kann, erhielt das amerikanische Publikum durch den 19000 Telegraphenbedienstete umfassenden Ausstand im Sommer 1883. „Der Geschäftsverkehr," berichtet Sartorius v. Waltershausen, „mußte sofort empfindlich unter dieser Thatsache leiden, da es den Telegraphen-Unternehmungen zunächst unmöglich war, genügende Ersatzleute zu engagieren. Sämtliche Zweigbureaux wurden geschlossen, und nur an den Hauptstellen wurde ein kleiner Teil der Aufträge besorgt. Zahlreiche Schadenersatz-Klagen wegen ungenügender Depeschenbeförderung wurden gegen die Western-Union (die Telegraphengesellschaft) anhängig gemacht... Am Ende des Monates schienen dem Publikum noch größere Gefahren aus dem Streike zu drohen, die Brüderschaft schien die Absicht zu haben, auch die Eisenbahn-Telegraphisten zur Niederlegung der Arbeit beordern zu wollen..... Trotz aller günstigen Auspizien für die Telegraphisten ging der Streike vollständig verloren. Der Telegraphistenausstand hat zu den verschiedensten Diskussionen politischer Natur den Anlaß gegeben und prinzipielle Erörterungen in der amerikanischen Presse veranlaßt, welche dem in Amerika so beliebten Satze von der Nichtintervention des Staates in die wirtschaftlichen Dinge — allerdings an erster Stelle infolge des verletzten Interesses des Publikums — einen schweren Stoß versetzt hat... Daß die bei öffentlichen Verkehrsmitteln stattfindenden Streiks ganz anders zu beurteilen seien, als solche in gewerblichen Etablissements, wurde allgemein anerkannt. Bei beiden sind Unternehmer, Arbeiter und schließlich die ganze Volkswirtschaft beteiligt, bei dem erstern aber leidet das Publikum in ganz besonderem Maße, weil für die außer Betrieb gesetzten Anstalten meistens kein Ersatz geschafft werden kann."

Über die Folgen von Arbeitsstreitigkeiten in der Kohlenindustrie berichtet Andrew Roy, Staatsinspektor der Bergwerke von Ohio: „Die am meisten dadurch betroffenen, besonders durch Ausstände im Winter, sind die Armen der Städte. Die Kohlenpreise steigen über ihr Vermögen, sie zu kaufen, und ihre Feuer erlöschen, wogegen die Reichen Kohlen aus entfernten Distrikten beziehen können."

Bekannter sind die großen Streiks der Eisenbahnarbeiter*), deren Schauplatz Amerika zu wiederholten Malen 1877, 1886, 1888 gewesen ist: „In mehreren Staaten streikten die Lokomotivführer zum Teil siegreich, da sie stark organisiert waren, nicht leicht ersetzt werden konnten und rücksichtslos vorgingen, indem sie zu einer bestimmten Stunde die Züge anhielten und zur Weiterbeförderung nicht zu bewegen waren." „Lokomotiven wurden ‚getötet‘, der Abgang der Züge in

---

*) Mc. Murry, Gesch. d. Knights of Labour. Jahrb. f. Nat. u. Stat. N. F. 15. S. 72.

jeder Weise verhindert und während drei Wochen der ganze Fracht=
verkehr vernichtet. St. Louis z. B. vermochte keine Kohlen zu kaufen,
und die Städte an den Eisenbahnlinien gerieten in große Not. Zu
Anfang des Streites waren die Zeitungen und die öffentliche Meinung
auf der Seite der Streikenden ... Die Stockung des Handels jedoch
und der Verlust, der allen Geschäftszweigen infolgedessen zugefügt
wurde, ... führten zu einem Umschwunge in der öffentlichen Meinung.
Auf einen solchen Umschwung hoffte und rechnete die Eisenbahndirektion."

Lehrreich sind ferner die Zustände, welche sich beim Ausbruch des
großen Streites der englischen Kohlenarbeiter im März 1890 entwickelten.

„Darauf kam es am 15. März zum Streike. Die Folge war
vielfach ein vollständiger Stillstand der Produktion, da weder Fabrikanten
noch selbst Eisenbahnen in England die Gewohnheit haben, große Kohlen=
vorräte anzuhäufen, die großen Kohlenhändler aber an den Widerstand
der Grubenarbeiter nicht geglaubt und sich daher nicht vorgesehen
hatten. Die Preise gingen rapid in die Höhe. Einige Kohlenhändler
mit einem Absatz von 200000 Tonnen im Jahre verkauften an keinen
einzelnen ihrer Kunden mehr als 1½ Tonne auf einmal, um den
Verbrauch zu hemmen und aus den stündlich steigenden Preisen Vorteil
zu ziehen. An der Kohlenbörse stand das Geschäft ganz still. In
Lancashire wurden einige Baumwollfabriken geschlossen und in Sheffield
einige Werkstätten der Stahl= und Eisenindustrie.... Die Gruben=
besitzer hatten zunächst statt Schaden sehr großen Gewinn."
Die „Sunday=Times" vom 16. März spricht von dem enormen Gewinn,
den die Grubenbesitzer an den bereits gefördert daliegenden Kohlenmengen
machten: es kam für sie nicht bloß die Zeit, wo die sonst so unverkäufliche
Kleinkohle glänzende Preise erzielte, sondern sie verkauften auch, wie die
Blätter nach beendetem Streike verzeichneten, „zu exorbitanten Preisen
Tausende von Tonnen Kohlenschutt, der, wenig besser als Schmutz, seit
Jahren sich aufgehäuft hatte und den vordem niemand selbst geschenkt
genommen hätte..... So hatte eigentlich nur das Publikum
den Schrecken und die Kosten des fünftägigen Ausstandes
zu tragen".*) Die Arbeitsstreitigkeiten der Gasarbeiter in Südlondon
und in Manchester brachten dem Publikum ebenfalls großen Nachteil.
Ende 1890 stockte dann mehrere Wochen infolge des Ausstandes der
Arbeiter der drei schottischen Bahnen der Verkehr, was bei den bevor=
stehenden Weihnachts=Feiertagen um so störender empfunden wurde. Im
Juni 1891 brach der Ausstand der Omnibusbediensteten in London aus,
der ebenfalls das Publikum und insbesondere die unbemittelteren Kreise
schwer traf. „Es dürfte kaum eine Person in London gegeben haben,"

---

*) Auerbach, Schrift. d. Vereins f. Sozialpolitik XLV S. 240.

schrieb der liberale „Speaker", „die nicht mittelbar oder unmittelbar der Streike betroffen hätte." Er warnt die Beteiligten, daß sie bei dem Publikum nicht immer auf die Geduld und Nachsicht rechnen dürften, welche es diesmal bewiesen. „Schließlich ist es doch klar, daß die Omnibus für London, und nicht London für die Omnibus da ist." Und an anderer Stelle: „Es muß sehr bedauert werden, daß eine Arbeitsstreitigkeit, welche die Arbeit und das Leben von fünf Millionen des Volkes so nahe berührt, nicht dem Urteilsspruche seiner Bürger unterworfen wird." Der riesige Ausstand der englischen Kohlenarbeiter der letzten Monate des Jahres 1893 hat schließlich ebenfalls zum Eingreifen der Regierung gedrängt. „Die Aufmerksamkeit der Regierung," schrieb der Premierminister Gladstone an die Organisationen der Grubenbesitzer und Arbeiter, „ist in ernster Weise auf die weitgreifenden und verhängnisvollen Wirkungen gelenkt worden, welche die lange Fortdauer des unglücklichen, jetzt in die sechzehnte Woche eintretenden Streites im Kohlenhandel verursacht hat. Aus den vom Handelsamt gemachten Nachforschungen geht deutlich hervor, daß viel Elend und Leiden nicht nur den direkt beteiligten Leuten zugefügt wird, sondern auch vielen Tausenden sonst, die nicht in den Kohlenstreit direkt verwickelt sind, deren Thätigkeit jedoch durch die von dem Streike ausgehenden nachteiligen Wirkungen für verwandte Betriebe arg geschädigt wird. Durch die weitere Fortsetzung des Streites müssen diese Leiden erhöht werden, insbesondere angesichts des Winters, wo die erhöhten Preise für Feuerung wahrscheinlich unter den ärmeren Klassen im Lande Unheil stiften werden. Überdies ist die Regierung kaum darüber im Zweifel, daß die Wirkung der Betriebseinstellung in den Kohlenbergwerken sich schnell ausbreitet und wächst, und daß, falls nicht schleunigst ein Vergleich herbeigeführt wird, länger dauernder, ja vielleicht beständiger Schaden dem Handel des Landes zugefügt wird. Die Regierung hat es bislang nicht für möglich gehalten, mit Erfolg in einem Streite zu vermitteln, dessen Ende meist eher durch die direkt Beteiligten, als durch die guten Dienste anderer herbeigeführt werden kann. Mit Rücksicht aber auf den ersten, oben berührten Zustand der Dinge, auf die nationale Bedeutung einer schleunigen Beendigung des Streites, auf die Thatsache, daß die Konferenz am 3. und 4. November ergebnislos verlief, hat J. M. Regierung es für ihre Pflicht erachtet, die Wiederaufnahme der Verhandlungen zwischen den beiden Parteien unter Bedingungen zuwege zu bringen, welche hoffentlich zu einem befriedigenden Ergebnis führen werden."

Zu gleichen Ergebnissen haben in Deutschland die Arbeitseinstellungen der Kohlenarbeiter, in Wien die wiederholten der Tramwaybediensteten und Bäckergehilfen, in Paris die der Omnibus- und Bahnbediensteten, sowie der Bäcker- und Metzgergesellen geführt.

Für all' diese Fälle trifft der Ausspruch von Rodbertus zu, „daß man in 100 Jahren die Gesetzgebung für verrückt halten werde, welche die Einstellung von Dienstleistungen gestattete, die zum Leben des sozialen Körpers notwendig sind".

Man wende nicht ein, daß erfahrungsgemäß häufigere Arbeitseinstellungen oder Aussperrungen in der Entwicklung der Arbeiter- und Unternehmerverbände nur eine Phase darstellen, auf welche die Einsetzung von Schiedsgerichten oder Einigungskammern und eine in den meisten Fällen friedliche Beilegung der Differenzen folgt. Abgesehen davon, daß die Erfahrungen nach dieser Hinsicht nicht zahlreich genug sind, um gewissermaßen ein empirisches Gesetz auf sie zu stützen, ist der friedliche Zustand, welcher in einzelnen englischen Großindustrien erreicht worden ist, doch nur ein bewaffneter Friede. Ob demselben bereits so wichtige Interessen, als hier oft in Frage kommen, überantwortet werden können, dürfte zweifelhaft erscheinen.

In den vorangegangenen Darlegungen wurde öfters von einer Bedrohung der öffentlichen Wohlfahrt durch Arbeitsstreitigkeiten gesprochen. Es soll nun dieser an und für sich vielseitige Begriff der „Gefährdung der öffentlichen Wohlfahrt" noch etwas genauer umschrieben werden, um diejenigen Gewerbe, für welche aus den erwähnten Gründen das Prinzip der Organisations- und Koalitionsfreiheit zur Fortbildung des Arbeitsvertrages nicht anwendbar erscheint, deutlich hervorzuheben.

Worin besteht mit Rücksicht auf die vorliegenden Zwecke eine Gefährdung der öffentlichen Wohlfahrt? Wir suchen sie darin, daß die Befriedigung absoluter und unaufschiebbarer Bedürfnisse für eine größere Zahl von Volksgenossen, die an der Arbeitsstreitigkeit nicht betheiligt sind, unmöglich oder wenigstens unverhältnismäßig erschwert wird.

Unter welchen Bedingungen tritt die so umschriebene Gefährdung der öffentlichen Wohlfahrt ein?

Sie erfolgt einmal, wenn die Arbeitsstreitigkeit ein Gewerbe ergreift, dessen Produkte, absoluten und unaufschiebbaren Bedürfnissen dienend, sei es aus natürlichen, sei es aus ökonomischen Gründen stetig erzeugt werden müssen. Die Bildung von Vorräten ist dann ausgeschlossen. Das trifft z. B. bei den Transportgewerben zu: bei Gewerben, die sich mit der Erzeugung oder dem Vertriebe frisch zu genießender Nahrungsmittel befassen (Brotbäckerei, Metzgerei, Milch- und Butterversorgung, Lieferung von Gemüsen); endlich bei der Gas-, Wasser- und Kohlenversorgung. Was die Kohlen betrifft, so wäre es ja an und für sich nicht undenkbar, sich durch Anlage größerer Kohlenvorräte wenigstens vor den Folgen kleinerer Arbeitsunterbrechungen im Kohlengewerbe zu sichern. Diese Sicherung würde indes unverhältnismäßig große ökonomische Opfer erfordern.

Weiter hängt die größere oder geringere Gemeingefährlichkeit einer Arbeitsunterbrechung ab von dem Maße, in welchem für die fraglichen Güter eine anderweitige Beschaffungsmöglichkeit vorliegt. Die anderweitige Beschaffungsmöglichkeit wird um so schwieriger, je größer die Zahl der Betriebe eines Gewerbes ist, auf welche sich die Arbeitsunterbrechung erstreckt. So ist die Arbeitsunterbrechung in einem Zweige des Transportgewerbes harmloser als eine solche in sämtlichen Transportgewerben einer Stadt oder gar eines Landes.

Unter diesen Umständen werden wir also Bedenken tragen müssen, die Fortbildung des Arbeitsvertrages überall den freien Arbeiter- und Unternehmerverbänden zu überlassen. Und zwar wird das namentlich der Fall sein bei solchen der Befriedigung von absoluten und unaufschiebbaren Bedürfnissen einer größeren Volkszahl dienenden Betrieben, deren Produkte, sei es aus natürlichen, sei es aus wirtschaftlichen Gründen, stetig erzeugt werden müssen und nur mit unverhältnismäßiger Schwierigkeit sich anderweitig beschaffen oder ersetzen lassen.

Die Kritik des Prinzipes, den Arbeitsvertrag nur durch volle Organisations- und Koalitionsfreiheit fortzubilden, hat demnach zu einem zweifachen Ergebnisse geführt. Einmal erweist sich dasselbe als unzureichend, um der Masse der ungelernten resp. mindergelernten und der weiblichen Arbeitskräfte eine namhafte Verbesserung ihrer Lage zu verschaffen. Sodann kann es aber auch aus Gründen der öffentlichen Wohlfahrt auf gewisse Arbeitergruppen keine Anwendung finden, die sonst mit Hilfe dieses Prinzipes teilweise gewiß imstande wären, ihr Arbeitsverhältnis zeitgemäß zu entwickeln.

4. Freie Hilfskassen.

Schon in der Kritik des Liberalismus wurde auf die Verhältnisse hingewiesen, denen zufolge der Arbeiter, dem Krankheit, Invalidität, Unfall oder Altersschwäche das Arbeitsangebot unmöglich machen, in eine ungleich schlimmere Lage gerät, als die Angehörigen anderer Gesellschaftsklassen. Gegen derartiges Mißgeschick im Wege des Sparens eine ausreichende Sicherung zu gewinnen, ist schon deshalb ganz unmöglich, weil Krankheit und Unfall ja leicht viel früher eintreten können, als es einem Arbeiter, selbst bei gutem Lohne, möglich ist, eine zur Deckung seines Bedarfes auf längere Zeit hinaus ausreichende Summe zu ersparen. Im übrigen sind die Lohnverhältnisse für viele Arbeiter derart, daß sie selbst bei einer durch Jahrzehnte fortgesetzte Sparsamkeit es nicht ermöglichen, ein Kapital anzusammeln, welches die Lebensführung eines z. B. im 55. Lebensjahre invalide werdenden Arbeiters bis ans Ende seines Daseins sicher stellen würde. Soll sich also der Arbeiter gegen diese Notfälle aus eigener Kraft irgendwie sichern, so kann das mit Erfolg nur dadurch geschehen, daß eine größere Zahl von Arbeitern zur gemeinsamen Übernahme der Gefahr zusammentritt. Treffen doch die genannten Wechselfälle nicht alle Arbeiter oder wenigstens mit sehr verschiedener Wucht und in sehr verschiedenem Lebensalter. Schließen sich die Arbeiter zu einer Hilfskasse zusammen, so findet eine Verteilung des Risikos auf alle Arbeiter statt. Die leichter oder gar nicht betroffenen Mitglieder treten für ihre minder glücklichen Genossen ein, und es wird möglich, durch verhältnismäßig kleine Prämienzahlungen eine leidliche Sicherung gegen Störungen im Bezug des Arbeitslohnes zu gewinnen. Das Bedürfnis nach derartigen gegenseitigen Unterstützungsvereinen ist ein so elementares, daß die Arbeiter auch dort schon sehr früh Hilfskassen, namentlich zur Unterstützung im Falle der Krankheit, begründet haben, wo die Hilfsverbände des alten Zunftwesens aufs gründlichste zerstört worden waren, und die Gesetzgebung, wie in Frankreich, jede Vereinigung von Arbeitern mit dem größten Mißtrauen verfolgte. Zur Krankenunterstützung traten in der Regel im Todesfalle noch Begräbnisgelder. Häufig wurden die Unterstützungen schlechthin in Notlagen gewährt, mochten diese nun durch Krankheit, Unfall oder Invalidität entstanden sein. Von einer strengen versicherungstechnischen Grundlage war keine Rede, da ja auch die hierfür notwendigen statistischen Aufzeichnungen noch fehlten. Erfüllt von dem Gedanken „Alle für Einen, Einer für Alle" sorgte man durch Umlagen dafür, daß die Mittel zur Auszahlung der statutenmäßigen Unterstützungen aufgebracht wurden. Oft versprachen die Kassen mehr, als sie halten konnten. Auch ließ die Verwaltung zu wünschen übrig, und gewissenlose Elemente mißbrauchten das Vertrauen der Genossen. Dabei fehlte es nicht an Drangsalierungen durch die Behörden, da sie in den Hilfskassen Organisationen erblickten, welche je nach Bedarf auch anderen als rein humanitären Bestrebungen zu dienen vermöchten. In der That sind viele Gewerkvereine aus solchen Unterstützungsverbänden hervorgegangen.

Ungeachtet all dieser Schwierigkeiten ist das freie Hilfskassenwesen, besonders in England, mächtig emporgeblüht. Die finanziellen Grundlagen haben sich unter dem Einflusse einer vernünftigen Staatsaufsicht erheblich gebessert. So stellen manche Sozialpolitiker die Ansicht auf, das Prinzip freier Einung reiche nicht nur zur Fortbildung des Arbeitsvertrages, sondern auch zur Sicherung des Arbeiters gegen Krankheit und Invalidität vollkommen aus.

Eine schärfere Prüfung läßt indes erkennen, daß bis jetzt freie Hilfskassen eigentlich doch nur gegen Krankheit eine weitere Kreise erfassende Fürsorge entwickelt haben. Allerdings haben in England freie Kassen auch die Versicherung gegen die wirtschaftlichen Folgen der Betriebsunfälle nicht ohne Erfolg übernommen. Das war aber nur deshalb möglich, weil durch die staatliche Haftpflichtgesetzgebung ein Teil dieser Lasten auf die Betriebsunternehmer übertragen worden ist. Auf dem wichtigen Gebiete der Altersversorgung haben sie wenig geleistet. Der Mißerfolg muß, wie Baernreither ausführt, auf zwei mächtige Hindernisse zurückgeführt werden, von denen das eine materieller, das andere psychologischer Natur ist: selbst für die besser bezahlten Arbeiter sind die Beiträge zu einer genügenden Altersversicherung noch unerschwinglich hoch, und zudem fehlt noch den meisten Arbeitern die Einsicht und die Kraft, „für ein weit in der Zukunft liegendes Bedürfnis, von dem man überdies weiß, daß es in ein Lebensalter fällt, das viele gar nicht erleben werden, lästige Verpflichtungen in der Gegenwart einzugehen".

Allein nicht nur, daß nicht alle Zweige der Arbeiterversicherung von den freien Hilfskassen mit gleichem Erfolge betrieben worden sind, diese Kassen sind überhaupt auf die höher stehenden, besser bezahlten Schichten der Arbeiterschaft beschränkt geblieben. Gerade die schwachen, hilfloseren, also der Versicherung umsomehr bedürftigen Arbeitergruppen haben es bis jetzt zu einem konsolidierten freien Kassensysteme nicht zu bringen vermocht. Angesichts solcher Erfahrung wird die Einführung eines staatlichen Kassenzwanges, wie er in Deutschland und Österreich besteht, nicht angefochten werden dürfen; und zwar umsoweniger, je mehr für die Selbstverwaltung der Kassen durch die Arbeiter Sorge getragen wird, je mehr also die erzieherischen Wirkungen des freien Kassenwesens gewahrt bleiben. Daß die Arbeiterversicherung in Deutschland diesen Forderungen nicht ganz entspricht, wurde schon früher betont. Nichtsdestoweniger verdient der Grundsatz des Versicherungszwanges volle Zustimmung.

5. Konsumvereine.

Während die Gewerkvereine danach streben, das Einkommen des Arbeiters zu erhöhen, und die freien Hilfskassen den Bezug eines Einkommens zu sichern trachten, wollen die Konsumvereine durch Verbilligung der Güter, deren der Arbeiter vorzugsweise zur Lebensführung bedarf, die Kaufkraft seines Einkommens steigern. Die Begründung von Konsumvereinen geht insofern leichter von statten, als sie einen augenblicklich eintretenden, unmittelbaren Vorteil gewähren. Hier werden nicht, wie bei Gewerkvereinen und Hilfskassen, Beiträge verlangt, die vielleicht erst nach langer Zeit einmal demjenigen, der sie geleistet hat, eine Gegenleistung verschaffen. Der Konsumverein verlangt keine Opfer der Gegenwart für die Zukunft. Es genügt, daß das Mitglied dem Vereine seine Kundschaft zuwendet und die entnommenen Waren sofort bezahlt. Fast alle Konsumvereine haben heute den ihrer Ausdehnung so förderlichen Grundsatz angenommen, die Geschäftsanteile zwar zu dem landesüblichen Zinsfuße zu verzinsen, aber den Gewinn nur nach Maßgabe der bewirkten Einkäufe unter die Kunden zu verteilen. Je eifriger ein Mitglied im Vereinsladen kauft, desto größer sein Gewinn.

Es hieße die Bedeutung der Konsumvereine verkennen, wenn man sie nur als Einrichtungen zur billigeren Beschaffung der Lebensmittel gelten lassen wollte. Der Konsumverein leistet mehr. Er erzieht die Arbeiter zu wirtschaftlicher Lebensführung, da er Barzahlung verlangt. Er befreit von den unwürdigen Abhängigkeitsverhältnissen, in denen die Arbeiter sich dem kreditierenden Krämer gegenüber oft befinden. Er befähigt die Arbeiter zur Verwaltung und bietet auch manche wertvolle Handhabe, um auf die Gestaltung des Arbeitsverhältnisses selbst einzuwirken. Bei der Wahl der Geschäfte, denen die Konsumvereine ihre Aufträge erteilen, kann auf die Stellung der Arbeiter in diesen Geschäften Rücksicht genommen werden.

Haben die Konsumvereine eine größere Ausbreitung erlangt, so ist es zweckmäßig, wenn die Vereine zu einer Großhandelsgenossenschaft zusammentreten. Wie der einzelne Konsumverein seine Mitglieder von den Diensten und Preisaufschlägen des kleinen Detailhändlers befreit, so macht die Großhandelsgenossenschaft die Vereine von der Vermittlung des Großhandels unabhängig. Unmittelbare Beziehungen zu den Produzenten werden angeknüpft, ja unter Umständen eigene Produktionsbetriebe eröffnet. Die Erfahrung lehrt, daß Großhandelsvereinigungen dort, wo es sich um qualitativ wenig differenzierte, einem ständigen Bedarfe entsprechende Massengüter handelt, die Produktion mit Erfolg betreiben können. So haben die britischen Großhandelsgenossenschaften Mühlen, Bäckereien, Schuh-, Kleider- und Seifefabriken eingerichtet, und beschäftigen selbst mehrere tausend Arbeiter.

Wenn man den Konsumvereinen vorwirft, daß sie den Kleinhandel zu Grunde richten oder mindestens empfindlich schädigen, so läßt sich nicht leugnen, daß große Fortschritte der Konsumvereinsbewegung diese Wirkung hervorrufen. Es kann indes von einem allgemeinen Standpunkte aus nicht gerechtfertigt werden, den Konsumvereinen deshalb entgegen zu arbeiten. Die Konsumvereine stellen eine vollkommnere Organisation des Verteilungsgeschäftes dar und müssen ebenso sehr als wirtschaftlicher wie als sozialer Fortschritt gewürdigt werden. Je weniger objektiven Aufwand die Verteilung in Anspruch nimmt, desto mehr Kräfte bleiben der Produktion erhalten, und desto reichlicher kann die Güterversorgung überhaupt ausfallen. Der Stand der kleinen Krämer hat ebensowenig ein unantastbares Recht auf die Erhaltung seiner Erwerbsgelegenheit, als es Handwerker und Arbeiter besitzen, denen die Einführung von Maschinen die Beschäftigung entzieht. Da überdies die Entfaltung der Konsumvereine sehr allmählich vor sich geht, so besitzt der Kleinhandel ausreichende Zeit, um diesen Veränderungen Rechnung zu tragen.

Ein anderer Vorwurf, der namentlich von Ferdinand Lassalle den Konsumvereinen gemacht wurde, ging dahin, daß sie nicht imstande seien, der Arbeiterklasse eine thatsächliche Verbesserung zu verschaffen, weil im Verhältnisse zu der von ihnen bewirkten Verbilligung der Lebenshaltung auch die Löhne heruntergehen würden. Die Beobachtung zeigt aber, daß die Konsumvereine in noch höherem Grade, als sie die Lebensmittel verbilligen, die Lebensansprüche der Arbeiter steigern. Die Arbeiter geben infolge der Konsumvereine in der Regel nicht weniger für Lebensmittel aus, sie konsumieren mehr und vor allem in besserer Qualität. Weit entfernt, den Standard of life herunterzudrücken, tragen sie gerade viel zur Verfeinerung des Geschmackes und zur Erhöhung der Bedürfnisse bei. Im übrigen würde selbst dann, wenn die Konsumvereine eine absolute Verminderung der Ausgaben für Lebensmittel bewirken sollten, ein Sinken des Lohnes wenigstens nicht für die Arbeiter eintreten, welche gewerkschaftlichen Vereinigungen angehören. Vermag der Gewerkverein auch nicht, selbst bei aufsteigender Konjunktur, mit absoluter Sicherheit die Löhne zu erhöhen, so kann er doch Lohnherabsetzungen ungemein erschweren. Kein Arbeitgeber wird leichten Herzens wagen, die Löhne herabzusetzen, wenn ihm eine wohlorganisierte Arbeiterschaft, insgesamt von dem Bestreben beseelt, in ihrer Lebensführung fortzuschreiten, gegenübersteht. Bereits erreichte Vorteile, an deren Genuß man sich gewöhnt hat, wieder zu verlieren, bedeutet für die meisten Menschen ein weit empfindlicheres Opfer, als etwa auf eine vielleicht mögliche Verbesserung ganz zu verzichten. Mit der Stärke des Opfers wächst der Widerstand. Der Arbeitgeber muß sich darauf gefaßt machen, daß die Arbeiterschaft eine geplante Herabsetzung der Löhne bis aufs äußerste bekämpfen und ihre Lebenshaltung mit größter Zähigkeit zu bewahren trachten wird. Überdies wird ein gegen Lohnherabsetzungen geführter Kampf in der öffentlichen Meinung, auf die heute doch viel ankommt, immer mehr Sympathien zu Gunsten der Arbeiter als der Arbeitgeber hervorrufen.

Mit Hilfe der Gewerkvereine ist es englischen Arbeitern sogar gelungen, trotz der Preisermäßigungen, welche durch die überseeische Konkurrenz und die Freihandelspolitik in den wichtigsten Lebensbedürfnissen eingetreten sind, und die an Bedeutung die Verbilligung durch die Konsumvereine erheblich überragen, die Lohnbewegung in aufsteigender Linie zu erhalten.

Die Kritik der Konsumvereine hat an anderen Punkten einzusetzen. Zuerst ist geltend zu machen, daß die untersten Schichten der Arbeiterklasse, wie an freien Organisationen überhaupt, so auch an den Konsumvereinen gar nicht oder nur in geringem Maße beteiligt sind. „Menschen, die unter einer gewissen Lebenshaltung oder isoliert leben," schreibt treffend Frau S. Webb, „Bevölkerungen, welche unausgesetzt ihren Wohnort wechseln und ihre Beschäftigung ändern, sind unfähig zur freiwilligen Assoziation, sei es als Konsumenten, sei es als Produzenten. Dies vom „Hand zum Mund" leben des unregelmäßig beschäftigten Arbeiters, die physische Apathie des Opfers des Schweißtreibers, die Gewohnheit des Vagabundierens, und die ungeregelten Wünsche des Straßenhausierers und der bunt durcheinander gewürfelten Bewohner des gewöhnlichen Logierhauses — kurz, die Rastlosigkeit und tödliche, aus Mangel an Nahrung entstehende, durch Nichtsthun gemilderte, oder durch körperliche Erschöpfung noch erhöhte Müdigkeit gestatten, in dem einzelnen Individuum ebensowenig, wie in der ganzen Klasse die Eigenschaften zu entwickeln, die zur demokratischen Genossenschaft und demokratischen Selbstregierung notwendig sind."

Zweitens bleibt zu beachten, daß der Konsumverein nur denjenigen Teil des Arbeiterkonsums zu verbilligen imstande ist, in Bezug auf den der Arbeiter ohne Dazwischentreten des Konsumvereines vom Detailhandel abhängig wäre. Der Arbeiter bedarf aber auch einer Wohnung, er bedarf Gas und Wasser, er bedarf Transportleistungen u. s. w.

Was die Wohnungsfrage betrifft, so haben allerdings Konsumvereine den Versuch gemacht, sie ebenfalls in den Bereich ihrer Thätigkeit einzubeziehen. Ist mit dem Konsumvereine eine Sparkasse verknüpft, d. h. ist die Einrichtung getroffen, daß die auszuzahlenden Dividenden nutzbringend angelegt werden, so kann der Verein leicht in den Besitz von größeren Kapitalien gelangen, als im Geschäfte selbst unterzubringen sind. Für die Spareinlagen ist eine sichere Anlage zu suchen, und da bietet sich die Möglichkeit dar, sie für den Ankauf von Grund und Boden, und den Bau von Häusern zu verwenden. Der Konsumverein kann ein größeres Grundstück erwerben, es parzellieren und gegen Ratenzahlungen an die Mitglieder veräußern, die dann selbständig den Bau ausführen. Der Bau kann indes auch vom

Vereine ausgeführt werden. Diese Wohnungen sind an Mitglieder gegen ratenweise Abzahlung zu verkaufen oder zu vermieten. In all' diesen Fällen jedoch muß die Zurückziehbarkeit der Spareinlagen beschränkt sein: sonst würde der Kredit, den der Verein nimmt, ein kurzfristiger, derjenige, den er gewährt, ein langfristiger werden, eine Inkongruenz, aus welcher bedenkliche Folgen sich ergeben könnten.

Es ist klar, daß nur sehr gut gestellte Arbeiter, die über eine dauernd lohnende, sichere Arbeitsgelegenheit verfügen, etwa auf diesem Wege eine Verbesserung ihrer Wohnungsverhältnisse anstreben können.

6. Produktiv-Assoziationen.

Aus den geschichtlichen Darlegungen ist erinnerlich, mit welchem Feuereifer Buchez und Louis Blanc in Frankreich, die christlichen Sozialisten in England, Lassalle und Schulze-Delitzsch in Deutschland den Gedanken der Produktivgenossenschaft vertreten haben.

Sie sollte den Gegensatz zwischen Kapital und Arbeit auflösen und die Arbeiterfrage überhaupt aus der Welt schaffen. Selten haben bei einer Einrichtung die Erwartungen, welche auf sie gesetzt wurden, zu den thatsächlich erreichten Erfolgen in einem ärgeren Mißverhältnisse gestanden als eben bei den Produktivgenossenschaften.

Eine Produktivgenossenschaft liegt vor, wenn sämtliche Mitglieder an allen Funktionen des Unternehmers beteiligt sind. Sie haben für die Beschaffung des zur Produktion nötigen Kapitales zu sorgen, sie haben an der Leitung, an der technischen und kaufmännischen Seite des Geschäftes teilzunehmen und müssen das Risiko tragen. Naturgemäß werden Produktivgenossenschaften sich dort leichter entwickeln können, wo die Erfüllung der genannten Aufgaben geringe Schwierigkeiten bereitet: wo wenig Kapital erheischt wird, wo der Absatz sicher und ohne besondere kaufmännische Gewandtheit bewirkt werden kann, wo die Arbeitsteilung einen geringen Spielraum besitzt, wo also auch keine große Differenzierung unter den Arbeitsleistungen selbst, keine feingliedrige Hierarchie der Arbeitskräfte stattfindet. Dagegen fehlen die elementarsten Voraussetzungen für das Gedeihen der Produktivgenossenschaft, wenn es sich um die kostspielige und technisch schwierige Einrichtung einer Fabrik handelt, wenn für den Weltmarkt zu produzieren, und daher der Absatz schwer zu übersehen ist, wenn die in dem Geschäfte thätigen Arbeiter infolge der notwendigen Arbeitsteilung eine in jeder Hinsicht sehr verschiedene Stellung einnehmen, und wenn strenge Disziplin und Unterordnung gehandhabt werden muß, um das genaue Zusammenarbeiten aller Teilarbeiter sicher zu stellen.

Da die moderne Entwicklung mehr in der letztgenannten Richtung sich vollzieht, so ergiebt sich auch, daß die Zukunft für die Ausbreitung der Produktivgenossenschaften keine sonderlich günstigen Aussichten er öffnet. Immerhin kann die Entwicklung der Konsumvereine vielleicht den Produktivgenossenschaften einen gewissen Vorschub leisten. Treten die Konsumvereine als zahlungskräftige, ständige Kundschaft vorzugsweise mit Produktivgenossenschaften in Verbindung, welche Kleider, Schuhe, Back waren, Tabakfabrikate u. dgl. erzeugen, so fallen mancherlei Schwierig keiten, an denen sonst die Produktivgenossenschaft leicht scheitert, mehr oder weniger weg. Der wirkliche Gang der Dinge zeigt indes, daß die Konsumvereine zu einer wesentlichen Bevorzugung der Produktiv genossenschaften wenig Neigung besitzen und lieber selbst Produktions betriebe zur Deckung ihres Bedarfes einrichten.

Im übrigen wird den Produktivgenossenschaften häufig der Umstand verhängnisvoll, daß mit dem Auf- und Abschwanken des geschäftlichen Lebens verschiedene Mengen von Arbeit in der Unternehmung gebraucht werden. Nimmt sie so viele Genossen auf, als in guter Zeit not wendig sind, um allen Aufträgen zu entsprechen, so besitzt sie eben bei mattem Geschäftsgange mehr Arbeitskräfte, als zweckmäßigerweise beschäftigt werden können. Hält man die Zahl der Genossen aber so nieder, daß ihnen unter allen Umständen volle Beschäftigung gesichert bleibt, dann müssen bei ansteigender Konjunktur, will man nicht viele Aufträge abweisen, Hilfsarbeiter aufgenommen werden, denen gegenüber die Genossenschaft als Arbeitgeber auftritt. So gelangt der Gegensatz von Kapital und Arbeit auch in der Genossenschaft zum Durchbruch.

In der gleichen Richtung wirkt die Abneigung derjenigen Genossen schaften, die ein Unternehmen wirklich zur Blüte gebracht haben, neue Genossen mit gleichen Rechten aufzunehmen. Sie ziehen es vor, die errungenen Vorteile sich dadurch ausschließlich zu sichern, daß sie den Eintritt erschweren und einen wachsenden Bedarf an Arbeitskräften durch Aufnahme von Lohnarbeitern decken. So haben sich viele erfolgreich betriebene Produktivgenossenschaften nach und nach in kapitalistische Aktien-Unternehmungen verwandelt.

Wenn auch Aktiengesellschaften, deren Aktien zum größten Teil im Besitze der Arbeiter sich befinden, der Arbeiterklasse zum Vorteile gereichen, so sind das doch Vorteile ganz anderer Art als die, welche man von der Ausbreitung der Produktivgenossenschaften erwartete. Solche Arbeiter-Aktiengesellschaften, wie sie in Oldham und überhaupt in Lancashire nicht gerade selten anzutreffen sind, haben viel zur Demokrati sierung des Gewerbes beigetragen und den Arbeitern in die Ren tabilitätsverhältnisse der Industrie einen Einblick eröffnet, der den Unternehmungen der Gewerkvereine sehr zustatten gekommen ist. „Es wäre unnütz, zu betonen," führt Frau S. Webb aus, „welch unend lichen Wert die durch schlaue Gewerkvereinler als Aktionäre und Direktoren erworbenen kaufmännischen und technischen Kenntnisse im Vereine mit dem Hebel, den die freie Veröffentlichung und Kritik der Gewinn- und Verlustkonten verschiedener Geschäfte dem gewerkverein= lichen Einflusse gewähren, für die Gewerkvereine haben. Die bewun= derungswürdige Organisation der Baumwollspinner von Lancashire, die gleitende Lohnskala der Liste von Oldham, nach welcher jede Verbesserung oder schnellerer Gang der Maschinen für den Arbeiter und den Arbeit= geber gleich vorteilhaft ist, das gemeinsame Vorgehen angesichts gemein= samer Feinde, die gegenseitige Anerkennung und versöhnliche Haltung der Organisationen der Arbeiter und Arbeitgeber, — all das ist im hohem Maße das erfreuliche Ergebnis des Bestehens von Arbeiter= und anderen Aktiengesellschaften. Überdies haben die von Arbeitern gegründeten, geleiteten und geeigneten Aktiengesellschaften den Beweis geliefert, daß die Arbeiterklasse imstande ist, Fabrikunternehmungen zu leiten und zu verwalten."

Mag also auch die Produktivgenossenschaft aus der Reihe der Maßnahmen ausscheiden, von denen man eine erhebliche Förderung der sozialen Reform erwartet hat, so zeigt die Blüte der Konsumvereine und der Arbeiter=Aktiengesellschaften, daß doch die Arbeiterunternehmung unzweifelhaft eine beachtenswerte sozialpolitische Tragweite besitzt.

7. **Wohlfahrtseinrichtungen der Arbeitgeber.**

Bisher wurde nur derjenigen freien Organisationen gedacht, die von Arbeitern im allgemeinen aus eigener Initiative begründet worden sind und begründet werden können. Da die soziale Reform aber nicht nur die Arbeiter, sondern auch die Arbeitgeber und die ganze Gesellschaft überhaupt angeht, so liegt es nahe, die Frage aufzuwerfen, ob nicht auch diese Kreise manches unternehmen können, was die selbständige Thätigkeit der Arbeiter zu unterstützen, zu ergänzen, oder, je nachdem, sogar zu ersetzen vermöchte. Derartige Unternehmungen pflegt man als Wohlfahrtseinrichtungen zu bezeichnen, und eine nicht geringe Zahl von Sozialpolitikern erblickt in ihrer Ausbreitung das vornehmste Ziel der sozialen Reform. Unter Beteiligung der preußischen Regierung ist sogar eine „Centralstelle für Arbeitswohlfahrtseinrichtungen" gegründet worden. Derartige Einrichtungen lassen sich, soweit sie ihren Ursprung der Initiative der Unternehmer verdanken, leicht in drei Gruppen sondern.

Bei der ersten Gruppe handelt es sich um Maßnahmen, welche im wohlverstandenen Interesse beider Teile liegen. Hierher gehören zweckmäßigere Lohnsysteme, durch die das Interesse des Arbeiters an dem Ergebnisse seiner Arbeit erhöht wird. Unter Umständen fällt die Gewinnbeteiligung in diese Gruppe.

Unter **Gewinnbeteiligung** pflegt man eine Einrichtung zu verstehen, derzufolge Angestellte (Beamte, Werkführer, Arbeiter) neben ihrem ausbedungenen Lohne einen Anteil am Geschäftsgewinn erhalten. Hierbei muß nicht nur die Größe dieses Anteiles als Quote des jeweiligen Gesamtgewinnes fest bestimmt sein, sondern auch die Verteilung der Gewinnquote nach voraus festgesetzten Regeln erfolgen. Die Erfahrung lehrt, daß dieses System nur dort Erfolge erzielt, wo der Reinertrag sicher ermittelt werden kann, wo die Erträge durch Konjunkturen wenig beeinflußt werden, und wo die Funktion der Betriebsleitung verhältnismäßig geringe Ansprüche stellt, während die Arbeitsleistungen der Angestellten für die Gestaltung des Geschäftsertrages schwer ins Gewicht fallen. Unter diesen Voraussetzungen, die freilich selten genug vorhanden sind, hat die Gewinnbeteiligung zur Steigerung der Arbeitsleistungen in qualitativer oder quantitativer Hinsicht geführt und dem Arbeitgeber die regelmäßige und dauernde Verfügung über willige Arbeitskräfte, welche sonst vielleicht fraglich gewesen wäre, gesichert.

Auch der **Arbeiterausschüsse** mag in diesem Zusammenhange gedacht werden. Arbeiterausschüsse sind Vertretungen der Arbeiterschaft eines Unternehmens. Ihre Befugnisse besitzen in verschiedenen Betrieben sehr verschiedene Tragweite. Bald sollen sie den Unternehmer nur in der Handhabung der Fabrikordnung unterstützen, bald bilden sie eine Brücke zwischen Arbeiterschaft und Unternehmer, bald ist die Verwaltung der Wohlfahrtseinrichtungen ihnen ganz oder teilweise überlassen.

Die sozialpolitische Beurteilung dieser Einrichtungen, die eine verhältnismäßig rasche Ausbreitung aufweisen können, ist keine einheitliche. Während ihnen von manchen jede Bedeutung abgesprochen wird, stellen ihnen andere eine glänzende Zukunft in Aussicht. So schrieb z. B. Gustav Schmoller: „Die Bedeutung der Ausschüsse für die Zukunft kann eine außerordentliche werden. Sie bringen definitiv in die alte patriarchalische Ordnung und Verfassung der großen Geschäfte ein ganz neues, fast überall anwendbares Element; mit ihnen verwandelt sich die alte Despotie der Hauswirtschaft in eine öffentliche Anstalt, die nach dem Vorbilde anderer Korporationen, Gemeinden, Genossenschaften, eine gemischte Verfassung hat." Wir vermögen weder der einen noch der andern Auffassung beizupflichten. Wenn für den ablehnenden Standpunkt geltend gemacht wird, ein humaner Arbeitgeber könne auch ohne derartige Ausschüsse in nähere Beziehungen zu seinen Arbeitern treten, und ein weniger arbeiterfreundlich gesinnter werde sich um die Ausschüsse einfach nicht kümmern, so muß dem ersten Teile des Schlusses unbedingt widersprochen werden. Sobald es sich um eine größere Zahl von Hilfspersonen handelt, kann ein Arbeitgeber selbst mit dem besten Willen ohne Arbeiterausschüsse unmöglich diejenigen Beziehungen herstellen, welche im Interesse der Beteiligten wünschenswert sind. Hier hat Schmoller sicher recht, wenn er vom Freiherrn von Stumm, der behauptete, er könne sich mit seinen 3200 Arbeitern besser persönlich verständigen als durch Vertretungen, den Nachweis fordert, daß ein Tag statt 24 Stunden 48 oder 96 habe. Es kann u. E. nach den Mitteilungen über die mit Arbeiterausschüssen erzielten Erfolge gar keinem Zweifel unterliegen, daß sie für arbeiterfreundliche Unternehmer ein brauchbares Hilfsorgan für die Verwirklichung humaner Absichten bilden.

In den Fällen, wo nicht mit einer besonders arbeiterfreundlichen Gesinnung auf Seite des Unternehmers zu rechnen ist, und die Zahl dieser Fälle dürfte leider überwiegen, wird ein Arbeiterausschuß freilich nur immer genau so viel Ansehen genießen, als ihm Macht zukommt. Steht die ganze Arbeiterschaft geschlossen hinter ihm, so wird diese Macht in Unternehmungen größeren Umfanges eine ganz beträchtliche sein. In mittleren Betrieben hingegen wird sein Wirkungskreis, wenn nicht etwa als Rückhalt eine kräftige gewerkschaftliche Organisation vorhanden ist, ein ziemlich bescheidener bleiben. Trotzdem können manche Vorteile schon durch sein bloßes Dasein geschaffen werden. Mag der Arbeiterausschuß auch zur Beilegung bereits ausgebrochener Arbeitsstreitigkeiten durchaus ungeeignet erscheinen, so dürfte er den Ausbruch gewisser Zwiste immerhin zu verhüten instande sein; den Ausbruch solcher Zwiste nämlich, welche das wirtschaftliche und soziale Interesse des Unternehmers weniger empfindlich berühren, und die unter den gegenwärtigen Verhältnissen hauptsächlich deshalb entstehen, weil es an Vorkehrungen mangelt, einzelne Beschwerden und Wünsche der Arbeiter in entsprechender Form dem Unternehmer mitzuteilen.

Die Frage, ob Arbeiterausschüsse, wie es ein österreichischer Gesetzentwurf beabsichtigt, sich zur obligatorischen Einführung eignen, wird zu bejahen sein. Wenngleich die obligatorische Einführung noch nicht eine gedeihliche Wirksamkeit sicher stellt, so kann von der zwangsweisen Einführung doch die Erwartung gehegt werden, daß eine größere Anzahl von Ausschüssen mit erfolgreicher Thätigkeit ins Leben tritt, als es sonst der Fall sein würde. Es werden dann auch diejenigen Unternehmer, welche den sozialreformatorischen Bestrebungen weder entschieden freundlich noch entschieden feindlich gegenüberstehen, und die aus eigenem Antriebe keine Ausschüsse einrichten würden, zur Schaffung solcher veranlaßt, ohne daß von ihrer Seite eine die Wirksamkeit der Ausschüsse lähmende Haltung befürchtet werden müßte.

Im übrigen darf nicht verschwiegen werden, daß Arbeiterausschüsse von Unternehmern mißbraucht werden können. Es sind Fälle vorgekommen, in denen der Arbeiterausschuß dazu diente, um das Odium einer übermäßig strengen Disziplin vom Unternehmer ab- und dem Ausschusse zuzuwälzen. Selbst arbeiterfreundlichen Anordnungen der Fabrikinspektion ist von Unternehmern mit dem Hinweise auf die ablehnende Haltung des Ausschusses Widerstand geleistet worden.

Im großen und ganzen dürfte indes für beide Teile, soweit die bisher gemachten Erfahrungen ein Urteil gestatten, die Vorzüge der Ausschüsse erheblich überwiegen.

Bei einer zweiten Gruppe von Wohlfahrtseinrichtungen liegt nur eine scheinbare Verbesserung in der Lage des Arbeiters vor. Zwar bieten auch diese Einrichtungen dem Arbeiter manchen Vorteil, allein er wird durch die erhöhte Abhängigkeit, in welche der Arbeiter gegenüber dem Arbeitgeber gerät, mehr als aufgewogen. Es handelt sich da um jene Fabrikantenphilanthropie, die einer der sachkundigsten Vertreter dieser Politik, K. Grad, einst als ein „gutes Geschäft" bezeichnet hat. Der vergleichsweise guten und billigen, vom Arbeitgeber hergestellten Wohnung steht der Umstand entgegen, daß die Auflösung des Arbeitsverhältnisses für den Arbeiter auch noch gleichzeitig die Aufkündigung seiner Wohnung bedeutet. Wie sehr dadurch die Lage des Arbeiters bei einer Arbeitseinstellung verschlechtert wird, hat sich in England oft genug gezeigt. Tausende von streikenden Arbeitern mit ihren Familien wurden aus ihren, den Arbeitgebern gehörigen Wohnungen in rauher Jahreszeit aufs freie Feld verwiesen. Ähnlich wirken manche von den Arbeitgebern ausgehende Kasseneinrichtungen, Pensionsinstitute u. s. w. Auch auf diesem Wege wird die Abhängigkeit des Arbeiters erhöht, da er im Falle der Auflösung des Arbeitsverhältnisses alle durch Prämienzahlungen erworbenen Ansprüche verliert. Spricht doch selbst ein Großindustrieller eines wegen seiner Wohlfahrtseinrichtungen vielgerühmten Industriebezirkes von „Härten" gegenüber den älteren Arbeitern vieler Fabriken, wenn sie bald die Berechtigung zu den ihnen nach gewisser treuer Dienstzeit versprochenen Pensionen hätten. „Es heiße, Meister und Aufseher plagten während der letzten Jahre jene armen Invaliden harter, lebenslänglicher Arbeit so, daß die meisten derselben auf die ihnen in Aussicht gestellte Vergünstigung lieber Verzicht leisteten, als sich noch länger den Chikanen auszusetzen."

Durch solche Maßnahmen wird das unwürdige Abhängigkeitsverhältnis, in welchem der Arbeiter gegenüber dem Arbeitgeber sich befindet, weder beseitigt, noch erhält der Arbeiter durch sie einen größeren Anteil am Reinertrage der nationalen Produktion. Derartige „Fortbildungen" des Arbeitsverhältnisses sind daher weit mehr als höchst gefährliche, zu einer Versumpfung der sozialen Reform führende Rückbildungen anzusehen.

Eine dritte Gruppe von Einrichtungen. Bei ihnen gewährt der Arbeitgeber in der That wesentliche Vorteile dem Arbeiter, ohne entsprechende Gegenleistungen zu empfangen. Solche Einrichtungen sind überaus selten. Sie stellen sich als Ausfluß einer ungewöhnlich menschenfreundlichen, häufig einer religiösen Sinnesrichtung dar und tragen eigentlich den Charakter der Wohlthätigkeit an sich. Sie sind durchaus am Platze und vollen Lobes würdig, wo es sich um Arme, nicht um Arbeiter handelt. Häufig werden allerdings Arbeiter und Arme miteinander verwechselt.

Vielleicht ist aber nichts für die sozialpolitische Entwicklungsstufe eines Landes so bezeichnend als das Maß, in dem seine leitenden Kreise Arbeiter- und Armenfrage auseinanderhalten. Werden die Arbeiter wie Waisenkinder, wie Kranke, Alters- oder Geistesschwache angesehen, die auf Schritt und Tritt einer mitleidigen Fürsorge und wohlwollenden Bevormundung bedürfen, die aus eigner Kraft nichts vermögen und denen nur durch Akte der Wohlthätigkeit zu helfen ist, geht man weiter von der Auffassung aus, daß für die Arbeiter keine wirkliche Ursache zur Unzufriedenheit besteht, solange sie eben noch ihr Leben zu fristen vermögen, dann kann auch zwischen Armen- und Arbeiterfrage nicht unterschieden werden. Beide fallen zusammen. Erst nachdem sich die Erkenntnis Bahn gebrochen hat, daß es sich bei der sozialen Frage nicht nur darum handelt, der Arbeiterbevölkerung eine zu deren Unterhalte ausreichende physische Ernährung zu verschaffen, daß die soziale Reform vielmehr einen gewaltigen welthistorischen Prozeß darstellt, daß sie das Aufsteigen einer neuen und zwar der zahlreichsten Schicht der Gesellschaft bedeutet: erst dann wird der tiefgehende Unterschied zwischen beiden Problemen allgemein und klar zum Bewußtsein gelangen.

Immerhin giebt es Zustände, welche eine gewisse Vermengung der Armen- und Arbeiterfrage rechtfertigen können. Wenn nämlich die arbeitenden Massen des Volkes unter einem Übermaße von Elend schmachten, wenn ihr Lohn so tief gesunken ist, daß er eine Erhaltung der körperlichen Kräfte nicht mehr gewährleistet, wenn die physische Entartung die wirtschaftliche Leistungsfähigkeit untergraben hat, wenn unter dem Drucke der Not die Familienbande sich lösen, wenn jede wirtschaftliche Voraussicht entschwunden, das Ehrgefühl und der Sinn für höhere geistige und politische Interessen abgestumpft ist, wenn es dem Arbeiter gleich gilt, ob er durch Almosen oder Arbeitslohn sein Leben erhält, wenn er kein höheres Ziel mehr kennt als die Triebe, die dem Menschen mit dem Tiere gemein sind, einmal voll zu befriedigen, sich auszuschlafen und satt zu essen, wenn selbst das Bewußtsein dieser Entwürdigung verloren gegangen und, so es doch einmal wieder aufflackert, im Branntweinrausche erstickt wird, nur wenn diese entsetzlichen Bedingungen ganz oder teilweise zutreffen — und schrecklich genug, sie sind in der That kein bloßes Gebilde der Phantasie — wäre es vermessener Optimismus, noch auf eine Erhebung der Arbeiter aus eigener Kraft rechnen zu wollen. Neben der staatlichen Hilfe wird dann auch eine rein karitative Schutzthätigkeit, eine Patronage der besitzenden und gebildeten Klassen nicht entbehrt werden können. Dann müssen dem Arbeiter an Stelle roher sinnlicher Genüsse erst wieder die elementarsten Bedürfnisse und Gewohnheiten menschlicher Gesittung auf diesem Wege vermittelt werden. Dann sind die Badeeinrichtungen, die vom Arbeitgeber geführten Speiseanstalten, die von ihm gebauten Arbeiterwohnungen, seine Mädchenheime und Kinderasyle, seine als Almosen gewährten Zuschüsse zum Lohne, wenn dieser zur Erhaltung der Arbeiterfamilie nicht ausreicht, seine Gesang- und Turnvereine am Platze, am Platze aber freilich nur unter der Voraussetzung, daß diese Einrichtungen in einer Weise geleitet werden, welche den Arbeiter zu wachsender Selbständigkeit erzieht und endlich zur Selbstverwaltung seiner Angelegenheiten befähigt. So können diese Wohlfahrtseinrichtungen zu einer unentbehrlichen Stufe in der aufsteigenden Klassenbewegung der Arbeiter werden.

Es ist klar, daß Wohlfahrtseinrichtungen derselben Art je nach dem Geiste, in welchem sie verwaltet werden, hier in die erste, dort in die zweite oder dritte Gruppe fallen können. Es ist eine Einrichtung der Gewinnbeteiligung z. B. denkbar, welche sie der ersten Gruppe zuweist; ebenso leicht aber kann sie zu einer Fesselung der Arbeiter ausgebeutet werden und somit der zweiten Gruppe zuzuzählen sein. Endlich kann die Gewinnbeteiligung, oder vielmehr was unter diesem Namen auftritt, im Wesen auch eine verhüllte Beschenkung gewisser Arbeiter darstellen.

Dem Gedanken, allein durch Pflege patriarchalischer Beziehungen und Wohlfahrtseinrichtungen eine Fortbildung des Arbeitsvertrages zu bewirken, liegt in seinen edleren und geläuterten Formen die Annahme zu Grunde, daß eine Beseitigung des Abhängigkeitsverhältnisses, in welchem der Arbeiter sich befindet, für absehbare Zeiten unmöglich sei. Kann seine Abhängigkeit nicht aufgehoben werden, dann soll wenigstens eine Veredelung und Humanisierung des Verhältnisses dadurch erfolgen, daß in dem Arbeitgeber das Bewußtsein seiner ungeheuren Verantwortlichkeit gegenüber dem Arbeiter lebendig wird. So gelangten Pusey und Disraeli zu dem Ideale, die Industrie zu feudalisieren. Das innige Band wechselseitiger Rechte und Pflichten, das in den guten Zeiten

Feudalherren und Bauern, bei den Kelten Klanhaupt und Klangenossen umschloß, dieses Band soll auch Arbeiter und Arbeitgeber verknüpfen. Schon die Zeiten, welchen die Vorbilder entnommen sind, beweisen wohl, daß jenes Ideal für unsere Zustände im allgemeinen nicht mehr am Platze ist. Wo indes, wie in manchen, vom Verkehre abseits gelegenen Gebieten, die ganzen Verhältnisse noch dem Mittelalter näher stehen als unserer modernen Zeit, dort wird natürlich ein teilweiser Erfolg der patriarchalischen Sozialpolitik von vornherein nicht in Abrede gestellt werden können. Dort können Wohlfahrtseinrichtungen, sofern sie nicht mit dem Anspruche auftreten, sich als dauernde Einrichtungen zu behaupten, zur Hebung einer wirtschaftlich und geistig niedrig stehenden Bevölkerung von Nutzen sein. Unseren vom modernen Zeitbewußtsein, vom Streben nach Unabhängigkeit und Selbstbestimmung erfüllten Arbeitern der westeuropäischen Industriestaaten vermögen sie im allgemeinen keine Befriedigung mehr zu gewähren. Jede Sozialpolitik, welche den als Mann sich fühlenden Arbeiter zum Gängelband bedürftigen Kinde herabwürdigt, muß scheitern.

Mit der Forderung, allein durch Wohlfahrtseinrichtungen das Arbeitsverhältnis fortzubilden, nehmen die Arbeitgeber eine Last auf sich, der sie nicht gewachsen sein können. Ebensowenig wie die Arbeiterfrage durch das Verschulden der Arbeitgeber entstanden ist, sondern als ein Ergebnis unserer ganzen Wirtschaftsordnung sich darstellt, ebensowenig sind die Arbeitgeber auch allein imstande, die Entwicklung des Arbeitsverhältnisses in andere, befriedigendere Bahnen zu lenken.

8. Wohlfahrtseinrichtungen anderen Ursprunges.

Außer den von einzelnen Arbeitgebern für ihre Arbeiter ins Leben gerufenen Wohlfahrtseinrichtungen giebt es noch zahlreiche Unternehmungen, mittelst welcher nicht nur Arbeitgeber, sondern Angehörige der besitzenden und gebildeten Klassen überhaupt, zum Teil Hand in Hand mit den Arbeitern selbst, auf deren materielle und geistige Hebung einzuwirken trachten.

Es sind hier die Vereine zur Organisation des Arbeitsnachweises zu erwähnen, die in zahlreichen Städten thätig sind. Ferner kommen die gemeinnützigen Baugesellschaften in Frage. Letztere bemühen sich, die Wohnungsverhältnisse der weniger bemittelten Volksklassen zu verbessern. Sie gewähren dem eingezahlten Kapitale nur eine feste niedrige Verzinsung. Alle Überschüsse werden zur Verbilligung der erbauten Wohnungen, zu Neubauten oder zur Errichtung gemeinnütziger Anstalten für die Bewohner der betreffenden Arbeiterquartiere bestimmt. Eine der bekanntesten Gesellschaften dieser Art ist die „Société mulhousienne des cités ouvrières". In der Zeit von 1854—1888 wurden von ihr insgesamt 1124 Häuser erbaut und an Arbeiter verkauft. Von vielen Seiten hat man angenommen, daß auf diesem Wege nicht nur die Wohnungs-, sondern die Arbeiterfrage überhaupt gelöst werden könnte. Eine unbefangene Prüfung dessen, was die genannte Gesellschaft that= sächlich erreicht hat, muß diese Illusionen allerdings sofort zerstören. Wir wollen nicht bei dem Umstande verweilen, daß derartige, von den übrigen Gesellschaftsklassen scharf getrennte Arbeiterquartiere nicht gerade geeignet sind, die sozialen Klassen einander näher zu bringen. Selbst von einem engeren ökonomisch=technischen Standpunkte aus kann das Werk nicht als Erfolg gerühmt werden.

Der Kardinalfehler lag jedenfalls in dem doktrinären Grundsatze, die Arbeiter unbedingt zu Hauseigentümern zu machen. Für den Eigentums= erwerb spricht weder ein allgemein gefühltes Bedürfnis der Arbeiter, noch ihre wirtschaftliche Lage. Das eigene Häuschen mit Garten kann höchstens für eine kleine Elitegruppe als berechtigtes Ideal in Betracht kommen. Die große Mehrheit wird namentlich in größeren Städten auf Mietswohnungen angewiesen bleiben. Das ist ein Schicksal, das die Arbeiterklasse mit anderen Klassen der Gesellschaft teilt, und das bei der Arbeiter= und Wohnungsfrage nicht ins Gewicht fällt. Nicht auf die Befreiung von Mietswohnungen, sondern darauf kommt es an, daß die Mietswohnungen in entsprechender Quantität und Qualität und zu erschwinglichen Preisen angeboten werden.

Wie kommt es aber, daß die Mülhäuser Baugesellschaft doch alle Arbeiterhäuser verkauft hat, und daß die Kaufpreise bis auf eine Schuld von 367000 Mark erlegt sind? In der Regel haben die Arbeiter, welche Häuser kauften, ein bis zwei Mietsparteien aufgenommen, obwohl die Häuschen ihrer ganzen Anlage nach nur für eine Familie berechnet sind. Da die kleinen Häuser der herrschenden Wohnungsnot nicht abzuhelfen vermochten, blieben die Mietspreise so hoch, daß schon das Vermieten von zwei Zimmerchen hinreichte, um dem Eigentümer die Summe zu schaffen, die zur ratenweisen Tilgung des Kaufschillings erforderlich war. So wohnten thatsächlich Mieter und Eigentümer schlecht. Nun gelang es letztern aber dadurch, daß sie die Wohnungsnot mit ausbeuten konnten, den Eigentumserwerb durchzusetzen. Indes auch dann, wenn dieses Ziel erreicht war, traten in den Wohnungsverhältnissen selbst der Eigentümer noch keine Verbesserungen ein. Die Neigung zum Vermieten blieb bestehen. Da aber die ursprüngliche Bauart der Häuschen diesen Absichten nicht entsprach, so wurden allerlei Zu= und Aufbauten vorgenommen, die, ob man sie nun vom technischen, hygienischen oder ästhetischen Standpunkte betrachten mag, gleich uner= freulich wirken. Es sind Räume entstanden, die man höchstens als

Schuppen, nicht aber als menschliche Wohnungen benutzt zu sehen wünscht. Im übrigen sind sogar die ursprünglich guten Zimmer durch die Zubauten häufig geschädigt worden, indem ihnen durch letztere Luft und Licht entzogen ist. Von der Ausdehnung, welche die Umgestaltung des Citéhauses erfahren hat, dürfte die Thatsache eine Vorstellung geben, daß von den nordwestlich vom Asyldurchgang gelegenen 698 Häuschen 270, also 38 Prozent Zu- oder Umbauten erfahren haben. Mit dem stetig zunehmenden Werte des Grund und Bodens, der auf eine intensivere Nutzung drängt, und mit der wachsenden Zahl von Hauseigentümern, welche die Kaufgelder ganz abgezahlt und damit volle Verfügungsfreiheit gewonnen haben, fallen immer Häuschen der Umwandlung zum Opfer. Wo man das Beispiel Mülhausens nachgeahmt hat, wie z. B. in Basel, waren die Erfolge ebenso unerfreulich.

Beschränken sich die Baugesellschaften auf die Vermietung, so können bessere Ergebnisse erzielt werden, besonders dann, wenn in der Verwaltung nicht einseitig die Mitglieder der Gesellschaft, sondern auch Vertreter der Wohnungsmieter zum Worte gelangen.

Es giebt übrigens Baugesellschaften, auf welche das schmückende Beiwort „gemeinnützig", das sie im Schilde führen, schlecht genug paßt.

Von nicht geringer sozialer Bedeutung sind die Bestrebungen zur hauswirtschaftlichen Ausbildung junger Mädchen, die der Arbeiterklasse angehören. Je knapper das Einkommen bemessen ist, desto größere Ansprüche werden an die Tüchtigkeit der Hausfrau gestellt, die damit den Lebensunterhalt zu bestreiten hat. Junge Arbeiterinnen finden aber in der Regel wenig Gelegenheit, sich auf diese Aufgaben entsprechend vorzubereiten. Es kann daher nur freudig begrüßt werden, wenn durch hauswirtschaftliche Kurse Arbeiterinnen die Gelegenheit eröffnet wird, sich eine den Bedürfnissen kleiner Haushalte angepaßte hauswirtschaftliche Bildung anzueignen.

Noch zahlreicher als die Wohlfahrtseinrichtungen zur materiellen Verbesserung dürften diejenigen sein, welche in erster Linie auf eine moralische und geistige Erhebung der Arbeiterschaft hinarbeiten. Das hohe Interesse, das die gebildeten Klassen an diesem Ziele besitzen, bedarf keiner Erläuterung. Es ist ja klar, daß der unaufhaltsam wachsende Einfluß der Arbeiterklasse auf allen Gebieten des sozialen Daseins um so weniger die Errungenschaften unserer Kultur irgendwie gefährden kann, je größer das Verständnis der Arbeiter für die Güter dieser Kultur bereits geworden ist. Diese Einsicht bricht sich von Tag zu Tag mehr Bahn. Hier wird ein Arbeiter- oder Volksbildungsverein begründet, der Unterrichtskurse, Vortragsabende und anständige, gesellige Vergnügungen einführt. Dort gilt es öffentliche Lesezimmer und Volksbibliotheken zu schaffen. Wieder andere bemühen sich, den Arbeitern den Genuß guter Theatervorstellungen und Konzerte zu erleichtern und den Besuch der Museen zu ermöglichen. Eine erhebliche Förderung derartiger Bestrebungen dürfte in Deutschland von der Gesellschaft für ethische Kultur zu erwarten sein.

Zweifellos ist es ein dringendes Bedürfnis unserer sozial so zerklüfteten Zeit, daß ein Boden geschaffen wird, auf dem, unbeeinflußt von den Gegensätzen des politischen, wirtschaftlichen und konfessionellen Lebens, die Arbeiter mit dem Unternehmer, dem Beamten, dem Künstler und Gelehrten in den rein menschlichen Angelegenheiten der Pflege des Wahren, Guten und Schönen zusammenwirken. Dabei kann freilich nicht verkannt werden, daß der Bildungsdrang der modernen Arbeiter vorzugsweise auf eine bessere Einsicht in öffentliche Verhältnisse, in Geschichte, Politik, Nationalökonomie, Jurisprudenz u. s. w. abzielt. Nun sind aber gerade diese Wissensgebiete von Klassenvorstellungen stark durchsetzt, und die Angehörigen der besitzenden Klasse, welche es unternehmen, Arbeiter mit den genannten Gegenständen bekannt zu machen, werden eine ganz besonders scharfe Selbstkritik an ihrer Thätigkeit üben müssen. Alle Gebildeten und Besitzenden aber, die an Volksbildungsbestrebungen teilnehmen, mögen stets der ernsten Mahnung Friedrich Albert Lange's eingedenk sein:

„Selbst wenn du Bildung im höchsten Sinne des Wortes besitzest, ist dein Mitmensch dir gegenüber kein Kind. Entweder du erniedrigst ihn zum Sklaven — so lange die Kette halten will — oder du an erkennst ihn als freien Mann und in der Hauptsache als ebenbürtig. Das Gängelband gehört nicht in deinen Umgang mit Männern, und wenn du ihnen gegenüber ein Riese an Kenntnissen wärest. Wie vollends, wenn nun die ganze ‚Bildung‘, die sich eine so vornehme Rolle anmaßt, weiter nichts ist als jene Politur der Erscheinung und der Rede, welche sich gegenwärtig oft mit vollendeter Hohlheit verbindet. Wie, wenn Eitelkeit und doktrinäre Verblendung den Gebildeten unfähig gemacht haben, einfache Wahrheiten einzusehen, die das Volk im Leben gewissermaßen mit Händen greift?"

Anmerkungen.

1. Vgl. die auf S. 64 genannten Werke von Brentano, Howell, v. Schulze-Gaevernitz und Thornton und Art. Gewerkvereine in H. St.

2. Brentano, Die Lehre von den Lohnsteigerungen mit besonderer Rücksicht auf die englischen Wirtschaftslehrer. Jahrbücher für Nationalökonomie und Statistik. 16. Bd. Jena 1871. S. 251—281; Hertner, Die soziale Reform als Gebot des wirtschaftlichen Fortschrittes. Leipzig 1891. S. 15 f.; Marx, Kapital. 1. Bd. 3. Aufl. Hamburg 1883. S. 624 f., 2. Bd. 1885. S. 445, 446; Ricardo, Works ed. by Mc. Culloch. London 1846. S. 77.

3. Hertner, Studien zur Fortbildung des Arbeiterverhältnisses. Braun's Archiv für soziale Gesetzgebung und Statistik. 4. Bd. Berlin. S. 562—582, daselbst auch weitere Litteraturangaben und Belege.

Über die Wirkungen des letzten großen Kohlenstreikes vgl. „Frankfurter Zeitung". 19. Febr. 1894. Nr. 50.

Materialien zur Beurteilung der Arbeitslosigkeit: Arbeitslosigkeit und Arbeitsvermittlung in Industrie- und Handelsstädten. Bericht über den am 8. und 9. Oktober 1893 vom Freien Deutschen Hochstift zu Frankfurt a. M. veranstalteten sozialen Kongreß. Berlin 1894. Bes. S. 33—68.

4. Baernreither, Die englischen Arbeiterverbände und ihr Recht. 1. Bd. Tübingen 1886; Brentano, Die Arbeiterversicherung gemäß der heutigen Wirtschaftsordnung. Leipzig 1879; Hasbach, Das englische Arbeiterversicherungswesen. Leipzig 1881. Vgl. im übrigen Art. Arbeiterversicherung in H. St. überhaupt.

5. Crüger, H., Die Erwerbs- und Wirtschafts-Genossenschaften in den einzelnen Ländern. Jena 1892; Mrs. Sidney Webb, Die britische Genossenschaftsbewegung. Deutsche Ausgabe von Brentano. Leipzig 1893; Zeidler, Geschichte des deutschen Genossenschaftswesens. Leipzig 1893. Vgl. auch die von der englischen und schottischen Großhandels-Genossenschaft herausgegebenen Jahrbücher. (The Cooperative Wholesale Societies Annual. Manchester und Glasgow.)

6. Brentano, Gewerbl. Arbeiterfrage. Schönberg's Handbuch der politischen Ökonomie. 1. Aufl. Tübingen 1882. S. 946 f.; Crüger, a. a. O.; Hertner, Eine moderne Arbeiter-Produktivgenossenschaft. Sozialpolit. Centralblatt. 1. Jahrg. S. 211; v. Schulze-Gaevernitz, Zum sozialen Frieden. Leipzig 1890. S. 293—377; Mrs. Sidney Webb, a. a. O. S. 102—149; Wieser, v., Großbetrieb und Produktivgenossenschaften. Zeitschrift für Volkswirtschaft, Sozialpolitik und Verwaltung. Wien 1892. 1. S. 102 f.; Zeidler, a. a. O.

Ferner zu 6 und 7: Blätter für Genossenschaftswesen. (Innung der Zukunft. 41. Jahrg.) Berlin.

7. Bücher, K., Die belgische Sozialgesetzgebung und das Arbeiterwohnungsgesetz vom 9. August 1889. Braun's Archiv für soziale Gesetzgebung und Statistik. 4. Bd. Berlin. S. 249 ff.; Hertner, Die oberelsässische Baumwollindustrie und ihre Arbeiter. Straßburg 1887. S. 203—241, S. 328—349, S. 357—368; Derselbe, Die oberelsässische Baumwollindustrie und die deutsche Gewerbeordnung. Straßburg 1887. Bes. S. 35 f.; Derselbe, Studien zur Fortbildung des Arbeitsverhältnisses, a. a. O. S. 585 f.; Derselbe, Arbeiterwohlfahrtseinrichtungen. Art. im Sozialpolit. Centralblatte. 1. Jahrg. S. 247 f.; Derselbe, Anzeige von Post

Litterarische Anmerkungen.

und Albrecht's Musterstätten persönlicher Fürsorge u. s. w. Braun's Archiv für soziale Gesetzgebung und Statistik. 6. Bd. Berlin 1893. S. 345—354; Post, Musterstätten persönlicher Fürsorge von Arbeitgebern für ihre Geschäftsangehörigen. 1. Bd. Berlin 1889, 2. Bd. Berlin 1893; Roesicke, R., Das Verhältnis der Arbeitgeber zu ihren Arbeitnehmern. Schmoller's Jahrbuch. XVII. S. 1 f.: Schmoller, Zur Sozial- und Gewerbepolitik. Leipzig 1890. S. 418 f.: v. Schulze-Gaevernitz, Zum sozialen Frieden. Leipzig 1890. 2. Bd. S. 190—202 Zehnjährige Erhebung über die gemeinnützigen Einrichtungen des Ober-Elsaß. Mülhausen 1890. S. 43 f. — Schriften der Centralstelle für Arbeiterwohlfahrtseinrichtungen. Berlin. — Zeitschrift der Centralstelle für Arbeiterwohlfahrtseinrichtungen (herausgegeben von Post, Albrecht und Hartmann). Berlin; seit 1. Januar 1894.

Über Gewinnbeteiligung: Frommer, Die Gewinnbeteiligung, ihre praktische Anwendung und theoretische Berechtigung auf Grund der bisher gemachten Erfahrungen. Leipzig 1886; Schmoller, a. a. O. S. 441 f.; Wirminghaus, Das Unternehmen, der Unternehmergewinn und die Beteiligung der Arbeiter am Unternehmergewinn. Jena 1886; Derselbe, H. St. Art. Gewinnbeteiligung mit weiteren Litteraturangaben.

Über Arbeiterausschüsse: Faber, R., Eine Enquête über Arbeiterausschüsse; Hertner, Zur Kritik und Reform der deutschen Arbeiterschutzgesetzgebung. Braun's Archiv für soziale Gesetzgebung und Statistik. 3. Bd. Tübingen 1890. S. 247 f.; Derselbe, Die österreichische Enquête über die Organisation der Großindustrie. Sozialpolit. Centralblatt. 2. Jahrg. S. 317 f.; Sering, M., Arbeiterausschüsse in der deutschen Industrie. Leipzig 1890. — Ergebnisse der vom Gewerbeausschusse des österreichischen Abgeordnetenhauses veranstalteten mündlichen und schriftlichen Enquete über den Gesetzentwurf betr. die Einführung von Einrichtungen zur Förderung des Einvernehmens zwischen den Gewerbsunternehmern und ihren Arbeitern. Zusammengestellt vom Berichterstatter Baernreither. Wien 1893.

8. Adler, G., Die Sozialreform und das Theater. Berlin 1891; Baecker, K., Die Volksunterhaltung. Berlin 1893; Brentano, Die Stellung der Gebildeten zur sozialen Frage. Leipzig 1890; Bücher, Die Wohnungs-Enquête in der Stadt Basel. Basel 1891. S. 287 f.; Coit, Stanton, Neighbourhood Guilds. An Instrument of Social Reform. London 1892 (deutsche Übersetzung Nachbarschaftsgilden). Berlin 1893; Kamp, Die Abendhaushaltungsschule in Frankfurt a. M. Berlin 1890; Kamp und Kalle, Hauswirtschaftliche Unterweisung armer Mädchen in Deutschland und im Auslande. Neue Folge. Wiesbaden 1891; Kamp, Erwerb und Wirtschaftsführung im Arbeiterhaushalt. Leipzig 1892; Lange, Arbeiterfrage. 4. Aufl. Winterthur 1879. S. 381 f.; Lehr, J., H. St. Art. Volksbildungsvereine; Müller-Guttenbrunn, Die Lektüre des Volkes. Wien 1886; Reich, Die bürgerliche Kunst und die besitzlosen Volksklassen. Leipzig 1892; v. Schulze-Gaevernitz, Zum sozialen Frieden. Leipzig. 1. Bd. S. 457—467. Außerdem die oben unter 7, Abs. 1 genannten Schriften.

Ethische Kultur. Wochenschrift zur Verbreitung ethischer Bestrebungen. Herausgegeben von G. v. Gizycki. Berlin, seit 1893.

Drittes Kapitel.

Staat und Gemeinde.

1. Einleitung.

Die Reformen, welche bis jetzt den Gegenstand der Darstellung gebildet haben, bewegen sich noch durchaus im Kreise der liberalen Grundsätze. Wir haben also gesehen, was ohne das Eingreifen des Staates von den Arbeitern und den übrigen Klassen der Gesellschaft zur Verbesserung der sozialen Zustände erreicht werden kann. Es ist nicht wenig, aber freilich lange nicht genug. Den freien Organisationen haften namentlich zwei Nachteile an. Soweit sie der Initiative der Arbeiter selbst entspringen, ist ihre Wirksamkeit in der Regel auf die obersten Schichten dieser Klasse beschränkt. Die freie Bethätigung der Arbeiter in Gewerkvereinen, Hilfskassen und Genossenschaften setzt immer schon eine gewisse Kraft voraus, welche die in materielles und geistiges Elend versunkenen untersten Schichten aus sich selbst heraus nicht zu entwickeln imstande sind. Die Maßnahmen aber, deren Organisation und Leitung in den Händen der besitzenden Klassen liegt, gewinnen oft den Charakter der Wohlthätigkeit und Bevormundung und werden deshalb einer wirklichen Erhebung der Arbeiter leicht gefährlich.

Das Gebiet der freien Organisation verlassend, richten wir in der Folge unser Augenmerk auf diejenigen Reformen, bei deren Entwicklung das Eingreifen von Staat und Selbstverwaltungskörpern erfahrungsgemäß nicht entbehrt werden kann. Aus der Fülle der Aufgaben, die den Organisationen des öffentlichen Rechtes zufallen, ergiebt sich von selbst, daß jede Arbeiterbewegung, selbst wenn der freien Bethätigung in Presse, Versammlung und Vereinen keinerlei Schranken gezogen wird, auch Politik treiben, daß sie danach trachten muß, auf die Willensäußerungen von Staat und Selbstverwaltungskörpern einen Einfluß zu gewinnen. Erst dann werden beide ihrer sozialreformatorischen Pflichten sich genügend bewußt werden und sie in einer Weise erfüllen, welche der aufsteigenden Klassenentwicklung der Arbeiter förderlich ist. Es liegt daher ein guter Sinn darin, daß die arbeitenden Klassen überall dort, wo ihnen der Eintritt in die Vertretungskörper noch nicht er-

Soziale Reform und politische Freiheit. 237

möglicht wird, auf die Erkämpfung des Wahlrechtes den größten Nachdruck legen. Es giebt eben Reformen, die ohne den gewaltigen Hebel der staatlichen Macht unausführbar bleiben, und doch wird der Hebel, wie die Geschichte mit aufdringlicher Klarheit lehrt, erst dann nach dieser Richtung in Bewegung gesetzt, wenn auch die Kraft des arbeitenden Volkes auf ihn einwirkt.

Wenn je ein Fürst das volle Gewicht seiner Macht rückhaltlos und im Geiste des Fortschrittes für die Erhebung des Volkes in die Wagschale geworfen hat, dann ist es Josef II. von Österreich gewesen. Und doch sind alle seine hochherzigen, freisinnigen Maßnahmen, die vor der französischen Revolution die österreichische Bauernschaft auf das Niveau des von der Revolution befreiten Landvolkes erhoben hätten, gescheitert und zwar gescheitert an der Thatsache, daß der Grundadel noch der einzige politische Machtfaktor neben dem Kaiser war und mit dem Aufgebote aller Kräfte den kaiserlichen Reformen Widerstand leistete.

Die Unfähigkeit zu sozialen Reformen höheren Stiles, welche dem vom Grundadel getragenen Absolutismus eigen ist, kommt auch, und vielleicht in noch höherem Grade, Verfassungen zu, in denen die besitzenden Klassen allein alle politische Macht ausüben. Während bei den absoluten Regierungen wenigstens zuweilen der Wille zur Reform vorhanden ist — es sei an Friedrich den Großen, an die preußische Bauernbefreiung unter Friedrich Wilhelm III., an die Agrarreformen Alexanders II. von Rußland erinnert — hat den bis vor kurzem in Belgien allein maßgebenden besitzenden Klassen selbst jede ernste Absicht einer sozialen Reform vollkommen fern gelegen.

Zudem muß beachtet werden, daß für ein stetiges, friedliches Vorwärtsschreiten auf dem Wege sozialer Besserung dort die besten Voraussetzungen bestehen, wo Staat und Volk einander durchdringen, wo die Bedürfnisse des Volkes als Bedürfnisse des Staates gelten, und die Notwendigkeiten des staatlichen Lebens auch vom Volke als solche empfunden werden. Die in Verfassung und Verwaltung freiesten Länder Europas, England und die Schweiz, besitzen die politisch konservativste Arbeiterschaft, stehen der Reform am nächsten und der Revolution am fernsten. Soziale Reform und politische Freiheit sind voneinander untrennlich. Ohne Freiheit keine ernste Reform und ohne Reform keine wahre Freiheit!

2. Die Arbeiterschutz- und Arbeiterversicherungsgesetzgebung.

Es giebt heute keinen Kulturstaat mehr, in dem die Ordnung des Arbeitsverhältnisses, wie es dem Geiste der liberalen Wirtschaftsordnung entspricht, durchaus dem Belieben der vertragschließenden Parteien überlassen bleibt. Ein erheblicher Teil des Vertragsinhaltes ist vielmehr, namentlich soweit Kinder und Frauen in Frage kommen, durch zwingende Rechtsnormen ein für allemal festgestellt worden. Da solche Bestimmungen früher zumeist nur für die Fabrikarbeiter erlassen wurden, pflegte man sie Fabrikgesetzgebung zu nennen. Im Laufe der Zeit ist aber auch die Arbeiterschaft des Handwerks, der Hausindustrie, des Handels und Verkehrs, ja selbst der Landwirtschaft in das Bereich der Schutz- und Versicherungsgesetze gezogen worden. Man spricht daher jetzt von einer Arbeiterschutzgesetzgebung überhaupt, die in ihrem weiteren Sinne die Arbeiterversicherungen einschließen kann. In der folgenden Darstellung kommen die letzteren zunächst noch nicht in Betracht.

Der staatliche Arbeiterschutz wird nicht für alle Arbeitergruppen in demselben Ausmaße gewährt. Dem sehr verschiedenen Schutzbedürfnisse entsprechend erscheint auch der Schutz in mannigfacher Hinsicht abgestuft. Auf alle Arbeiterschichten erstrecken sich in der Regel nur die Vorschriften über Arbeitsordnungen, über Sonntagsruhe, Auszahlung des Lohnes in barem Gelde und über die Anforderungen, welche aus gesundheitlichen Gründen an die Beschaffenheit der Werkstätten zu stellen sind.

Die **Arbeitsordnungen** sollen dem Arbeiter ein deutliches Bild von den Pflichten und Rechten verschaffen, die aus der Annahme der Arbeit in einem Unternehmen sich für ihn ergeben. Auch hat die neuere Gesetzgebung versucht, mittelst dieser Vorschriften dem Arbeiter gegen gewisse Benachteiligungen einen Rückhalt zu gewähren. So dürfen jetzt in Deutschland z. B. Strafbestimmungen, welche das Ehrgefühl oder die gute Sitte verletzen, ebenso wie Geldstrafen über eine bestimmte Höhe hinaus nicht in die Arbeitsordnung aufgenommen werden. Strafgelder sind zum Besten der Arbeiter zu verwenden. Bevor die Arbeitsordnungen eine rechtliche Giltigkeit erhalten, muß den Arbeitern Gelegenheit gegeben werden, sich über sie auszusprechen. Trotzdem ist es noch nicht gelungen, den ursprünglichen Charakter der Arbeitsordnungen, welche einseitig im Interesse des Unternehmers erlassene Polizeiverordnungen darstellten und häufig nur von den Rechten des Arbeitgebers und den Pflichten des Arbeiters handelten, ganz auszutilgen.

Daß dem Arbeiter, der sechs Tage der Woche hindurch rechtschaffen gearbeitet hat, am **Sonntage** eine vollständige Arbeitsruhe gebührt, und daß die Entziehung dieser Ruhe sittlich und physisch gleich verderbliche Wirkungen auf die Arbeiterklasse ausübt, wird kaum mehr ernstlich in Abrede gestellt. Allein, die Bedürfnisse des modernen

Verkehrs und derjenigen Industrien, deren Betrieb aus Gründen der Technik nicht unterbrochen werden kann, stellen sich einer strengen Durchführung der Sonntagsruhe hindernd entgegen. Gerade an Sonntagen, wenn einmal auch die breiten Schichten des Volkes dem Genusse folgen können, werden an die Bahnen und anderen Verkehrseinrichtungen, an die Vergnügungsunternehmungen und Gastwirtschaften die größten Ansprüche gestellt. Auch der Detailhandel will den regen Geschäftsverkehr, die kauflustigere Sonntagslaune, der Sonntagsruhe nicht gern zum Opfer bringen. Es wird der allgemeine Grundsatz der Sonntagsruhe daher überall von zahlreichen Ausnahmen durchbrochen. Muß auch zugegeben werden, daß angesichts der auf dem Kontinente herrschenden Sitten und Lebensgewohnheiten eine vollkommene Sonntagsruhe unerreichbar ist, so sollte doch immer auf sechs Tage Arbeit ein Ruhetag entfallen. Daß ein Ruhetag im Laufe der Woche an Wert einem freien Sonntag nicht gleich steht, ist richtig. Allein ein derartiger Ruhetag wird immer noch besser sein, als eine nur halbe Sonntagsruhe in jeder zweiten, oder eine volle Sonntagsruhe erst in jeder dritten Woche. Die Beeinträchtigungen der Sonntagsruhe in der Großindustrie erscheinen um so beklagenswerter, als es sich hier meist um Arbeiter handelt, welche auch Nachtschichten leisten, für die also ein noch größeres Ruhebedürfnis besteht, als wie für andere Arbeiter.

Die gesetzliche Vorschrift, daß die Arbeitgeber den abverdienten Lohn in nicht allzu langen Fristen und in barem Gelde auszuzahlen haben, daß sie im allgemeinen keine Waren kreditieren dürfen, daß die Entlohnung nicht in Schankstätten stattfinden darf, ist durch die furchtbaren Mißbräuche, welche in der fraglichen Richtung als sogenanntes Trucksystem vielfach bestanden, notwendig geworden.

Desgleichen ließ die Beschaffenheit der Werkstätten die gebührende Rücksicht auf Gesundheit, Leben und Sittlichkeit der Arbeiter oft gänzlich vermissen. Die neuere Arbeiterschutzgesetzgebung hat demzufolge immer genauer und strenger abgefaßte Bestimmungen eingeführt.

In der weiteren Erörterung des Arbeiterschutzes sind namentlich die Gruppen der jugendlichen, der erwachsenen weiblichen und der erwachsenen männlichen Arbeiter zu sondern.

Der erstgenannten Kategorie wird vom Staate eine ganz besondere Rücksicht in sittlicher und gesundheitlicher Beziehung gewidmet. Ihre Angehörigen müssen mit Arbeitsbüchern oder anderen Ausweisen über Alter und Erfüllung der Schulpflicht versehen sein, sie müssen die zum Besuche einer Fortbildungsschule notwendige Zeit eingeräumt erhalten, sie dürfen zu gesundheitsgefährlichen Beschäftigungen überhaupt nicht

und immer nur von Personen verwendet werden, die im Besitze der
bürgerlichen Ehrenrechte sich befinden. Im übrigen bieten sich manche
Unterschiede dar, je nachdem Kinder bis zu 14 Jahren oder jugendliche
Personen von 14—16 oder 18 Jahren in Frage stehen. Mehr und
mehr bricht die Auffassung durch, daß Kinder vor Abschluß des Schul=
unterrichtes überhaupt nicht, weder zur Arbeit in der Fabrik, noch zu
der im Handwerk und in der Hausindustrie heranzuziehen sind. Die
zahlreichen Einwände, die früher gegen diese Reformen geltend gemacht
wurden, sind durch die neueren Erfahrungen zum größten Teil ent=
kräftet worden. So wurde behauptet, daß für gewisse Arbeiten der
Industrie die Kinder gar nicht entbehrt werden könnten. In der
Spinnerei müßte das Aufstecken an den Selfaktor, die Bedienung der
Throstle unbedingt von Leuten mit kleinerer Statur und einer gewissen
Behendigkeit ausgeführt werden. Indessen in der Schweiz, wo die
Kinderarbeit bereits seit langer Zeit verboten ist, haben die Spinner
die Erfahrung gemacht, daß man auch mit vierzehn= und fünfzehn=
jährigen Personen auskommen kann. Diese sind kräftiger, haben mehr
Arbeitstrieb und denken weniger an eine Änderung des Berufes.

Natürlich wurde auch behauptet, die Industrie könne bei einem
Verbote der Kinderarbeit nicht konkurrenzfähig gegenüber denjenigen
Ländern bleiben, welche sich dieser Reform entschlügen. Das Gewicht
dieses Einwandes wurde von einem deutschen Großindustriellen (R.
Roesicke) selbst dadurch klargestellt, daß er nachwies, wie in diesem
Falle die deutsche Textilindustrie, die noch am meisten betroffen würde,
höchstens ein Drittel Prozent der überhaupt für Löhne ausgegebenen
Summe mehr aufzuwenden hätte. Derselbe Industrielle erklärte es
ferner einfach für eine Dreistigkeit, wenn die Interessenten behaupteten,
die Arbeit in den Fabriken wäre nicht nur nicht schädlich, sondern
besäße sogar einen erzieherischen und gesundheitlichen Wert.

Mehr Beachtung verdient der Einwurf, daß die Eltern den Lohn
der Kinder nicht entbehren könnten. Es mag das Verbot der Kinder=
arbeit in der That hier und da einige besonders arme und kinderreiche
Familien hart treffen. Dagegen bleibt zu beachten, daß die Kinder
sich infolge des Schutzes kräftiger entwickeln und später mehr leisten
können, als wenn sie schon mit zwölf Jahren zur Arbeit gehen müssen.
Diese Mehrleistungen werden auch ihren Eltern zu statten kommen.
Ist aber eine Familie wirklich so arm, daß sie ohne den Lohn der
Kinder nicht bestehen kann, dann wird es immer noch besser sein, im
Wege der Armenunterstützung das Nötige zuzuschießen, als eine sittlich,
physisch und wirtschaftlich gleich verwerfliche Ausbeutung kindlicher
Arbeitskräfte zu dulden.

Wo die Beschäftigung schulpflichtiger Kinder nicht durchaus verboten ist, zieht das Gesetz doch eine ziemlich enge Schranke für ihre Arbeitszeit.

Da die körperliche Entwicklung der jugendlichen Personen von 14—16 oder 18 Jahren noch nicht abgeschlossen ist, so darf ihnen die Arbeit ebenfalls nicht in demselben Umfange wie den Erwachsenen zugemutet werden. Sie müssen von der Nachtarbeit frei bleiben und die Tagesarbeit sollte selbst in Gewerben, die keine ungewöhnlichen Gefahren für die Gesundheit darbieten, niemals zehn Stunden überschreiten.

Denselben, wenn auch anders zu begründenden Anspruch auf Schutz besitzen die erwachsenen weiblichen Arbeitskräfte. Neben den hier gleichfalls zutreffenden Rücksichten auf die Sittlichkeit gilt es den Besonderheiten des weiblichen Organismus, der Stellung des Weibes als Mutter und Hausfrau gerecht zu werden. Die Arbeit der Frauen darf nicht gestattet werden, wo die Arbeitsleistung die Kräfte des Weibes übersteigt, wo wegen hoher Temperatur nur eine leichte Kleidung getragen werden kann, ohne daß eine vollständige Trennung zwischen männlichen und weiblichen Hilfskräften durchführbar wäre, wo wegen mangelhafter Beleuchtung die Frau leicht unzüchtigen Nachstellungen zum Opfer fallen könnte u. s. w. Deshalb ist die Verwendung der Frauen zu unterirdischen Arbeiten im Bergbaue, die Verwendung bei Hochöfen, in Ziegeleien und Glashütten, auf Hochbauten und Werften in der Regel untersagt worden. In vorgeschrittenen Staaten bestehen Verbote, die Frauen zur Nachtzeit zu beschäftigen.

Im Interesse von Mutter und Kind dürfen Frauen nach der Niederkunft durch 4—6 Wochen (in der Schweiz insgesamt 8 Wochen, davon zwei vor der Niederkunft) keine Fabrikarbeit leisten. Wirklich segensreiche Folgen kann diese Vorschrift freilich nur dann erzielen, wenn dafür gesorgt wird, daß die Frau für die Zeit der so erzwungenen Verdienstlosigkeit auf andere Weise ein Einkommen erhält. Einigermaßen wird dieser Forderung dadurch entsprochen, daß die deutsche Krankenversicherung auch für Wöchnerinnen eintritt.

Als Ziel der weiteren Entwicklung wird zu erstreben sein, daß die Frau, welcher Mutterpflichten obliegen, überhaupt der Häuslichkeit erhalten bleibt. Allerdings dürfte dieses Ideal nur allmählich zu erreichen sein, etwa in der Weise, daß für diese Gruppe weiblicher Hilfspersonen zunächst ein Halbzeitsystem als Übergang zur Einführung gelangte. Jedenfalls muß es sorgfältig vermieden werden, daß die Hoffnungen, welche man auf den gänzlichen Ausschluß der Hausfrauen aus der Fabrik setzen darf, durch den Nachteil des Verdienstentganges mehr als aufgehoben werden.

An und für sich wird eine Beschränkung in der Verwendung weiblicher Hilfspersonen den Lohn der Männer erhöhen und letztere in den Stand setzen, den Bedarf der Familie mehr und mehr allein zu decken. Allein die Übergangszeit ist sehr schwierig, und eine erhebliche Verminderung der Frauenarbeit legt der Arbeiterklasse für den Anfang große Opfer im Interesse der Gesamtheit auf. Man sollte sich deshalb hüten, den Arbeiterschutz, wie es so häufig geschieht, lediglich aus dem Gesichtspunkte einer Wohlthat, welche den Arbeitern erwiesen werde, zu beurteilen. Er ist vielmehr in vielen Beziehungen eine Reform, im Interesse der ganzen Nation, eine Reform, deren Lasten in der schwierigen Übergangszeit nicht nur auf die Unternehmer, sondern in noch weit empfindlicherer Weise auf die Arbeiter selbst fallen.

Wo die Löhne der Arbeiterinnen steigen, tritt übrigens schon von selbst ein Rückgang in der Verwendung verheirateter Frauen ein. Einmal nimmt mit der Erhöhung der weiblichen Löhne das Interesse der Unternehmer an der Frauenarbeit ab, und dann werden die Mädchen eher in den Stand gesetzt, vor ihrer Verheiratung einige Ersparnisse zu machen, die ihnen als Müttern den Verzicht auf die Arbeit erleichtern helfen. In den vorgeschrittenen englischen Industriebezirken soll die Arbeit verheirateter Frauen bereits in der Abnahme begriffen sein. Im übrigen wird natürlich auch alles, was den Lohn der Männer steigert, diese Tendenz befördern.

Eine noch immer umstrittene Frage ist die, ob der Staat für die **Arbeitszeit der männlichen erwachsenen Arbeiter** eine Grenze ziehen solle. Die Schweiz und Österreich haben mit gutem Erfolge einen allgemeinen elfstündigen Maximalarbeitstag festgesetzt. Die deutsche Gewerbenovelle von 1891 hat dem Bundesrate nur die Befugnis zuerkannt, für solche Gewerbe, in denen durch übermäßige Dauer der täglichen Arbeitszeit die Gesundheit gefährdet wird, Dauer, Beginn und Ende der täglich zulässigen Arbeitszeit und der zu gewährenden Pausen vorzuschreiben. Immerhin ist hiermit die Befugnis des Staates zum Eingreifen, übereinstimmend mit den Februarerlässen, anerkannt worden.

Zudem steht selbst England, das bis in die neueste Zeit an dem Grundsatze festhielt, die Arbeitszeit der männlichen erwachsenen Personen nicht unmittelbar zu regeln, nun im Begriffe, dieses Prinzip preiszugeben.

Ist man aus sozialen, wirtschaftlichen und moralischen Gründen von der Notwendigkeit überzeugt, daß die Arbeitszeit ermäßigt werden müsse, so scheint es in der That am zweckmäßigsten zu sein, diese Abkürzung auf dem einfacheren und sicheren Wege der staatlichen Intervention herbeizuführen. Allerdings sind gut organisierte Arbeiter imstande, aus eigener Kraft eine Arbeitszeit zu erkämpfen, welche niedriger bemessen ist als diejenige, die vermutlich auf politischem Wege zu erreichen wäre. Indes der Umstand, daß für eine hochstehende Arbeiterelite der staatliche Schutz nicht erfordert wird, kann es unmöglich rechtfertigen, ihn einer ungleich größeren, des Schutzes in hohem Maße bedürftigen Zahl von Arbeitern vorzuenthalten. Eine staatliche Verkürzung der Arbeitszeit, die auch den letztgenannten Schichten eine freie Stunde der Selbstbesinnung sichert, wird ihnen oft erst die Möglichkeit geben, für die weitere Erhebung aus eigenen Kräften thätig zu sein.

Und nicht nur, daß die Vertröstung auf die Selbsthilfe für viele Arbeiter eine Verkürzung der Arbeitszeit in unabsehbare Ferne rücken würde, selbst dort, wo Arbeiter in Betracht kommen, die sie aus eigener Kraft wirklich erkämpfen könnten, wird es den Interessen des öffentlichen Wohles mehr entsprechen, wenn die Abkürzung im Wege staatlicher Satzung als durch erbitternde, langwierige und den normalen Gang des Wirtschaftslebens störende Kämpfe erfolgt. Man braucht keineswegs zu fürchten, daß dann den freien Arbeiterorganisationen kein genügender Spielraum zur Bethätigung mehr offen stände, und die erzieherischen Wirkungen eines aus eigener Kraft und unter Selbstverleugnung erzielten Fortschrittes ganz verloren gingen. Erstens wird auch auf politischem Wege die Abkürzung nicht mühelos erreicht werden, und dann verbleibt den Gewerkvereinen immer noch die überaus wichtige Regelung der Lohnfragen.

Über die Länge der täglichen Arbeitszeit wird eine für alle Berufszweige gleiche Bestimmung kaum am Platze sein. Die Arbeiten der verschiedenen Berufe erheben sehr ungleiche Ansprüche in physischer und geistiger Hinsicht und wirken auf die Gesundheit in verschiedener Weise ein. Alles über einen Leisten zu schlagen erscheint somit ebenso unbillig als unzweckmäßig. In keinem Falle aber sollte die tägliche effektive Arbeitszeit 10 Stunden überschreiten. Von einer derartigen Verkürzung wäre eine wirtschaftliche Schädigung um so weniger zu befürchten, als alle bis jetzt gemachten Erfahrungen darauf schließen lassen, daß die Herabsetzung auf dieses Ausmaß zum größten Teile durch eine größere Leistungsfähigkeit der Arbeiter ausgeglichen würde. Für eine Reihe von Gewerben (Textilindustrie, Metallverarbeitung, Holzbearbeitung) würde dies selbst bei einer Herabsetzung auf 8—9 Stunden anzunehmen sein.

Im übrigen ist die Abkürzung der Arbeitszeit die wichtigste Vorbedingung für die geistige und sittliche Hebung des Arbeiterstandes. Sie ist in einem Staate des allgemeinen Stimmrechtes, in einem Staate, in dem die Arbeiter zur Selbstverwaltung herangezogen werden sollen, sogar eine politische Notwendigkeit. Wie soll der Arbeiter, welcher durch die Verfassung zur Entscheidung über die schwersten Fragen der Zeit berufen wird, von seinen Rechten einen angemessenen Gebrauch machen, wenn man ihm nicht die Muße zugesteht, sich entsprechend zu unterrichten? Wie soll sich der Arbeiter einen ausgeprägten Sinn für Familienleben, für Häuslichkeit, für eine menschenwürdige Wohnung bewahren, wenn er sie beim Morgengrauen verläßt und erst in später Nachtstunde heimkehrt? Erst die Abkürzung der Arbeitszeit, wie sie durch die fortschreitenden technischen Verbesserungen möglich, ja sogar notwendig gemacht wird, gestattet dem Arbeiter eine allmählich wachsende Teilnahme an den Gütern der modernen Kultur, also die Annäherung an das ideale Ziel der menschlichen Entwicklung.

Selbstverständlich genügt es nicht, Arbeiterschutzgesetze in die Gesetzsammlungen aufzunehmen. Es ist dafür zu sorgen, daß die Vorschriften auch genau befolgt werden, und das ist gerade hier erfahrungsgemäß eine überaus schwierige Sache. Da es sich vielfach um innere Angelegenheiten der Unternehmungen handelt, so kann von Seite des außenstehenden Publikums eine Kontrolle nicht geübt werden. Die Arbeiter selbst aber sind gegenüber dem Unternehmer viel zu abhängig, als daß sie ohne besondere Vorkehrungen in der Lage wären, den Aufsichtsbehörden eine ausreichende Unterstützung zu leisten. Sodann kann nicht scharf genug betont werden, daß bei der Durchführung des Arbeiterschutzes häufig der Widerstand von Personen zu bekämpfen ist, die sich in sozialer, wirtschaftlicher und politischer Beziehung einer ungewöhnlichen Machtfülle erfreuen.

Es unterliegt heute keinem Zweifel mehr, daß für diese Obliegenheiten besondere, wenigstens den örtlichen Interessenkreisen durchaus entrückte Staatsbeamte zu bestellen sind. Angesichts der großen sozial politischen Tragweite dieses Dienstes wäre es durchaus gerechtfertigt, wenn die Fabrikinspektoren eine von der jeweiligen Regierung ebenso unabhängige Stellung besitzen würden, wie sie den Richtern und Hochschullehrern zusteht. Es ist ein dringendes Bedürfnis, daß der Vollzug der sozialen Gesetze und die Berichterstattung über ihn in keiner Weise durch die bald der einen, bald der anderen Seite mehr zuneigende Stimmung eines Ministeriums oder anderer politisch maßgebender Faktoren beeinflußt wird.

Sind die Arbeiter auch nicht imstande, allein die Beachtung der Arbeiterschutzgesetze durchzusetzen, so wird doch danach zu trachten sein, sie soweit als irgend thunlich, zur Wahrnehmung dieser Interessen heranzuziehen. Ohne geordnete Beziehungen bleibt aber der Verkehr der Aufsichtsbeamten mit den Arbeitern ein ziemlich beschränkter. Eher kann noch durch Vermittlung der Berufsorganisationen der Arbeiter eine den Anforderungen des Dienstes entsprechende Fühlung gewonnen werden. In der That haben die Gewerkschaften hie und da bereits besondere Komitees eingesetzt, welche Verstöße gegen die Gesetzgebung zur Kenntnis der Inspektoren zu bringen haben.

Wenn zur Wahrnehmung des Arbeiterschutzes auch besondere Aufsichtsbeamte notwendig sind, so ist damit noch nicht gesagt, daß nur diese Beamten in der genannten Richtung thätig zu sein hätten. Die Fabrikaufsicht schließt Obliegenheiten von sehr verschiedener Bedeutung ein. Es kann nicht als Ideal gelten, daß eine höhere Beamtenkategorie wie die Inspektoren durch die Kontrolle auch über ganz einfache, mehr formelle Angelegenheiten in größerem Umfange in Anspruch genommen wird. Man muß vielmehr wünschen, daß derartige Funktionen von dem normalen Polizeipersonal (Polizeikommissare, Schutzmänner, Gendarmen) gewissenhaft erfüllt werden. Wo dieses zu erreichen ist, dort wird es unzweckmäßig sein, den Inspektoren Aufgaben zuzuweisen, welche die polizeimäßige Seite des Amtes einseitig in den Vordergrund stellen müßten. Als ebensowenig wünschenswert gilt es aber auch, daß technische Aufgaben, etwa Kesselrevisionen, ausschließliche Handhabung der Unfallverhütungspolizei u. s. w., die Thätigkeit der Aufsichtsbeamten vorzugsweise auf sich lenken. Der Aufsichtsbeamte kann höhere wertvollere Dienste leisten. Wie kein anderer Beamte steht er mitten in den sozialen Vorgängen darin. Er verfügt über eine Reihe von Anschauungen, Erfahrungen und persönlichen Beziehungen, die einer Verwertung über die unmittelbaren Aufgaben der Aufsicht hinaus fähig sind.

Es liegt aber nur dann die Möglichkeit vor, die soziale Berichterstattung sorgfältig von den hierfür vortrefflich qualifizierten Aufsichtsbeamten pflegen zu lassen, wenn sie eben von allen kleinlichen Polizeifunktionen entbunden werden.

Liegen die Verhältnisse so, daß letzteres ohne Beeinträchtigung einer genauen Durchführung des Arbeiterschutzes nicht ausführbar erscheint, dann müssen andere Organe für die soziale Berichterstattung gebildet werden. Das ist z. B. in England der Fall, wo das arbeitsstatistische Amt und die zahlreichen Enquêtekommissionen für eine ausreichende öffentliche Bekanntschaft mit den sozialen Vorgängen und Zuständen Sorge tragen.

In Deutschland ist noch ein gewisses Schwanken wahrnehmbar. Bis vor kurzem bildeten die Berichte der Aufsichtsbeamten die einzige amtliche Quelle, welche über die Verhältnisse der Arbeiter eine, in einigen Staaten freilich nur sehr lückenhafte Aufklärung verschafften. Nur in Baden, wo die Bezirksämter und die gewöhnlichen Polizeiorgane an der Durchführung des Arbeiterschutzes eifrigen Anteil nehmen, war es möglich, daß die Berichterstattung der Fabrikinspektion sich zu zwei wertvollen sozialstatistischen Monographien erhob. Seitdem eine Reichskommission für Arbeitsstatistik eingesetzt worden ist, wird es immer wahrscheinlicher, daß die sozialen Erhebungen mehr und mehr in deren Wirkungskreis übergehen. In diesem Falle würden die Fabrikinspektoren als selbständige Berichterstatter in den Hintergrund treten, dagegen als Hilfsorgane der Kommission wohl noch so lange eine erhebliche Bedeutung besitzen, als man sich nicht entschlösse, die Reichskommission mit eigenen Erhebungsorganen auszustatten.

Die Fabrikinspektoren haben die Befolgung der öffentlich=rechtlichen Vorschriften zu gewährleisten. Handelt es sich aber darum, den Arbeiter vor der Verletzung privater Ansprüche, die aus dem Arbeitsvertrage sich ergeben, sicher zu stellen, so können dieser Aufgabe nur besondere Gerichte, sogenannte Gewerbe= oder Fabrikgerichte, in ausreichender Weise nachkommen. Der Arbeiter muß rasch, ohne viele prozessualische Umstände sein Recht erhalten. Daß die ordentlichen Gerichte nicht in der Lage sind, dieser Forderung zu entsprechen, hat die Erfahrung in allen Ländern überzeugend dargethan. In Frankreich wurden schon während des ersten Kaiserreiches die Conseils de prud'hommes eingerichtet. Diese Einrichtungen sind vielfach nachgeahmt worden. Eine der Hauptsache nach vortreffliche Ausgestaltung haben die Gewerbegerichte bei uns durch das Reichsgesetz vom 29. Juli 1890 erfahren. Der Vorsitzende des Gerichtes wird von der Gemeindevertretung bestellt; seine Wahl bedarf jedoch staatlicher Bestätigung. Die Beisitzer gehen je zur Hälfte aus der direkten und geheimen Wahl der Arbeitgeber und Arbeiter hervor. Eine Vertretung der Parteien durch Rechtsanwälte ist nicht gestattet. Die Betreibung des Rechtsstreites liegt nicht den Parteien, sondern dem Gerichte selbst ob. Eine Berufung ist nur dann zulässig, wenn der Wert des Streitgegenstandes 100 Mark übersteigt. Leider sind diese Gerichte nicht obligatorisch gemacht worden. Immerhin vermögen beide Teile, die Arbeiter, wie die Arbeitgeber, durch Anrufung der Landeszentralbehörde, die Gemeinde zur Bestellung des Gerichtes zu zwingen. Die Gewerbegerichte können auch als Einigungsämter auftreten. Zu dieser Funktion dürften sie indes nur geringe Eignung besitzen. Jedenfalls stehen sie in jeder Hinsicht den Einigungskammern weit nach, die sich auf der Grundlage freier Berufsorganisationen erheben.

Während heute gegen den Grundsatz staatlichen Schutzes für jugendliche und weibliche Arbeitskräfte nirgends mehr ein Einwand erhoben wird, besteht dieselbe Übereinstimmung nicht in Bezug auf die Frage, ob die Versicherung vom Staate zwangsweise zu ordnen sei. Der Zweifel, der noch immer gegen die staatliche Intervention laut wird, stützt sich namentlich auf die Thatsache, daß wenigstens in England auch auf dem Gebiete des Unterstützungswesens durch Gewerkvereine und freie Hilfskassen große Erfolge erzielt worden sind. Mag England in Bezug auf Unfallentschädigung, Alters- und Invalidenversorgung dem Deutschen Reiche nachstehen, so ist die Versicherung für den Fall der Krankheit doch ziemlich befriedigend geordnet, und die Versicherung gegen Arbeitslosigkeit stellt eine Aufgabe dar, die bis jetzt überhaupt nur von den Gewerkvereinen gelöst worden ist. Gegen die staatliche Zwangsversicherung wird geltend gemacht, daß sie die Fähigkeiten zur Selbstverwaltung in den arbeitenden Klassen wenig entwickle, letztere vielmehr an Bevormundung gewöhne und sie in mancher Hinsicht in eine größere Abhängigkeit gegenüber den Arbeitgebern versetze. Überdies entziehe die Pflege der Versicherung ausschließlich durch staatlich organisierte Verbände den Gewerkvereinen einen Teil ihres friedlichen Wirkungskreises. Sie blieben dann vorwiegend Kampfvereine, die durch Rücksichten auf das für Unterstützungszwecke angesammelte Vermögen nicht zurückgehalten würden. Die Berechtigung der zuerst genannten Einwände ist wohl nicht in Abrede zu stellen. Der letzte Einwand kann indes dort, wo die Betonung des aggressiven Standpunktes durch die allgemeine Lage gerechtfertigt ist, gerade dazu führen, daß man für die staatliche Ordnung der Versicherung eintritt. Sind die Arbeitsbedingungen im allgemeinen noch sehr ungünstig, so wird sich der Wunsch erheben, alle in der Arbeiterklasse selbst verfügbaren Kräfte für diesen Kampf mobil gemacht zu sehen.

Wie in den früheren Darlegungen über das Unterstützungswesen bereits betont wurde, ist das Prinzip der Selbsthilfe aber doch nicht imstande gewesen, die breiten unteren Schichten der Arbeiterklasse zu erfassen. Und dieser Umstand wird schließlich im Vereine mit der unvollkommenen Unfall-, Alters- und Invalidenversicherung der freien Kassen für das Eintreten der Staaten maßgebend sein. Wie der Staat dieser Verpflichtung am besten nachkommen kann, das bleibt freilich noch eine offene Frage. An eine genaue Nachbildung der deutschen Versicherungsorganisation wird um so weniger jemand denken, als im Deutschen Reiche selbst die Überzeugung weithin verbreitet ist, daß der Bau in seiner gegenwärtigen Gestalt, mit der komplizierten Thätigkeit dreier verschiedener Apparate, auf die Dauer nicht bestehen bleiben könne. Die in Deutschland gesammelten Erfahrungen sind dem berufsgenossenschaftlichen Prinzipe wenig günstig und scheinen auf eine Vereinheitlichung durch territoriale Organisationen als das Zweckmäßigere zu deuten. Noch ungelöst ist in Deutschland die Versorgung der Witwen und Waisen geblieben, soweit der Tod des Vaters nicht durch Unfall herbeigeführt worden ist, ungelöst das Problem der Sicherung gegen Arbeitslosigkeit. Und doch setzt, wie namentlich Brentano nachgewiesen hat, die befriedigende Ordnung der übrigen Versicherungszweige, die Sicherung gegen Arbeitslosigkeit voraus. Die ganze Reichsversicherung verliert für denjenigen ihre Wirksamkeit, der infolge von Arbeitslosigkeit außer stande ist, Beiträge zu entrichten. Im Hinblick auf die hohe grundsätzliche Bedeutung, die der Sicherung gegen Arbeitslosigkeit innewohnt, wird dieselbe aber besser an anderer Stelle besonders zu behandeln sein.

3. **Der Staat und seine Stellung gegenüber den Koalitionen.**

In dem Abschnitte über die Gewerkvereine wurde gezeigt, welche empfindliche Störungen der ganzen Volkswirtschaft Arbeitsstreitigkeiten unter Umständen hervorbringen können; Störungen, denen der Staat nicht leicht mit verschränkten Armen zusehen kann. Thatsächlich hat die öffentliche Gewalt auch immer gegenüber den Koalitionen und ihrem Kampfmittel, dem Arbeitsausstande, Stellung genommen. Diese Stellung bestand lange Zeit in einem Verbote der Koalition überhaupt. Dieses Vorgehen ließ sich mit mancherlei Gründen unterstützen. In Frankreich wies man auf den Grundgedanken der modernen Erwerbsordnung hin, wonach der volkswirtschaftliche Prozeß allein auf der vereinzelten Thätigkeit der Individuen zu beruhen habe. In Deutschland standen die polizeilichen Gesichtspunkte der Sicherung des öffentlichen Friedens im Vordergrunde. Zudem haben zweifelsohne ständische Vorstellungen, nach denen die planmäßige Arbeitseinstellung als Auflehnung und Empörung gegen die von Gott gesetzte Obrigkeit, zu der auch der Arbeitgeber zu rechnen sei, erschien oder mindestens als ein Vergehen gegen die Gesellschaftsordnung galt, einen erheblichen Einfluß besessen. Erst allmählich hat sich der Staat, unter dem Drucke der Arbeiterbewegung, zu objektiveren und freieren Auffassungen emporgeschwungen. Am frühesten gelangte der Grundsatz der Koalitionsfreiheit noch in England zur Anerkennung (1824). In Deutschland hat die Gewerbeordnung von 1869 die Koalitionen zwar gestattet, sie erklärt aber Lohn- und Preisverabredungen für unverbindlich. Die Abneigung, welche die Gesetzgeber den Koalitionen entgegenbrachten, geht daraus deutlich hervor. In neuester Zeit sind angesichts der großen Ausstände gegen Ende der 80 er Jahre ernste Versuche unternommen worden, durch Einführung einer Buße im Falle des Arbeitsvertragsbruches und Verschärfung der Strafen, die sich gegen die bei Koalitionen begangenen Ausschreitungen richten, die Koalitionsfreiheit noch weiter empfindlich zu beschränken. Sind diese Bestrebungen auch größtenteils gescheitert, so kann der herrschende Rechtszustand doch weder vom Standpunkte der Arbeiter, noch von dem des öffentlichen Wohles als ein befriedigender bezeichnet werden.

Nicht vom Standpunkte der Arbeiter. Wenn der § 153 der deutschen Gewerbeordnung es Arbeitern und Arbeitgebern in gleicher Weise verbietet, andere durch Anwendung körperlichen Zwanges, durch Drohungen, durch Ehrverletzungen und Verrufserklärungen zur Teilnahme an Koalitionen zu bestimmen oder durch gleiche Mittel am Rücktritte zu verhindern, so richten diese Vorschriften, trotzdem sie formell Arbeitgeber und Arbeiter durchaus gleich behandeln, ihre Spitze thatsächlich allein gegen die Arbeiter. Arbeitgeber haben es in den seltensten Fällen nötig, das Zustandekommen von Koalitionen gegen die Arbeiter durch Anwendung körperlichen Zwanges u. s. w. zu sichern oder den Rücktritt auf die bezeichnete Weise zu verhindern. Da bietet unter anderem die Hinterlegung von trockenen Wechseln oder Inhaberpapieren ein sehr viel einfacheres, sichereres, gefahrloseres und unauffälligeres Mittel dar. Außerdem ist der Abschluß einer Koalition auf Seiten der Arbeitgeber schon infolge ihrer geringeren Anzahl viel leichter, namentlich dann, wenn durch die Gesetzgebung oder die Haltung der Regierung überhaupt die Entwicklung von Unternehmerverbänden so unterstützt worden ist wie in Deutschland.

Gegen diese Mißgunst der Lage könnte den Arbeitern ein gewisser Ausgleich geboten werden, wenn das Gesetz auch verbieten würde, Arbeiter oder Arbeitgeber zu bestimmen, an Koalitionen nicht teilzunehmen. Dann würden wenigstens die eine gesunde Entwicklung der Arbeiterfachvereine schädigenden, und den Klassenhaß in höchst staatsgefährlicher Weise schürenden Verabredungen vieler Arbeitgeber, Mitglieder der Gewerkvereine nicht aufzunehmen, unter Strafe gestellt werden. Die Praxis der sogenannten schwarzen Listen, welche die in der Fachbewegung hervorgetretenen Arbeiter in Verruf erklären, würde immerhin schwieriger zu handhaben sein. Jedenfalls könnten sich dann nicht mehr staatliche Behörden, wie es in Deutschland leider vorkommt, an solchen Bestrebungen beteiligen. In Frankreich versucht der Entwurf Bovier=Lapierre den Fachvereinigungen der Arbeiter einen solchen Schutz zu gewähren.

So sehr die bestehenden Zustände also vom Standpunkte der Arbeiter zur Kritik herausfordern, so bieten sie doch nicht einmal ausreichende Garantien gegen die gemeinschädlichen Störungen, die durch Arbeitsstreitigkeiten in gewissen Gewerben hervorgerufen werden. Im Hinblick auf diese Gefahren ist von einigen Sozialpolitikern die Aufhebung der Koalitionsfreiheit, sowie der selbständigen Berufsorganisationen der Arbeiter überhaupt und eine Fortbildung des Arbeitsverhältnisses durch den Staat befürwortet worden, die über die Grenzen weit hinausgehen würde, welche der Arbeiterschutz bisher inne gehalten hat.

Eine berufliche Organisation der Arbeiter und Arbeitgeber soll allerdings auch in diesem Falle ins Leben treten. Aber sie soll nicht frei erwachsen, sondern von oben durch den Staat angebahnt werden; ungefähr in der Art und Weise, wie die Kleingewerbe in Österreich in obligatorischen Genossenschaften und die Großindustrien des Deutschen Reiches für die Zwecke der Unfallversicherung in Berufsgenossenschaften organisiert worden sind. Arbeiter und Arbeitgeber werden nicht organisiert zum Zwecke der selbständigen Machtentfaltung, sondern nur deshalb, um Formen zu gewinnen, innerhalb deren die Interessenten bei Streitfällen möglichst vollkommen ihren Standpunkt darlegen können. Die letzte Entscheidung soll dann nicht durch die Markt- beziehungsweise die ökonomischen Machtverhältnisse gefällt werden, sondern von „irgendwelchen Organen der Selbstverwaltung oder von Beamten im Interesse der Gesamtheit". Koalitions- und Vereinsfreiheit hat neben dieser Ordnung natürlich keinen Platz. Es handelt sich um Zwangsverbände, welche der zwangsweisen Regelung durch Behörden vielfach unterliegen, mag auch der Selbstverwaltung ein gewisser Spielraum gegönnt werden. Eine ähnliche Ordnung des Arbeitsverhältnisses hat bis weit in unser Jahrhundert im preußischen Bergbaue, ferner bei den Hamburger Schiffern und im vorigen Jahrhundert überhaupt in vielen Gewerben geherrscht. Diese der Vergangenheit angehörende Ordnung ist es also, welche eine Auferstehung feiern würde. In der Gegenwart sehen wir uns vergeblich nach entsprechenden Beispielen um. Nur die Ordnung des Pächterverhältnisses in Irland, wo seit 1881 die Höhe der Rente durch besondere Gerichtshöfe festgesetzt werden kann, und die Regelung des Arbeitsverhältnisses der Seeschiffer durch die Seemannsordnung können als entfernte Analogien herangezogen werden.

Diese Ordnung des Arbeitsverhältnisses, welche auch als „bureaukratischer Sozialismus" bezeichnet worden ist, krankt an einer Reihe von erheblichen Mängeln. Namentlich Brentano gebührt das Verdienst, diese letzteren klar zum Bewußtsein gebracht zu haben. Er hebt mit Recht hervor, wie die geplante Fortbildung des Arbeitsverhältnisses durch den Staat eines der wichtigsten ethischen Momente in der Arbeiterfrage übersieht: das heiße Sehnen der heutigen Arbeiter nach Selbstbestimmung. „Sodann: der bureaukratische Sozialismus überträgt den Schwerpunkt der Regelung des Arbeitsverhältnisses aus den Händen der wirtschaftlichen Interessenten selbst in die außerhalb des Interessenkreises derselben stehenden Beamten; diese sollen entscheiden, wie es ihnen als das Rechte erscheint. Die Gefahr dabei ist, daß, während man früher dadurch sündigte, daß man in dem Arbeitsvertrage bloß einen Kaufvertrag sah, jetzt dadurch gesehlt werde, daß man seine Eigenschaft als Kaufvertrag ganz übersehe. Der Beamte wird nicht leicht auf eine Lohnerhöhung erkennen, bloß weil dieselbe durch die Machtlage gerechtfertigt ist, solange der von den Arbeitern bezogene Lohn nach seinem Ermessen ein ausreichender ist; und ebensowenig wird er so leicht für eine Lohnherabsetzung sich aussprechen, bloß weil dies der Machtlage entspricht, wenn der Lohn ihm nach seinem Dafürhalten als ein kaum zureichender erscheint. Er wird also weder Arbeiter noch Arbeitgeber befriedigen."

Allein selbst wenn man zugeben müßte, daß eine zeitgemäße und die Arbeiter befriedigende Fortbildung des Arbeitsvertrages auf diesem Wege erreichbar wäre, so würde doch eine ohne die Mitwirkung der Arbeiter selbst errungene materielle Hebung weniger wünschenswert erscheinen. Es fielen dann die erziehlichen Wirkungen des Kampfes um bessere Arbeitsbedingungen weg: es läge die Gefahr vor, daß die sittlich-geistige Erhebung hinter der wirtschaftlichen zurückbliebe. Als warnendes Beispiel tritt hier die einseitig vom Staate vorgenommene Befreiung der Bauern von den feudalen Lasten entgegen. Der bureaukratische Sozialismus kann im besten Falle eine materielle Verbesserung in der Lage der Arbeiter herbeiführen, er vermag aber nicht jenen Umschwung in den Gesinnungen, jene Regeneration des ganzen Volkes zu bewirken, welche nicht minder als die Aufhebung der ungünstigen Einkommensverteilung von der sozialen Reform anzustreben ist.

Somit wird man eine über die Grenzen des Arbeiterschutzes hinausgehende Fortbildung des Arbeitsverhältnisses durch den Staat nur ausnahmsweise befürworten können; nur dort, wo die Möglichkeit einer anderen Fortbildung als ausgeschlossen gelten muß, d. h. eben in denjenigen Gewerben, in denen Arbeitseinstellungen zu unerträglichen Störungen des öffentlichen Wohles führen.

Wenn nun der Staat, wie wir es für gerechtfertigt halten, hier zu gunsten des konsumierenden Publikums Organisations- und Koalitionsfreiheit, natürlich für Arbeitgeber und Arbeiter in gleicher Weise, einschränkt, dann übernimmt er auch die Verpflichtung, selbst in diesen Gewerben eine allseitig befriedigende Fortbildung des Arbeitsverhältnisses anzubahnen. Hier halten wir eine Behandlung des Arbeitsverhältnisses, wie sie ungefähr dem bureaukratischen Sozialismus vorschwebt, für ebenso durchführbar als wünschenswert.

Da voraussichtlich am meisten die autoritative Festsetzung des Lohnes angezweifelt werden dürfte, wollen wir uns auf die Besprechung dieses Gesichtspunktes beschränken.

Wenn wir uns die Thätigkeiten vergegenwärtigen, welche unter die früher S. 216 aufgestellte Formel fallen, so handelt es sich, abgesehen etwa vom Kohlenbergbau, der Hauptsache nach um Gewerbe, deren ökonomische und technische Verhältnisse auch für Fernerstehende nicht allzu schwer zu beurteilen sind. Der Lohnhöhe wird durch den Preis keine absolute Grenze gezogen. Eine andere Beschaffungsmöglichkeit der Produkte liegt nicht vor. Eine stetige Produktion ist notwendig. Von einer nationalen oder internationalen Konkurrenz ist keine Rede. Diese Gewerbe stellen ein lokales Monopol dar. Und eben deswegen, weil sie einen monopolartigen Charakter besitzen, würden Arbeitsstreitigkeiten in ihnen das öffentliche Interesse in so hohem Maße schädigen. Unter solchen Umständen aber kann eine Preisbildung nach Maßgabe dekretierter Löhne erfolgen. Der Schiedsrichter kann eine Entscheidung entsprechend seinem Billigkeitsgefühle unter überwiegender Berücksichtigung der sozialen Verhältnisse fällen.

Die Schwierigkeit dieser Ordnung liegt somit nicht darin, daß Entscheidungen nach dem Billigkeitsgefühle sich wirtschaftlich undurchführbar erweisen könnten, sondern sie wird vielmehr in der befriedigenden Lösung der Aufgabe erblickt werden müssen, eine derartige Zusammensetzung des Schiedsgerichtes ausfindig zu machen, daß sein Billigkeitsgefühl mit dem der Beteiligten in Übereinstimmung sich befindet, daß seine Entscheidungen allgemein als gerechte empfunden werden.

Unter der Voraussetzung, daß die Arbeiter in den übrigen „freien" Gewerben, wenn wir so sagen dürfen, überall organisiert sind, wird materiell eine solche Entscheidung nicht allzu schwer zu treffen sein. Man wird ungefähr dasjenige den gebundenen Arbeitern zugestehen müssen, was sie sich im Wege der freien Organisation selbst zu verschaffen verstanden hätten. Es werden also die Errungenschaften der freien Arbeiter für die schiedsrichterlichen Entscheidungen zur Richtschnur zu dienen haben.

Läßt ein beide Teile vollauf befriedigender Entscheid sich nicht herbeiführen, dann wird es im allgemeinen zweckmäßiger sein, sich den Wünschen der Arbeiter mehr zu nähern als denjenigen der Arbeitgeber. Und zwar aus einem sehr einfachen Grunde. Genügen die Entscheidungen den Arbeitgebern nicht, so werden sie möglicherweise danach streben, sich von den gebundenen Unternehmungen zurückzuziehen. Das würde indes keine ernsten Gefahren begründen. All diese dem Massenbedarf dienenden, mit einem thatsächlichen lokalen oder nationalen Monopol ausgestatteten Gewerbe können erfolgreich auch durch die öffentliche Unternehmung betrieben werden. Der über die schiedsrichterlichen Entscheide mißvergnügte Arbeitgeber könne somit äußersten Falles durch die kommunale

Unternehmung erſetzt werden. Anders bei den Arbeitern. Fühlen dieſe ſich durch die Schiedsgerichte benachteiligt, ſo werden ſie danach trachten, wieder in freien Gewerben Stellung zu finden. Es wird der Zuzug ſtocken und Arbeitermangel muß eintreten. Die Arbeiter aber laſſen ſich nicht von Gemeinde- oder Staatswegen erſetzen. Dieſen Verhältniſſen muß jedenfalls bei den Entſcheidungen Rechnung getragen werden.

In Bezug auf das formale Verfahren wird das Vorbild der engliſchen Schiedsgerichte maßgebend ſein. Über die Wahl und Zuſammenſetzung der Schiedsgerichte haben ſich zunächſt die Beteiligten zu verſtändigen und erſt dann, wenn eine Verſtändigung nicht erreicht werden kann, muß eine Ernennung von Seiten einer möglichſt unabhängigen, mit der ſozialen Entwicklung aber in engſter Fühlung ſtehenden Behörde erfolgen.

Wie weit die „Bindung" der betreffenden Gewerbe gehen muß, um Arbeitseinſtellungen oder Ausſperrungen zu verhüten, läßt ſich a priori ſchwer angeben. Vielleicht genügt außer dem Verbot der freien Organiſation ſchon die Vorſchrift, den Arbeitsvertrag auf längere Zeit abzuſchließen. Der Arbeiter, welcher in ein gebundenes Gewerbe eintritt, verpflichtet ſich dem Arbeitgeber und dieſer ihm für 3 Monate oder je nachdem für eine einjährige Arbeitsperiode vom Tage des Vertragsabſchluſſes an gerechnet. Soll das Verhältnis gelöſt werden, ſo iſt es innerhalb beſtimmter Friſt vor Ablauf der Arbeitsperiode zu kündigen. Erfolgt eine Kündigung nicht, ſo gelten beide Teile für eine neue Periode verpflichtet. Da nun das geſamte Perſonal eines Gewerbes keineswegs den gleichen Eintrittstag haben wird, ſo wäre ſchon deshalb eine allgemeine Arbeitseinſtellung oder Ausſperrung ohne Vertragsbruch unmöglich gemacht. Der Vertragsbruch aber könnte in dieſen Fällen ſtrafrechtlich geahndet werden.

4. Der Einfluß des Staates auf die Verteilung des Volkseinkommens.

Die Mittel, welche dem Staate zu Gebote ſtehen, um auf die Art und Weiſe der Verteilung des Volkseinkommens einzuwirken, ſind zahlreicher und gewichtiger, als häufig angenommen wird. Es ſei in erſter Linie an das Gebiet der Finanzen erinnert. Ein angeſehener Finanzſchriftſteller, Adolf Wagner, hat die Steuern geradezu beſtimmt „als Zwangsbeiträge der Einzelwirtſchaften, teils zur Deckung der allgemeinen Staatsausgaben, teils zur Herbeiführung einer veränderten Verteilung des Volkseinkommens". Als Begriffsbeſtimmung möchten wir dieſen Ausſpruch nicht unterſchreiben, aber ſicher iſt, daß die Finanzpolitik eine erhebliche Tragweite für die Einkommensverteilung besitzt, und daß ein seiner sozialreformatorischen Aufgaben bewußter Staat nicht eine Steuerpolitik treiben darf, die den Zielen der sozialen Reform entgegenarbeitet. Er wird vielmehr die wirtschaftlich Schwachen thunlichst zu schonen und die Lasten, welche eine fortschreitende Entwicklung ständig steigert, auf die Schultern der leistungsfähigsten Bürger zu legen suchen. Man kann nun ohne Übertreibung behaupten, daß in den meisten Staaten, zum Teil bis in die neueste Zeit herein, genau der entgegengesetzte Grundsatz befolgt worden ist: ein Vorgehen, das vielleicht den widerwärtigsten Zug in der Herrschaft des Besitzes über Staaten und Gesellschaften ausmacht. Man kann, von einer aristokratischen Weltanschauung durchdrungen, den maßgebenden Einfluß von Besitz und Bildung im öffentlichen Leben rechtfertigen. Aber wo die besitzenden Klassen den Staat ausschließlich als ihr Werk ansehen, das sie allein zu erhalten fähig sind, dort sollen sie auch ein vollgerütteltes Maß der materiellen Lasten für diesen Staat auf sich nehmen. Den ausschließlichen Besitz der politischen Macht aber zur Abwälzung der Steuerlasten auf politisch, sozial und wirtschaftlich gleich Hilflose zu mißbrauchen, das ist eine Politik, die jedem Billigkeitsgefühle Hohn spricht. Es ist eine seltsame Umwertung aller Werte, wenn man Steuer zahlen für gemein, Steuerlasten abzuwälzen für edel und vornehm erachtet. Wenige Angehörige der besitzenden Klassen werden sich im Privatleben der Übervorteilung eines minder bemittelten Mitbürgers schuldig machen wollen, sondern ein solches Gebahren als höchst unanständig bezeichnen. Im öffentlichen Leben aber werden Thaten, die in ihren Folgen dieselbe Wirkung besitzen, ohne besondere Gewissensbisse häufig genug ausgeübt. Da wird die zeitgemäße Entwicklung der vorwiegend den Besitz belastenden Vermögens-, Erbschafts- und Einkommenssteuern hintertrieben, die Progression des Steuerfußes als sozialistischer Eingriff in das heilige Privateigentum gebrandmarkt, die Steuerdefraude auffallend mild beurteilt, und das Hohe Lied der Verbrauchsabgaben gesungen, die nicht selten die ärmeren Schichten geradezu im umgekehrten Verhältnisse zu ihrer Leistungsfähigkeit treffen. Auf der anderen Seite werden Reallasten wie die preußische Grundsteuer ohne entsprechende Entschädigung der Verpflichteten an den berechtigten Staat außer Hebung gesetzt, Branntweinbrenner erhalten Liebesgaben, Rübenzuckerfabrikanten Exportprämien aus den Taschen der Steuerträger. Das ist dann natürlich kein sozialistischer Eingriff: denn nach der Auffassung gewisser, leider nicht unmaßgeblicher Kreise, besteht der Sozialismus nur darin, daß die zahlungsfähigen Bürger für die unbemittelten eintreten, während eine Belastung der Armen zu Gunsten der Reichen eine konservative, Recht und Sitte achtende Politik darstellt.

Hiermit sollen Verbrauchsabgaben nicht schlechthin als unverträglich mit einem sozialreformatorischen Gemeinwesen erklärt werden. Auch wir sind der Ansicht, daß die Besteuerung der minder bemittelten Klassen finanztechnisch am zweckmäßigsten durch Verbrauchsabgaben durchzuführen ist. Allein, abgesehen von dem schon aus hygienischen und sittlichen Gesichtspunkten zu besteuernden Alkohol, dürfen diese Abgaben nur auf Produkte gelegt werden, deren Konsum der Höhe des Einkommens folgt. Das ist aber nicht bei Salz, Mehl, Brot, Kaffee und Petroleum, sondern nur bei Zucker, Bier, Tabak und Wein bis zu einem gewissen Grade der Fall. Eine soziale Steuerpolitik wird daher auf die Besteuerung der erstgenannten Konsumobjekte ganz verzichten, Zucker, Bier und Tabak mäßig, Wein und Alkohol aber höher belasten. Gelingt es bei Tabak und Wein eine Qualitätsbesteuerung durchzuführen, so ist gegen eine ausgiebige Besteuerung wertvoller Sorten natürlich nichts einzuwenden.

Zucker-, Bier-, Tabak-, Wein- und Alkoholsteuern reichen vollkommen aus, um die Inhaber kleinerer Einkommen (etwa bis 2000 Mark) in einer ihren Kräften gerecht werdenden Weise zur Deckung der öffentlichen Ausgaben heranzuziehen. Der Rest des Staatsbedarfes wäre, soweit Erwerbseinkünfte nicht genügen, auf die steuerkräftigen Bürger zu verteilen. Die Zahl der letzteren wird übrigens um so größer werden, je nachdrücklicher der Staat eine aufsteigende Klassenbewegung der Arbeiter und damit die Bildung eines neuen, breiten Mittelstandes begünstigt.

Von Seiten einzelner deutscher Landesregierungen ist darauf hingewiesen worden, daß eine Verstärkung der die Besitzenden treffenden Steuerlasten zur Auswanderung führen könnte. Diese Befürchtung ist in einzelnen Staaten mit Rentnerstädten allerdings nicht ganz unbegründet. Wenn aber die deutschen Regierungen eine Verabredung träfen, möglichst gleichmäßig vorzugehen, wenn ferner mit Österreich und der Schweiz ein Einverständnis erzielt würde, so könnte die Auswanderung nur noch in fremdsprachliche Gebiete erfolgen, würde also an Tragweite viel einbüßen. Der Gedanke einer internationalen Finanzpolitik ist mindestens ebenso berechtigt, wie der einer internationalen Arbeiterschutzgesetzgebung.

Im übrigen wird eine sozialreformatorische Finanzpolitik selbstverständlich in normalen Zeiten jede Verschuldung für nicht produktive Zwecke ablehnen, um den Rückgang des Zinsfußes nicht aufzuhalten.

Außer der Finanzpolitik übt die Agrar- und Bodenpolitik einen sehr wirksamen Einfluß auf die Verteilung des Volkseinkommens.

Leider ist auch in dieser Richtung in vielen Staaten genau das Gegenteil von dem geschehen, was im Interesse einer gleichmäßigeren Verteilung des Volkseinkommens zu wünschen wäre. Die in unserem Jahrhunderte erfolgte Befreiung der Bauern von den feudalen Fesseln hat nur in Süd- und Westdeutschland das wieder gut zu machen vermocht, was frühere Zeiten an dem Bauernstande gesündigt haben. In dem für deutsche Zustände wichtigsten Staate, in Preußen, ist, wie G. F. Knapp überzeugend nachgewiesen hat, der Großgrundbesitz sogar verstärkt aus der Reform hervorgegangen. „Die Reformgesetzgebung," bemerkt dieser ausgezeichnete Kenner der sozialen Agrargeschichte, „hat der bekannten Entwicklung, daß die großen Güter durch Aufsaugen der kleinen an= wachsen, nicht Halt geboten, sondern ihr im Gegenteile die Wege geebnet. Das herrschaftliche Gut ist in eine neue Stufe seines Daseins eingetreten: ungehemmt durch Bauernschutz, an Land durch die erhaltenen Entschädigungen vergrößert, kann es die unabhängig gewordenen Bauern= güter je nach Bedürfnis aufkaufen und erfreut sich eines Standes von Landarbeitern, die nicht mehr selbst kleine Landwirte, sondern eben nur Arbeiter sind und schlechthin von der Ablohnung leben, ohne mit dem Gute dauernd verbunden zu sein. Durch die Kündbarkeit des Ver= hältnisses stehen sie in Abhängigkeit vom Gutsbesitzer, da sie, auf jedem Vorwerke nur in kleinen Gruppen vorhanden und ohne Ver= bindung unter sich, so gut wie keinen Rückhalt haben."

Das ist das, was H. von Treitschke die „edelste demokratische Revolution unseres Jahrhunderts" genannt hat.

Und wie wenig auch in Österreich die Ablösung der bäuerlichen Lasten die Stellung des großen Grundbesitzes beeinträchtigt hat, lassen die Latifundien des böhmischen, mährischen, galizischen und ungarischen Adels deutlich genug erkennen. Nicht allein, daß die Latifundienbildung immer noch nicht vom Staate erschwert wird, ist sie bis auf die Gegen= wart herab teils bewußt, teils unbewußt gefördert worden. Obwohl in den sieben östlichen Provinzen Preußens 1408860 ha durch 548, in Cis=Österreich 1140193 ha durch 292 Fideikommisse gebunden sind, wird an dieser unheilvollen Einrichtung nicht gerüttelt, ja es werden sogar weitere Stiftungen geduldet.

Die Not der Landwirtschaft, die Erhaltung des Bauernstandes stehen seit langer Zeit auf der Tagesordnung. Trotzdem wird der gefährlichste Gegner des ländlichen Mittelstandes, der Latifundienbesitz, noch gestärkt. Um von „Liebesgaben", Branntwein= und Zuckerprämien zu schweigen, so kann doch die Wirkung der Getreidezölle nicht un= erörtert bleiben.

Läßt man für eine Unterstützung auf Kosten der Gesamtheit den Grundsatz gelten, daß um so reichlicher gespendet werden soll, je größer die Bedürftigkeit der Empfänger ist, so dürfte es kaum eine Notstandsaktion geben, die diesem Grundsatze schärfer widerspricht, als die Rettung der deutschen Landwirtschaft durch den Getreidezoll.

Nicht nach der persönlichen Bedürftigkeit der Empfänger, sondern nach der Größe des Besitzes, beziehungsweise des mit Getreide bebauten Areales teilt der Zollschutz seine Gaben aus. Die große Masse der kleineren und mittleren Bauern, deren Verhältnisse am ehesten eine staatliche Unterstützung rechtfertigen würden, die zum Teil unter dem Übergange aus der Naturalwirtschaft zur Geldwirtschaft noch schwer leiden, haben durch den Zoll gar keine oder nur eine sehr geringfügige Hilfe erhalten, während der Löwenanteil den großen Getreideproduzenten zugefallen ist. Eine sozialreformatorische Agrarpolitik würde nur die klein- und mittelbäuerlichen Kreise, diese aber ausreichend und nachdrücklich unterstützt, im übrigen aber eine Entwicklung freudig begrüßt haben, von der ein Sinken der Besitzrente und eine Parzellierung größerer Güter erwartet werden darf.

Die ganze neuere Sozialpolitik hat den großen Fehler begangen, die Entwicklung der sozialen Zustände auf dem Lande viel zu wenig beachtet zu haben. Und doch kann eine auf die städtisch-industriellen Verhältnisse beschränkte soziale Reform keine nachhaltige Wirkung erzielen, solange die Ungunst der Lage auf dem Lande Massen von Landbewohnern in die Städte treibt. Je mehr für den gewerblichen Arbeiter geschieht, desto größer wird für den Landarbeiter der Reiz, nach der Stadt zu ziehen. Je stärker der Zuzug, desto größer aber auch das Arbeiterangebot in Stadt und Industrie, desto geringer die Aussicht, die Stellung der Arbeiter beim Abschlusse des Arbeitsvertrages durch Organisationen, welche den rückhaltslosen Wettbewerb der Arbeiter ausschließen, bleibend zu verbessern. Eine zielbewußte Sozialpolitik hat gegen den Großgrundbesitz ebenso energisch aufzutreten wie gegen das Kapital. Eine Reform kann es nun sicher nicht genannt werden, wenn für so manche das Alpha und Omega der ländlichen Arbeiterfrage, ja der Wirtschaftspolitik überhaupt darin besteht, dem Großgrundbesitzer billige Arbeitskräfte und eine hohe, ja noch wachsende Bodenrente zu gewährleisten. Vom allgemein politischen Standpunkte aus beurteilt ist es aber geradezu eine unbegreifliche Kurzsichtigkeit, die ländlichen Arbeiter zum Lohne für ihre noch ruhige Haltung von politischen und sozialen Reformen auszuschließen und abzuwarten, bis auch diese Schichten des Volkes einer revolutionären Richtung anheimgefallen sein werden.

Es gehört zu den sozialpolitisch erfreulichsten Thatsachen der letzten Jahre, daß es einer Reihe hervorragender Gelehrter wie Buchenberger, Knapp, Miaskowski, Schäffle, Sering und Weber gelungen ist, wenigstens das wissenschaftliche Interesse in höherem Maße auf die Lage der Landarbeiter und der bäuerlichen Schichten der Landbevölkerung zu lenken. Die Reform, zu der hoffnungsreiche Ansätze in der innern Kolonisation in Preußen vorliegen, wird hier freilich großen Widerständen zu begegnen haben. Einmal ist die Klasse, gegen welche sie naturgemäß ihre Spitze richtet, wenigstens in Deutschland und Österreich politisch ungleich einflußreicher als die Vertretung des industriellen Kapitales, und dann werden die notwendigen Maßnahmen den überlieferten Vorstellungen wohl noch viel mehr widersprechen, als es Arbeiterschutz, Arbeiterversicherung, Gewerkvereine u. s. w. gethan haben.

In sehr unmittelbarer Weise sind Staat und Gemeinde als Arbeitgeber in der Lage, auf die Einkommensverteilung einen Einfluß zu äußern. Die Zahl der im Dienste der Gemeinde und des Staates sowie in den öffentlichen Unternehmungen angestellten Personen (Post, Telegraphie, Eisenbahnen, Forstverwaltung u. s. w.) beläuft sich in Deutschland auf hunderttausende. Hier steht dem Staate ein weites Feld fruchtbarer Reformen offen. Leider wird die thatsächliche Haltung des Staates als Arbeitgebers noch in den meisten Staaten in erster Linie von rein fiskalischen Gesichtspunkten bestimmt. Von allerhöchster Stelle ist zwar die Losung ausgegeben worden, die Staatsbetriebe sollten in Musteranstalten der Arbeiterfürsorge sich verwandeln, allein dieses Wort harrt noch der allseitigen Verwirklichung. Wir sehen sogar, daß Staatsbetriebe im Bunde mit privaten Unternehmern darauf ausgehen, jeden Versuch der Arbeiter, aus eigener Kraft im Wege der Organisation eine Verbesserung anzubahnen, rücksichtslos zu unterdrücken. Wie kann nun ein Staat von privaten Arbeitgebern eine loyale Haltung gegenüber gewerkschaftlichen Verbänden, gegenüber der politischen Bethätigung der Arbeiter fordern, wenn er selbst als Arbeitgeber solchen Bestrebungen gegenüber fast noch schrofferen Widerstand leistet als das private Unternehmertum? Abgesehen von England und der Schweiz wird man unter den zur Zeit noch obwaltenden Verhältnissen eine Vermehrung und Ausbreitung öffentlicher Betriebe nicht damit befürworten können, daß dann die Arbeiter einer besseren Stellung sich erfreuen würden. Der öffentliche Betrieb bietet da in Bezug auf die Einkommensverteilung nur den allerdings sehr erheblichen Vorteil, daß die Gewinne der Gesamtheit und nicht ausschließlich dem Großkapitale zufließen.

Mag also der Staat von seiner Macht, die Einkommensverteilung in einem sozialpolitisch förderlichen Sinne zu beeinflussen, noch nicht überall einen vollen Gebrauch machen, so ist die Möglichkeit dazu doch zweifelsohne vorhanden. Das darf nie vergessen werden. Es ist Sache einer fortschreitenden politischen Entwicklung, einer alle Kreise des Volkes erfassende Einsicht in die Notwendigkeit und Dringlichkeit sozialer Reformen, diese theoretische Möglichkeit in lebendige Wirklichkeit umzusetzen.

5. Die sozialen Aufgaben der Gemeinden.

Wenn von sozialen Aufgaben der Gemeinden die Rede geht, so denkt man heute wohl in erster Reihe immer an die Lösung der Arbeiterwohnungsfrage. Daß die Thätigkeit der Arbeitgeber, der Genossenschaften, der gemeinnützigen und anderen Baugesellschaften nicht imstande gewesen ist, eine wesentliche Verbesserung in den Wohnungsverhältnissen der arbeitenden Klassen herbeizuführen, wird kaum mehr bestritten werden. Und wer es bestreiten wollte, der würde durch die zum Teil von amtlicher Seite unternommenen Erhebungen rasch eines Besseren zu belehren sein. Es giebt ja nur wenige soziale Mißstände, über die wir so genau wie über die Wohnungsnot unterrichtet sind. Obgleich auch über die Dringlichkeit ernster Reformen unter den Fachmännern gar kein Zweifel besteht, so sind dennoch gerade auf diesem Gebiete nur sehr bescheidene Fortschritte zu verzeichnen.

Ehe wir zu einer Erklärung dieser merkwürdigen Erscheinung schreiten, wird es sich empfehlen, mit einigen Strichen die bestehenden Verhältnisse anzudeuten.

Über die entscheidende hygienische und soziale Tragweite der Wohnungszustände brauchen wir kein Wort zu verlieren, sie ergiebt sich für jedermann bei einigem Nachdenken von selbst. In der Wohnung soll der Arbeiter nach schwerer Tagesarbeit, nach dem Staub, dem Lärm, der Hitze, den gesundheitsschädlichen Einwirkungen der Arbeitsstätte und Arbeitsprozesse, nach der straffen Disziplin der Fabrik Ruhe und Frieden, Freiheit und Ordnung, Reinlichkeit und häusliches Behagen im Kreise der Seinen genießen. Leider ist von all diesen Gütern, welche für die höhere Kulturentwicklung und die segensreiche Entfaltung des Familienlebens ganz unentbehrlich sind, in der wirklichen Arbeiterwohnung meistens so gut wie nichts anzutreffen.

Lassen wir die „traurige und aride Wissenschaft der Zahlen" sprechen:

Von 1000 Bewohnern wohnten 1890 in Wohnungen mit	Berlin	Hamburg	Alt- und Neu-Leipzig	München	Breslau
keinem heizbaren Zimmer	5,4	4,6	0,2	2,3	0,7
1 heizb. Zimmer ohne Zubehör	} 441,8	9,1	3,2	210,3	351,4
1 „ „ mit Zubehör		232,2	360,8	52,9	132,5
2 „ „	288,7	316,2	337,7	247,0	263,2

260   Staat und Gemeinde.

In Kellerwohnungen befinden sich in Berlin 76,8 %, in Hamburg 64,7 %, in Alt- und Neu-Leipzig 6,1 %, in München 1,5 %, in Breslau 44,5 % der Bewohner.

Die Statistik hat den Begriff der **übervölkerten Wohnung** gebildet. Man bezeichnet damit Wohnungen, die entweder gar kein heizbares Zimmer, ein heizbares Zimmer ohne Zubehör oder ein heizbares Zimmer mit Zubehör enthalten, aber von sechs und mehr Bewohnern bewohnt werden; sodann Wohnungen mit zwei heizbaren Zimmern und elf und mehr Insassen. Derartige Wohnungen zählte man 1890 in Hamburg 1382, in Alt- und Neu-Leipzig 5838, in München 3452, in Breslau 7692. In Berlin entfielen 1880 auf die übervölkerten Wohnungen 159639 Bewohner.

Obgleich die Massen der Bevölkerung in zum Teil überaus ungünstigen Wohnungsverhältnissen leben, so ist der Bruchteil des Einkommens, welcher von den Ausgaben für die Wohnung verschlungen wird, doch sehr hoch. Auch nach dieser Hinsicht liegen eingehende Untersuchungen vor. In Breslau wurden 1880 34897, in Dresden 1880 30825 Fälle erhoben. Das Ergebnis war das folgende:

Einkommensstufen ℳ	Die Miete beträgt % vom Einkommen	
	Breslau	Dresden
bis 600	28,7	26,8
601 „ 1200	21,0	18,9
1201 „ 1800	20,8	16,3
1801 „ 2400	19,1	15,9
2401 „ 3000	19,7	15,4
3001 „ 3600	19,8	15,3
3601 „ 4800	18,3	15,4
4801 „ 6000	18,3	14,6
6001 „ 12000	13,7	13,0
12001 „ 30000	8,9	9,9
30001 „ 60000	3,6	7,1
über 60000	3,4	3,9

Isidor Singer hat gezeigt, daß der Kubikmeter Luftraum einer elenden nordböhmischen Arbeiterwohnung im Jahre auf 3 Fl. 24 Kr. zu stehen kam, während derselbe Luftraum in den elegantesten Wohnungen des ersten Stockwerkes der Wiener Ringstraße mit 2 Fl. 85 Kr. bezahlt wurde, daß also, wie auch Knies schon vor langer Zeit hervorhob, die „kleine, klägliche Wohnung des Armen verhältnismäßig entschieden mehr kostet, als die große wohleingerichtete der Reichen". K. Bücher hat den Beweis für die Richtigkeit dieser Bemerkung auf Grund der Baseler Verhältnisse vollständig erbracht.

Es kommt dort der Kubikmeter Wohnraum zu stehen

in Wohnungen mit 1 Zimmer auf 4,04 Fr.
„   „   „ 2 Zimmern „ 3,95 „
„   „   „ 3   „   „ 3,56 „
„   „   „ 5   „   „ 3,36 „
„   „   „ 6   „   „ 3,16 „
„   „   „ 6—9   „   „ 3,21 „
„   „   „ 10   „   „ 2,63 „

In Wohnungen, welche an Luftraum pro Kopf gewähren

bis zu 10 Kubikmeter kostet der Kubikmeter 4,59 Fr.
10 bis 20   „   „   „   3,95 „
20 „ 40   „   „   „   3,51 „
über 40   „   „   „   3,25 „

Der hohe Preis der Wohnung zwingt die arbeitenden Klassen zur denkbar größten Beschränkung. Jedes irgendwie verfügbare Plätzchen wird ausgenutzt. Geschieht dies in hinreichender Weise nicht schon durch die eigenen Familienangehörigen, so werden noch Schlafburschen, Schlafmädchen und Kostgänger aufgenommen. In Leipzig hatten 1871 6882, 1880 9604, 1885 10989 Personen nur eine Schlafstelle. Die Aufnahme fremder Elemente in die ohnehin schon stark besetzten Familienwohnungen bedeutet die Zerstörung des Familienlebens überhaupt. Sehr richtig sagt Göhre: „Man bedenke, daß diese fremden Gäste zugleich mit dem eigenen Manne und den eigenen erwachsenen Kindern das Haus verlassen, daß sie zu derselben Zeit wie diese zurückkehren und meist bis zum Schlafengehen am gleichen Tische wie diese miteinander sitzen, lesen, rauchen, sich unterhalten, Karten spielen. Es ist in der That in vielen Familien so, daß Eltern und Kinder ungestört zusammen allein nur noch während der Nacht im Schlafen sein können. Denn auch die letzte Gelegenheit eines gemütlichen, gemeinsamen Beisammenseins, die Morgens- und Mittagsmahlzeit wird, wie aus meinen obigen Schilderungen hervorgeht, vielfach vereitelt durch die Arbeitsbedingungen, die den Vater, den Sohn und die Tochter abhalten, zu Tische nach Hause zu gehen. . . . . Über die Wirkung dieser Zustände auf die Sittlichkeit, den Charakter, die Gesinnung habe ich an einer anderen Stelle zu reden. Hier sollte nur die Thatsache der bereits vollzogenen Wandlung in dem Wesen der Arbeiterfamilie konstatiert und die Ursachen dargestellt werden, die sie hervorgerufen haben. Ich wiederhole nochmals, daß sie in erster Linie eine Frucht unserer heutigen wirtschaftlichen Lage sind. Und darum ist vor allem diese, nicht aber die Sozialdemokratie als die Hauptschuldige anzuklagen, die hier nur wie so oft die letzten Konsequenzen aus den Wirkungen der herrschenden Zustände gezogen und in ein System gebracht hat. Die vorhandenen traurigen Zustände sind erst Grundlage und Anlaß zur Verbreitung des sozialdemokratischen Familienideals der Zukunft. Über diese Thatsache sollte man sich namentlich auch in bestimmten kirchlichen Kreisen nicht wegtäuschen und, anstatt Klagelieder über den allerdings vorhandenen Verfall des alten christlichen Familienideals und Anklagen gegen die Sozialdemokratie zu erheben, in diesem Falle zuerst lieber mit daran arbeiten, daß die verhängnisvollen wirtschaftlichen Ursachen dieser Zustände endgiltig und dauernd beseitigt werden."

Während die Ernährung der Arbeiter erhebliche Fortschritte aufzuweisen hat, tritt bezüglich der Wohnungszustände eher das Gegenteil ein. „Man kann sich dies wohl nicht besser klar machen," schreibt der Vorstand der Großherzoglich Badischen Fabrikinspektion, „als wenn man sich vergegenwärtigt, daß zahlreiche Schichten der Mittelklassen sich sehr wohl mit der in den besseren Arbeiterfamilien üblichen Ernährung zufrieden geben würden, daß aber wohl kaum ein Angehöriger auch des weniger bemittelten Teiles derselben mit den Wohnungen der Arbeiter und ihrem Gefolge von Unbehagen und Unkultur vorlieb nehmen würde."

Worin ist aber die Wurzel so trauriger Erscheinungen zu suchen? Zweifellos hat die Konzentration gewaltiger Bevölkerungsmassen in den Städten, die den Bodenwert ins Ungeheuerliche hinauftreibt, die Folge, daß die Mietswohnungen ebenfalls unausgesetzt im Preise steigen. Es wird aber auch viel zu wenig den Bedürfnissen der arbeitenden Klassen entsprechend gebaut.

Dieser Mangel an Beachtung entspringt zum Teil der geringen Geltung, die überhaupt den arbeitenden Klassen noch im öffentlichen und gesellschaftlichen Leben zuerkannt wird. Sodann ist die Vermietung an viele kleine Leute von oft unsicherer Zahlungsfähigkeit, zweifelhafter Reinlichkeit und mangelhaftem Ordnungssinne ein recht unangenehmes Geschäft. Auch wollen die meisten Menschen die Erträgnisse ihres Eigentumes nicht gern von Leuten eintreiben, die von der Hand in den Mund leben. Diejenigen, die weniger skrupulös sind, erhalten um so eher eine Art thatsächlichen Monopoles als ihre Zahl durch das Erfordernis des Kapitalbesitzes noch weiter beschränkt wird. Sie erheben daher wirklich Monopolpreise.

Warum verharren ungeachtet so entsetzlicher Zustände Staat und Gemeinde, die dort zum Eingreifen berufen sind, wo die Privatinitiative nicht ausreicht, in nahezu vollkommener Unthätigkeit?

Da es sich in der Wohnungsfrage um die Berücksichtigung lokaler Verhältnisse handelt, so stehen dem Eingreifen des Landes oder Reiches zweifelsohne beträchtliche Schwierigkeiten gegenüber. In den Gemeindevertretungen der meisten Städte sind aber gegenwärtig noch gerade diejenigen Interessentengruppen fast ausschließlich maßgebend, welche von der Wohnungsreform entweder keinen unmittelbaren Vorteil ziehen, oder denen eine Reform geradezu materielle Verluste bringen würde, nämlich die städtischen Grund= und Hauseigentümer. Es kommt vor, wie der badische Fabrikinspektor darlegt, „daß einzelne Gemeinden das Entstehen von Arbeiterwohnungen unter allen möglichen Vorwänden zu hintertreiben suchen, um in der Befürchtung wachsender Armenlasten den Zuzug fremder Arbeiter in die Gemeinde fern zu halten. Ein solcher Vorwand ist z. B. die Berufung auf das Forstgesetz wegen zu großer Nähe des Waldes, der durch die Insassen von Arbeiterwohnungen geschädigt werden könne".

Für die Wohnungsreform werden in Deutschland erst dann bessere politische Voraussetzungen vorliegen, wenn entweder in den Gemeindeverwaltungen durch Änderung des Wahlrechtes den minder bemittelten Klassen ein größerer Einfluß eingeräumt wird, oder wenn es der Staat übernimmt, durch ein Wohnungsgesetz die Grundlagen zu schaffen, von denen aus die Gemeinden zu einer Reform gezwungen werden könnten. Im Hinblick auf deutsche Verhältnisse dürfte der letztere Weg immer noch als der aussichtsreichere erscheinen.

Der gegenwärtige preußische Finanzminister Dr. Miquel hat sich als Oberbürgermeister von Frankfurt a. M. das Verdienst erworben, die Grundzüge eines solchen Wohnungsgesetzes ausgearbeitet zu haben.

Das Gesetz zerfällt in einen zivilrechtlichen und einen öffentlich= rechtlichen Abschnitt.

Die zivilrechtlichen Satzungen können nach Analogie der Wucher= gesetzgebung gegen eine wucherische Ausbeutung der Wohnungsnot ihre Spitze richten, die Rechte und Pflichten des Mieters und Vermieters besser regeln, die Folgen der Nichterfüllung der beiderseitigen Ver= pflichtungen genauer bestimmen und das Pfandrecht des Vermieters an den eingebrachten, der Exekution entzogenen Mobilien aufheben.

Im öffentlich=rechtlichen Teile steht der Grundsatz obenan, daß die einzelnen Gebäudeteile nur zu solchen Zwecken verwendet werden dürfen, für die sie nach den betreffenden Bauordnungen baupolizeilich genehmigt worden sind. Die Verwendung zu Wohnungszwecken von Gebäuden, die durch ihre Lage, ihre Bauart oder bauliche Beschaffenheit gesundheitsschädlich sind, muß verboten werden können. Um die Über= füllung der Wohnräume zu vermeiden, ist das Bewohnen von Wohn= räumen zu untersagen, welche den Bewohnern nicht den vom Gesetz verlangten geringsten Kubikraum Luft gewähren.

Sanitätskommissionen und staatliche Wohnungsinspektoren hätten für die Beachtung der Vorschriften zu sorgen.

„Um die Schwierigkeiten des Übergangs zeitlich zu verteilen," schreibt Dr. Miquel, „und dadurch zu vermindern, dürfte es zweckmäßig sein, das Gesetz von einer bestimmten Frist von etwa drei Jahren an auf alle frei werdenden und neu vermieteten Wohnungen in Wirksamkeit zu setzen und erst beim Ablauf einer weiteren Frist von etwa zwei Jahren dasselbe zur vollen Durchführung zu bringen. Sind aber erst einmal alle Wohnungen über das gesetzliche Maß hinaus nicht mehr bewohnt, so ist ein weiteres Eindringen in die bis zur gesetzlichen Grenze bewohnten Häuser und Wohnungen nicht mehr möglich. Die vermehrte Bevölkerung muß Unterkunft finden in älteren und nicht bis zur gesetzlichen Grenze bewohnten Lokalitäten oder in neu hergestellten Wohnhäusern. Es wird ein regelmäßig fortschreitender Bedarf an letzteren eintreten und dies die Spekulation für kleinere Wohnungen erheblich erleichtern. Andrerseits wird das plötzliche massenhafte Eindringen von der einen Gemeinde in die andere erschwert werden, und wo die wirtschaftlichen Verhältnisse es dennoch erfordern, werden die Arbeitgeber gezwungen sein, für eine angemessene Unterkunft durch Neubauten oder provisorische Bauten Sorge zu tragen. Die mit der Freizügigkeit heute verbundenen Fälle des Einschleichens zum Erwerb des Unterstützungswohnsitzes werden sich verringern. Die Neuanziehenden werden sich mit mehr Sorgfalt als bisher vorher nach einer gesetzlich zugelassenen Wohnung umsehen müssen. In allen diesen Beziehungen können die Folgen nur wohlthätige sein."

Der Erwartung Miquel's, daß die Wohnungsgesetzgebung die Spekulation zu einer ausreichenden Bauthätigkeit veranlassen werde, können wir allerdings nicht ganz beipflichten. All die Gründe, welche vom Vermieten an kleine Leute abschreckten, werden durch ein Wohnungsgesetz nicht beseitigt, sondern im Gegenteile noch verstärkt. Der Vermieter hat außer den Mißhelligkeiten mit den Parteien noch diejenigen mit der Aufsichtsbehörde zu fürchten. Im übrigen ist es klar, daß ein Wohnungsgesetz nur dort streng durchgeführt werden kann, daß nur dort Mieter aus überfüllten Wohnungen ausgewiesen werden können, wo andere entsprechende Wohnungen zu erschwinglichen Preisen vorhanden sind. Soll wirklich ein Fortschritt sichergestellt werden, so kann man sich mit der Aufstellung von Ge- und Verboten unmöglich begnügen. Man muß, was eben vor allem fehlt, gute, billige Wohnungen in genügender Zahl errichten.

Wir fassen ein Wohnungsgesetz im wesentlichen auf als eine Handhabe für den Staat, um die Gemeinden zur Vermehrung des Wohnungsangebotes zu zwingen. Die logische Fortsetzung der ganzen Maßnahme kann nur darin bestehen, daß dort, wo den Anforderungen des Gesetzes wegen Mangels an Wohnungen nicht genügt werden kann, die Gemeinden selbst die Erbauung und Vermietung von Wohnungen übernehmen müssen. Ohne diese Konsequenz bleibt ein Wohnungsgesetz notwendig eine lex imperfecta.

Ein gegen die Gemeinde geübter Zwang setzt aber wieder voraus, daß sie die Befugnis erhält, sich Boden unter annehmbaren Bedingungen zu verschaffen, daß sie nicht genötigt wird, Bodenspekulanten aus den Taschen der Steuerzahler ungeheure Preise für das erforderliche Areal zu bewilligen. Die Wohnungsgesetzgebung drängt somit dazu, den Gemeinden günstigere Expropriationsbefugnisse zu erteilen, und ihnen schließlich auch die Kapitalbeschaffung, etwa durch Zinsgarantien, zu erleichtern.

Im übrigen würden, wie mehrfach mit Recht betont worden ist, die Invaliditäts- und Altersversicherungs-Anstalten wohl in der Lage sein, den Gemeinden für diese Zwecke Kapitalien zu leihen. Die zum Teil aus Beiträgen der Arbeiter gebildeten Summen kämen dann in doppelter Hinsicht der Hebung der arbeitenden Klassen zu statten.

Von vielen Seiten wird der Vorschlag, die Gemeinden sollten selbst Wohnungen bauen und vermieten, als kommunistisch abgewiesen. Wir vermögen einen vernünftigen Grund für diese Vorstellungsweise nicht zu entdecken. Eine kommunistische Maßregel läge doch erst dann vor, wenn die von den Gemeinden erbauten Wohnungen jedem ohne Entgelt zur Benutzung frei ständen, wie dies jetzt etwa bei städtischen Parkanlagen, Museen u. s. w. der Fall ist. Davon ist aber schlechterdings nicht die Rede. Die Wohnungsreform wird voraussichtlich alle Kosten decken. Aus den in ziemlicher Zahl entworfenen Plänen geht übereinstimmend hervor, daß selbst dann, wenn die Qualität der Wohnungen ganz erheblich verbessert und der Mietspreis um 30 bis 40 Prozent niedriger gestellt wird, eine Verzinsung von ungefähr 4 bis 5 Prozent des angelegten Kapitales zu erreichen ist. Auf der finanziellen Seite der Frage kommt ja auch der Umstand in Betracht, daß die Gemeinde als Eigentümerin von städtischen Grundstücken an der im Laufe der Zeit eintretenden Wertsteigerung derselben gewinnt. Sollte dessenungeachtet eine vollständige Amortisation und landesübliche Verzinsung nicht erfolgen, so würden doch die jedenfalls geringen Fehlbeträge als Versicherungsprämien gegen soziale und gesundheitliche Gefahren angesehen werden können.

In zweiter Linie ist unter den sozialen Aufgaben der Gemeinden die Reform der Armenpflege zu nennen. Überall ist die Armenpflege Sache der Gemeinde, ob die Unterstützungspflicht nun, wie es den modernen Freizügigkeitsverhältnissen allein entspricht, der Wohngemeinde oder ob sie, wie leider noch in Bayern und Österreich, der Heimatgemeinde zufällt. Nach den Berechnungen von Kollmann sind im Jahre 1885 im Deutschen Reiche 92 452 517 Mark für öffentliche Armenpflege ausgegeben worden. Einzelne größere Städte haben Jahr für Jahr Millionen für diesen Zweck aufzuwenden. In Berlin beliefen sich z. B. 1892 die Kosten allein der offenen Armenpflege auf 5 286 321 Mark, in Hamburg 2 753 344 Mark, in München 724 124 Mark, in Dresden 876 431 Mark. Diese Summen erscheinen um so bedeutender, als jetzt die reichsgesetzlichen Arbeiterversicherungs-Organisationen ja in einer großen Zahl von Fällen, in denen früher die Armenpflege eintrat, die Fürsorge übernommen haben. So erheblich die öffentliche Armenlast erscheinen mag, der Zustand unserer Armenpflege kann vom sozialpolitischen Standpunkte keine Befriedigung erzielen.

Von der Reform der Armenpflege ist viel die Rede; zumeist aber nur in dem Sinne, daß eine bessere Verteilung der Lasten unter die verpflichteten Verbände und namentlich eine Unterstützung derselben durch die Staatsfinanzen erfolgen möchte. Im übrigen wird das Urteil über die Güte einer Armenverwaltung nach der Höhe ihrer Ausgaben gefällt, und zwar gilt die Armenpflege für desto besser, je weniger sie kostet. Das rationellste System der Pflege, das sogenannte Elberfelder System, hat seine Ausbreitung vorzüglich dem Umstande zu danken, daß nach seiner Einführung häufig eine Verminderung der Armenlast wahrgenommen werden konnte. So gelangte das System selbst dort zur Annahme, wo seine Voraussetzung, eine große Zahl von Bürgern, welche in ehrenamtlicher Thätigkeit die Armenpflege gewissenhaft und sorgsam übernehmen, durchaus nicht vorhanden war.

Es liegt uns selbstverständlich vollkommen fern, den entgegengesetzten Maßstab anlegen zu wollen und diejenige Armenpflege als die segensreichste hinzustellen, die am meisten ausgiebt. Die erste Frage ist vielmehr die, ob auch alle Personen das Maß öffentlicher Fürsorge wirklich erhalten, das ihnen die Gesetzgebung zuspricht. Leider begegnet man in der Litteratur der Armenverwaltung nur selten der Auffassung, daß die Armen nicht nur als Objekte, sondern auch als Subjekte anzusehen sind, deren Urteil über die Art und Weise der ihnen gewährten öffentlichen Unterstützung ebenfalls einzuholen wäre. Derjenige, der eine Unterstützung aus öffentlichen Mitteln in der Form der Armenpflege erhält, gilt bei uns, praktisch betrachtet, immer noch als rechtlos. Er hat einfach dankbar hinzunehmen, was ihm gewährt wird. Wir können aber keinen Grund finden, der die Gesellschaft berechtigen würde, denjenigen seiner staatsbürgerlichen Rechtspersönlichkeit mehr oder weniger zu entkleiden, welchen widrige Schicksale ohne eigenes Verschulden in Not versetzt haben. Zudem wird dieser Grundsatz auch nur dort zur Anwendung gebracht, wo es sich um Armenunterstützungen handelt. Andere Unterstützungen auf Kosten der Gesamtheit wie z. B. Getreide= zölle, Zucker= und Branntweinprämien, „Liebesgaben" und Grundsteuer= erlässe, werden ohne jede entehrende Bedingung zugestanden. Warum also eine so große Härte gerade dort, wo es sich um die am meisten bedürftigen Volksgenossen handelt?

Es wird allerorts die Individualisierung in der Armenpflege empfohlen. Nichts kann berechtigter sein als dieser Gesichtspunkt. Allein über der Individualisierung ist eine generelle Unterscheidung vergessen worden, auf die sehr viel ankommt, nämlich die Unterscheidung in Arme, die infolge eigener Fehler, und in solche, die ohne eigenes Ver= schulden die öffentliche Fürsorge in Anspruch nehmen müssen. Diese Sonderung kann ohne Zweifel häufig recht große Schwierigkeiten be= reiten. Aber sie muß erfolgen, wenn die Armenpflege mit den vorge= schrittenen sozialen Anschauungen in Übereinstimmung gebracht werden soll. Im allgemeinen ist unsere Armenpflege lediglich auf die erst= genannte Gruppe, deren Armut als verschuldete anzusehen ist, zuge= schnitten. Wie wäre sonst ein Urteil, wie das folgende, möglich, das von einem der besten Kenner der deutschen Armenpflege, Münsterberg, gefällt wird:

„Die Berichte der Armenverwaltungen ergeben, daß der weitaus größte Teil der Unterstützten überall aus Witwen besteht; zugleich lassen aber jene Berichte keinen Zweifel darüber, daß vielfach die Unterstützung dieser Witwen, namentlich wenn sie mehrere Kinder haben, durchaus unzulänglich ist. Und doch sollte man die Beihilfe gerade hier nicht zu karg bemessen, damit die Witwe nicht ihre ganze freie Zeit und ihre vollen Kräfte dem Erwerb zu widmen braucht, sondern imstande bleibt, ihren Haushalt zu führen, ihre Kinder zu beaufsichtigen und, wenn auch etwas bescheidener, im wesentlichen doch so zu ernähren und zu erziehen, als ob der Vater noch lebte. Wenn viele Armen= verwaltungen gerade hierin fehlen, so liegt das eben an der unklaren Erkenntnis ihrer Aufgabe; es handelt sich nicht bloß darum, die Hilf= losen vor dem leiblichen Verhungern zu schützen; viel wichtiger ist es noch, neben der körperlichen Lebensfähigkeit auch eine gewisse geistige Freudigkeit und Frische zu erhalten. Ohne diese kann selbst die sorg= samste Mutter ihre Kinder nicht ausreichend pflegen. Wird aber die körperliche und geistige Entwicklung und die sittliche Zucht der Kinder vernachlässigt, so wird damit ihre ganze Zukunft von vornherein im traurigsten Sinne entschieden: körperliche Verkümmerung, geistige und sittliche Verwahrlosung sind hier die notwendigen, über den Kreis der unmittelbar geschädigten Personen hinaus das ganze Gemeinwesen treffenden Folgen."

So ergeht es bei uns armen Witwen, deren Notlage in der Regel doch als eine unverschuldete angesehen werden muß.

Nun wird man einen Trost in dem Gedanken finden, daß ja neben der öffentlichen Armenpflege auch noch eine ausgebreitete private Wohlthätigkeit bestehe und die Mängel der ersteren ausgleiche.

Aber gerade darin liegt eben die Härte unserer Zustände, daß selbst unverschuldete Verarmte den demütigenden Weg des Almosenbettelns einschlagen müssen.

Wir können der in gewissen Kreisen verbreiteten Auffassung, daß das Almosen den, der es spendet, ebenso erhebt, wie den, welcher es empfängt, durchaus nicht zustimmen. Eher das Gegenteil scheint uns zuzutreffen. Mit dieser Erhebung auf Seiten des Gebers ist es oft recht sonderbar bestellt. Wir wollen nicht einmal von einer der gröbsten ethischen Ausschreitungen unserer Zeit, dem sogenannten Wohlthätigkeits- oder Armensport sprechen. Allein selbst wenn die Unterstützung in edlen Formen erfolgt, glauben viele auf diese Weise sich schon aller Verpflichtungen gegenüber den besitzlosen Volksklassen entledigt zu haben. Wer viel zur Förderung wohlthätiger Zwecke aus freien Stücken thut, kann leicht zu der Überzeugung gelangen, seine Vorzugsstellung in sozialer, wirtschaftlicher oder politischer Hinsicht damit vollkommen gerechtfertigt und die Befugnis erworben zu haben, allen selbständigen Bestrebungen der unteren Schichten streng entgegenzutreten. Endlich liegt es auch nahe, daß die wohlthätigen Besitzenden zwischen hilfsbedürftigen Armen und besitzlosen Arbeitern wenig Unterschied machen und von letzteren überhaupt diejenige Haltung erwarten, an die sie sich durch ihre Almosenempfänger gewöhnt haben. Sind letztere und die Dienerschaft ja häufig die einzigen Angehörigen der arbeitenden Klassen, mit denen sie in unmittelbare Berührung kommen.

Gewährt es schließlich selbst eine gewisse Befriedigung, Notleidenden helfen zu können, so wird dieses Gefühl unseres Erachtens doch dort, wo es sich um unverschuldet Verarmte handelt, von der Scham überwältigt, daß unsere Zustände sie auf den Weg des Bettelns drängen.

Und die Erhebung auf Seiten des Empfängers? Die häufige Klage über die Undankbarkeit der Unterstützten, der unaufhörlich wachsende Klassenhaß, die zunehmende soziale Entfremdung zwischen Arm und Reich lassen gewiß nichts Gutes vermuten.

Es scheint uns demnach die Armenpflege, soweit sie sich auf unverschuldet Verarmte erstreckt, einer prinzipiellen Reform in dem Sinne bedürftig zu sein, daß einmal die Unterstützung in ausreichender Höhe und dann selbst ohne den Schatten einer entehrenden Bedingung gewährt wird. Will man sich in anbetracht der unleugbar großen Schwierigkeiten, die hier zu bekämpfen sind, auch nicht entschließen, dem unverschuldet Verarmten ein subjektives, klagbares Recht auf Unterstützung zuzusprechen, so müssen doch unbedingt zuverlässig amtierende staatliche Aufsichtsorgane geschaffen werden, die dafür sorgen, daß die zur Unterstützung verpflichteten Verbände, also in der Regel die Gemeinden, ihre Pflichten auf das Genaueste erfüllen.

Erst dann, wenn die Gewißheit besteht, daß die öffentliche Armenpflege ihre Pflichten durchaus erfüllt, wird es möglich sein, die private, durch ihre Planlosigkeit oft mehr Schaden als Nutzen stiftende Wohlthätigkeit der öffentlichen Armenpflege anzugliedern und alle dem Unterstützungswesen zufließenden persönlichen und materiellen Hilfskräfte einheitlich wirken zu lassen.

Erst dann, wenn die Überzeugung gewonnen werden kann, daß die öffentliche Armenverwaltung überall auf der Höhe ihres Berufes steht, werden sich die meisten entschließen können, den hilfesuchenden Armen von ihrer Thüre weg an die organisierte Armenpflege zu weisen.

Selbstverständlich sind die sozialen Aufgaben der Gemeinde mit der Reform der Wohnungs- und Armenverhältnisse nicht erschöpft. Elementarschule, Fortbildungs-Unterricht, fachgewerblicher Unterricht, Volksbildungswesen, öffentliche Gesundheitspflege, Arbeitsvermittlung, all diese Verwaltungsgebiete können mit einem sozialreformatorischen Geiste erfüllt werden.

Woher sollen die Gemeinden die **Mittel** nehmen, um so großen Aufgaben gewachsen zu sein? In vielen Gemeinden sind die Zuschläge zu den Staatssteuern jetzt schon so hoch, daß man ein weiteres Anziehen der Steuerschraube für unmöglich erachtet.

Obgleich viele Gemeinden bereits Gaswerke, Wasserversorgung und Verkehrswesen in eigenen Betrieb genommen haben und daraus erhebliche Einnahmen ziehen, so scheint uns eine noch weitere Ausdehnung der Gemeindebetriebe nicht ausgeschlossen zu sein. Es sei an die Feuer- und Lebensversicherung, an die Befriedigung des Realkreditbedürfnisses, an die Kommunalisierung der Apotheken, des Droschkenwesens, an die Herausgabe von Inseratenblättern u. s. w. erinnert. In der Stadt Karlsruhe sind z. B. ungefähr 40 Lebensversicherungs- und 25 Feuerversicherungsagenturen nebeneinander thätig, ein Zustand, der gewiß nicht zur Verbilligung der Dienste der Versicherungsanstalten führt.

Kann schon bei diesen Unternehmungen ohne wesentliche Beeinträchtigung des fiskalischen Zweckes sozialen Erwägungen Raum gegeben werden, so trifft dies in ungleich höherem Maße bei einer Besteuerung zu, welche die Wertsteigerung des städtischen Grund und Bodens, also das vielberufene „unearned increment", den „unverdienten Zuwachs" trifft.

Die maßlose Werterhöhung der städtischen und namentlich großstädtischen Grundstücke gehört wohl zu denjenigen Erscheinungen des modernen Wirtschaftslebens, die von keiner unparteiischen Seite als etwas Erfreuliches hingestellt werden. Man nimmt sie nur resigniert als etwas hin, was eben nicht zu ändern ist, wenn man den Grundsatz des Privateigentumes an städtischen Boden nicht über Bord werfen will.

Wir hoffen zeigen zu können, daß es keineswegs aussichtslos ist, der Gemeinde wenigstens einen erheblichen Anteil an diesen Werterhöhungen zu sichern, die keineswegs individueller Tüchtigkeit, sondern gesellschaftlichen Zusammenhängen entspringen.

Fast überall bestehen schon jetzt Abgaben, die beim Besitzwechsel von Immobilien erhoben werden. Man hat zur Begründung dieser Verkehrssteuern auch den Gesichtspunkt ins Treffen geführt, daß sie wenigstens teilweise den Zuwachs durch Konjunkturen treffen. Das ist richtig, allein es geschieht doch nur in höchst unvollkommener Weise. Der Fehler liegt darin, daß der gesamte Wert der Liegenschaft das Steuerobjekt bildet, und nicht der unverdiente Zuwachs, auf den es hauptsächlich ankommen sollte.

Wir halten es nun für möglich 1., daß für einen gegebenen Zeitpunkt der Wert des Bodens und der Gebäude einer Gemeinde ermittelt wird. Diese Ermittlung bietet jedenfalls nicht beträchtlich größere Schwierigkeiten als die richtige Veranlagung zu einer Einkommen-, Kapitalrenten-, Vermögens- oder Mietssteuer. Man könnte in diesem Falle den Selbstdeklarationen der Steuerpflichtigen vielleicht noch größeres Vertrauen schenken als sonst. Die Eigentümer haben hier weder an einer Übernoch an einer Unterschätzung ein Interesse. Setzen sie in der Gegenwart den Wert zu hoch an, damit später beim Besitzübergang der unverdiente Zuwachs möglichst klein erscheine, so werden sie dieser höheren Bewertung zufolge sofort auch höhere Gebäude-, Hauszins-, Einkommens- und Vermögensteuer entrichten müssen. Setzen sie den Wert zu niedrig an, so erscheint später der Wertzuwachs, also das künftige Steuerobjekt, entsprechend größer.

Wir halten es 2. für möglich, daß bei einem Verkaufe oder bei einer Übertragung im Erbgange der Wert der Immobilien ebenfalls ermittelt wird. Beim Verkaufe ist der Wert ja durch den Kaufschilling gegeben. Eine Ermittelung desselben erfolgt schon jetzt, eben um die Besitzwechselabgaben bemessen zu können. Beim Erbübergange findet wegen der Entrichtung der Erbschaftssteuern ebenfalls eine Schätzung statt.

Durch die unter 1. und 2. genannten Maßnahmen sind die Grundlagen geschaffen, mit Hilfe derer im allgemeinen der unverdiente Zuwachs festgestellt werden kann. Die Differenz zwischen dem Werte der ersten Veranlagung und dem Werte beim Besitzwechsel stellt ja, nach Abzug der Kapitalverwendungen, die gesuchte Größe dar. Die Ermittelung der Kapitalverwendungen begegnet keinen Schwierigkeiten. Sollen Kapitalverwendungen berücksichtigt werden, so müssen sie eben auf Veranlassung desjenigen, der sie unternommen hat, in das öffentliche Grundbuch zur Eintragung gelangen. Der Nachweis kann durch Besichtigung an Ort und Stelle und die Vorlage der Baurechnungen leicht geführt werden.

Nehmen wir, um das Gesagte zu verdeutlichen, an, ein Gebäude nebst dem dazu gehörigen Grund und Boden stelle bei der ersten Veranlagung einen Wert von 100000 Mark dar. Nach einigen Jahren wird das Haus renoviert und um ein Stockwerk erhöht. Die Kapitalverwendung beläuft sich auf 30000 Mark und wird im Grundbuche eingetragen. Später wird das Objekt verkauft oder geht an einen Erben über. Es weist einen Wert von 160000 Mark auf. Da 30000 Mark der Werterhöhung durch Kapitalverwendung verursacht worden sind, ist der unverdiente Zuwachs auf 30000 Mark zu veranschlagen. Diese Werterhöhung von 30000 Mark ist vielleicht die Folge einer starken Bevölkerungszunahme in der betreffenden Stadt und einer entsprechenden Erhöhung der Mieten, oder das Gebäude hat durch die Anlage einer Trambahnlinie in der Nähe oder eines öffentlichen Gartens oder die Assanierung eines benachbarten Stadtteiles u. s. w. gewonnen. In jedem Falle bildet sie kein Verdienst des Eigentümers, und nichts ist billiger als diesen Wertzuwachs einer scharfen Besteuerung zu Gunsten der Gemeinde zu unterwerfen, auf deren allgemeine Entwicklung er zurückzuführen ist.

Da die Besteuerung immer erst beim Besitzwechsel einzutreten hätte, also bei verschiedenen Gebäuden sehr ungleiche Zeiträume verfließen, ehe sie von der Steuer getroffen werden, so wird bei der Besteuerung auch die Länge des Zeitraumes berücksichtigt werden müssen. Je länger der Zeitraum, desto höher der Steuerfuß: denn desto länger hat der Besitzer bereits von dem Wertzuwachs Vorteile gezogen. Auch der Gedanke der Steuerprogression läßt sich verwirklichen. Je größer der Prozentsatz ist, den der Zuwachs im Vergleiche zur letzten Wertermittelung des Objektes darstellt, desto höhere Prozentsätze können auch als Steuer erhoben werden. Ist z. B. der Wert des Gebäudes A. bei der ersten

Veranlagung mit 50000 Mark angenommen worden, der des Gebäudes B. mit 100000 Mark und beträgt der Wert von A. beim Besitzwechsel 100000 Mark, der von B. 120000 Mark, so liegt im ersten Falle ein Zuwachs von 100%, im zweiten bloß von 20% vor. Es kann leicht eine Skala gebildet werden, nach welcher bei einem Zuwachs von 1—10 % der Steuerfuß 20 %, bei 10—20 % 20,5 %, bei 20—30 % 21 % u. s. w. beträgt. A. würde also von 50000 Mark 24,5 %, B. von 20000 Mark 20,5 % entrichten, wenn die Zeiträume gleiche wären.

Nimmt die Gemeinde durch die geschilderte Steuer an dem Wertzuwachs teil, so ist es billig, daß sie im Falle der entgegengesetzten Entwicklung auch einen Teil vom Verluste trägt. Es liegt dann eine negative Differenz vor. Der Betrag, welcher bei einer positiven Differenz vom Eigentümer des Hauses zu zahlen wäre, ist nun von der Gemeinde zu vergüten.

Beim Verkaufe ist die Steuer vom Verkäufer, der ja im Verkaufe eben den kapitalisierten Betrag des Mehrerträgnisses empfängt, beim Erbgange vom Erben zu leisten.

Wie weit die Besteuerung des Zuwachses zu treiben ist, das hängt von den Finanzbedürfnissen der betreffenden Gemeinde und von dem Maße ab, in welchem der private Bezug des Zuwachses der Rechtsüberzeugung des Volkes bereits widerspricht.

Um von der finanziellen Tragweite der Maßregel eine deutliche Vorstellung zu geben, möchten wir auf die Daten aufmerksam machen, aus denen die Entwicklung des Zuwachses in London hervorgeht. In der Zeit von 1870—1886 ist die Jahresrente, die von den Londoner Gebäuden bezogen wird, von 22 Millionen Pfund auf 37 Millionen Pfund gestiegen. Von dieser Steigerung sind etwa 6 Millionen Pfund als unverdienter Zuwachs anzusehen. Würde man ihn zu 6 % kapitalisieren, so ergäbe sich ein Vermögenszuwachs von 100 Millionen Pfund = 2 Milliarden Mark, im Jahresdurchschnitte also 125 Millionen Mark. Betrüge der Steuerfuß (einschließlich der Progressions- und Zeitzuschläge) im Durchschnitte 20 %, so würde sich die Jahreseinnahme in London auf 25 Millionen Mark belaufen. Nach diesem Maßstabe käme man für Berlin auf eine Jahreseinnahme von mindestens 8 Millionen Mark.

Abgesehen von diesem sehr erheblichen finanziellen Vorteile würde die Steuer der Bodenspekulation ebenso wie der übermäßigen Verschuldung des städtischen Grundbesitzes einen Riegel vorschieben. Um zur raschen Bebauung des städtischen Grund und Bodens anzueifern könnte eine Baustellensteuer ergänzend an die Seite treten.

6. Die Sicherung gegen Arbeitslosigkeit.

All die zahlreichen sozialen Reformen, welche bisher den Gegenstand der Darstellung gebildet haben, können nichts, wenigstens nichts unmittelbar an der Thatsache ändern, daß innerhalb der gegenwärtigen Wirtschaftsordnung die Arbeiter von Privaten nur dann beschäftigt werden, wenn die Beschäftigung für die Unternehmer einen Gewinn abwirft. Daß aber die Erwerbsinteressen der Inhaber der Produktionsmittel keineswegs immer ausreichen, um allen denen auch wirklich eine lohnende Beschäftigung zu verschaffen, deren selbständige Lebensführung von der Möglichkeit, Arbeit zu erhalten, abhängt, beweist die selbst unter den Mitgliedern der gelernten Arbeiterverbände nie völlig verschwindende Arbeitslosigkeit zur Genüge. So betrug die mittlere Zahl der Arbeitslosen derjenigen Gewerkvereine, über deren Verhältnisse das arbeitsstatistische Amt des englischen Handelsministeriums zu berichten in der Lage ist, im Jahre 1887 8,43%; 1888 5,2%; 1889 2,3%; 1890 2,02%; 1891 3,39%; 1892 5,25%. Das ist die Arbeitslosigkeit unter der Elite der englischen Arbeiterschaft. In den unteren Schichten ist sie doppelt und dreifach so groß.

An die Bedeutung der Arbeitslosigkeit ist im Vorangegangenen oft genug erinnert worden. Hier gilt es noch einmal kurz den verhängnisvollen Einfluß zu kennzeichnen, welchen das ständige Vorhandensein einer solchen industriellen Reservearmee auf die Stellung der Arbeiterklasse überhaupt ausübt.

Die große Zahl der Arbeitslosen macht vor allem den ungelernten und mindergelernten Arbeitern die Entwicklung tüchtiger, leistungsfähiger Berufsverbände fast unmöglich, sie setzt aber auch die alten, festgefügten Organisationen in kritischen Zeiten den größten Gefahren aus. Die Arbeitslosigkeit erschwert eine aufsteigende Lohnentwicklung, sie verhindert daher die gleichmäßigere Verteilung des Volkseinkommens, sie schnürt die Ausdehnung des Konsums und damit auch die der Produktion ein, sie wirkt ebenso sehr als Fessel des sozialen, wie des wirtschaftlich-technischen Fortschrittes. Sie gefährdet endlich selbst die Wirksamkeit der ganzen Versicherungsveranstaltungen in hohem Maße. Nur wer Arbeit hat und Lohn bezieht, kann im allgemeinen die Beiträge zur Kranken-, zur Alters- und Invaliditätsversicherung entrichten. Ohne die Sicherung im Falle der Arbeitslosigkeit entbehrt die Arbeiterversicherung ihres Schlußsteines, der allein dem Baue eine unbedingte Festigkeit verleihen kann. Man kann nicht erwarten, daß unsere Arbeiter mit der gegenwärtigen Wirtschaftsordnung einen aufrichtigen Frieden schließen, solange sie ihnen keine ausreichende Schutzwehr gegen den Abgrund der Arbeitslosigkeit errichtet.

Ehe näher auf die Mittel und Wege eingegangen werden kann, durch welche eine solche Sicherung vielleicht zu erreichen wäre, ist es erforderlich, eine gewisse Gruppierung der Arbeitslosen vorzunehmen. Ein vom englischen arbeitsstatistischen Amte veröffentlichter Bericht unterscheidet vier Klassen Arbeitsloser:

Zur ersten werden diejenigen gezählt, welche immer nur für eine kurze Zeit zur Leistung einer bestimmten Arbeit aufgenommen, diese Arbeit verrichtet und noch keine neue erhalten haben. Sie können oft ebenso gut als beschäftigt wie als unbeschäftigt angesehen werden.

In die zweite Klasse fallen Arbeiter von Gewerben, deren Arbeiterbedarf aus verschiedenen Ursachen teils von Jahr zu Jahr, teils von Monat zu Monat erheblichen Schwankungen unterliegt. Bald sind die Schwankungen im Witterungswechsel oder dem Wechsel der Jahreszeiten, bald in der allgemeinen geschäftlichen Lage, in Veränderungen der Mode, des Standortes, der Arbeitsprozesse oder des Betriebssystemes einer Industrie begründet.

Der dritten Klasse werden diejenigen zugerechnet, deren Arbeitslosigkeit aus dem Umstande folgt, daß selbst in guten Zeiten die Arbeiter des Gewerbes die Nachfrage desselben überholen. Der betreffende Beruf kann also schlechterdings nicht allen seinen Angehörigen Beschäftigung gewähren.

Die vierte Klasse bilden diejenigen, welche keine Arbeitsgelegenheit finden können, weil sie den normalen Ansprüchen, die in ihrem Berufe an die Arbeitstüchtigkeit gestellt werden, nicht gewachsen sind, oder weil sie körperliche oder sittliche Defekte aufweisen.

Man könnte schließlich noch von einer fünften Klasse sprechen, deren Arbeitslosigkeit lediglich auf einer ungenügenden Organisation des Arbeitsnachweises beruht. Die Zahl dieser Arbeitslosen ist gegenwärtig zweifelsohne noch recht beträchtlich, wenn auch die Gemeinden gerade in letzter Zeit sich um die Entwicklung der Arbeitsvermittlung große Verdienste erworben haben.

Nehmen wir an, es sei etwa nach den Vorschlägen, die Dr. Möller auf dem sozialen Kongresse zur Besprechung der Arbeitslosigkeit und Arbeitsvermittlung in Frankfurt am Main erstattet hat, der Arbeitsnachweis im ganzen Reiche in befriedigender Weise geordnet, so handelt es sich bei der Bekämpfung der Arbeitslosigkeit nur um die vier erstgenannten Klassen. Von diesen kann die letzte hier ausgeschieden werden. Enthält sie doch nur Leute, welche die normalen Qualitäten eines Arbeiters nicht besitzen, also eigentlich nicht in die Kreise der Arbeiterpolitik fallen. Mit ihnen hat die Armenpflege, das Siechenhaus, die Korrektionsanstalt u. s. w. zu thun.

Die Arbeitslosigkeit der ersten Klasse ist häufig nur einem unvollkommenen Arbeitssysteme zuzuschreiben. In London gehörten dieser Klasse namentlich die Dockarbeiter an, da die Dockverwaltungen nur sehr wenig ständige Arbeitskräfte beschäftigten und im übrigen einfach nach dem jeweiligen Bedarfe Arbeiter einstellten. Wer sicher Beschäftigung erlangen wollte, mußte schon im Morgengrauen vor den Dockthoren sich einfinden, um zu den ersten zu gehören, die eingelassen wurden.

Dem gegenüber haben die Dockverwaltungen nun ein anderes System eingeführt. Es sind 1650 ständige Arbeitskräfte eingestellt worden. Außerdem haben 1950 Arbeiter A-Karten, 2600 B-Karten erhalten. Übersteigt der Arbeiterbedarf die ständig Angestellten, so wird zuerst die A-, dann die B-Gruppe berücksichtigt. Durch die Veränderung sind die Verhältnisse der ständig Angestellten sowie der mit Karten versehenen Arbeiter erheblich verbessert worden. Andererseits hat diese Differenzierung wieder Arbeitern, die sonst vielleicht immerhin noch einige Aussichten auf Beschäftigung besaßen, letztere nun vollständig entzogen. Sie gehen dann in die dritte oder gar vierte Klasse über.

Unter der Voraussetzung, daß ähnliche Veranstaltungen wie die geschilderte in größerem Umfange eintreten, sind es die Angehörigen der zweiten und dritten Klasse, welche hauptsächlich unsere Aufmerksamkeit in Anspruch nehmen werden.

Fragen wir, was zur Sicherung dieser Gruppen bereits mit Erfolg unternommen worden ist, so kann nur auf die Wirksamkeit der gelernten Arbeiterverbände in England und der ihnen nahekommenden kontinentalen Organisationen hingewiesen werden.

Eine kurze Betrachtung zeigt, in welch hohem Maße gerade solche Berufsorganisationen befähigt sind, die Probleme der Arbeitsvermittlung und der Sicherung gegen Arbeitslosigkeit einer gedeihlichen Lösung zuzuführen. Der Gewerkverein hat überall, wo das Gewerbe in erheblicherem Umfange betrieben wird, seine Zweigniederlassung. Die Centralstelle des Vereines erhält fortlaufende Berichte über den Stand des Arbeitsmarktes, verfügt also über eine Sachkenntnis wie keine andere Organisation. Da die Lasten, welche dem Vereine aus der Unterstützung der Arbeitslosen erwachsen, ganz beträchtliche sind, so besteht auf Seiten des Vereines ein lebhaftes Interesse, diese Sachkenntnis in dem Sinne auszunutzen, daß arbeitslose Mitglieder möglichst bald wieder eine Beschäftigung erhalten. Der Verein ist auch besser als andere imstande, eine billige Entscheidung darüber zu fällen, ob der Arbeitslose durch eigene Schuld seine Stellung verloren hat oder nicht, und unter welchen Bedingungen er verpflichtet ist, Arbeit wieder anzunehmen.

Gegen Betrügereien besitzt der Verband die empfindliche Strafe des Ausschlusses.

Eine große Zahl von Gewerkvereinen und zwar die meisten der solid entwickelten Verbände unterstützen ihre stellenlosen und deshalb stellensuchenden Mitglieder mit einem Wochenzuschuß, der „unemployed benefit" genannt zu werden pflegt. Im Jahre 1891, einer geschäftlich ziemlich günstigen Periode, verteilten 202 Vereine mit 628 025 Mitgliedern im ganzen 222 088 Pfund Sterling an derartigen Unterstützungen. In Bezug auf die Höhe des Wochenzuschusses besteht keine Übereinstimmung. Im allgemeinen wird er durch eine Skala bestimmt, deren Sätze mit der Dauer der Arbeitslosigkeit herabgehen. So gewährt z. B. die Vereinigte Gesellschaft der Zimmerleute und Tischler während der ersten zwölf Wochen 10 sh, in den nächstfolgenden zwölf Wochen aber nur 6 sh. Andere Vereine beginnen mit höheren Sätzen, wie z. B. der Gewerkverein der Londoner Wagenbauer, der 18 sh zahlt. In der Textilindustrie kommen aber auch Anfangssätze von nur 3 sh 6 d vor. Die Erfahrung lehrt, daß hohe Sätze, ungeachtet aller Wachsamkeit der Vereinsorgane, zum Müßiggange verleiten. Einige Vereine, wie die Bierbrauer und Eisengießer, bringen vom Wochenzuschusse die Vereinsbeiträge in Abzug; andere, wie die Maschinenbauer, erlassen die Beiträge den Unbeschäftigten ganz, wieder andere, z. B. die Typographen, nur teilweise. In der Regel wird verlangt, daß einer bereits eine gewisse Zeit hindurch Mitglied gewesen sein muß, ehe er zum Empfang der Unterstützung berechtigt ist. Derjenige, der den Zuschuß beansprucht, muß sich in ein Vakanzenbuch eintragen und die Eintragung in bestimmten Zeiträumen wiederholen. Wer durch eigene Schuld (Trunkenheit, Arbeitsuntüchtigkeit, unordentliche Führung) die Arbeit verloren, hat kein Recht auf die Unterstützung, eine Regel, die freilich nicht immer ganz streng zur Anwendung kommen soll.

Von den 202 Vereinen, welche Versicherung gegen Arbeitslosigkeit gewähren, gehören 40 mit 175 544 Mitgliedern dem Maschinenbau-, Eisen- und Schiffbaugewerbe an; 23 mit 97 703 Mitgliedern den Baugewerben; 54 mit 160 879 Mitgliedern der Textilindustrie; 19 mit 34 715 Mitgliedern der Druckerei und Buchbinderei; 28 mit 25 185 Mitgliedern der Kunsttischlerei, dem Wagenbau, der Böttcherei, der Glas- und Lederindustrie, der Töpferei u. s. w.; 10 mit 87 535 Mitgliedern der Minenindustrie.

Viele Vereine gewähren außer der Arbeitslosenunterstützung noch einen Zuschuß denjenigen Mitgliedern, die eine Reise antreten, um Arbeit zu suchen. Andere Vereine, und dazu gehören namentlich diejenigen der Baugewerbe, zahlen überhaupt nur Reisegelder, etwa 1 sh

6 d pro Tag. Die Reisenden stehen ebenfalls unter Kontrolle. Trotzdem ist es nicht immer möglich gewesen, Mißbräuche auszuschließen. Manches Mitglied hat sich auf diesem Wege die Mittel zu einer kleinen Ferienreise verschafft. Deshalb haben einige Vereine diese Art der Unterstützung ganz aufgehoben.

In einzelnen Gewerben pflegen sich die Arbeitgeber, welche Arbeiter brauchen, unmittelbar an die Vereine zu wenden. Der Verein der Dubliner Bäckergehilfen verbietet seinen Mitgliedern sogar auf anderem Wege, als durch das Vereinsbureau, Arbeit anzunehmen. Im allgemeinen ist der Arbeitslose darauf angewiesen, sich persönlich um eine Stelle zu bemühen, wobei er allerdings in mannigfacher Weise von seinem Vereine gefördert wird. Einige Vereine zahlen dem Mitgliede, das dem unbeschäftigten Genossen eine Arbeitsgelegenheit verschafft, eine kleine Prämie. Die größten Vereine veröffentlichen periodische Berichte über den Stand des Arbeitsmarktes an den Hauptplätzen ihres Gewerbes. Andere veröffentlichen Listen derjenigen Geschäfte, in denen die Mitglieder vermutlich Stellung finden werden.

In einigen Industrien herrscht der Brauch, in schlechten Zeiten die vorhandene Arbeit unter die Genossen möglichst gleichmäßig zu verteilen, sei es durch Abkürzung der Arbeitszeit, sei es durch Einführung eines gewissen Turnus in der Beschäftigung. Den Leistungen der englischen Verbände entspricht in Deutschland die Thätigkeit des Unterstützungsvereines Deutscher Buchdrucker. In der Zeit 1880—1890 sind von ihm 531610 Mark für Arbeitslosenunterstützung, von 1875—1890 1371623 Mark für Reiseunterstützung verausgabt worden. Die Zahl der Mitglieder betrug 1880 6278, 1890 15377.

Hätten die Gewerkvereine selbst kein anderes Verdienst aufzuweisen als das, die schwierige Frage der Arbeitslosenversicherung vergleichsweise glücklich gelöst zu haben, so würde schon aus diesem Grunde der Staat, der bis jetzt noch nirgends auch nur den Versuch zu einer Lösung unternommen hat, zu einer entschiedenen Förderung derartiger Verbände verpflichtet sein. Leider müssen die Gewerkschaften in den meisten Staaten Deutschlands und in Österreich schon zufrieden sein, wenn sie überhaupt nur geduldet werden.

Indes, selbst wenn der Staat seine Haltung ändern würde, wäre es doch nicht möglich, die Arbeiterschaft zur Sicherung gegen Arbeitslosigkeit ausschließlich auf die Gewerkvereine hinzuweisen.

„Die Wirksamkeit der Gewerkvereine," erklärt der Bericht des englischen arbeitsstatistischen Amtes, „ist gegenwärtig der Hauptsache nach beschränkt auf die Mitglieder der gelernten Berufe und obgleich in diese auch ein großer Teil der Arbeiter eingeschlossen ist, deren Gewerbe unter den größten Schwankungen im Arbeiterbedarfe leiden, so läßt sie doch die Masse der halbgelernten und ungelernten Arbeiter unberührt, deren Vereine, sofern solche überhaupt bestehen, zu geringe Beiträge erhalten, als daß sie imstande wären, ausreichende Unterstützungen für den Fall der Arbeitslosigkeit zu gewähren."

So ist das Eingreifen des Staates und der Gemeinde nicht zu entbehren. Man kann sich eine von dieser Seite ausgehende Thätigkeit sowohl als Zwangsversicherung gegen Arbeitslosigkeit wie als Beschäftigung der Arbeitslosen vorstellen.

Der erstgenannte Gedanke liegt in Deutschland besonders nahe, wo bereits eine Zwangsversicherung in ausgedehntem Umfange besteht. Es müßten dann etwa in der Weise, wie es bei der Invaliditäts- und Altersversicherung geschieht, nach Lohnklassen Beiträge der Arbeiter und Arbeitgeber erhoben werden, um einen Fonds anzusammeln, aus welchem die Unterstützungen an Arbeitslose gezahlt werden könnten.

Hierbei erheben sich nun folgende gewichtige Fragen:

1. Kann man der Menge der schlechtgestellten Arbeitgeber und Arbeiter im Kleingewerbe und im Klein- und Mittelbetriebe der Landwirtschaft solche Beitragslasten zumuten? Bei der Mißstimmung, die schon das Invaliditäts- und Altersversicherungsgesetz in diesen Kreisen hervorgerufen hat, wird die gestellte Frage kaum bejaht werden können.

2. Unter welchen Voraussetzungen soll das Recht auf die Arbeitslosenunterstützung eintreten? Wer soll darüber entscheiden, ob ein Arbeiter aus eigener Schuld die Arbeit verloren hat, ob er verpflichtet ist, eine gewisse angebotene Arbeit anzunehmen? Zur Entscheidung dieser Frage ist ein hohes Maß von Unparteilichkeit und Sachkenntnis erforderlich. Welche Organe werden in der Lage sein, diese Eigenschaften in sich zu vereinigen?

3. Wie hoch soll die Unterstützung bemessen werden? Es geht bei denjenigen Arbeitern, deren Lohn ohnehin nur eben die Erhaltung des nackten Daseins gestattet, gewiß nicht an, als Unterstützung nur einen Bruchteil des normalen Verdienstes zu entrichten. Damit ist den Arbeitslosen nicht geholfen.

4. Soll es erlaubt sein, daß jemand, welcher die Arbeitslosenunterstützung empfängt, als Ergänzung zu diesem Einkommen noch Lohnarbeiten verrichtet? Es wäre ja denkbar, daß man dem Unterstützten Arbeiten anböte, deren Lohn zwar nicht entfernt zum Unterhalte ausreichte, aber als Ergänzung zu der Arbeitslosenunterstützung von dem Arbeitslosen gern angenommen würde. Die Folge eines solchen Vorgehens müßte ein empfindlicher Druck auf die Löhne überhaupt sein. Erlaubt man Arbeitslosen keine wie immer entlohnte Beschäftigung an-

zunehmen, ohne daß er des Rechtes auf die Unterstützung verlustig ginge, so erhebt sich außer der Frage nach einer wirksamen Kontrolle endlich noch das Bedenken:

5. Kann es als ein befriedigender Zustand angesehen werden, wenn das Gesetz zum Müßiggange zwingt, wenn so viele Arbeitskräfte brach liegen bleiben?

Die Schwierigkeiten, mit denen eine zwangsweise Versicherung der mindergelernten und ungelernten Schichten gegen Arbeitslosigkeit zu kämpfen hätte, scheinen uns so groß zu sein, daß wir immer noch eher für den andern Weg, die Beschäftigung Arbeitsloser durch die Gemeinde, eventuell den Staat, eintreten möchten.

Von Jahr zu Jahr gewinnen die Unternehmungen der Gemeinden zur Beschäftigung Arbeitsloser größere Bedeutung. Es ist also durchaus nichts Neues und Ungewöhnliches, was verlangt wird. Es handelt sich vielmehr nur um eine Verallgemeinerung und systematische Durchbildung.

Nehmen wir an, es würde ein Gesetz erlassen, das die Gemeinden dazu verpflichtete, Arbeiter, welche den Unterstützungswohnsitz in der Gemeinde haben, auf ihr Verlangen zu den ortsüblichen Lohnsätzen gewöhnlicher Tagearbeiter und auch im übrigen (in Bezug auf Arbeitszeit u. s. w.) unter ortsüblichen Bedingungen zu beschäftigen.

Die erste Folge wäre vermutlich die, daß Arbeiter, deren Lohn hinter dem ortsüblichen Tagelohne zurückbliebe, ihre privaten Arbeitgeber verließen und von der Gemeinde Beschäftigung begehrten. Hat die Gemeinde das Recht — und das muß ihr zweifelsohne zugesprochen werden — untüchtige Elemente (Arbeitsscheue, Trunkenbolde u. dgl. m.) zurückzuweisen, so wird die Zahl derer, die ihre Beschäftigung verlassen, nicht sehr beträchtlich sein. Es kann auch leicht der Fall vorkommen, daß die Arbeiten, welche die Gemeinde zu vergeben hat, einen größeren Kraftaufwand erfordern als die Beschäftigungen, in denen das ortsübliche Niveau der Löhne nicht erreicht wird, und daß so manche schon aus diesem Grunde von der Möglichkeit eines höheren Lohnbezuges im Dienste der Gemeinde keinen Gebrauch machen werden. Praktisch wird die Folge also wohl nur die sein, daß einzelne Arbeitgeber, die durch besondere Verhältnisse ungewöhnlich niedrige Löhne zahlen konnten, sich nun dazu bequemen müssen, wenn sie überhaupt Arbeitskräfte erhalten wollen, die ortsüblichen Sätze zu bewilligen.

Sodann werden die Gemeinden zufolge eines solchen Gesetzes an den Fragen des Arbeitsnachweises und der Sicherung gegen Arbeitslosigkeit ein unvergleichlich lebhafteres Interesse gewinnen, als sie jetzt in der Regel daran empfinden. Kommunale Arbeitsvermittlungsanstalten werden sich überaus schnell allerorts einbürgern. Die Stellung der Gemeinden gegenüber den Gewerkschaften wird eine andere werden: denn je besser die Gewerkschaften sich entwickeln, je größer der Bruchteil der Arbeitslosen ist, für den die Berufsverbände eintreten, desto geringer sind die Lasten, welche auf die Gemeinde infolge der Verpflichtung zur Beschäftigung fallen. Unter der Voraussetzung, daß, wenn der Gemeindeaufwand infolge der Fürsorge für Arbeitslose einen gewissen Prozentsatz der staatlichen Steuerleistungen übersteigt, die Staatsfinanzen dann ergänzend eintreten müssen, wird auch der Staat anfangen, die Arbeiterverbände mit andern Augen zu betrachten. Aus den nämlichen Gründen werden Staat und Gemeinde bei der Vergebung ihrer Aufträge und der Vornahme eigener Arbeiten durch eine angemessene zeitliche Disposition danach streben, daß auf diesem Wege eine größere Stetigkeit in der Nachfrage nach Arbeitskräften erzielt werde. Sie werden in Zeiten aufsteigender Konjunktur die eigenen Unternehmungen und Aufträge möglichst zurückhalten und flauen Zeiten dieselben vorbehalten. Über die Art und Weise, in der die Beschäftigung durch die Gemeinde erfolgt, hätte die staatliche Fabrikinspektion die Aufsicht zu führen.

Es erhebt sich die Frage: Welche Arbeiten soll die Gemeinde mit den sich ihr anbietenden Arbeitskräften ausführen? Das hängt natürlich von dem städtischen oder ländlichen Charakter der Gemeinde und einer Menge lokaler Umstände ab, über die im allgemeinen nicht gesprochen werden kann. Jedenfalls braucht man nicht bloß an Erdarbeit zu denken.

Warum soll eine Stadt z. B. arbeitslose Schuhmacher nicht Schuhe herstellen lassen, mit denen die von der Stadt zu unterstützenden Armen ausgestattet werden können; warum nicht für denselben Zweck Brot backen, Kleider und Wäsche nähen, Tische, Stühle und Betten anfertigen? Wo von einer Gemeinde in erheblicherem Umfange gewerbliche Erzeugnisse produziert werden, wäre auch gar nichts dagegen einzuwenden, daß die von der Gemeinde Beschäftigten veranlaßt würden, in erster Linie diese Produkte zu kaufen. Man hat keineswegs zu befürchten, daß die Beschäftigung von Arbeitslosen anderen Arbeitern und deren Unternehmern Konkurrenz machen wird. Es handelt sich ja meist um Arbeiten, die entweder ohne die Beschäftigungspflicht der Gemeinden überhaupt nicht in Angriff genommen würden, oder um eine bessere Ausstattung der Armen, als sie sonst eintreten würde, oder um Kaufkräfte, die erst durch die Gemeindebeschäftigung entstanden sind. Die ganze Maßregel schafft eben nicht nur mehr Produkte, sondern auch eine größere Konsumkraft. Und zwar wird nicht nur die Konsumkraft der sonst Arbeitslosen erhöht, sondern die Konsumkraft der Arbeiterklasse überhaupt. Wenn auch die Beschäftigungspflicht der Gemeinden im Falle der Arbeitseinstellung für die beteiligten Arbeiter selbstverständlich aufgehoben wird, so unterliegt es doch keinem Zweifel, daß die öffentliche Fürsorge für Arbeitslose eine aufsteigende Entwicklung der Arbeitslöhne begünstigt. Für die Verbände der minder- und ungelernten Arbeiter fällt eben der ihnen so gefährliche unbedingte Wettbewerb der Arbeitslosen weg.

Diese Folge und das innigere Interesse, welches Gemeinde und Staat dann an den Verhältnissen der Arbeiter nehmen müssen, scheinen uns überhaupt die sozial wertvollsten Früchte der ganzen Maßregel darzustellen.

7. Schluß.

Im Vorstehenden glauben wir die Grundzüge einer Reform gekennzeichnet zu haben, die getragen vom wirtschaftlichen Fortschritte und der lebendigen Vereinigung freier korporativer, kommunaler und staatlicher Thätigkeit, zur Bildung einer neuen, breiten, auf Grund der modernen Produktionstechnik sich erhebenden Mittelklasse führen und die wirtschaftlichen Voraussetzungen für eine höhere Entwicklung des Volkes in sittlicher, geistiger, politischer und kultureller Hinsicht schaffen muß.

Wird die wirtschaftliche Hebung aber nicht auf Kosten der persönlichen Freiheit erzielt? Verlieren wir über dem Mittel nicht den Endzweck aus dem Auge? Es ist nicht zu leugnen, daß die Reform den Wirkungskreis des Staates und der Gemeinde erheblich erweitert.

Trotzdem braucht die Freiheit nicht zu leiden, sie wird vielmehr aus dem Privilegium einer kleinen Zahl sich verwandeln in ein Gut, dessen Genuß dem ganzen Volke zusteht. Richten die meisten Freiheitsbeschränkungen ihre Spitze doch nur gegen die Freiheit des Besitzes, seine wirtschaftliche Macht zu mißbrauchen und die Freiheit der sozial und ökonomisch Schwachen zu verkümmern.

Mag durch die soziale Reform dem Staat und der Gemeinde manche neue Aufgabe zu teil werden, so bietet diese Reform aber auch die Möglichkeit dar, beiden eine Reihe von Aufgaben zu entziehen. Wir denken hier an die idealsten Güter der Menschheit überhaupt, an den Glauben, das Wissen und die Kunst. Die Stellung, welche der Staat heute der Kirche und den Bildungsanstalten gegenüber behauptet, gründet sich zum Teil darauf, daß die besitzlosen Klassen die zur Erhaltung von Kirche und Schule notwendigen Mittel ohne staatlichen Zwang nicht aufbringen würden.

Gelingt es durch die soziale Reform, eine breite Mittelklasse zu schaffen, so werden auch bei uns, wie es heute bereits in den Vereinigten

Staaten von Nord-Amerika zum Teil der Fall ist, die Organisationen des religiösen und höheren geistigen Lebens aus dem Wirkungskreise des Staates gänzlich ausscheiden und durchaus der freien Bethätigung der beteiligten Kreise überlassen werden können. Die Frucht einer derartigen Entwicklung muß aber eine wachsende geistige Selbständigkeit und Mannigfaltigkeit der Bildung sein, deren Mangel wir heute so schmerzlich beklagen.

In einem sozial gesunden Volke ist überdies eine Fülle polizeilicher Befugnisse und Maßregeln gänzlich überflüssig, die heute im Interesse der öffentlichen Sicherheit und Ordnung nicht entbehrt werden können.

Indem die soziale Reform die wirtschaftliche und soziale Unabhängigkeit der einzelnen Volksgenossen steigert, gewährt sie ferner die Möglichkeit, den Wirkungskreis der Selbstverwaltungskörper auf Kosten des Staates zu erweitern, ja den Gemeinden und den von ihnen organisierten höheren Verbänden die Verwaltung ganz zu überlassen. Mehr und mehr wird sich der Staat damit begnügen können, nach Außen die im Interesse des Verkehres notwendigen internationalen Vereinbarungen anzubahnen und im Innern durch einen Stab von Aufsichtsbeamten darüber zu wachen, daß seine Gesetze und Verordnungen von der Selbstverwaltung richtig und genau ausgeführt werden.

Die wachsende Bedeutung der Gemeinden wird die Hingabe der breiten Massen des Volkes an öffentlichen Aufgaben und die Befähigung, denselben gerecht zu werden, in hohem Maße kräftigen und befördern. Mit Recht erklärt C. Jentsch: „Im Großstaate sind durch das Prüfungs=
wesen schon alle Nichtstudierten, und vollends die Armen, von den höheren Staatsämtern ausgeschlossen, und jener Zehnmillionteilanteil an der Gesetzgebung, der den Wählern verfassungsmäßig zusteht, verschwindet für die Wahrnehmung so vollständig, daß ein hoher Grad von Gewissen=
haftigkeit und Pflichttreue dazu gehört, wenn im gegebenen Falle ein Armer der Versuchung widerstehen soll, seine staatsbürgerlichen Rechte um ein Linsengericht zu verkaufen. Einwirkungen auf ein ungeheures Ganze, die ihrer Geringfügigkeit wegen nicht wahrgenommen werden, machen den Einwirkenden keine Freude und können schon aus diesem Grunde nicht segensreich genannt werden, weil sich ihr Erfolg weder berechnen noch nachweisen läßt. Daher denn eine segensreiche Thätig=
keit für das Gemeinwohl den Bürgern eines Großstaates fast nur inner=
halb jener kleineren Kreise möglich ist, die ein jeder zu überschauen vermag: in der politischen und Kirchengemeinde, im Kreise, in der Korporation."

Die erhebendsten Beispiele unbedingter Hingabe an das gemeine Wohl finden wir in der Geschichte der kleineren selbständigen Gemein=
wesen. War es einzelnen von ihnen doch sogar möglich, auf Zwangs=

abgaben zu verzichten und die öffentlichen Bedürfnisse mit dem zu bestreiten, was die Bürger freiwillig, nach freiem Ermessen an Beiträgen entrichteten. In der That: „Die Liebe zum Vaterland im Großen ist ein abstraktes Gefühl, welchem bloß der Gedanke eines gebildeten Geistes Kraft geben kann. Das eigentliche Vaterland ist die Gemeinde. Das Vaterland liegt zwischen dem Dache, unter dem wir geboren sind, und dem Gottesacker, auf dem unsere Väter ruhen. Es liegt für den Dorfbewohner in der Furche des gepflügten Feldes, in dem Klange der Dorfglocken, in den bekannten Wohnstätten und Wegen, in der Mühe jedes Tages, in der Gewohnheit, diesem höchsten Gesetze des menschlichen Lebens. Je inniger aber die Bande sind, welche die Bewohner der nämlichen Gemeinde vereinigen, desto lieber ist ihnen auch die Gemeinde. Die beste Pflege der Vaterlandsliebe ist sonach, der Gesamtheit aller Familienväter die Verwaltung ihrer Gesamtinteressen zu übertragen." Nur mit Hilfe der Gemeindeeinrichtungen wird es möglich, alle thätigen Geister zu benutzen und die Freiheit über jeden Punkt des Landes zu ergießen. Jeder wirkt dann, aber regelmäßig und dem Ganzen nützlich.

England kommt der angedeuteten Entwicklung am nächsten, Frankreich mit seiner zentralistisch-bureaukratischen Verwaltung steht ihr am fernsten. Hier trotz Demokratie und Republik eine rücksichtslose Herrschaft des Besitzes, stetige Bedrohung durch Chauvinismus, Revolution und Anarchie, Staats- und Ministerialomnipotenz, gemildert durch unaufhörlichen Ministersturz und Regierungswechsel; dort, bei dem uns stammverwandten Inselvolke das anziehende Bild einer politisch freien Gesellschaft, einer friedlichen, gesetzmäßigen, aufsteigenden Klassenbewegung. Können wir über die Bahnen, die wir zu betreten haben, im Zweifel sein?

Anmerkungen.

1. Belege für die geltend gemachten Anschauungen finden sich u. a. in den Werken von Anton, G. K., Geschichte der preuß. Fabrikgesetzgebung. Leipzig 1891; Fuchs, K. J., Der Untergang des Bauernstandes und das Aufkommen der Gutsherrschaften. Nach archivalischen Quellen aus Neu-Vorpommern und Rügen. Straßburg 1888; Grünberg, K., Die Bauernbefreiung und die Auflösung des gutsherrlich-bäuerlichen Verhältnisses in Böhmen, Mähren und Schlesien. 2 Bde. Leipzig 1894; Hertner, Die belgische Arbeiterenquête und ihre sozialpolitischen Resultate. Braun's Archiv für soziale Gesetzgebung und Statistik. I. Tübingen 1888. S. 260 f.; Derselbe, Sozialpolitische Ideale der Gegenwart und deren historische Begründung. Deutsche Worte von E. Pernerstorfer. Wien 1888. S. 1 f.; Knapp, G. F., Die Bauernbefreiung und der Ursprung der Landarbeiter in den

älteren Teilen Preußens. Leipzig 1887; Wuttke, R., Gesindeordnungen und Gesindezwangsdienst in Sachsen. Leipzig 1893.

2. Außer der bereits früher (S. 64 u. S. 132, 133) genannten, über die Entwicklung der Arbeiterschutz- und Arbeiterversicherungsgesetzgebung in England und Deutschland unterrichtenden Litteratur vergleiche man: Adler, V., Die Fabrikinspektion insb. in England und der Schweiz. Jahrbücher für Nationalökonomie und Statistik. Neue Folge. 8. Bd. S. 194—235; Arbeiterschutzgesetzgebung. Art. in H. St.: Frankenstein, K., Die Thätigkeit der preußischen Ortspolizeibehörden als Organe der Gewerbeaufsicht. Braun's Archiv. IV. Berlin. S. 600 f.; Jahresberichte der Großherzogl. Badischen Fabrikinspektion für 1889, 1890, 1891, 1892, 1893; Jay, Die Fabrikinspektion in Frankreich. Braun's Archiv. III. Tübingen 1890. S. 115 f.; Joachim, Institute für Arbeitsstatistik. Leipzig und Wien 1890; Kantsky, Der Arbeiterschutz. Nürnberg 1890; Mataja, Die österreichische Gewerbe-Inspektion. Jahrbücher für Nationalökonomie und Statistik. Neue Folge. 18. Bd. S. 257 f.; Mischler, Die österreichische Gewerbe-Inspektion mit bes. Rücksicht auf den Bericht von 1892. Braun's Archiv. VI. Berlin. S. 458 f.; Cnard, M., Die Reorganisation der Gewerbe-Inspektion in Preußen. Braun's Archiv. IV. S. 207 f.; Schuler, Die Fabrikinspektion. Braun's Archiv. II. S. 537; Derselbe, Der Normalarbeitstag in seinen Wirkungen auf die Produktion. Braun's Archiv. IV. S. 82 f.; Derselbe, Die Entwicklung der Arbeiterschutzgesetzgebung in der Schweiz. Braun's Archiv. IV. S. 357; Börishoffer, Die Aufgaben der Reichskommission für Arbeiterstatistik. Tübinger Zeitschrift für die gesamte Staatswissenschaft. 1892; Derselbe, Die Jahresberichte der deutschen Fabrikaufsichtsbeamten. Ebenda. 1894.

In betreff der Arbeiterversicherung: Arbeiterversicherung. Art. in H. St.: Aschrott, Das Projekt einer Alters- und Krankenversicherung in England. Jahrbücher für Nationalökonomie und Statistik. Neue Folge. 15. Bd. S. 361 f.; Booth, Ch., Enumeration and Classification of Paupers, and State Pensions for the Aged. Journal of the Royal Statistical Society, vol. LIV — part IV. London 1891; Borght, v. d., Die Aufgaben und die Organisation des Reichsversicherungsamtes. Braun's Archiv. III. S. 1 f.; Derselbe, Zur Frage der Bewährung der berufsgenossenschaftlichen Verwaltung. Schmoller's Jahrbuch. XIII. S. 1 f.; Ertl, M., Soziale Versicherung und Statistik in Österreich. Ebenda. S. 95 f., 262 f.; Freund, Die Centralisation der Arbeiterversicherung. Berlin 1888; Huber, Ausbau und Reform des Krankenversicherungsgesetzes. Minden 1888.

3. Arbeitseinstellungen. Art. in H. St.: Brentano, Arbeitseinstellungen und Fortbildung des Arbeitsvertrages. Leipzig 1890; Ein Komplott gegen die deutsche Arbeiterklasse. Aktenstücke über eine Koalition deutscher Metall-Unternehmer Verbände mit königl. preuß. Behörden. London 1891; Herkner, Studien zur Fortbildung des Arbeitsverhältnisses. Braun's Archiv. IV. Bes. S. 583—585, S. 596—599; Derselbe, Der Entwurf eines Gesetzes, betr. die Abänderung der Gewerbeordnung. Ebenda. III. S. 583 f.; Löning, H. St. Art. Arbeitsvertragsbruch; Löwenfeld, Kontraktbruch und Koalitionsrecht. Braun's Archiv. III. S. 383 f.; Oldenberg, Über den Einfluß des Verkehrs auf die Koalitionsgesetzgebung. Schmoller's Jahrbuch. XV. S. 355 f.

4. Über soziale Finanzpolitik: Cohn, G., System der Finanzwissenschaft. Stuttgart 1889; Derselbe, Die preußische Steuerreform. Jahrbücher für Nationalökonomie und Statistik. 3. Folge. I. S. 20 f.; Derselbe, Über den Haushalt des Deutschen Reiches. Deutsche Rundschau. 18. Jahrg. Berlin. 8. Heft. S. 200 f.;

Jastrow, Die preußischen Steuervorlagen vom Standpunkte der Sozialpolitik. Braun's Archiv. IV. S. 527 f.; Derselbe, Sozialliberal. Berlin 1893. S. 46—58; Lassalle, Die indirekte Steuer und die Lage der arbeitenden Klassen. (Lassalle's Reden und Schriften, herausgegeben von Bernstein. 2. Bd.) Berlin 1893. S. 211—393; Oldenberg, Über soziale Steuerpolitik. Schmoller's Jahrbuch. XVII. S. 451 f.; Schäffle, Die Grundsätze der Steuerpolitik. Tübingen 1880. S. 602 f.; Derselbe, Deutsche Kern- und Zeitfragen. Berlin 1892. S. 423 f.; Wagner, Ad., Finanzwissenschaft. Theorie der Besteuerung. 2. Aufl. Leipzig 1890; Derselbe, Über soziale Finanz- und Steuerpolitik. Braun's Archiv. IV. S. 1 f.; Derselbe, Die Reform der direkten Staatsbesteuerung in Preußen im Jahre 1891. Schanz' Finanzarchiv. 8. Jahrg. 2. Bd.

Über soziale Agrarpolitik außer den unter 1 genannten Forschungen zur sozialen Agrargeschichte (Knapp, Grünberg, Fuchs u. s. w.): Brentano, Über Gebundenheit und Teilbarkeit des ländlichen Grundeigentumes. Beilage zur „Allg. Zeitung". München, 20. Dezember 1893; Buchenberger, Agrarwesen und Agrarpolitik. 2 Bde. Leipzig 1892/93; Conrad, Agrarstatistische Untersuchungen. Jahrbücher für Nationalökonomie und Statistik. Neue Folge. 16. Bd. S. 121; Derselbe, Die Wirkung der Getreidezölle, a. a. O. 3. Folge. 1. Bd. S. 481 f.; Derselbe, Der Großgrundbesitz in Ostpreußen, a. a. O. 3. Folge. 2. Bd. S. 817; Derselbe, Der Großgrundbesitz in Westpreußen, a. a. O. 3. Folge. 3. Bd. S. 481; Derselbe, Art. Fideikommiss. H. St.; Derselbe, Art. Latifundien. H. St.; Frankenstein, Die Arbeiterfrage in der deutschen Landwirtschaft. Berlin 1893. Goltz, v. d., Die ländliche Arbeiterklasse und der preußische Staat. Jena 1893; Knapp, Die Landarbeiter in Knechtschaft und Freiheit. Leipzig 1891; Pflug, A., Zur Arbeiterfrage auf dem Lande. Zeitschrift für die gesamte Staatswissenschaft. II.; Schäffle, Deutsche Kern- und Zeitfragen. S. 221—349; Schneider, K., Das sogenannte Heimstätterecht. Schmoller's Jahrbuch. XVI; Sering, M., Die innere Kolonisation im östlichen Deutschland. Leipzig 1893; Wagner, Ad., Art. Grundbesitz. Art. in H. St.; Weber, M., Die Verhältnisse der Landarbeiter im ostelbischen Deutschland. Leipzig 1892.

Verhandlungen des Vereins für Sozialpolitik über die ländliche Arbeiterfrage. Leipzig 1893.

Die Schriften der Bodenreformer: Flürscheim, Der einzige Rettungsweg. Dresden; George, Henry, Fortschritt und Armut, deutsch. Berlin 1881; Hertzka, Freiland. Leipzig 1890; Frei Land. Wochenschrift zur Förderung einer friedlichen Sozialreform, Organ des Deutschen Bundes für Bodenbesitzreform. IV. Jahrg. Berlin 1894; Zur Kritik der Bodenreformer insbesondere Platter, Kritische Beiträge. Basel 1894. S. 387 f., 461 f.

5. Über die Wohnungsfrage: Albrecht, Die Wohnungsnot in den Großstädten. 1891; Berichte des Vorstandes der Aktien-Baugesellschaft für kleine Wohnungen in Frankfurt a. M., seit 1890; Bücher, K., Die Wohnungsenquête in der Stadt Basel. Basel 1891; Derselbe, Die belgische Sozialgesetzgebung und das Arbeiterwohnungsgesetz vom 9. August 1889. Braun's Archiv. IV. S. 249 f., 442 f.; Centralstelle für Arbeiterwohlfahrts Einrichtungen. Vorberichte für die Konferenz. Berlin 1892; Eberstadt, Grundsätze städtischer Bodenpolitik. Schmoller's Jahrbuch. XVII. S. 1193 f.; Engels, Fr., Zur Wohnungsfrage. Separatabdruck aus dem „Volksstaat". Leipzig 1872; Freund und Malachowski, Zur Berliner Arbeiterwohnungenfrage. Berlin 1892; Freese, H., Wohnungsnot und Absatzkrisis. Jahrbücher für Nationalökonomie und Statistik. 3. Folge. 6. Bd. S. 641 f.; Göhre, P., Drei Monate Fabrikarbeiter.

Leipzig 1891. S. 18 f.; Lechler, Wohlfahrtseinrichtungen über ganz Deutschland. 1893; Sax, E., Die Wohnungszustände der arbeitenden Klassen und ihre Reform. Wien 1869; Schäffle, Nationale Wohnungsreform unter Reichsgarantie in der „Zukunft", herausgegeben von M. Harden. Berlin 1893; Schmoller, G., Zur Sozial- und Gewerbepolitik der Gegenwart. Leipzig 1890. S. 342—372; Schneider, K., Das Wohnungsmietrecht und seine soziale Reform. Leipzig 1893; Schriften des deutschen Vereins für Armenpflege und Wohlthätigkeit. 11. Heft. Die Wohnungsfrage vom Standpunkte der Armenpflege. Leipzig 1893; Schriften des Vereins für Sozialpolitik. Die Wohnungsnot der ärmeren Klassen in den deutschen Großstädten. 2. Bd. Leipzig 1886; Statistisches Jahrbuch deutscher Städte. Breslau, seit 1890; Trüdinger, Die Arbeiterwohnungsfrage. 1888; Vereinigung Berliner Architekten. Verhandlungen über die Frage der Arbeiterwohnungen in Berlin. Berlin 1891.

Vorwiegend die technischen Gesichtspunkte behandelnd: Nußbaum, Allgemeine Grundsätze für den Bau und die Einrichtung von Arbeiterwohnungen, und Post, Musterstätten persönlicher Fürsorge von Arbeitgebern für ihre Geschäftsangehörigen. 2. Bd. Berlin 1893.

Besondere Aufmerksamkeit wenden dieser Frage zu: Braun's Sozialpolitisches Zentralblatt. Berlin, seit 1892. — Brückner's Blätter für soziale Praxis in Gemeinde, Vereinen und Privatleben. Berlin, seit 1893.

Über Armenpflege: Die Artikel im H. St. Armenlast und Armensteuer von v. Reitzenstein, Armenstatistik von Kollmann, Armenwesen von Aschrott, Armenwesen (Geschichte) von G. Uhlhorn, Armengesetzgebung in den einzelnen Staaten von Krech, Adickes, v. Call, Aschrott, v. Reitzenstein, Scharling, Morgenstierna, Armenpolizei von Rumpelt, v. Call, ferner Das Elberfelder Armenpflegesystem, Art. in H. St. von Münsterberg; Jastrow, Sozialliberal. Berlin 1893. S. 19 f.; Schriften des deutschen Vereins für Armenpflege und Wohlthätigkeit. Leipzig. Duncker & Humblot.

Über die sozialen Aufgaben der Gemeinden überhaupt: Webb, Sidney, The London Programme. London 1891.

Über den unverdienten Zuwachs: Dawson, The unearned increment. London (Social Science Series).

6. Adler, G., H. St. Recht auf Arbeit; Derselbe, Über die Aufgaben des Staates angesichts der Arbeitslosigkeit. Tübingen 1894; Berthold, Arbeiterkolonie. H. St.; Booth, Ch., Inaugural Address. Journal of the Royal Statistical Society. vol. LV—part. IV. London 1892; Derselbe, Labour and Life of the People. London 1891. 2 Bde.; Herkner, Die Arbeitslosigkeit. Braun's Sozialpolitisches Zentralblatt. 1. Jahrg. 1892. Nr. 10; Derselbe, Die Arbeitsnot und ihre Heilung. Handels-Museum. Wien 1892; Hobson, J. A., Problems of Poverty. London 1891; Lange, Die positive Weiterentwicklung der deutschen Arbeiterversicherung. Braun's Archiv für soziale Gesetzgebung und Statistik. Berlin. IV. S. 383 f.; Liebich, C., Obdachlos. Berlin 1894; Meyer, G., Über die Schwankungen in dem Bedarfe an Handarbeit in der deutschen Landwirtschaft. Jena 1893; Schriften des freien Deutschen Hochstiftes. Arbeitslosigkeit und Arbeitsvermittlung. Berlin 1894; v. Reitzenstein, H. St. Art. Arbeitsnachweis: Report on Agencies and Methods for dealing with the Unemployed. London 1893. — Sodann die oben genannten von Braun und Brückner herausgegebenen Wochenschriften.

7. Vgl. Alletz, Ed., Die neue Demokratie oder die Sitten und die Macht der Mittelklassen in Frankreich (bearbeitet von F. J. Buß). Karlsruhe 1838. S. 185 f.; Jentsch, K., Geschichtsphilosophische Gedanken. Leipzig 1892. S. 413 f.

Register.

Achenbach, Minister 112.
Achtstundentag 208;
  in England 60.
Adickes 286.
Adler, Georg 25, 26, 130—132, 134, 153, 181, 235, 286.
Adler, Viktor 284.
Aktiengesellschaften der Arbeiter 223.
Albrecht 285.
Alexander II. von Rußland 237.
Alletz, E. 286.
Allgemeiner deutscher Arbeiterverein 80.
Altersversicherung, deutsche 116, 117.
Anton, G. K. 283.
Arbeit als Ware 158—160.
Arbeiterausschüsse 225, 226.
Arbeiterfrage auf dem Lande 257, 258.
Arbeiter, jugendliche 239, 240.
Arbeiter, weibliche 241, 242.
Arbeiter, männliche erwachsene, 242, 243.
Arbeiterkongreß, Berliner (1848) 73.
Arbeiterparteien, französische 17, 22—25.
Arbeiterschutzgesetzgebung 237 bis 245;

  in Deutschland 103, 104, 106, 108, 111—113, 118—120;
  in England 45—50;
  in Frankreich 16, 19, 21, 22, 24.
Arbeiterstatistik 120, 245, 246.
Arbeiterverbrüderung 74.
Arbeiterversicherung 247, 248, 273 bis 281;
  in Deutschland 114—118;
  in England 55;
  in Frankreich 19.
Arbeits-Abteilung des englischen Handelsamtes 59.
Arbeitsbuch in Frankreich 8.
Arbeitseinstellungen 211—216.
Arbeitskommission im Luxembourg (1848) 17.
Arbeitslohn und Arbeitsleistung 186—188.
Arbeitslosigkeit 204, 205, 234;
  in England 36, 62;
  in Frankreich 4, 7, 18.
Arbeitslosigkeit und Gemeinden 279 f.
Arbeitslosigkeit und Gewerkvereine 204, 205, 275 f.
Arbeitslosigkeit (Statistik) 204, 205, 273.
Arbeitsnachweis 193, 230, 274.

Arbeitsmarkt 193.
Arbeitsordnungen 238.
Arbeitsvertrag, freier 158, 159.
Arbeitsvertragsbruch 248, 249, 253.
Arbeitszeit 187, 242;
  in Deutschland 118 f.;
  in England 45 f.;
  in Frankreich 16, 22, 24;
  in Österreich 242;
  in der Schweiz 242.
Arbeitszeit und Arbeitsleistung 186.
Armengesetz, englisches 38.
Armenpflege 265—269.
Aschrott 284.
Ashley, Lord, 49.
Asketse, 138, 139, 142, 144.
Attentate Hödel's u. Nobiling's 88.
Auswanderung von Arbeitern 193.
  „   von Kapital 200.

Babeuf, Gracchus 6, 7.
Bach, Minister 72.
Baecker, K. 235.
Baernreither, J. M. 63, 218, 234, 235.
Bamberger, L. 109, 133.
Bastiat, Fr. 82.
Barbès 17.
Barth, Th. 132.
Bauernbefreiung in Deutschland 65, 67, 71, 72, 256.
Bauernstand 162, 176, 257;
  in England 28;
  in Frankreich 7, 18.
Baugesellschaften, gemeinnützige 232.

Baumbach 108.
Baumgarten, H. 130.
Baumgarten, O. 105, 132.
Baumwollindustrie, englische 28, 29.
Bazard 8, 9.
Bebel, Aug. 84—86, 123, 126 bis 128, 133, 134, 172, 181.
Bergpartei (Frankreich) 6.
Bernhardi, Th. v. 91.
Bernstein, A. 130.
Bernstein, E. 131.
Berthold 286.
Beschäftigung Arbeitsloser durch Gemeinden 279.
Besteuerung d. Bodenwerterhöhung 270 f.
Bestimmung der Menschheit 151.
Biedermann 130.
Bismarck 82—85, 102, 111—113, 117, 118, 132, 179.
Blacklegs 209, 210.
Blanc, L. 12, 13, 17, 25, 76.
Blanqui, Adolphe 14.
Blanqui, Auguste 17.
Blos, W. 25, 130.
Blum, H., 134.
Bluntschli 170.
Bodelschwingh, v. 105.
Bodenpolitik, soziale 255 f.
Bodenpreise 188.
Bodenreformer 285;
  in England 60.
Bodenrente, städtische 270 f.
Böhm-Bawerk, v. 131.
Böhmert, B. 92, 103.
Bojanowski, v. 64.
Bonar 169.

Booth, Charles 204, 284.
Borght, v. d. 134, 284.
Born, Stefan 73.
Botschaft, kaiserliche (1881) 113.
Bourdeau 130, 131, 134, 153.
Bovier=Lapierre, Gesetzentwurf 24, 249.
Bräf, Alb. 99.
Brandes, G. 131, 153.
Brauchitsch, v. 103, 104.
Braun, Ad. 132, 133.
Braun, H. 131, 134.
Braun's Sozialpolit. Centralblatt 26, 64, 286.
Braun, K. 108, 132.
Brentano,L. 63,64,97,98,100,109, 111, 132—134, 153, 170, 181, 191, 234, 235, 248, 250, 285.
Bright, J. 40, 49.
Brissot de Warville 7, 13.
Broadhurst 59.
Brousse, P. 22, 23.
Brückner's Soziale Blätter 286.
Brüll 132.
Buchenberger, A. 258, 285.
Bucher, L. 63, 83, 170.
Bücher, K. 234, 235, 260, 285.
Buchez 14.
Buddhismus 138.
Bureaukratischer Sozialismus 249 bis 253.
Buret 14.
Burke, Edm. 31.
Burnett 39.
Burns, John 52, 60.
Burt 59.
Byron, Lord 40.

Call, v. 286.
Carlyle, Th. 25, 41, 42, 63.
Cathrein, V. 131, 181.
Cavaignac (General) 18.
Cavaignac (Historiker) 130.
Censuswahlen 4, 5, 8, 102, 103, 168.
Centralisation des Eigentumes 177.
Centralstelle für Arbeiterwohlfahrts= einrichtungen 224, 235, 285.
Centrumspartei 105—107.
Chartismus 38, 39.
Christentum 142, 143.
Christlich=soziale Partei
 in Deutschland 103—105,
 in England 43.
Cobbett 37.
Cobden 40.
Cohn, Georg 133, 284.
Coit, Stanton 235.
Conrad 285.
Conseil de prud'hommes 246.
Considérant 12.
Cox 191.
Crüger 234.

Darwinismus 140.
Davson 286.
Deskriptive Nationalökonomie
 in Deutschland 99,
 in Frankreich 14.
Deutschfreisinnige Partei 109.
Deutschland 65—134.
Dickens 42.
Diehl, K. 25, 131.
Dietzel, K. 131, 169, 180.
Disraeli (Lord Beaconsfield) 34, 43, 58, 229.

Hertner, Soziale Frage.   19

Dockarbeiter (London) 53, 204, 208, 275.
Dühring, E. 92.

Eberstadt 285.
Ehernes Lohngesetz 78, 79, 220.
Einigungskammern 53, 246.
Einkommensteuer 254.
Einkommensverteilung 164, 253 bis 259.
Eisner, K. 153.
Elberfelder System 266.
Ellissen 131.
Elster, L. 133, 153.
Encyclica über soziale Frage 107.
Enfantin 8, 9, 10.
Engel, E. 134.
Engels, Fr. 63, 64, 67—71, 74, 75, 90, 97, 99, 130, 131, 181, 285.
England 27—64, 283.
Entwicklungstendenzen, kapitalist. 174, 175.
Erbschaftssteuer 254.
Erfurter Parteitag der Sozialdemokratie 123, 126.
Erfurter Programm 173—181.
Erlasse Kaiser Wilhelms II. 118, 119.
Ertl, M. 284.
Ethische Kultur 233, 235.
Evangelisch-soziale Partei 105.
Exportprämien 15, 254.

Faber, R. 235.
Fabian Society 61, 153.
Fabrikarbeiter in England 32—34.

Fabrikgesetzgebung, siehe Arbeiterschutzgesetzgebung.
Fabrikinspektion, badische 245, 262, 263, 289;
    deutsche 108, 111, 112, 244, 245;
    englische 49;
    preußische 108.
Familistère zu Guise 12.
Februarrevolution 17.
Feudalisierung d. Industrie 229, 230.
Fichte 65, 151, 153, 154.
Fideikommisse 256.
Finanzpolitik, soziale 253—255.
Flürscheim 285.
Fourier, Ch. 10, 11.
Fortschrittspartei, preußische 76, 77, 80, 82, 84.
Francke 162.
Frankenstein, K. 284, 285.
Frankfurter Zeitung 110, 234.
Frankreich 1—26, 283.
Freese, H. 285.
Frégier 14.
Freiligrath 75.
Freiheit und Kommunismus 179.
    „   politische 237.
    „   und soziale Reform 281 f.
Friedrich der Große 237.
Friedrich Wilhelm III. 237.
Friendly societies 55, 216—218, 234.
Freund 284, 285.
Frommer, H. 235.
Fuchs, K. J. 283.

Galen, Graf 106.
Garnier-Pagès 17.

George, Henry 60, 285.
Gelernte Arbeiter 202.
Gemeinde 282 f.
Gemeindehaushalt 269—272.
Gemeinde, soz. Aufgaben 259—272.
Gemeindeländereien, Einhegung 30.
Genossenschaften 219—224;
  in Deutschland 76—78;
  in England 55—58;
  in Frankreich 15.
Gesellenkongreß (Frankfurt a. M. 1848) 73.
Gesellenvereine, katholische 107.
Getreidezölle in Deutschland 256, 257;
  in England 27, 31, 40, 41.
Gewerbegerichte 246;
  in Deutschland 120;
  in Frankreich 8.
Gewerkvereine 192—216;
  in Deutschland, sozialdemokrat. 87, 120, 121, 126, 127;
  Hirsch=Duncker 109;
  in England 50—55, 59, 60;
  „alte" 60;
  „neue" 52, 60, 207, 208;
  in Frankreich 21—24;
  von Arbeiterinnen 209, 210.
Gewinnbeteiligung 225.
Gibbins 63.
Girondisten 6.
Gizycki, v. 235.
Gladstone 58, 59.
Gleitende Lohnskalen 192.
Glück 138, 139, 144—147.
Godin 12.
Göhre, P. 105, 150, 285.

Goltz, v. d. 285.
Gotha'er Vereinigungskongreß 86.
Goethe 66, 67.
Gottschall 130.
Green 63.
Grönland, Lawrence 154.
Groß, K. 131.
Großbetrieb 177, 201, 202.
Großhandels=Genossenschaften 57, 58, 219.
Grünberg, K. 283.
Grundeigentum in Deutschland 256;
  in England 28, 60, 62;
  in Frankreich 7, 18.
Grundrente, 163, 188, 257, 262, 270—272.
Guesde, J. 22, 23.

Haftpflicht in Deutschland 115;
  in England 218.
Handwerk, Untergang 161, 162.
Handwerkerkongreß (Frankfurt a. M. 1848) 73.
Hasbach 64, 169, 234.
Haushaltungsschulen 232.
Häußer 25.
Hébert 6.
Heine 12, 16, 25.
Held 63, 100, 132.
Herkner 25, 26, 99, 133, 154, 170, 234, 283, 284, 286.
Hertzka, Th. 285.
Hildebrand 90, 100.
Hilfskassen, freie 216—218;
  in England 55.
Hirsch, E. 191.
Hirsch, M. 84, 108, 109, 133, 134.

Hitze 106, 133.
Hobson 286.
Hoffmann 64.
Honigmann 134.
Hood 42.
Horn, v. (Generalleutnant) 110.
Howell 64, 208, 234.
Huber, J. C. 284.
Huber, V. A. 104.
Hugo 25.
Hume, J. 51.
Hyndman 60.

Industrielle Reservearmee 206, 207.
Innere Mission 105.
Internat. Arbeiterassoziation 20, 85.
Internationale Arbeiterschutz-Konferenz 119, 133.
Internationale Finanzpolitik 255.
Invaliditäts- u. Altersversicherung, deutsche 116, 117.
Itzenplitz, Graf 111.

Jastrow 286.
Jay 26, 284.
Jean Paul 149.
Jentsch 170, 286.
Joachim 284.
Joffrin 23.
Jones, Lloyd 63.
Josef II. von Österreich 237.
Jugendliche Arbeiter 241.
Juniaufstand (1848) 18.
Julirevolution 8.

Kaiserliche Botschaft (1881) 105.
Kaiserreich, franz. 7, 18—21.

Kalle 235.
Kambli 153.
Kamp 235.
Kampf ums Dasein 140, 147, 148.
Kant 65.
Karl X. von Frankreich 8.
Kartelle 167, 207.
Kaufmann 64.
Kautsky, K. 123, 131, 134, 170, 172, 177, 180, 182, 191, 284.
Ketteler, v. 105, 106.
Kettle 53.
Kinderarbeit in England 32—34;
 in Frankreich 16;
 in den Rheinlanden 110.
Kleinbetriebe 161, 162, 167.
Knapp, G. F. 99, 100, 130, 153, 254, 258, 283, 285.
Knies 170, 260.
Koalitionsgesetzgebung 248—253;
 in Deutschland 109, 111, 119, 125;
 in England 51, 211;
 in Frankreich 8, 16, 19, 20.
Kohut, A. 131.
Kölner Parteitag der Sozialdemokratie 126, 127.
Kolping 107.
Kommuneaufstand 21.
Kommunismus 171—182;
 in Deutschland 69—75, 84—88, 93—96, 120—134;
 in England 36, 38, 39, 60, 61;
 in Frankreich 6, 8—13, 16, 18, 23.
Kommunistisches Manifest 69.
Konservative Partei in Deutschland 101—103.

Konsumvereine 77—79, 218 bis
222;
in England 55—58.
Kontrastwirkungen, Gesetz der 138,
145, 146.
Kornzölle, siehe Getreidezölle.
Kozak, Th. 132.
Krankenversicherung der Arbeiter
216—218;
in Deutschland 113—115.
Krech 286.
Kronenberg 106.
Kulemann, 109, 133.

Lafargue, P. 22, 23, 26.
Lamartine 17.
Landarbeiter, deutsche 99, 103.
Landmann 133.
Lange, E. 286.
Lange, Fr. Alb. 84, 92, 93, 131,
145—147, 153, 191, 233,
235.
Lassalle, Ferd. 26, 75—84, 130,
170, 285.
Lassalleaner 85—87.
Latifundien 177, 256.
Laveleye 131, 132.
Lebenshaltung 78, 190.
Lechler 285.
Legien 126, 127.
Lehr, J. 131, 235.
Lehrlingsgesetz der Königin Elisa=
beth 28.
Lehrlingszüchterei 193.
Leroy-Beaulieu 131, 191.
Lewes, G. H. 130.
Lexis, W. 25, 26, 131, 132.

Liberale Partei, deutsche 65, 67,
68, 72, 73, 76, 77, 107—110;
englische 37, 59.
Liberalismus 155—170;
seine ursprüngl. Grundgedanken
155—157;
seine wirtschaftlichen und politi=
schen Erfolge 157, 168, 169.
Lieber 106.
Liebich 286.
Liebknecht 84—86, 122, 123.
Liebesgaben für Branntweinbrenner
254, 256.
Listen, schwarze 249.
Lockroy 23.
Loening 284.
Lohnfestsetzung, behördl. 251—253.
Lohnfondstheorie 194, 195.
Lohnpolitik der Gewerkvereine 193.
Lohnskalen, gleitende 192.
Lohnsteigerungen 195—199;
ihre Abwälzung auf die Kon=
sumenten 195, 196;
ihre Abwälzung auf die Unter
nehmer 197, 199.
Losch, H. 182.
Louis Philippe 12.
Löwenfeld 133, 284.
Ludlow, J. M. 57, 63.
Ludwig XVIII. 8.
Luxus 166.
Lyoner Weberaufstand 15.

Mably 7.
Macaulay 49.
Maine, H. Summer 170.
Manchestertum 81, 92.

Malachowski 285.
Malon, B. 22, 23.
Malthus 35, 36, 63, 138, 139, 147.
Mangoldt, v. 153.
Marat 5.
Marcks, E. 130.
Marie 17.
Marlo 91, 130, 169.
Marx, K. 26, 49, 63, 64, 67—71, 74, 75, 85, 86, 93—97, 130, 170, 172—174, 181, 182, 234.
Maschinenerfindung in England 28, 29.
Mataja, V. 284.
Materialist. Geschichtsauffassung 69.
Mather 54.
Mehring 87, 130, 132.
Menger, K. 89, 131.
Menschenrechte 4, 5.
Mermeix 26.
Meslier 7.
Meyer, G. 286.
Meyer, R. 103, 104, 131, 132, 177, 182.
Miaskowski, v. 258.
Mill, J. Stuart 43, 63, 154, 163, 170, 180, 182.
Miquel, J. 263, 264.
Mirabeau 5.
Mischler 284.
Mittelklasse 152.
Mohl, v. 170.
Möller 274.
Morelly 7.
Morgenstierna 286.
Monjong 106.
Mülhäuser Arbeiterstadt 230, 232.

Müller-Guttenbrunn 235.
Müller, H. 134.
Münsterberg 267, 286.
Mundella 53, 59.

Napoleon I. 7, 8.
Napoleon III. 18—21.
Nationalliberale Partei 109.
Nationalverein 77.
Nationalwerkstätten 17.
Natürliche Auslese 140.
Naumann 105.
Neue Gewerkvereine 207, 208.
Neue Rheinische Zeitung 80.
Neurath, W. 153.
Nietzsche, Fr. 100, 140—143, 148—150, 153.
Nußbaum 286.

Oastler, R. 46—49.
Dechelhäuser, v. 109, 132.
Öffentliche Betriebe 258.
Oldenberg 284, 285.
Oncken 169.
Oppenheim, H. B. 132.
Oppositionelle Strömungen in der Sozialdemokratie 122—127.
Organisation deutscher Gewerkschaften 134.
Osten, v. d. 26.
Owen, Rob. 36, 46, 55, 56, 63, 74.

Paasche 134, 191.
Parisius 132.
Parent-Duchatel 14.
Patriarchalische Beziehungen 229, 230.
Paulsen 153, 154, 170.

Peel 41.
Pensionskassen 227.
Pessimismus 141.
Petersen 134.
Pflug 285.
Philippovich, v. 132.
Pierstorff 132.
Pioniere von Rochdale 56.
Pitt d. J. 30, 31.
Platter, J. 134, 285.
Plener, v. 64, 131.
Poschinger, v. 133.
Possibilistenpartei, franz. 23.
Post 234, 235, 286.
Pusey 229.
Price 64.
Prince-Smith 132.
Produktivgenossenschaften 222 bis 224;
    Lassalle's 79.
Progression der Besteuerung 254, 271.
Proudhon, P. J. 13, 14, 18, 23, 61, 74.

Quarck, M. 133, 284.

Reaktion in Deutschland 67, 75;
    in England 31;
    in Frankreich 8.
Recht auf Arbeit 17, 18.
Recht auf Existenz 4, 5.
Regnault 25.
Reich 63, 235.
Reichesberg 131.
Reichskommission f. Arbeiterstatistik 246.

Reitzenstein, v. 286.
Religiöse Weltanschauungen 138.
Renteneinkommen 188—190.
Republik, franz., 6, 17—19, 21 bis 25.
Revolution in Deutschland (1848) 72—75;
    in Frankreich 1—6, 8, 16 bis 18, 21;
    wirtschaftl. in England 27—29.
Rheinische Opposition 68.
Ricardo 35, 63, 91, 234.
Richter, E. 109, 132.
Ritchie, D. S. 153.
Robespierre 6, 8.
Rochdale Pioniers 56.
Roesicke 109, 132, 235.
Rodbertus 83, 88, 89, 92, 98, 99, 130, 132, 166, 178, 179, 181, 182.
Roscher, W. 25, 100, 170.
Rosin, H. 134.
Rousseau 9.
Ruge, A. 68.
Rümelin 131.

Sax, Emanuel 99.
Sax, Emil 285.
Sadler, Th. 48.
Schäffle 91, 98, 131, 133, 134, 153, 170, 178, 182, 258, 285.
Scharling 286.
Scheel, v. 132.
Schenkel, K. 133.
Schiedsgerichte in England 23;
    in Frankreich 53.
Schiller, 66, 130.

Schlafstellen 261.
Schmidt, K. 131.
Schmoller, G. 100, 101, 133, 154, 225, 226, 235, 285.
Schnapper-Arndt 99.
Schneider, K. 285, 286.
Schoenhof, J. 186, 191.
Schoenlank, Br. 99.
Schramm 132.
Schuler 284.
Schulze-Delitzsch 76—82, 108, 110, 132.
Schulze-Gaevernitz, v. 63, 98, 186, 187, 191, 234, 235.
Schulze, Herm. 130.
Schwarze Listen 249.
Schweitzer, v. 85—87, 103.
Seeley, J. R. 63.
Senior, Nassau, W. 48.
Sering, M. 176, 182, 235, 258, 285.
Singer, Isidor 99, 260.
Singer, Paul 123.
Sinzheimer, L. 161, 162.
Sismondi 14, 89, 98.
Sliding scales 192.
Smith, A. 28, 30, 199.
Société mulhousienne des cités ouvrières 230—232.
Sonntagsruhe 239.
Sozialdemokratie in Deutschland 70, 71, 73—75, 80, 83—88, 120—130;
in England 60;
in Frankreich 16—18, 23—25.
Sozialdemokratische Föderation in England 60.

Sozialdemokratische Organisation, deutsche 122.
Sozialdemokratische Parteitage, deutsche 121—123, 126, 127.
Sozialdemokratische Presse, deutsche 87, 120—122.
Sozialdemokratische Wahlerfolge, deutsche 120—122.
Soziale Finanzpolitik 253—255.
Soziale Reform 183—286;
deutsche 110—120;
englische 41—62;
französische 14, 16, 19, 20, 22—25.
Soziale Ziele 185.
Sozialismus, siehe Kommunismus.
Sozialisten, christliche, in England 43.
Sozialistische Liga in England 61.
Sozialistische Parteien in England 60—62.
Sozialistengesetz, deutsches 88, 120, 121.
Süddeutsche Volkspartei 110.
Sugenheim 130.
Sweatingsystem 207, 210.
Staatsschulden 31, 165, 168.
Staatssozialisten 98, 105.
Stein-Hardenberg'sche Reformen 66.
Stein, L. v. 25, 26, 76, 89, 131, 153.
Stern, A. 130.
Stieda 130.
Stöcker 103.
Ströll, M. 132.
St. Simon 10, 89, 98.
Stürmer und Dränger, deutsche 65.

Taktik d. deutschen Sozialdemokratie 123—129.
Taylor, Cooke W. 63, 64.
Teste-Cubières, Prozeß 16.
Thiers 22.
Thornton 64, 170, 234.
Thun, A. 99, 133.
Tobt 105.
Tönnies 170.
Toynbee, A. 62, 63.
Toynbee Hall 62.
Trade Unions 50—55.
Treitschke, v. 100, 101, 140, 148, 153, 254.
Truck-System 239.
Trübinger 286.

Überkapitalisation 165.
Überproduktion der Keime 139, 140.
Übervölkerte Wohnungen 260.
Übervölkerung 138, 139, 147; relative 206.
Uhlhorn, v. 132, 286.
Unearned increment 270, 272.
Unfallversicherung, deutsche 113, 115, 116.
Unterkonsumtion 99, 164.
Unterstützungswesen, siehe Arbeiterversicherung, Armenpflege und Hilfskassen.

Verband deutsch. Arbeitervereine 84.
Verbrauchsabgaben 168, 255.
Verein für Sozialpolitik 100, 132.
Vereins- und Versammlungsrecht, deutsches 109.
Verein unabhäng. Sozialisten 123.

Verkürzung der Arbeitszeit 243.
Vermögenssteuern 254.
Villeneuve-Bargemont 14.
Villermé 14.
Volksbildungsbestrebungen 232, 233.
Vollmar, v. 122, 124, 125—127, 134.

Wagener, H. 83, 102, 104, 130.
Wagner, Ad. 93, 98, 131, 132, 134, 153, 170, 182, 253, 285.
Wahlrecht 168, 237;
  in Deutschland 77, 82, 84, 102, 168;
  in England 30, 37, 58, 59, 168;
  in Frankreich 4—6, 8, 16—18.
Warschauer 6, 25.
Wasserrab 134.
Webb, S., Mr. 64, 191, 286.
Webb, S., Mrs. 64, 221, 223, 234.
Weber, M. 258, 285.
Weitling 69.
Werttheorie von Marx 93—95, 131.
Wieser, Fr. v. 234.
Wirminghaus, A. 225.
Wirth, M. 132.
Wittelshöfer 170.
Wöchnerinnenschutz 241.
Woedtke, v. 134.
Wohlfahrt, öffentliche 210—216, 249, 250, 252—253.
Wohlfahrtseinrichtungen 110, 224 bis 233.
Wohlthätigkeit, private 268, 269.
Wohnungsfrage 259—265.
Wohnungsgesetz 263—265.

Wohnungsmieten 189, 260, 261.
Wohnungsnot, Ursachen 262.
Wohnungsreform 221, 222, 227, 230—232, 263—265.
Wohnungszustände 259—262.
Wolf, J. 131, 154, 191.
Wörishoffer, Fr. 99, 133, 187, 191, 284.
Wuttke, R. 284.

Zeibler 234.
Zehnstundenbewegung, englische 49.
Zetkin 26.
Ziegler, H. E. 153.
Ziegler, Th. 154.
Zinsfall 189.
Zuwachs, unverdienter 188.
Zwangsversicherung, Prinzip 247, 248, 278.

www.ingramcontent.com/pod-product-compliance
Lightning Source LLC
Chambersburg PA
CBHW022102230426
43672CB00008B/1250